桑　兵◎主编

各方致

孙中山　函电汇编

【第八卷】

(1924.3~1924.8)

敖光旭　编

社会科学文献出版社
SOCIAL SCIENCES ACADEMIC PRESS (CHINA)

目　　录

赵士觐呈孙中山文

（1924 年 3 月 1 日）

　　呈为局董包庇抗领渔票拿获处罚以儆效尤，仰乞鉴核事：窃查广东沿海各埠渔船，自前清至今并无注册编号，仅分为六等。每年按等缴纳渔票饷一次，各依饷额领发渔票，即可随时随地照票内盐额配盐，向不限制次数，以致藉票购私，冲销民食，弊病百出。另有买鱼腌制，或将盐卖与渔船，转购咸鱼载回发卖者，谓之"料船"，均照渔船办法办理。惟须按票缴纳双饷，所领票据即名为"料票"。民国十一年四月邹前运使鲁任内，以前广东盐政处订立《渔料票章程》九条过于简略，未能一律遵行。另召集职员会议，拟订征收《渔盐税及渔船照费章程》二十一条，由本署责成经办，场局或遴派专员遵章办理，呈奉前财政部核准。尚未实行，遽遭六月十五日政变，张前运使慎籓继任，以其手续繁难，恐难办理，将案停顿。嗣后，各渔船请领渔票亦不遵照向章办理，以致每年十余万收入，几致化归乌有。运使到任，即将渔料票认真整顿，迄今尚无起色。本月四日，访闻有渔船百数十艘在东莞万顷沙一带，当饬广东盐警指挥官司徒非迅派得力长官，率带盐警，随同渔票委员方云裳，乘坐本署租用之福海舰，驶往万顷沙一带验发渔票。随据该指挥官呈称，遵派连长王超率领所部随同委员前往万顷沙各处验发渔票，不料到万顷沙海口，见有渔船、料船三百余艘在涌内湾泊，连长王超即会同委员通知该沙自卫局及商团，知照声明奉令来沙办理验发渔票、料票。讵意该沙豪绅张仲慈、陈兆兰、刘锦泉、陈友、王兆平、刘浩然、郭容、梁二根等，竟敢勾通渔船，开枪抗拒，轰我巡舰，并谓虽有运使盐警队，亦不许登陆验票等语。词甚强硬，不可理喻，显有包庇情事。恳请行县会营拿办，以维饷项而儆凶顽等情。据此，正在核办间，随据该指挥官设法购线，将农商维持会会董陈兆兰一名拿解前来讯。据该会董陈兆兰供认，抗拒之时系由局董张仲慈等所为。伊为会董，未能从旁制止，亦属咎不容辞，情愿代缴罚款毫银一万元，又另认销渔票银四千元，请将伊先行释放，并将指控张仲慈等之案注销，免其拿解，予以自新等供。据此，查其所供，尚知悔悟，能顾税收，应准从宽办理，免予深究。现据将罚款毫银一万元如数呈缴前来，除提扣船租费用外，照章以一半充赏。查此项充公罚款无关盐税收入，毋庸归入盐帐，应由本署另款存储，听候拨用。现在本署所设盐政会议经费无着，拟请即将此款拨用以资挹注。除归入本署另款决算报销外，所有本案处罚情形及将款项支销各缘由是否有当，理合具文呈请帅座鉴核指令祗遵，实为公便。谨呈

陆海军大元帅

两广盐运使赵士觐

中华民国十三年三月一日

（《陆海军大元帅大本营公报》一九二四年第七号，3月10日，"指令"）

范石生呈孙中山文

（1924 年 3 月 1 日）

呈为呈请鉴核事：本月二十一日奉钧令，内开：前据统一财政委员会呈请设立筹饷总局并呈核所拟章程，业经核准令行在案。查年来抽收广东全省防务经费，原为不得已之举，现在大军云集，需饷更巨，不有切实整顿，平均分配，无以裕饷源而济时艰。除明令该员为广东筹饷总局督办外，合行令仰该督办即便遵照，克日设局办理。抽收广东全省防务经费事宜，务须切实规画，力剔弊窦，增多正饷，以期毋负委任。切切。此令。等因。奉此，自应遵照悉心筹画，设局开办，以副我大元帅宽筹军饷之

至意。谨议订《组织大纲》二章凡十一条，并附职员名额、薪津费概算表一纸，备文呈请鉴核。伏乞训示祗遵，实为公便。

谨呈

陆海军大元帅孙

广东筹饷局督办范石生
中华民国十三年三月一日

（《陆海军大元帅大本营公报》一九二四年第七号，3月10日，"指令"）

杨庶堪呈孙中山文
（1924 年 3 月 1 日）

呈为呈报就职日期事：案奉大元帅令开：特任杨庶堪为广东省长等因。奉此，随准前任省长廖仲恺咨送印信文卷等项前来。庶堪经于三月一日就职视事，除随时禀承钧训，力图整理外，所有遵令就职日期，理合具文呈报大元帅鉴核。谨呈

陆海军大元帅

广东省长杨庶堪
中华民国十三年三月一日

（《陆海军大元帅大本营公报》一九二四年第七号，3月10日，"指令"）

陈兴汉呈孙中山文
（1924 年 3 月 1 日）

为呈报事：窃奉任命状开：任命陈兴汉兼理广三铁路管理局局长等因。奉此，兴汉遵于民国十三年三月一日到局视事，

伏念兴汉猥以庸愚，谬膺兼职，材轻任重，深慎弗胜，惟有矢慎矢勤，力图整理，以期无负委任盛意。所有兴汉就任广三铁路管理局局长兼职日期，理合肃呈上陈，伏乞俯赐鉴察，训示祗遵。谨呈

大元帅

兼理广三铁路管理局局长陈兴汉

中华民国十三年三月一日

（《陆海军大元帅大本营公报》一九二四年第七号，3月10日，"指令"）

罗翼群呈孙中山文

（1924年3月1日）

呈为呈报事：案据职部经理局长徐伟呈称：窃职局十二年四月至九月收入发出军械子弹月报表册业经呈缴在案。兹续将十二年十月份收入发出军械子弹月报表册各三份，总对照表三份，及单据粘存簿一本备文呈缴钧部察核，伏乞分别存转，实为公便等情，并册簿前来。职经复核无异，除指令并各抽存一本备查外，理合备文连同原缴月报表四本，总对照表二本，单据粘簿一本，转呈钧帅察核，伏乞俯赐分别存发核销，实为公便。谨呈

大元帅

计缴职部经理局十二年十月分收入发出军械子弹月报表各二本，总对照表二份，单据粘簿一本。

前兵站总监罗翼群（徐伟代）

中华民国十三年三月一日

（《陆海军大元帅大本营公报》一九二四年第七号，1924年3月10日，"指令"）

王棠呈孙中山文

（1924 年 3 月 2 日）

呈为呈报事：窃照前在大本营会计司任内，所有支付各宗军费薪饷等款，均系遵奉钧令办理报销，表册逐款声明。兹审计局以审查必须根据支付命令，自应逐案检送。除将会计司任内奉到钧座支付命令粘存簿三本函送审计局查收外，理合备文呈报钧座鉴核。谨呈
大元帅

卸大本营会计司司长王棠

中华民国十三年三月二日

（《陆海军大元帅大本营公报》一九二四年第七号，3月10日，"指令"）

李福林呈孙中山文

（1924 年 3 月 3 日）

为呈请事：现奉帅座派状开：派福林为广东筹饷总局会办。此状等因。奉此，窃维福林自前清末季追随帅座，奔走革命，起自田间，非有颇、牧之能，谬膺军旅之寄，治兵已惭无状，理财更恐未能。愧无持盈握算之才，敢负协理分劳之责？自知汲深绠短，亟应逊贤让能。为此具呈帅座，恳请收回委派福林为广东筹饷总局会办成命，俾得专心本职，图报国家，实为公便。谨呈
大元帅钧鉴

东路讨贼军第三军军长李福林

中华民国十三年三月三日

（《陆海军大元帅大本营公报》一九二四年第七号，3月10日，"指令"）

程潜呈孙中山文

（1924 年 3 月 3 日）

　　呈为呈请事：窃据中央直辖广东讨贼军第四军军长梁鸿楷呈称：以所部第一旅团长蔡炳南转战西江，克复肇庆，频著勋劳，前次阳江之役又复抱病出发，遂至积劳身故，请予援例核转给恤等情到部。据此，查该已故团长蔡炳南力疾杀贼，尽瘁身亡，核与《陆军战时恤赏章程》第六章条例事实相符，拟恳钧座准予查照第四表，以上校积劳病故条例给恤，以示矜恤而彰令典。所有议恤各缘由是否有当，理合具文呈请鉴核，指令祗遵。谨呈

陆海军大元帅孙

大本营军政部长程潜

中华民国十三年三月三日

　　（《陆海军大元帅大本营公报》一九二四年第七号，3
月 10 日，"指令"）

杨西岩呈孙中山文

（1924 年 3 月 3 日）

　　呈为缮具《制药总所章程》恭呈仰祈睿鉴事：案据制药总所所长郑文华拟具该总所章程二十一条，呈请核示前来。当经督办逐条核明，分别修正，令饬遵守。理合将该章程缮具清折，备文呈请察核备案。谨呈

陆海军大元帅孙

　　计呈《制药总所章程》一扣。

大本营禁烟督办杨西岩

中华民国十三年三月三日

（《陆海军大元帅大本营公报》一九二四年第七号，3
月 10 日，"指令"）

罗翼群呈孙中山文
（1924 年 3 月 4 日）

呈为呈请事：现据第二支部长陈灏呈称：窃职部于去年收束已
久，积欠经费计共一万七千三百二十三元三毫三仙有奇。又在源记
购还利轮借煤银一千四百三十元，正合计该银一万八千七百五十三
元三毫三仙有奇。屡经请领，未蒙给发。兹奉钧部训令五一四号
开：为饬知事。查本部兹据所属各部、局、站、所、院、队所送各
月份计算书暨附属表单据转呈核销一案。现奉大元帅指令第一〇三
号内开：呈悉。查前因，该部供给军需受人指摘，曾经明令特派许
总司令崇智查办在案。兹据将所属各部、局、站、所、院、队各月
份计算书暨附属表单据等件造送前来，究竟是否核实，应候将原件
发交许总司令澈查明确，据实呈复，再行核夺，仰即知照。各件均
存。此令。等因。奉此，合亟录令行知，除分行外，仰即知照。此
令。等因。奉此，查职部隶于麾下范围，素荷关怀，其中困难，想
蒙洞悉，况早经奉令收束，所欠经费甚巨，为时已久，应先行清
发，方昭平允。除饬属遵照外，理合备文呈请察核，伏乞转呈大元
帅察核，俯予照准先行发给以清手续，实叨德便等情。据此，理合
转呈察核，伏候指令祗遵。谨呈
大元帅

前兵站总监罗翼群
中华民国十三年三月四日

（《陆海军大元帅大本营公报》一九二四年第七号，3
月 10 日，"指令"）

梁鸿楷、李济琛、杨锦隆、冯肇铭、卓仁机等致孙中山电

（1924 年 3 月 4 日）

请将五邑各项收入，概归财政处办理，其未核准各军，勿准在该处支饷。

（《申报》1924 年 3 月 9 日，"国内专电"）

杨庶堪呈孙中山文

（1924 年 3 月 4 日载）

为呈请事：窃庶堪奉令任为广东省长，当经将就职日期呈报在案。查职署为全省行政总汇机关，事务殷繁，需才佐理。兹查有萧萱，堪以荐任为秘书长，理合具文呈请鉴核。伏乞准予任命，俾专责成，实为公便。谨呈
大元帅

（《广州民国日报》1924 年 3 月 4 日，"特别纪载"）

杨庶堪呈孙中山文

（1924 年 3 月 4 日载）

为呈请鉴核事：窃查代理政务厅长陈树人治树优长，成绩昭著，拟请补授斯缺，俾资赞助，而专责成。理合呈请鉴核，俯准简任，实为公便。谨呈
陆海军大元帅

广东省长杨庶堪谨呈

（《广州民国日报》1924 年 3 月 4 日，"特别纪载"）

公安局呈孙中山文

（1924 年 3 月 5 日载）

呈为呈请鉴核事：窃奉帅谕，饬公安局拘传温雄飞到案，听候查办等因，亟应遵照办理。伏查温雄飞本一布衣，未尝闻达，迨厕身党籍，遭逢时会，于以得名，宜如何一德一心，力图报称。乃竟趋炎附势，隙末凶终，对于本党，是谓不义；附和北廷，腼颜事敌，对于民国，是谓不忠。不义不忠，虽其始有宣传党务之微劳，然晚节不修，功罪岂能相抵。固宜明正其罪，以彰国法而肃党规，当经派探拘传温雄飞到局讯办。旋据温雄飞开具申辩书，历述年来因谗畏祸，与悔过投诚之苦衷，及此次来粤所受之任务。呈请转呈帅座从宽赦免，予以自新等情前来。正拟办间，复奉帅谕，以温雄飞此次来省，系奉有某方附义来归之使命。春秋之义，不杀来使。方今筹备北伐，自宜先安反侧，以纾南顾之忧。区区一无足轻重之温雄飞，赦之无伤失出之名，杀之反失怀柔之策，仍可宽其既往，策其将来等因。奉此，仰见我帅豁达大度，法外施仁，雷霆雨露，均属恩施。对于温雄飞既留有余不尽之恩，使自生其感愧，在温雄飞饱经世故，戴山知重。据称知悔，当非饰词。遵即饬温雄飞出具悔过书，当堂省释，此后顽夫廉而懦夫立，无人不在高天厚地之中。近者悦而远者来，吾党益收广土众民之效。所有遵谕查办温雄飞及饬其悔过书准予省释缘由，理合备文连同温雄飞悔过书，呈请查核备案。
谨呈
大元帅
　　计呈悔过书一纸。

　　（《广州民国日报》1924 年 3 月 5 日，"特别纪载"）

林森呈孙中山文

（1924 年 3 月 5 日）

呈为呈复事：窃广州电政风潮发生伊始，职部先后接到广东电政监督兼广州电报局局长何家猷，暨中国国民党电政同志会呈电各一件。正核办间，又准大本营秘书处奉转钧帅交下文同广东电政监督兼广州电报局局长何家猷原呈之查复令，当即派职部交通局科长刘百泉前去调查。兹据呈复称：奉命后，遵即往晤广东电政监督兼广州电报局局长何家猷，询问中国国民党电政同志会控告案件之原委。据答与呈部之文约略相同，可免复赘。嗣又数四将现充广局报房总管黄胜祥、广局检查杜仲明、韶州局长谢贞耀、乐昌局长何畏、工头倪炳、佛山局长梁荣东、三水等丁伍燊德等事迹隔［？］别细访。广州局各职员究竟是否逆党？金谓黄胜祥自光绪二十八年出身，充广局报生、梧局领班、英德局长、广局报房总管，去年始行请假，其间又奉林监督直勉调赴汕局，因逆氛未靖中止。范监督其务委充韶局，因经费无着未到差。何监督就职后，由外交部伍学濂保荐，乃令仍回原职（林监督复函另附作凭）。杜仲明在广局服务十余年，民国六年即充翻译。此次由报房总管保举，始升主任。谢贞耀在广局充报生十余年，此次因江门局长撤差乃升调。何畏系滇军少校参谋，由卓司令仁机推荐。倪炳系广局老工头，在差二十余年，去岁辞差。此次因广州至佛线绞多天，原有工头不能察出地点之所在，材料所员梁心畲面呈非补回该工无人整理，何监督乃录用。到差后，即查出线绞在佛山第一、第三杆。嗣又察觉石龙之线绞，足见该工为有用之才。梁荣东由粤海关监督傅秉常推荐，伍燊德由外交部长伍朝枢取保。履历如此，是否逆党，实在不敢妄指。科长又追问，黄胜祥等既无逆党嫌疑，何以电政同志会控词如许之激烈？据称，此次之电控表面如电政同志会，实则是麦炎生、麦萼楼等少数失职败类，假借电政同志会名义妄架引用逆党题目，冀能

蛊惑观听，摇动何监督地位，藉图报复耳。缘何监督受事于军书旁
午，局中暨所属各局经济十分危困之际，欲仰副大元帅为国为民之
旨意，不得不淬厉精神，将电政事宜大加整顿，而整顿手续尤莫要
于开源节流。因之严核收支也，裁汰冗员也，为地择人也，百废毕
举而怨蕴亦于是乎生。麦尊楼，桂逆马济之电信队员也，本无线电
界中人，事缘原于去岁利用罢工风潮欺蒙李前监督章达，得混入广
州有线电局，充报房总管。然既无学识，又不谙西文，专恃宠取
巧，私勒商家电资（此事确有，惟商家不愿质对），不时鼓吹罢工
风潮以谋个人利益。劣迹昭彰，何监督乃将其送回无线电局（上
项劣迹业经无线电局长冯伟、沙面电报局长李锡祥在大元帅前证
明）。麦炎生之任佛山局长也，不但诸务废弛，且屡次破坏广佛电
线，而于收支报销更属糊涂，何监督乃将其撤换（有广佛两局往
返质问电稿暨租户禀呈，又凭另□抄白）。涂莲舫以一身而兼广
州局翻译、检查、收报三职，何监督恐其顾此失彼，贻误要公，
仅将其翻译主任职开去。彼竟愤然辞去检查兼职，专任收报，每
逢值班，肆意妄为，或拒收远报，或勒资私肥，是其有意破坏电
政名誉。调查得实，乃开除其职。沙面局领班关鼎，迹近逆党之
奸细也。由李局长锡祥揭发，方予以撤差处分（有李局长之呈可
凭）。他如沙面局报生杨少河、江门洋关电报局长邝玉屏、江门
局长马瑞璋等，或久不到差，或通款逆军（有报生冯豪华呈文为
凭），始为开差。若辈不加省别，听凭麦尊楼、麦炎生弟兄妄言，
引类结党，鼓浪生风，尚祈钧部主持正义云云。按用人、行政，
本长官职权之所在，广东电政监督何家猷本其职权整顿电政，所
有用人暨所办各节，以科长询访所得概系秉公，毫无私意，其间
调换手续或者不免过急，然值此纲纪凌夹，秩序紊乱之秋，不有
毅力令安能行？麦炎生等果为国民党之同志者，正当懔大元帅以
党造国之义，内疚惩尤，另图奋斗，不当藉党造谣，淆乱政府耳
目，鼓动罢工致贻国家损失。此次事件虽幸何监督应付有方，风
潮未至于扩大，而此端不戢，恐害马终难免于乱群，似宜稍事惩

戒，以维纪律。奉令前因，理合将调查情形并管见所及缮具呈复，伏乞鉴核等情。据□□广东电政监督兼广州电报局局长何家猷接办未久，纷纷更动人员，不无近于操切，致招谤议。惟所任用之人，或系久于电界，或系当局保荐，皆有确实凭证，尚无引用逆党之事。麦炎生等奉公不力，咎有应得，不自悛悔，反行捏造事实，希图耸听，居心实属险恶。若不严令惩处，殊未足以遏嚣风。奉令前因，理合将调查情形缮具呈复。是否有当，伏祈鉴核示遵。

谨呈

大元帅孙

大本营建设部长林森

中华民国十三年三月五日

（《陆海军大元帅大本营公报》一九二四年第七号，3月10日，"指令"）

林森呈孙中山文

（1924年3月6日）

呈为呈请事：窃查《商标条例》及施行细则，业于本年二月二十七日呈奉钧座核准公布在案。所有商标注册所亟，应依法组织遴选部员兼任以策进行。兹拟订《商标注册所暂行章程》十一条，理合缮具清折备文呈请鉴核，伏乞俯赐备案，实为公便。

谨呈

大元帅

大本营建设部长林森

中华民国十三年三月六日

（《陆海军大元帅大本营公报》一九二四年第七号，3月10日，"指令"）

陈奋亮等致孙中山等电

（1924 年 3 月 6 日载）

孙大元帅、程部长、杨总司令、谭总司令、许总司令、刘总司令、黎师长鼎鉴、杨旅长、郑厅长、国民党支部、报界公会钧鉴：

宝安县属沙井乡，以养蚝为生，前经升科之蚝塘，迭被虎门要塞司令廖湘芸勒索巨款，民等先后报效千余元。讵廖贪得无厌，复于月前派委声称再抽军饷万余元，民无力照缴，惨被廖司令于二月二十三日起，连日纵兵到塘，抢蚝口拘捕蚝船，拿押陈锦东等数十人，损失巨万。阖乡耆老百余人，匍匐虎门，请求保释，未邀允准。群情汹汹，恳赐严令制止，以救民命，阖乡感德。宝安县沙井乡人陈奋亮阖族万余人叩。

（《广州民国日报》1924 年 3 月 6 日，"各属新闻"）

程潜呈孙中山文

（1924 年 3 月 6 日）

呈为呈请事：窃职部军需局自奉令改组后，所有以前经手收支事项，业经饬前军需局长限期清理并呈报在案。惟职部经手发给各军各机关伙食给养，自去年十月十六日起至本年二月十九日止约四月有奇，其中收支情形若不澈底清理，明白宣布，不足以昭大信而释责任。兹为特别慎重起见，拟请帅座指派财政部重要专员审查清理，俟清理完竣即将收支总数刊册公布。事关军需要政，伏乞察核批准施行，毋任屏营之至。谨呈

大元帅孙

军政部长程潜

中华民国十三年三月六日

（《陆海军大元帅大本营公报》一九二四年第七号，3月10日，"指令"）

邹鲁呈孙中山文

（1924年3月6日）

为呈请事：窃为〔以〕教育为神圣事业，人才为立国大本，故国家设立大学，实振兴教育之总键，陶冶人才之巨炉。东西各国莫不注重大学，其在该本国无论已，即近来在吾国设立者，几无不接踵而起，所以不惜竞投巨资，莫非为国家奠定基础。我大元帅有鉴及此，将本省高师、法大、农专三校合并，改为国立广东大学。现当筹备期内，首须顾及经费为第一入手办法。大学为最高学府，经费尤应充裕。原来之费既少，新拨之费无多，盼厥成功，相差尚远。查省城筵席捐开办已有成绩，并专拨为七校经费。省外各属筵席捐自可援案办理，并请省外各属开办之筵席捐，以三分之二拨为国立广东大学经费，以三分之一拨为各该地教育经费，抽收消费之税以作教育基金。省河既已开办于前，各属自可推行于后。业由处函请省署查照转行财政厅遵照办理，并由国立广东大学遴选妥员，荐请财政厅委任随时分赴各属监提在案。现准省署公函开：迳复者：除原文照前邀免冗叙外，后开：查国立广东大学为最高学府，自应及时筹备经费以利进行。现拟开办省外各属筵席捐，并将该捐项以三分之二拨为国立广东大学经费，以三分之一拨为各该地教育经费，并由大学荐人由财政厅委任，随时分赴各属监提，自可照办。准函前由，除行财政厅遵照办理并函财政委员会查照外，相应函复查照等由。准此，特行呈报并请大元帅察核，将此项省外各县筵席捐三分之二拨为国立广东大学经费，三分之一拨为各该地教育经费，作为定案，永久不得变更，并通令广东省长及各军长官转饬所属：此项筵席捐拨作教育经费，无论各机关、各军队如何困难，

不准截留以符钧座振兴教育之宏图，不胜急切待命之至，仍候指令祗遵。谨呈

陆海军大元帅

国立广东大学筹备主任邹鲁
中华民国十三年三月六日

（《陆海军大元帅大本营公报》一九二四年第八号，3月20日，"指令"）

郑洪年呈孙中山文
（1924 年 3 月 6 日）

呈为呈请事：现据南海县长李宝祥呈称：案照佛山房捐原属指定赔还洋款之用，向系按月由佛山各警所收缴县署汇解。自去年驻佛滇军纷纷将各警官更换，县长深恐紊乱征收，经将捐册提回，由县派员前往收缴。该军兵士持枪追逐，迫不得已暂行停收，俟统一财政后再行补征。今该军遽然布告开收，究应如何办理之处，理合将该军布告一纸备文呈请察核俯赐指令祗遵等情，并附缴滇军第三军军需筹备处布告一纸到厅。据此，查各属征缴房捐原为汇拨洋款起见，自不能任意截收致紊通案。惟复核该军需处布告内称：本处现经奉大本营财政会议议决，改组成立统一财权各等语。究竟应否暂任征收，抑由帅座明令交回县办转解之处，据呈前情，除指令外，理合具呈请察核俯赐指令下厅，俾得转行遵照，实为公便。谨呈

陆海军大元帅

兼代广东财政厅长郑洪年
中华民国十三年三月六日

（《陆海军大元帅大本营公报》一九二四年第八号，3月20日，"指令"）

叶恭绰呈孙中山文

（不迟于 1924 年 3 月 6 日）①

为呈请事：案奉发下广州市柴行同福堂代表区毅呈一件到部。奉此，查该商呈请：迅颁明令严行禁止北江商运局、小北江护商事务所越界苛抽柴税等情。系为体恤商民起见，自应照准。理合代拟明令，呈请察核施行。谨呈

大元帅

大本营财政部长叶恭绰

中华民国十三年○月○日

（《陆海军大元帅大本营公报》一九二四年第七号，3月 10 日，"指令"）

赵士觐呈孙中山文

（1924 年 3 月 7 日）

呈为呈请事：现据运商济安公堂研究公会禀称：顷接本堂会各程船报称：各船入口驶至黄埔河面附近，有东江商运局兵舰喝令停船，勒缴保护费三五十元，尔等始准放行通过，殊于运务大有窒碍等情。查商运局定章原为保商而设，若拦途勒收保护费，拟与原定宗旨不符〔符〕。况程船为饷项所关，更与百货不能同日而语。理合据情禀请钧署察核，恳即咨令商运局转饬所属，嗣后对于程船出入准予豁免征收，勿再留难，俾恤商艰等情。据此，除转咨东江商运局禁止勒收外，理合据情呈请钧座察核，俯赐令行东江商运局禁

---

① 原呈附于 1924 年 3 月 6 日孙中山"指令"后，据此推断原呈不迟于 1924 年 3 月 6 日。——编者

止勒收，以维程运而恤商艰，实为公便。谨呈

大元帅

两广盐运使赵士觐

中华民国十三年三月七日

（《陆海军大元帅大本营公报》一九二四年第七号，3月10日，"指令"）

叶恭绰、杨庶堪呈孙中山文
（1924 年 3 月 8 日）

呈为呈请事：案准军政部第八六一号公函内开：现准贵会第一一二号公函：请照案将该警卫团每日应领军费二百元分配拨付，以符议案等由。查此项摊款业已移请中央军需处查照办理，相应函复查照等由。准此，查警卫团每日应领经费二百元，前准市政厅提议，经本会议决，从二月十一日起另由各机关分担并交军政部办理，于第十五次特别会议决案第十项报告有案。准函前由，理合呈请帅座察核，俯赐令行中央军需处遵照办理，实为公便。谨呈

大元帅

财政委员会主席委员叶恭绰、杨庶堪

中华民国十三年三月八日

（《陆海军大元帅大本营公报》一九二四年第八号，3月20日，"指令"）

孙科呈孙中山文
（1924 年 3 月 8 日）

呈为呈请鉴核事：窃市长现据卫生局呈称：承办提抽全市粪溺埠租穗义公所呈称：窃奉中央直辖滇军第一师长赵成梁布告，略谓

现据鸿源公司陈华具呈请承办省河粪溺出口捐□助军饷，并附公函、章程等件交来。据此当即召集全行会议，据各埠商陈述，自滇军布告发生，各乡农氏哗然，业经定下粪溺者纷纷函来停止交易，正拟具呈钧局设法维持，乃不旋踵纷纷来报，四面河道截留艇只。窃思粪溺生意其业至贱，其利至微，尤与农工相依为命，查此项出口捐，买客负担粪□垫缴云云，名为农民负担，实则埠商受害。近年兵燹侵寻，盗贼蹂躏，江河梗阻，商农交窘，十室十空。查其章程内载：如有埠商违令抗捐及牵动风潮情事，定即严拿罚办等词，此等剧烈手段实予人以难堪。彼农民岂无别项田料膏耕植者，而必昂其值以强为销受［售］。人虽至愚，亦断不出此。况粪溺生意赊出者十居七八，已成习惯，今风声一播，将来停止交易，则艇只不能接续运输，运输滞窒，势必至清倒停工。而全市之住户粪桶满溢堪虞，将秽气薰蒸，发而为疠。埠商固牺牲血本，对于提款无着其事犹少，而卫生前途障害实巨。尔时求全责备，埠商宁愿别谋生计亦不甘负责矣。筹商再四，实可寒心，迫得据情呈恳钧局，迅予设法维持以消隐患。现已设船在东西濠口及握要河道开始勒捐，经扣留粪溺艇数十艘不准放行，即恳转详广州市市政厅、广东省长迅将该船解散，立令捐案撤销以安民心，则洁净经费，商农生业胥利赖矣。并附抄中央直辖滇军第一师原函一纸，鸿源公司传单一纸。

复据承抽全市厕租保安公所呈称：现奉中央直辖滇军第一师司令部布告，据称现准鸿源公司陈华拟具章程，抽收粪溺出口捐以助军饷等因。又据鸿源公司派人持传单到商等各店称说，务须遵章缴纳军饷方得出口等情。查其抽捐办法，大致粪船每傤重二万斤以下抽三元，猪粪、水粪、便溺各有等差。派员常川分踞省河东、西、南三处水面要道拦截抽收，所谓瞒捐走漏，且有连船充公外并拿究罚办之条，手段严辣，群情惶恐。伏思田料一门，种类甚多，尤以粪溺一项关系各方面为最大。在省市方面而言，向由钧局督饬各店将所有市内粪溺随时趁潮清运离省方为得当，无如近来水道梗阻，凡有货船往来遇时为土匪打单及勒收行水等事，间或全船掳去以致阻碍接替，无从清运。上千严处，乃今欲运离城市，亦反加以出口抽捐，殊背钧局向来督饬清洁以重卫生之旨。在用途方面言之，凡购买此项货物者均属四乡安分农人，近年里□不靖，水陆梗塞，凡业耕种者无不叠受摧残。到处田土荒芜，挺［铤］而走险，民不得安其业。间有饮苦经营，操末耜以从役于□亩之中者，无不筋穷力竭，始克购取各种肥料以粪除田土。此在稍明事理者，亦知安集奖翼之不暇，若更加重其负担而窒其生息之机，以妨碍其事业之发达，似亦于保卫民生之旨不无相左。在营业方面而言之，商等虽系经营商事，然究竟负有多少清洁义务？与别种生意不同，考此类货物日有来源，不能存贮，即存贮亦变坏无用，故平时不问销路旺淡，总以立即脱货以便回环接替而利清洁为必要。既无投机可乘，又弗能候价而沽，虽营商业兼顾公益，倘遇滞市，则上受钧局干涉而下无销路，迫得运去市外投之浊流，牺牲血本，勉尽清洁义务。近年固屡试不鲜，此则自计未违，今又强以间接负担纳捐之责，在平时固难邀买客之加给，遇滞市又何能问诸水滨？况揆之转嫁法中亦大违捐税正义之旨，且一有加捐，买客避重就轻，可以别购肥料，则敝行生意实在直蒙其损害。况省城司令部林立，筹措军饷责有专司，若相率效尤，藉口军费各别抽捐，不明统系，无所秉承。此风一开，粤省商场何堪应命？总之，此项抽捐有损无益，不成体统，妨碍农业，阻害卫生，贻害公益，损害商务，违反税法，徒滋骚扰而已。更查前裕农公司认饷承办田料捐，业蒙大元帅批准取销在案。现在事同一律，恳请迅予上详市长察核，并转详省长立颁明令取销，并勒令将省河东、西、南水面分局刻即解散，以便运输而免骚扰，并粘呈鸿源公司传单一纸各等情到局。据此，查核所称各节尚属实情，事关妨碍公共卫生，应如何酌予维持以弥隐患之处，理合检同抄单，据情转请察核指令饬遵等情前来。

据此，查此事前准赵师长来咨当经咨复，请将此项承捐案撤

销，并经呈报帅座令饬撤销在案。现据前情，该公司业已开抽，积
极进行。理合备文再呈帅座鉴核，迅赐令行滇军总司令转饬赵师
长，立将批准鸿源公司承捐案撤销，以免酿出风潮，致碍全市卫
生，仍候指令祇遵，实为公便。谨呈

大元帅

广州市市长孙科

中华民国十三年三月八日

（《陆海军大元帅大本营公报》一九二四年第八号，3
月 20 日，"指令"）

程潜呈孙中山文

（1924 年 3 月 8 日）

呈为呈复事：案奉钧座交下姚雨平等呈一件，以现任大本营高
级参谋陆军中将林震为党为国迭著殊勋，溘然长逝，良堪痛悼。拟
恳准予照中将积劳病故例给恤，以昭忠荩而励来兹等因。经部长查
核事实相符，理合具文呈复敬乞明令发表。谨呈

陆海军大元帅孙

大本营军政部长程潜

中华民国十三年三月八日

（《陆海军大元帅大本营公报》一九二四年第八号，3
月 20 日，"指令"）

赵士觐呈孙中山文

（1924 年 3 月 8 日）

呈为呈请事：现准东路讨贼军总司令许崇智第五零号咨开：案

查一月二十一日奉帅令第三四号训令内开：据广东省长廖仲恺呈请，以东路军饷固应维持，而各县催收新旧粮，及省署指定派解各款亦应统筹兼顾，计香山县各项征收约计达二十万元左右。拟请将香山一县收入全数划出拨解东路军部，其余各县仍照前奉帅令派定数目，分饬照解省署核收，其东路派赴各县旧粮委员一律撤销。似此两全，既于东路军糈可资挹注，而于各方办事均不致受其牵动。经将办法提出政务会议议决，呈请照案核准等情。据此，当经指令：呈悉。案经会议议决，自应准如所拟办理等语。印发外，令行令仰该总司令遵照等因。奉此，查原案既称香山县各项征收，又称全数划归东路，则非仅指田赋与防务经费两项明矣。既称提交政务会议议决，又称录案呈请核准，则帅座核准之后敝部与各机关均应共同遵照又明矣。乃部遵照帅令先将南、番两县旧粮委员撤销，不数日又遵照帅令复将顺德、台山各县旧粮委员一律撤销，均惟帅令是听，成案具在，可复按也。而得香山后，除防务经费及钱粮两项外，督缉局则由贵署派员经收矣，上盖税及商业牌照、佃土、厘厂等捐税则由财政厅派员经收矣。酒税一项日昨财厅又欲收回，给予廉价承包之旧商梁萱经收矣，似此殊非各机关所以尊重帅令与维持信用之道。敝总司令以绝对服从帅令并体谅各财政当局艰难，是以茹苦含辛，渴望财政实行统一，饷糈有着。惟敝部目前每月火食及一切应需各费至少约需二十五万元左右，查一月以来，香山县钱粮收入由该县县长解到敝部者仅二万一千元，防务经费旺月不过九苗［万］元，淡月只七八万元，综计敝部收入香山现洋不过十万元左右。以去年军政部每日原拨给养费一千九百二十元，现只领得九百六十元，公安局每日原拨补助费一千五百元，自二月一日起至今未曾领得，实有难于支持之势。业经派令敝部参谋长冯轶裴面谒帅座，陈明一切艰苦情状，恳请维持。顷据冯处长面称，奉帅座面谕准予查照原案维持，将香山县各项收入全数划归敝部，仰见帅座体恤下忱，至深感激。除录案并将原委呈请帅座核饬并分行外，相应咨请贵运使查照并转行遵照，实纫公谊等由。准此，窃查帅令核准拨解许总司令者，系指香山县各项收入而言，并非各机关悉归许总司令派员管理。况香安督缉局专为查缉私盐、屏蔽省配而设，并非征收机关，当然由运署直接派员经管，实无违背帅令。准咨前由，想因许总司令于该局性质未甚明了，致有误会。除明白咨复外，理合具文呈请钧座察核备案。谨呈

大元帅

　　　　　　　　　　　两广盐运使赵士觊
　　　　　　　　　　　中华民国十三年三月八日

（《陆海军大元帅大本营公报》一九二四年第八号，3月20日，"指令"）

市政厅呈孙中山文

（1924 年 3 月 8 日载）

　　呈为呈请鉴核通饬事：窃职厅现据公用局长姚观顺呈称：现据人力手车合利公司等呈称：窃商等分担巨饷，开设人力手车公司，嗣因军兴后交通略受影响，车租收入，已形短绌，商等多受亏折。本年一月，复奉令加收军费，虽曰出之乘客，惟往往争持不允给足，或因乘客稀少，面讲价值者，稍平亦去，车夫为暂顾日用起见，不得不然。旋奉钧局发出袖章，以免拉夫，正为欣幸。不料近日又据夫目报称，复有军警拉夫充役，往往以人力手车夫应命，不问其有袖章与否，尤以一二区为最。间有报到即行往保，或可放回，若知觉稍迟，业已解往，连车辆遗失亦有之，遂致已租者失业，未租者裹足。不独〈于〉饷源与军费有碍，且于交通事业，亦受影响，在商等血本无归，尤其余事。兹为挽救饷糈，保存营业起见，理合联呈钧局，伏恳俯赐转呈市长，令行公安局，饬区警严禁强拉夫役。并呈请大元帅，通令各军机关，即有募夫情事，勿以拉车夫充数，以备饷源，而安营业等情。据此，查自军兴以来，车

业冷淡，近复又加军费，营业益难。若军警拉夫，辄以车夫充数，诚为苦累，自应予以维持，设法制止。据呈前情，理合备文转呈钧厅。恳准如所请，令公安局饬区禁止警察强拉车夫，并呈大元帅通令各军机关，遇有募夫，勿拉车夫充数，实为公便等情。据此，查禁拉车夫，前经呈奉帅令通饬各军一体遵照在案。兹以日久玩生，又有强拉车〈夫〉充数情事，实于饷源交通大有妨碍。兹据前情，除令公安局饬区禁止外，理合备文呈请钧府鉴核，俯赐通饬各军机关，嗣后即有需用夫役，勿再强拉车夫补充，以资保护，实为公便。谨呈

大元帅

（《广州民国日报》1924 年 3 月 8 日，"本市新闻"）

曲江商会等致孙中山等电

（1924 年 3 月 8 日）

孙大元帅睿鉴：杨省长、滇军杨总指挥、豫军樊总司令、报界公会、广州总商会、商会联合会、粤省商团总公所钧鉴：

现据韶城同乐酒楼司事关瀛投报，连日被驻扎本城之□军，强借用具，有借无还，损失难堪。今午三时，又被驻扎豆粉街□军，到店强借蒸笼，稍与辩论，即被驻扎对面大同酒楼之□军，开枪击毙店伴符南一名，轰伤司事陈满一名，并抢去毫银一百余元，复将店内什物捣毁一空。投请维持等情前来。查该□军连日在市面强买强卖，业经滋事数次。今日又因强借用具，伤毙人命，抢掠财物，以致全城商团，咸报不平，意欲以武力对待。附城各乡乡团，闻耗纷纷派人慰问，意欲拨队来援，经敝会长、团长极力劝止，静候解决。现在众情悲愤，人人自危，各存停业避祸之心，各具誓与借亡之志。恳乞设法维持，惩凶抚恤，追赃给领，并乞严令该军拨队离韶，以平众怒，而免酿祸。曷胜迫切待命之至。曲江商会、商团暨

绅商学界公民等全体同叩。齐亥。印。

（《广州民国日报》1924 年 3 月 12 日，"特别纪载"）

曲江商会等致孙中山等电
（1924 年 3 月 10 日）

孙大元帅、杨省长、联军杨总指挥、总商会、商联会、商团总公
所、报界公会钧鉴：

齐电计达，迄未奉决。现□军复架炮示威，民命愈危，群情愈
愤，全城闭门避祸，乡团咸抱义赴救。若无完满解决，地方势将糜
烂。迫切陈情，缓死待命。曲江商会、商团、绅学界公民等全体同
叩。灰。印。

（《广州民国日报》1924 年 3 月 12 日，"特别纪载"）

卢兴原呈孙中山文
（1924 年 3 月 10 日）

呈为呈请事：窃兴原前以厅费无着，乏力维持，迭经具呈恳请
辞职，另简贤能接替，嗣蒙帅座温谕慰留，并指令大理院遵照迭次
令饬按月尽收入之款，平均摊发院厅职员，勿得稍有轩轾等因，具
见钧座维持之至意。惟是职厅自奉令后，迭次派员赴院并具呈请领
经费，迄未奉大理院遵令拨给，困苦情形有加无已。而比阅广州市
内各日报，载有大理院呈请将职厅范围缩小，以检察长兼任检察
官，不另设专员等语。事之确否，不得而知。若果有其事，则于法
律、事实两皆背驰。查《法院编制法》内载：总检察厅应设置检
察长一员，检察官二员以上，而就刑诉律上恒有检察官，为法律
所应回避而不能执行职务者。若仅以检察长兼任检察官，不另设
专职。设遇有上述情形，究应如何办理？足见如此办法乃绝对不

可行。在大理院此种设施原欲撙节经费，然查院内于去年九月且增加薪俸，而院中书记官设置至二十员，录事雇用至十三员，并设有代院长兼庭长，撰拟判词之秘书，有非《法院编制法》所规定之录事长。苟欲经费之撙节，奚须再缩小职厅范围，使成为非驴非马之法院，损司法之尊严，隳政府之威信？能稍将职员裁减一二，若秘书若录事长，或不加薪俸，则已足敷职厅现时支出之经费矣。乃不此之图，而欲削足适屦，多见其措置之乖舛而已。抑大理院自钧帅令饬遵照，迭次令饬按月尽收入之款平均摊发，而后始终未遵照帅令办理，以致职厅业成无形之解体。兴原日夜旁皇，无法维系，舍每日派员赴院请领经费外无他术。明知以钧帅命令之严，犹不能令院遵照摊拨，区区微员例往坐领曷济于事。第兴原既受帅座特达之知，迭令勉为其难照常任职，自不能稍涉放弃致负厚期。然现虽极力设法维持，但厅费无着，仍难支拄。再四思维，于无可筹垫之中，只有呈请将发行各省厅庭状纸仍归职厅办理，暂救目前之急，或可勉维现状。查发行状纸，年前本归职厅办理，此次大理重组，即由院发行。职厅规复后，曾具呈恳请大理院援照上次办法，将发行状纸仍归职厅办理，呈上经年未奉指令□□。大理院既有讼费、律师证书小章等费，收入不资，而职厅则并无分毫收入，虽状纸收入每月亦不过四五百元，然得此尚可酌给职员薪水以资办公。惟有仰恳帅座俯准明令，饬将发行状纸状面之权归职厅办理，由职厅通令各厅庭饬嗣后赴厅领用，该款拨充厅费。并请令饬大理院停止发行状纸状面，以归划一。所有恳请明令准职厅发行状纸状面各缘由，理合具文呈请察核施行。谨呈
大元帅

总检察厅检察长卢兴原
中华民国十三年三月十日
（《陆海军大元帅大本营公报》一九二四年第七号，3月10日，"指令"）

叶恭绰呈孙中山文

（1924 年 3 月 11 日）

　　呈为修正官制改组部务以资整饬而便支配仰祈鉴核令遵事：
窃职部官制，自邓前部长泽如根据旧案从事组织恭绰受事以来，
亦即悉随旧规，迄今促进统一，部务潮繁。且每有临时特别事件
发生，不在原设厅局职掌以内者，而主管各厅局因事务之转移，
繁简之互易，亦每致统系不贯，劳逸不均，已多不尽适合之处，
亟应将职部官制量为修正，以便支配而资整饬。查职部官制原设
一厅三局，计简任官四员，荐任官十五员。现拟改为一厅两局，
将其职务另行支配，设简任官、参事局长各两员。除局长系有专
职外，即由参事办理法律起草，及临时特别事务至□务厅。拟不
设厅长，只设科长三人分掌厅务，并派参事兼管。其原设秘书科
长均经荐任，未便取销其若［荐］任资格，拟即改设荐任参议十
员，视事务上之需要，由部分派各厅局办事，或令其主管及助理
特别事务，秘书三人仍照原额。至原设委任官仍照原案暂不定额，
由部酌委，如经此次修正官制，改组部务，以后各事均有专员办
理，各员均有专办职务。员额不必增加，部务便于进行，实于整
饬部务之中仍寓省节减经费之意。俟奉令核准再行遴员仍请任命
外，所以修正职部官制及改组部务各缘由，是否有当，理合附具
《修正官制草案》呈请钧座睿核，俯赐训示祗遵，实为公便。
谨呈
大元帅

　　　　　　　　　　　　　大本营财政部长叶恭绰
　　　　　　　　　　　　　中华民国十三年三月十一日
　　（《陆海军大元帅大本营公报》一九二四年第八号，3
月 20 日，"指令"）

杨希闵呈孙中山文

（1924 年 3 月 12 日）

呈为转请核示事：案据职军第一师长赵成梁呈称：据韶始杉行商人林先南、誉丰恒、夏祥丰、张汝康、胡岱青、永兴祥、曾生合、陈发和、华普安、瑞昌隆、夏铸廷、永合号等，为迭剥重抽万难担负联恳据情转请撤销以维商业事：窃韶州居北江之上游，入湘赣之孔道，交通利便，商务纷繁。近年以来迭被战事蹂躏，商场困难已达极点，此皆师长所深悉者也。讵昨阅北江商运局布告，令饬商等木排遵缴护费，商等阅之不胜骇异。查北江向设有护商统领部，商等遵缴护费，数年以来相安无异。既设有护商统领部于前，现复巧立名目添设商运局于后，商等木排迭剥重抽，值此商业凋零之际，实属万难负担。如谓匪氛不靖，河道梗阻，自有驻防军队及护商统领部设法疏通，似无庸设立商运局之必要。商等经营商业，血本攸关，迭剥重抽，势难缄默。迫得联恳师长，伏乞体恤商艰，据情转详，迅将北江商运局撤销，以免苛抽而维商业等情。据此，师长复查该木商等迭遭战事，所受影响不少，近复河水暴涨冲散，损失亏损尤巨。若言保护，职师已设护商统领专任其责，各商等所称商运局无设置之必要亦系实情。矧迭剥重抽，万难负担。乞为转恳大元帅俯恤商艰，饬令将北江商运局撤销，以一事权而恤商困。是否可行，理合据情呈请钧核。等情。据此，查所呈各节系为体恤商艰起见，至应否将北江商运局撤销之处，仍乞睿裁示遵。谨呈

大元帅孙

中央直辖滇军总司令杨希闵

中华民国十三年三月十二日

（《陆海军大元帅大本营公报》一九二四年第八号，3月 20 日，"指令"）

赵士北呈孙中山文

（1924 年 3 月 13 日）

为呈覆事：窃奉大元帅第八八号训令：为令知事。据总检察厅检察长卢兴原呈称：厅费无着，拟请将发行各省厅庭状纸仍归职厅办理，暂救目前之急。查发行状纸年前本归职厅办理，此次大理院重组，即由院发行。职厅规复后，曾具呈请大理院援照上次办法，将发行状纸仍归职厅办理，未奉指令。现在大理院既有讼费、律师证书、小章等费，收入不资，而职厅则并无分毫收入，虽状纸收入每月不过四五百元，然得此尚可酌给职员薪水以资办公。恳准明令饬将发行状纸状面之权归职厅办理，由厅通令各厅庭，饬嗣后赴厅领用，该款拨充厅费，并请令饬大理院停止发行状纸状面，以归划一等情前来。除指令所请事属可行，应予照准，嗣后所有发行状纸状面即由该厅办理，该款并准拨充该厅经费以资维持外，仰该院长即便遵照办理等因。奉此，查该厅经费近来无着，前经拟具维持办法呈请核示在案。奉令前因，本应遵照办理。惟查状面状纸照章应由司法制造发行，职院兼管司法行政事务，自应由院掌理，向例虽可由各审检厅备款领取分售，近因司法权限只广东一省，为便利当事人起见，故省城状纸统由职院发售以归划一，其外属厅庭仍系备款向院领售。该厅年前亦系如此办法，原呈乃朦混其词，呈请令饬职院停止发行状纸状面，饬各厅庭嗣后赴该厅领用，未免僭越权限。该厅职权仅司国家检察事务，何能制发状面状纸？若徇其所请，行政系统不免破坏，匪惟有隳部院之威信，且恐下级官厅相奉效尤，他部主管事务亦不免于分裂。（如制售印花税票及邮票等权各有主管部掌理，若下级机关要求制造发行，则何以应之？）士北之愚，故期期以为不可。兹拟嗣后刑事状面状纸仍准该厅来院领售，即以售得之价作为该厅经费，免予解院以资维持。除令该厅不得擅自制造状面状纸外，理合将奉令碍难遵办缘由及变通办法，呈

大元帅核示俯予批准，实为公便。谨呈

大元帅

　　　　　　　大理院长兼管司法行政事务赵士北

　　　　　　　中华民国十三年三月十三日

　　（《陆海军大元帅大本营公报》一九二四年第八号，3
月20日，"指令"）

程潜呈孙中山文
（1924 年 3 月 13 日）

　　呈为呈覆事：案奉钧座交下滇军总司令杨希闵呈一件，以所部
卫戍司令部副官长洪锡龄上年随征东江，勋劳卓著，博罗之役，不
幸阵亡。请予追赠陆军中将，并照阵亡例给恤，以恤遗族而慰忠魂
等情。经部长查核，事实相符，理合具文呈请钧鉴训示祗遵。谨呈

大元帅孙

　　　　　　　　　　军政部长程潜

　　　　　　　　　中华民国十三年三月十三日

　　（《陆海军大元帅大本营公报》一九二四年第八号，3
月20日，"指令"）

樊钟秀呈孙中山文
（1924 年 3 月 13 日）

　　呈为呈报事：查韶关兵士肇事伤毙店伴一案，经将肇事大概情
形并派参谋长朝敬铭驰往查办呈报在案。兹据该参谋长文电报称：
灰晓丑时抵韶，即调查肇事原因，本早传齐各旅所部长官集议，咸
称三旅六团二营所部副兵王文彬一名，因往同乐酒楼借笼炊饽，该
店坚不应允，致起口角。副兵不甘受辱，回棚报知班长，邀同数人

复往，遂致争闹不休。附近卫兵恐酿事端，驰至劝解。店伴误为帮助，致更误会。时适有二旅旅部马弁李书纪闻声赶至，手携短枪与店伴互相纠缠，卒因夺枪失慎，误毙店伴一名，负伤一人，因是各商店多起恐慌等由。当即抚慰该店，并将带枪酿祸马弁李书纪、肇事副兵王文彬二名看押，请示办法前来。据此，当即电示马弁李书纪就地枪决，副兵王文彬寄押县署查明惩办。查此次韶城因借笼炊馂致肇事端，所部长官对于士兵平日不能严加约束，临时又未到场弹压，咎有应得。除将该管各长官免职留任、图功赎罪外，合将肇事情形并枪决马弁李书纪、惩办副兵王文彬、免职该管长官情形，合并呈报钧座鉴核。谨呈

大元帅

豫军讨贼军总司令樊钟秀
中华民国十三年三月十三日

（《陆海军大元帅大本营公报》一九二四年第八号，3月20日，"指令"）

卢振柳呈孙中山文

（1924 年 3 月 13 日）

呈为呈送卫士姓名、年籍、履历清册以备鉴核事：窃昨奉钧帅面谕：着将全队卫士姓名、年籍、履历开具备核等因。奉此，理合谨将职队全队卫士姓名、年籍、履历分别简缮清册呈送仰祈鉴核，实为公便。谨呈

大元帅

参军兼卫士队长卢振柳
中华民国十三年三月十三日

（《陆海军大元帅大本营公报》一九二四年第八号，3月20日，"指令"）

香山容辉平等二千余人致孙中山电

（1924 年 3 月 13 日载）

广州孙大元帅、杨省长、伍外交部长、傅交涉员、孙市长、吴公安局长、广州报界公会、香山公会（余衔略）均鉴：

二月二十七日，葡人突派武装军警越境，沿途掘地竖立电杆，安设电话，拟由澳门通至前山梅溪乡一带。业经拱北分厂司事方鉴廷，以未奉税司命令许可，上前制止。讵葡人仍置不恤，依然自由安设，旋由前山交涉员卢光功赶往理论，并由驻防前山陆团长及警察第七区长邓宗茂，派拨军警禁止，始行罢工。伏查澳门经界，久未划妥，葡人迭乘我〈国〉内乱，肆意侵吞，得寸入尺，填筑海岸，蚕食青州。今益复放肆，胆敢树立电杆，希图侵占，野心不已，后患何堪？伏乞列宪迅行提出严重交涉，以挽国权面〔而〕重领土。地方幸甚，国家幸甚。香山下恭镇全体公民代表容辉平、吴耀干、吴国宾、吴星阶、刘宝裘、吕星涛、张裕琨、郭骏声、李声桃、陈少坤、鲍广业、彭绍通二千余人等叩。

（《广州民国日报》1924 年 3 月 13 日，"特别纪载"）

赵士觐呈孙中山文

（1924 年 3 月 14 日）

呈为遵令裁撤谨将经管款目开列清册暨截缴关防仰祈鉴察核销事：案准大本营秘书处函开，奉大元帅令：现在战事进步，全粤即可肃清，大本营粮食管理处无继续办理之必要，着即行裁撤。此令。等因，经于十二年十一月二十七日遵令裁撤。呈奉指令第六八三号，准予备案在案。查职处系于十二年七月十七日奉令筹办，于是年十月二十七日呈报成立，截至裁撤日止，时历四阅月有奇。所有筹办费用及成立后一个月分职员薪俸暨经常临时各费，共支毫洋八千八百五十五元零六仙。除由广东财政厅官产专案办理专员四次拨来共毫洋八千三百九十八元五角三仙外，比对不敷计毫洋四百五十六元五角三仙，该款于裁撤时经由督办垫支清楚。奉令前因，理合将经管款目编造收支四柱总册一本、开办报销分册、一〔个〕月分支出分册各一本，连同单据粘存部〔簿〕二本暨奉发关防一颗、小章一颗，截角呈缴帅俯〔府〕。伏祈鉴察准予核销，至深公便。至垫支过毫洋四百五十六元五角三仙□□，俟各征收机关有征存款项时，由督办呈准指拨归垫俾清手续之处，统候指令祇遵。谨呈
陆海军大元帅

大本营粮食管理处督办赵士觐
中华民国十三年三月十四日

（《陆海军大元帅大本营公报》一九二四年第十号，4月10日，"指令"）

杨庶堪呈孙中山文

（1924 年 3 月 14 日）

呈为呈报事：现据政务厅长案呈：本月八日奉大元帅任命状开：任命陈树人为广东政务厅厅长等因。奉此，窃维树人一介书生，未通治术，两权厅务，无补时艰。乃蒙宠任有加，简授实缺，抚躬循分，弥觉惭惶。惟有矢竭愚诚，益加奋勉，以图报称。谨请代呈等情前来，理合据情呈请睿鉴。谨呈
陆海军大元帅孙

广东省长杨庶堪
中华民国十三年三月十四日

（《陆海军大元帅大本营公报》一九二四年第八号，3月20日，"指令"）

0

4

王棠呈孙中山文

（1924 年 3 月 14 日）

　　呈为呈请鉴核训示祗遵事：本月十三日，准大本营秘书处公函第七七号开：本日奉大元帅令开：东江商运局着即裁撤等因，转行下局。奉此，自应遵照办理，将商运事宜即日结束撤局。惟查商运局自上年十月八日组立，正在着手进行，时值东江战事，办理不无障碍。迨至军事和缓，循序渐进，始有端倪。未几夏历年关，商场习惯休息度岁。今正转运粮食以及各宗货物调剂商场，东江商民获益不少，只以分帮输送，仍有留待后方，所有赁任船只按月给租，一旦撤局，手续既有未清，商情亦难平允。矧开运未久，局用亏垫，原冀逐渐弥缝，粮食运输又属商民称便。思维辗转，合无仰恳帅座逾格鸿施，俯赐展限一个月，暂缓撤局，庶使中途转运粮食及时输送清楚，然后即行撤局，缴销关防。似此稍缓时期，一转移间，俾行商与职局得以从容摒挡。所有拟请展限撤局各缘由，理合备文呈请鉴核。是否有当，伏乞训示祗遵。谨呈
大元帅

东江商运局长王棠

中华民国十三年三月十四日

　　（《陆海军大元帅大本营公报》一九二四年第八号，3 月 20 日，"指令"）

韦荣熙呈孙中山文

（1924 年 3 月 14 日）

　　呈为呈报事：本月十三日准大元帅秘书处公函开：本日奉大元帅令开：北江商运局着即裁撤等因。奉此，相应录令函达即希查照遵行，并希将撤局日期呈报帅座查核等由。准此，遵于本月十四日

将局裁撤，除分令各办事处即日收束外，理合将撤局日期呈报帅座察核。再，职局奉令开办并未领支经费，所有职局及各办事处垫过数目拟俟将联根缴验明确，分别造册再行呈报备核，合并陈明。谨呈
大元帅

北江商运局局长韦荣熙

中华民国十三年三月十四日

（《陆海军大元帅大本营公报》一九二四年第八号，3月 20 日，"指令"）

赵士北呈孙中山文

（1924 年 3 月 14 日）

呈为开办坟山特别登记谨将章程呈报察核乞俯准备案事：窃职院前以拟办坟山登记，先行派员筹议等由呈奉帅座第一零二号指令内开：呈悉。所请尚属可行，应准如所拟办理，此令。等因。奉此当经派员筹议，拟定《坟山特别登记章程》凡三十五条，并派员克日开办，以期保障坟地、弭讼息争。除布告外，理合将章程缮呈察核，伏乞俯准备案指令祗遵。谨呈
大元帅

大理院长兼管司法行政事务赵士北

中华民国十三年三月十四日

（《陆海军大元帅大本营公报》一九二四年第八号，3月 20 日，"指令"）

张开儒呈孙中山文

（1924 年 3 月 15 日）

为呈报事：据职处中校副官谷春芳呈称：副官因病未愈，拟入

院就医，恳给长假以便调治等情。据此，理合具文呈请睿核，伏候指令祗遵。谨呈

大元帅

参军长张开儒

中华民国十三年三月十五日

（《陆海军大元帅大本营公报》一九二四年第八号，3月20日，"指令"）

李福林呈孙中山文

（1924 年 3 月 15 日）

为呈复事：案奉训令第九九号内开：近闻各军人员有假托长官命令，在河面到处设立机关，征收往来船只各种捐费，巧立名目，藉端苛索，非法扰民，莫此为甚。着该军总司令暨各统兵官长严行禁止，并着公安局长饬水上警察严密查办。自接命令三日后，所有省河及各属河面，除船民自治督办所属机关外，一律勒令取销。如敢违犯，军法从事。仰该军长迅饬所部一体遵办，仍将办理情形呈复查考，并由省长署录令出示晓谕，俾众周知。其余省城内外各独立军队，由军政部通行遵照。此令。等因。奉此，查职军所驻防地，向无在河面到处设立机关、征收往来船只各种杂捐费情事，即苛细、杂捐、杂赌亦素严密查禁，以期仰副帅令体恤民间至意。奉令前因，仍饬部属一体遵办外，理合呈覆察核。为此谨呈

大元帅

东路讨贼军第三军军长李福林

中华民国十三年三月十五日

（《陆海军大元帅大本营公报》一九二四年第八号，3月20日，"指令"）

赵士觐呈孙中山文

（1924 年 3 月 15 日）

　　呈为呈请事：现据北江车运盐业同和堂陈致诚等禀称：窃船户等向业盐船运驳各江饷盐转运车卡，或由省运至各江，向不装傲别货及受别行雇用或充当官差，原系指定专为运驳饷盐之用。故每报秤之后，亦不能片刻留难。若一旦乏船运驳，不特有碍标配，即因而损害饷源。现盐业日定，筹饷军需所关，刻不容缓，若无船运驳，饷无所出。月来每有藉军骑封盐船，或藉词开差，或无地驻扎，强将驳船封用不知凡几。以至一经报秤，无船标配，已屡见不鲜。省河军队众多，名目庞杂，或藉军骑封故意留难，或冒军强封希图讹索，是军是匪，辨别无从。若长此相率效尤，不独损害盐业，复害饷源。况查省河前运盐驳船共有四百余艘，近月来或因被封扣留，或因改图别业，现在省河共计专运饷盐驳船仅百艘有奇，以致秤多不敷输运。若再从而效尤，各船户等一旦相率奔避，以致无船接运，其害底于无穷，势必至有停秤之患。船户等心所谓危，故特联同吁恳钧使俯赐维持给照保护，并乞转呈大元帅咨会各军总司令部饬属一体保护，免予封用以维盐业而固饷源，实为公德两便等情。据此，查该船户等现请给照保护，流弊滋多，未便照准。惟所称军队封用盐船，妨饷碍运自属实情，亟应据情转请通饬免予封用，以示维持。除批示外，理合具文呈请钧座鉴核，俯赐通令各军转饬所属一体保护，免予封用以维盐业而顾饷源。仍乞指令祗遵，实为公便。谨呈

陆海军大元帅

两广盐运使赵士觐

中华民国十三年三月十五日

　　（《陆海军大元帅大本营公报》一九二四年第八号，3月 20 日，"指令"）

杨庶堪呈孙中山文

（1924 年 3 月 15 日）

为呈报事：现据秘书长案呈：三月十日，奉大元帅任命状开：任命萧萱为广东省长公署秘书长等因。奉此，奉命惭惶，深惧弗胜，所有应行职务自当禀承省长办理，俾有遵循而图报称，谨请代呈等情前来，理合据情呈请睿鉴。谨呈
陆海军大元帅孙

广东省长杨庶堪

中华民国十三年三月十五日

（《陆海军大元帅大本营公报》一九二四年第八号，3 月 20 日，"指令"）

杨虎呈孙中山文

（1924 年 3 月 15 日）

呈为呈请辞职并缴还关防事：窃职前奉钧命办理海军事务，自维谫陋，无补时艰，数月以来，幸无陨越，现奉钧令任职为北伐讨贼军第二军第一师师长。目下北廷凶暴已至极端，北伐自难再缓，所有办理海军事务未便兼摄，以致贻误事机。应请钧座准予辞去办理海军事务，以便专心致力北伐军旅事宜。所有办理海军事务关防一颗理合呈缴，伏乞饬收，实为公便。谨呈
大元帅

办理海军事务杨虎

中华民国十三年三月十五日

（《陆海军大元帅大本营公报》一九二四年第八号，3 月 20 日，"指令"）

叶恭绰呈孙中山文

（1924 年 3 月 15 日）

为呈请示遵事：窃查广东造币分厂，由联商公司等联合中外商股合办，前经签订合约并照约委派梅光培为该厂总办，区濂为会办，分别呈请钧座核准在案。现据该总办梅光培呈称：接事后当派员赴港，将戋存生银数目及市面价格分别调查。据报港存生银仅得百余万元，并以英京银市受印市牵制，以致供不敷求，价格飞涨，前后四月来源缺乏，迅无变更，不得不将厂务仍旧停顿，免受束缚。惟念奉委日久，迄难进行，与其名位虚悬，不若徐图缘会，陈请准予辞去总办一职，以符名实而慎事权。又据该会办区濂呈称：奉委任令后，遵即筹划开收商股以便兴工，奈生银价格日渐高涨，商股无利可营，相率观望怀疑。且现查港币之补永［水］日高，生银之价格益涨，计生银百两较前加价十七八两有奇。体察市情，一时尚难鼓铸。与其虚名徒拥，究于实际无裨，自应呈请解职，以免贻误各等情到部。查铸币系政府特权，于国家财政、商市、金融关系綦重，本应积极筹备进行，以裕财源而增收入。乃该总会办等接事后，适值生银价格飞涨，来源缺乏，因此未能开工，自系实情。惟银市应有转移，时机当有可待，但使政府自筹大宗的款为该厂铸本，从事鼓铸，似尚不无盈余可望。现正由职部另行设法筹备，所有联商公司合约，拟即由部通告暂行停止履行。兹据该总会办等一再呈请辞职前来，情词恳切，拟即一并照准。该厂职务重要，拟俟职部筹款有着，再行遴派委员接办，届时当另文呈请核示。现拟仍由部派委保管委员先行妥为保管，除技工外，并将原派员司一律解散，其差役等亦汰弱留强，酌予裁减，以昭慎重而节縻［靡］费。所有停止履行联商公司合约及准予该总会办辞职，由部派员先行保管并裁节经费各缘由，是否有

当，理合呈请钧座睿鉴俯赐训示指令祗遵，实为公便。谨呈

大元帅

大本营财政部长叶恭绰

中华民国十三年三月十五日

（《陆海军大元帅大本营公报》一九二四年第九号，3

月 30 日，"指令"）

许崇智呈孙中山文

（1924 年 3 月 16 日）

呈为呈复事：案奉钧座元日电开：案据广东财政厅呈称：拟将本省厘税按照现行饷额加二征缴，仍准该承商照现案加二抽收，其有各军直接派办抽收者亦照案办理，将所收加二专款解厅。现定省河各厂局卡由三月十六日起始实行，省外各厂局卡由三月二十一日起始实行。责令各厘税厂、局卡委员、承商一律于五日内先缴预饷一个月，以后按五日报解一次，均照向章以大元解缴，毋得请延。恳赐鉴核分别批行通令遵照。再，此案已由职厅呈奉省长批准照办等情前来。查所拟办法尚属妥善，应照准办。所有税厘加二之款，均须一律依限专案解交财政厅核收，无论何项军政要需概不得截留拨用以重专款，令行通令遵照，仍将遵办情形迅速呈报等因。奉此，遵即转饬各部队一体遵照。所有谨遵电令办理情形，理合备文呈请鉴核。谨呈

大元帅孙

东路讨贼军总司令许崇智

中华民国十三年三月十六日

（《陆海军大元帅大本营公报》一九二四年第九号，3

月 30 日，"指令"）

叶恭绰呈孙中山文

（1924 年 3 月 16 日）

呈为呈报事：窃职部前拟改组部务，当经拟具修正官制草案呈请鉴核令遵在案。兹奉指令内开：呈悉。所拟修正官制除参议名目应改为佥事外，余均准如所拟施行，仰即知照。附件存。此令。等因，下部应即遵照办理。伏查修正官制，所有官职名称及员额职务均已分别修正，亟须克日改组，俾利进行。除遵照修正官制就原有职员呈请任命，并由部分别派委暨裁减员额外，其旧官制原案内各职员为新职制，裁缺者自应一律免职以符新制。查原任本部总务厅厅长陈其瑗现署本部总务厅厅长，原任第一局局长杨子毅现署第一局局长，原任本部科长李景纲现任第二局局长，李承翼原任第三局局长，黄仕强现署第三局局长，原任本部科长张沛及现任本部科长徐承燠、黄乐诚、张麟、邬庆时、罗继善、朱景丰、沈欣吾、鲍镞、廖朗如、梅放洲，现署本部科长李炳垣、李载德等，应请准免本署各职。其现任秘书黄建勋一员，已请简任为本部参事，应准免去秘书本职。所有遵令改组部务，应请将原任官员免职各缘由，理合缮具清单，呈请睿鉴批准，以便饬令各该员遵照。谨呈
大元帅

大本营财政部长叶恭绰

中华民国十三年三月十六日

（《陆海军大元帅大本营公报》一九二四年第九号，3月 30 日，"指令"）

·

叶恭绰呈孙中山文

（1924 年 3 月 16 日）

呈为呈请事：窃职部改组部务修正官制，业经呈奉指令核准在

案。现官制既奉修正改组遵照新官制，所有参事、局长、佥事等职，亟应遴员呈请任命以重职守。查本部参事两员，拟请以现署总务厅厅长杨子毅、现任秘书黄建勋等简任。递遗秘书一职，应以现任科长沈欣吾荐任。至本部赋税局局长，拟请以现署第一局局长李景纲简任。本部泉币局局长，拟请以现任第二局局长李承翼简任。至本部佥事十员，查有现任本部科长徐承燠、李炳垣、张麟、梅放洲、邬庆时、罗继善、黄乐诚、廖朗如、鲍镖、朱景丰等堪以荐任。除由职部先以部令分别派充俾免旷职外，理合缮具清单呈请睿鉴，敬祈俯赐任命明令施行，实为公便。谨呈

大元帅

大本营财政部长叶恭绰

中华民国十三年三月十六日

（《陆海军大元帅大本营公报》一九二四年第九号，3月30日，"指令"）

徐绍桢呈孙中山文

（1924年3月17日）

呈为呈请褒扬事：案准广东省长咨开：据琼山县长吴邦安呈称：据琼崖中学毕业生钟才猷、虎门陆军学校毕业生杜超群等呈称：琼山县第八区永都图耆民王开清年登百岁，例合褒扬，谨具事实清册及切结并遵缴褒扬费六元，呈请援例褒扬等情到县，由县加具印结，呈省咨部核办前来。部长核其事状，与现行褒扬条例第一条第九款尚属相符，拟请钧座题给"共和人瑞"四字，并给予银质褒章以示褒扬。所有拟请褒扬寿民王开清缘由，是否有当，理合具文呈请钧座俯赐察核示遵。谨呈

大元帅

大本营内政部长徐绍桢

中华民国十三年三月十七日

（《陆海军大元帅大本营公报》一九二四年第八号，3
月 20 日，"指令"）

叶恭绰呈孙中山文

（1924 年 3 月 17 日）

呈为呈报事：案准整理广东省银行纸币委员会函陈：以发行整理奖券第二期较第一期销数尤少，若仍继续办理，恐每况愈下，结果不良，当于一月五日常会席上提出讨论。议决将第三期奖券暨副券一并暂行停止。对于维持纸币一事，另筹妥善方法，各委员仍于每星期六日会议，以策进行。至于职员暂行解职由部派员兼管本会事务以节糜费，众意佥同，一致表决。理合陈报请即遴派部员一人，书记二人来会接管各项事件，以重公务等情到部。查该会发行整理纸币奖券第二期较第一期销数尤少，实因同类竞争日多，而各属交通又未完全恢复。以现在情形观察，此项奖券似难畅销。既经该会议决将奖券暂行停办，并请由部派员兼管该会事务，自系为节省糜费起见，事属可行。除函复该会外，当由职部遴派部员前往兼管该会，各项事件先行结束，此后整理纸币应另筹办法。惟每星期仍由该会各委员开会一次，以备本部咨询。兹据职部所派部员呈报接收兼管前来，理合将整理纸币奖券结束情形，及由部派员兼管该会事务各缘由呈报睿鉴。谨呈

大元帅

大本营财政部长叶恭绰

中华民国十三年三月十七日

（《陆海军大元帅大本营公报》一九二四年第九号，3
月 30 日，"指令"）

旅沪湖南同乡会致孙中山等电

（1924 年 3 月 17 日载）

广州孙大元帅钧鉴：湘军谭总司令、各军长师旅长、程部长、各报馆钧鉴：

顷本埠及汉口各报，登载赵恒惕抵押水口山一千一百万元一事，文曰：湖南自光复以后，财政已到破产地位，田赋已征至十四五年，外县甚至征至二十年。房捐征收，不知其数。近以沈鸿英、马济之军队，共有数万人，归赵担任军饷，无法可设，使其走狗宾步程为水口山局长，与洋商接洽，秘密将湖南水口山矿山抵押，以作北军饷项。闻现已与洋商接洽妥当，将水口山各矿，抵押洋商安利英央行等十一家，共押洋一千一百万元。其名则以矿局与该洋行等合办开采龙王港之金矿，以掩人耳目。故电实业司长、萧矿务长均先后至衡，随同宾步程往山签字云云。敝会同人阅报之后，尚恐不确，随派精细会员，回湘秘密调查，昨已回沪报告，与安利英洋行等押款之事甚实。但数为二百四十万元。且更查有市镇借款，为数亦二百万元，已派曹某赴京签字，准商借数为八十万元，为黄藻奇经手。名虽借款办实业、开矿山，实则接济北方饷项，求媚洛吴，扩充土匪式军实，以图祸粤。凶险贪酷，虽汤乡[芗]铭、张敬尧辈所不能及。伏思民国以来，吾湘十年九战，莫不受蹂躏于北方。今赵恒惕背其历史，引贼入户，残祸父母之邦，且欲战祸延长，拍卖全省，遗我桑梓百年之祸。惟望我大元帅，我湘军将领，赫然震怒，分遣师从，驱此造祸乡人孽之[之孽]獍。各界诸公，同伸义愤，各赋同仇，或与舆论之赞同，或予实力之辅助，一心一德，以救乡邦。同人不敏，亦当竭忠尽力，以随诸君子之后。事机迫切，语不克详，尚希谅鉴。旅沪湖南同乡会。

（《广州民国日报》1924 年 3 月 17 日，"特别纪载"）

陈锡乾等呈孙中山文

（1924 年 3 月 17 日载）

呈为沥情陈请，仰祈睿鉴事：窃闻英雄入彀，利天下首重得人，骐骥呈材，遇知音斯图展负，求人讵宜于舍旧，观效尤贵于有终。伏念前广东海防司令陈策以身许国，百折不挠，矢志坚贞，群言无间，帅座久寄心膂，同人凫仰模楷。论其勋绩，历历可数，如江大发难，收复舰队，扈从鹅潭黄浦之间，驰驱港沪粤海之上，无一时不为党尽力，无一事非为国宣劳；拒沈拒陈，策应惟命，或水或路，克奏肤功，此皆我大元帅知人善任，亦陈前司令精诚图报，故同人等获随驰驱，危难不磨也。顷闻陈前司令陡萌退志，将有离粤赴沪之举，不禁为海军全体悲。诚以四郊多垒，大难未平，欲奠国基，端资硕望。同人等默察人情，静观趋势，知经验最富，声名最赫，资格最深，足以表率我全体海军而执牛耳者，舍陈前司令，更无他人。国家设立广东海军学校垂五十年，耗费如许巨资，养成如此人才，今日实如硕果之仅存，宁忍其无所景从，势成解体。兹谨公举代表招桂章、丁培龙、陈锡乾、舒宗流、袁良骅等，晋谒帅座，沥情陈请，仰祈俯察群情，起用前广东海防司令陈策。同人一致拥戴，生死不渝，庶楚弓楚得，收效果于将来，同泽同袍，供驱策于麾下，无任惶悚待命之至。谨呈

大元帅孙

（《广州民国日报》1924 年 3 月 17 日，"特别纪载"）

杨庶堪呈孙中山文

（1924 年 3 月 18 日载）

呈为呈报事：现据秘书长案呈：三月十日奉大元帅任命状开：

任命萧萱为广东省长公署秘书长等因。奉此，奉命惭惶，深惧弗胜，所有应行职务，自当奉承省长办理，俾有遵循图报，谨请代呈等情前来，理合据情呈请睿鉴。谨呈
陆海军大元帅孙

广东省长杨庶堪谨呈

（《广州民国日报》1924 年 3 月 18 日，"特别纪载"）

广州绅商致孙中山电

（1924 年 3 月 18 日载）

大元帅、军政部、内政部、滇军杨总司令、湘军谭总司令、省长、财政厅、市政厅、广州报界公会钧鉴：

广州百物腾贵，民不聊生，加以军队截抽，诸多扰累。近奉帅令统一财政，禁止军人抽捐，商民企仰。查各江运柴，多被军人勒抽，而永禁三鸟捐，又有军队保护，奸棍抗令抽捐，显属遹法害民。乞飞电制止，以苏民困。禀续陈。侨省绅商文恩等叩。

（《广州民国日报》1924 年 3 月 18 日，"本市新闻"）

广州香山公会致孙中山等电

（1924 年 3 月 18 日）

广州孙大元帅、杨省长、伍外交部长、傅交涉员、孙市长、吴处长、广州报界公会钧鉴：

现据香山下恭镇全体公民代表容辉坪等快邮电称：二月〈二〉十七日，葡人突派武装军警越境，沿途掘地竖立电杆，安设电话，拟由澳门通至前山梅溪乡一带。业经拱北关分厂司事

方鉴廷，以未奉税司命令许可，上前制止。讵葡人仍置不恤，依然自由安设，旋由前山交涉员卢光功赶往理论，并由驻防前山陆团长及警察第七区长邓宗茂，派拨军警禁止，始行罢工。伏查澳门经界，久未划妥，葡人迭乘我国内乱，肆意侵吞，得寸入尺，填筑海岸，蚕食青州。今亦复放肆，胆敢竖立电杆，希图侵占，野心不已，后患何堪？伏乞列宪迅行提出严重交涉，以挽国权，而重领土。地方幸甚，国家幸甚等由。准此，合行电呈钧座，恳予交涉，禁止葡人，毋得越境树立电杆，以保国权，而杜蚕食，实叨公便。广州香山公会会长王棠、徐玉亭等叩。巧。印。

（《广州民国日报》1924 年 3 月 19 日，"特别纪载"）

陈锡乾等致孙中山电
（1924 年 3 月 18 日载）

请起用前海防司令陈策，足以表率我海军全体者，舍陈无人。

（《申报》1924 年 3 月 18 日，"国内专电"）

陈兴汉呈孙中山文
（1924 年 3 月 19 日）

呈为呈复事：窃奉钧座交下广东地方善后委员会等，暨柴行代表赖星池等呈请救济柴荒一案，交陈兴汉办理等因。奉此，遵即传集柴行代表赖星池、郑芷沅等到局详细查询，当以所呈各节尚属实在，已于本月十八日将运柴车费准减三分之一。惟柴荒原因非常复杂，职路此次减收车费之后，仍请严令驻防各军毋得藉保护为名重叠索费，方而收效。至于柴商方面，亦愿随同减价，不敢居奇。所

有奉交办理情形，理合呈复钧座察核。谨呈
大元帅

管理粤汉铁路事务陈兴汉

中华民国十三年三月十九日

（《陆海军大元帅大本营公报》一九二四年第九号，3
月 30 日，"指令"）

吴铁城呈孙中山文

（1924 年 3 月 19 日）

呈为呈请将警监学校拨归职处管辖改办高等警察学校以养成警
务人材事：窃查警察行政原属内务行政之最重要部分，所有维持地
方公安，保护人民生命财产关系至巨。而办理能否妥善，胥视警务
人材之多寡以为衡。光绪末年专为养成警务人材，经设高等警察学
堂一所，向归巡警道管辖，民国成立由警察厅照旧接管。十年以
来，熟悉警务人员半由该校出身，足见具有成绩。惟自龙济光寇
粤，事事摧残，遽令停办。只因当时仍有多数学生未毕业，遂移归
高等检察厅接收，改办监狱学校。但监狱一科用途甚狭，每次招生
均难足额，因复易名为警监学校，自大理院成立又移归大理院直接
管理。查该校因陋就简，毫无精神，一切经费全恃征收学费支持，
因循至今，迄无起色。日前奉令规复全省警务处，仰见我大元帅注
重警政之深意。铁城轮材，忝膺重任日久，筹画计非推广警察区域
不足以策全省治安。且大元帅以党治国，现值改组伊始，尤非使警
政人员晓然于吾党三民主义、五权宪法之精神，不足以发扬民治，
一有缓急并收指臂之功。铁城为整顿警政，发扬党义起见，需用有
主义的警务人材较前尤亟，而细察警监学校现时办理情形，断难应
时势之要求。故特拟请大元帅令将警监学校拨归职处管辖，改办广
东高等警察学校，规复警察教育，养成有主义的警务人材。于警政

前途，于党务前途均不无微补。并拟由职处派委筹备主任一员规画一切，以便从速改组。所有拟请改办高等警察学校缘由，理合呈请训令祗遵。谨呈

大元帅钧鉴

　　　　　广东全省警务处处长、广州市公安局局长吴铁城

　　　　　　中华民国十三年三月十九日

（《陆海军大元帅大本营公报》一九二四年第九号，3月30日，"指令"）

财政委员会主席呈孙中山文

（1924 年 3 月 20 日载）

　　为呈请事：本会二月二十八日第十九次特别会议市政厅提议：现接滇军第一师赵师长来咨称：由该部批准鸿源公司抽收广州市粪溺出口捐，请厅备案保护等由，未经财政委员会议决，金以为此项田料所关，未可加征，由会呈请大元帅明令撤销。案由本会呈大元帅令行滇军总司令部转饬将此项捐务撤销，以维统一等因，理合录案呈请钧座鉴核施行。谨呈

大元帅

　　　　　　　　　　财政委员会主席谨呈

（《陆海军大元帅大本营公报》一九二四年第八号，3月20日，"指令"）

林云陔呈孙中山文

（1924 年 3 月 20 日载）

　　呈为呈请事：窃查广东公立警监专门学校，原由广东公立监狱

学校改组。案关于监狱教育事项，民国二年经司法部令饬归高等检察厅办理在案。是以该校向归职厅直接管辖，该校校长亦由职厅任免。去年五月，大理院兼管司法行政事务处，始改委潘元谅为该校长。查潘元谅任事以来办理不善，啧有烦言。培植人才，苟非得当，警狱两政安望改良。职厅职责所在，缄默既所难安，权限攸关，处理亦有未便。倘长此迁延，于粤警狱前途实大阻碍。拟请准予查照成例，该校校长仍由职厅任免，以清权责而利进行。所有广东公立警监专门学校校长仍归职厅任免缘由，理合备文呈请察核。是否有当，伏乞指令祗遵。谨呈

大元帅

广东高等检察厅检察长林云陔

（《陆海军大元帅大本营公报》一九二四年第八号，3月20日，"指令"）

叶恭绰、杨庶堪呈孙中山文

（1924年3月20日）

为呈请事：本会本月十三日第二十一次特别会议，准广东全省沙田清理处函：以严师长等征收东莞县各属护沙费有越权限，恳会转呈帅座迅令刘总司令转饬该军立即取消东莞沙捐，清佃局收入划拨五成为严部军费，余五成实行解处请会查议一案。经议决照办，理合录案呈请帅座鉴核施行，实为公便。谨呈

大元帅

财政委员会主席委员叶恭绰、杨庶堪

中华民国十三年三月二十日

（《陆海军大元帅大本营公报》一九二四年第九号，3月30日，"指令"）

杨希闵呈孙中山文

（1924 年 3 月 20 日）

　　呈为呈请事：窃查职部少将参谋长周自得前于北江迭次战役，帷幄相从，深资臂助。迨后东江失利，近畿震惊。希闵受命指麾诸军，复得其居中赞画，幸免愆尤。目下逆虏稽诛正图进剿，运筹决胜有赖斯人，应奖前劳藉策后效。拟援照钧府参谋处拟定特种及甲种编制，请予任命该员为职部中将参谋长，以示优异而昭激劝。所有请将职部参谋长周自得晋授中将缘由，理合备文呈请察核，俯赐任命，实为公便。谨呈

大元帅孙

中央直辖滇军总司令杨希闵

中华民国十三年三月二十日

　　（《陆海军大元帅大本营公报》一九二四年第九号，3月 30 日，"指令"）

杨西岩呈孙中山文

（1924 年 3 月 20 日）

　　呈为奉令免职恳饬新任早日接替恭呈仰祈睿鉴事：案准大本营秘书处第九一号公函内开：三月十七日奉大元帅令开：禁烟督办杨西岩办理不善，流弊滋多，着即免职，听候查办。此令。等因。除公布外，相应录令函达查照。等由。准此，当即督饬各厅、处、科办事人员赶办交代，嗣阅报载，钧座已特派邓泽如为禁烟督办，正当接替有人。惟数日于兹，邓督办尚未定期接任。现本署一切事务均已结束，听候移交，且西岩仔肩待息，翘盼尤殷，合无仰恳钧座，令催邓督办克日来署履新，以重烟禁。除迳函邓督办外，所有

恳请催促新任早日接替缘由，理合备文呈请察核。伏乞迅赐转饬施行，实为公便。谨呈

陆海军大元帅孙

禁烟督办杨西岩

中华民国十三年三月二十日

（《陆海军大元帅大本营公报》一九二四年第九号，3月30日，"指令"）

旅沪山西同乡会致孙中山等电

（1924年3月20日载）

孙大元帅、李参谋长、程部长、徐林叶伍各部长、谭总司令、杨总司令、樊总司令、刘总司令、许总司令、杨省长、孙市长、吴局长、国民党执行委员会、商会、九善堂、报界公会转各界鉴：

广州山陕会馆，乃两省公产，陕人□□□，以垂涎此项公产，遂借□□□□□头衔，诱捕商人阎介卿，系以铁链，闭之幽室，夺其红契，任意处分，已变卖八九处，得款数万元。而所部只百余，枪只数十，以此区区，何俾大局，藉端敲诈，显然可见。本会长谷议员思慎，以国民党代表赴粤，本会委托就近调查，□老羞成怒，饬部□□，带兵百人，荷枪实弹，包围大东酒店，拘谷君至司令部，多方恫吓。夫以军官滥用职权，残暴商民，逮捕议员，为北方军阀不敢为者，而乃明目张胆，见于民党政府之下，真令举国闻而失望。恳即制止强暴，保全产业，各界如与□私相授受，晋省概不承认等语。事关两省公产存亡，一致电争，无任盼祷。旅沪山西各界同乡会印。

（《广州民国日报》1924年3月20日，"特别纪载"）

李福林呈孙中山文

（1924 年 3 月 21 日）

　　呈为遵令剿匪谨将获犯起掳情形报请察核事：案奉杨主任令开：仰该司令暨林司令若时于本日将所部开赴黄埔集中后，即按照预定计画于明二十日拂晓会攻匪巢具报，此令。等因。奉此，遵即于本月十九日下午七时，亲率徐司令树荣、王旅长若周、营长李扶、潘枝、李成就等部，乃广贞、新安、普安等巡舰暨职部原有德全、霞飞、报胜、柏林、巴黎等小轮拖带蛮船十二艘，星夜出发，即于二十日拂晓，分三路向麻涌、均城、大盛等乡附近匪巢四面包围，次第进剿。匪徒居然开枪抵抗，约一小时匪遂不支，纷纷向蕉林散去。该处附近一带涌滘纷歧，蕉林深密，职司令指挥各官长率领士兵，竭力分投搜索。在蕉林内捕获嫌疑犯人黄庆灯、雷九跻、谭就等四十一名，起出被掳人邓灿堂、陈文甫、张应阶、张王氏、萧义等二十三人，执获长短枪二十一枝，炸弹十三具，子弹百余颗。同时在大盛乡附近河边发见篷厂四座，中有匪徒多人，乘我军交锋时，胆敢开枪向我军射击。我军分兵扑攻，当堂拿获郭世机、陈九、陈添、何兴等四名，搜获伪旗一面，委任状数张。查该委任状机关名目不一，其为冒名作弊无疑。又查该处篷厂，系劫匪冒称军队在此屯扎，勒收往来渡船行水，行旅久已切齿。职司令当即督饬士兵将篷厂毁拆以断后患。当围捕时，有英舰一艘泊在附近河面参观，迨围捕完竣，我军整队回船，该舰舰长率领士兵站列舰上表示欢迎。业经派员通报围捕各情，该舰长甚为满意。职司令窃思匪徒虽然就获，而余孽尚未肃清，为清除隐患起见，特令王旅长若周所部一团留驻大盛乡，令徐司令树荣酌派部队分驻莲花山一带，随时购线跟缉余匪。并令广贞舰巡缉莲花山至大产关河面，新安舰巡缉三山至韦涌河面，普安舰巡缉莲花山至腊德、沙面，以期水陆互相策应。此当日围捕及一切布置之情形也。其起获被掳人等，业经即日传属领还，回家安业。仅留萧义一名，因亲属离城太远，尚待查传。至执获匪枪弹，恳请准予留部备用。除将捕获各犯分别研讯并分呈外，理合备文呈报帅座察核指令祗遵，实为公便。谨呈

大元帅

番东顺三邑临时剿匪司令李福林

中华民国十三年三月廿一日

（《陆海军大元帅大本营公报》一九二四年第九号，3月30日，"指令"）

广州各商埠柴杉竹行致孙中山等电

（1924 年 3 月 22 日）

广州孙大元帅、杨省长、程军政部长、滇军杨总司令、范军长、蒋军长、湘军谭总司令、粤军许总司令、第三军兼清乡办督李军长、广东地方善后委员会、南海三水两县长钧鉴：

敝行向在广州附近各埠，开设柴行、竹行生理。前赴西、北两江采办货物，尤以西江支流之广宁、四会为多，计由四会开行，经马房、河口、西南、小唐、紫洞一带，沿最近河流分理省城及附城各埠。自军兴以来，沿河军队，假护商之美名，干剥民之暴行。计由四会开行，沿途经马房、河口、西南三处，有□①军第□①师护商队四处。上沙、下沙、马沙、狮山，有□①军第□①师护商队四处。狮山保卫团麦珍一处，陆洲、砖窑墩、长塘、新村、小唐、大湾、上滘、崩岗头、炮台、紫洞，有□①军第□①师护商队九处。黎、李、梁各姓三处，黎国谟二处。此外与护商队同一地点，同时收费者，为附近土匪，计奇石街、西门炮台、下滘、南沙、沙墩、大湾、丰年窦七处各有堂口一处，紫洞有堂口五处。兵匪合计共三

---

① 本篇原文如此。——编者

十五处。至陆续增开之堂口，尚未计及。查由马房至紫洞，若用小轮行驶，不过四小时间，而护商队机关，与土匪堂口，竟达至三十五处，沿河黄旗招展，极五步一楼十步一阁之妙。就中以小塘□①军第□①师收费最重，规定甲等排一百二十元，乙等排八十元，丙等排六十元，现在布告略为减少，或五六十元三四十元不等。本年旧历正月至今，被掳排夫五十七名，轰毙一名，因扣留而被冲散之排张计共三次，损失十万余元，剥肤及髓，流毒无穷。柴薪为民生日用必需之品，即以每元四十斤算，尚须缺本。查省城护商机关，业经大元帅明令解散，而沿河兵匪勾结之护商队，为祸尤烈，未蒙筹及，伏乞我大元帅暨秉国诸公，迅下明令，着予取销，若有阳奉阴违，视帅令如弁髦，置人民于绝地，则请由省派队解散，以苏民困。前阅省报，已有明令派李军长福林，为番顺东清乡督办，而于贼匪最猖獗，河道最梗塞之南、三两县，独付缺如。应请明令李军长一并举办，以除匪患，停业以待，贮盼维持。除续呈外，谨先电闻。广州各商埠柴杉竹行同叩。祃。

（《广州民国日报》1924 年 3 月 24 日，"特别纪载"）

何成浚致孙中山电
（1924 年 3 月 22 日）

本日午前十时克漳州，请急攻东江，免洪部回扰。杨化昭今晨由马巷攻同安，陈国辉占惠安。

（《申报》1924 年 3 月 27 日，"国内专电"）

程潜呈孙中山文
（1924 年 3 月 22 日）

呈为呈复事：案奉大元帅令开：查前在广州遇害之华侨义勇团

团长兼飞行队队长夏重民，又在济南遇害之第一师第三团团长王贤忱，为国为党，尽厥忠贞，遇难身亡，良堪悼惋。夏重民着追赠陆军少将加中将衔，王贤忱着追赠陆军少将，均由军政部照章议恤，以彰忠烈而慰英灵。此令。等因。奉此，查该夏重民、王贤忱因公殒命，死事正惨，核与《陆军战时恤赏章程》第十五条事实相符［符］，均应查照第三表给予少将恤金，以昭令典而示矜念。所有议恤各缘由是否有当，理合具文呈请鉴核指令祗遵。谨呈

陆海军大元帅孙

大本营军政部长程潜

中华民国十三年三月廿二日

（《陆海军大元帅大本营公报》一九二四年第九号，3月30日，"指令"）

吴铁城呈孙中山文

（1924 年 3 月 23 日）

呈为呈请察核事：窃据职局警察第十二区一分署长高中禹呈称：现奉钧局训令开：现准督办广东全省船民自治联防公署函开：敝署所辖船民省河分局，近日照章征收船民各费，闻贵局所辖十二区正分署尚多，不甚了解，时有误会之虞。相应函请贵局长速即转饬十二区正分署，嗣后对于船民、省河分局职员在省河执行职务时，须鼎力协助，以利进行。至或船民无知亦请代为宣晓，实纫公谊等由。准此，查此案前经将该《船民自治联防章程》一本分发该署遵照在案。准函前由，合行令仰该署查照所开事理，切实协助办理以利进行，毋得敷衍塞责。切切。此令。等因。奉此，查船民自治联防举办伊始，船民多不知其利，反生疑虑。且对于输纳自治联防经费一层多存观望，省河分局以其有意抗缴，强制执行，将船只扣留。即本年二月二十八日，该分局因船民延纳联防经费，将该

船只五艘扣留后，有船民□百余人到分署，请求转请该分局将船艇放行，率由职署派员商准一律放行，事始寝息。否则几酿风潮，不知如何结果。兹奉令前因，除饬长警向船民剀切劝导及切实协助办理外，倘辖内船民有延纳联防经费情事，省河分局请派警协同将其船只扣留时，职署应否即行派警会同办理，事关创举，分署长未敢专擅。理合呈请察核，指令祗遵等情前来。查此案，职局前准船民自治公署来函，常即令行遵照协助在案，惟现据该分署呈覆各节，抽收联防经费一事，似属确有窒碍难行。复查省河船户，职局以向有征收警费，而市公用局又有抽收牌照费，该船户等以既经缴纳警费、牌费，保护治安已有专责，其对于联防经费一层不宜再令缴纳，免再增加负担。核情实有可原，况职局现正奉行钧令，制止解散各军队抽收船只费用机关。若独任船民自治联防省河分局抽收经费，各军队观听所及，必至援为藉口。拟请由帅座令行船民自治联防公署，对于省河船艇之曾纳警费及牌照费者，概免再收自治联防经费，以免酿成风潮，滋生纷扰。据呈前情，所有拟请免收船艇自治经费缘由，理合呈报钧座察核。是否有当，伏候指令祗遵。谨呈

大元帅孙

广州公安局长吴铁城
中华民国十三年三月二十三日

（《陆海军大元帅大本营公报》一九二四年第九号，3月30日，"指令"）

叶恭绰呈孙中山文

（1924 年 3 月 24 日）

呈为《银毫出口护照条例》业经财政委员会议决，原为维持金融利便商民起见，仍祈核准施行事：窃以《银毫出口护照条例》，前经职部拟具草案，一面提交财政委员会核议，一面呈报钧

座察核在案。兹奉指令第二五七号内开：呈悉。所请应暂缓施行。此令。等因，本应遵照办理，惟日来迭据查报，有逆党奸商等私运大宗银毫出口，希图扰乱市面金融，并流布种种谣言，致市面金融日亟，未始非现金输出过多所致。本拟呈请禁止输出，唯恐商民容有未便，亦防滞碍货币流通。且查粤省丝茧为出产大宗，目下将次上市，茧商下乡收茧必须现银毫以为交易。当此造币厂尚未开铸，市面银毫渐少，若非酌予限制出口，不独茧商收茧将感困难，即乡民售茧亦受影响，在时机上限制银毫出口亦为必要，俾免流往敌方，实含有藏富于民之意。故职部酌量情形，权衡缓急，订定前项条例，仍于限制输出之中容有利便商民之意。且照费所入不无少补国帑，并经财政委员会议决函复到部。为此缕陈缘由，谨再续呈睿鉴，伏祈钧座俯赐照准即予施行，以维金融而裨国帑，无任主臣。
谨呈
大元帅

大本营财政部长叶恭绰
中华民国十三年三月廿四日
（《陆海军大元帅大本营公报》一九二四年第九号，3月30日，"指令"）

程潜呈孙中山文
（1924 年 3 月 24 日）

呈为呈请事：案奉钧座交下湘军总司令谭延闿呈一件，以所部少校参谋梁达道由湘来粤，转战千里，始兴之役督战伤，旋即殒命，请予追赠陆军步兵中校并优加抚恤，以安毅魄等情到部。查该少校参谋梁达道杀贼受伤，旋即殒命，核与《陆军战时恤赏章程》第二章第二项事实相符［符］，拟请准予追赠陆军步兵中校，并照阵亡例给予中校恤金，以慰忠魂而励将士。是否有当，

理合具文呈请鉴核训示祗遵。谨呈

大元帅孙

军政部长程潜

中华民国十三年三月廿四日

（《陆海军大元帅大本营公报》一九二四年第九号，3
月 30 日，"指令"）

胡谦致孙中山电

（1924 年 3 月 24 日）

驻南雄参谋马（二十一）电称：新城现架浮桥，方本仁有来
庚消息。

（《申报》1924 年 3 月 27 日，"国内专电"）

程潜呈孙中山文

（1924 年 3 月 25 日）

呈为呈报事：现准法国领事函开：关于智利洋行罗封轮船海关
注册第二千一百五十六号一事，经本领事曾屡次照会贵部长在案。
顷据确实报告，该轮为军队强劫骑去后改名为"飞鲸"，又名"飞
捷"，现决意将该轮在梧州发卖等语。本领事闻悉之下，不胜骇
异。盖此等行为与强盗无异，因害及敝国商人。故特函声明，如三
日内不能将该轮发还，则贵政府应完全负责，不特需赔偿该轮之价
值，且本领事另提出要求该轮无理受封后之损失。恳请贵部长即日
通电，严令地方负责之官员，将行为如强盗之军队处以惩戒为荷等
由。理合备文呈请帅座令饬广西讨贼军第一军黄总指挥及梧州海关
监督一体知照，如遇有上列名号之轮船行驶即予扣留，以便发还具

领，免酿交涉。是否有当，伏乞核准施行并指令祗遵。谨呈

大元帅孙

军政部长程潜

中华民国十三年三月二十五日

（《陆海军大元帅大本营公报》一九二四年第十号，4

月 10 日，"指令"）

蒋尊簋呈孙中山文

（1924 年 3 月 26 日）

呈为呈请事：现准军政部长程潜函开：顷据军乐队长吕定国呈称：前奉钧部第四四九号指令内开：呈悉。查该中士梁炳全积劳病故，殊堪悯怜，应准给予埋葬费三十元，一次恤金五十元以示矜恤。所请升补中下士及一等兵之处，均于［予］照准，仰即知照。此令。等因。奉此，仰见部长格外体恤之至意。当经派员请领，奉军需局谕：本局经已结束，如请领款项须赴军需总监请领。再赴军需总监请求发给，旋奉面谕：此项恤款未奉钧部公事，未能支给各等因。兹迭据该中士家属到队请求，以应领恤款久未奉发，务恳转请迅赐发给，俾资埋葬等情前来。屡次催给，无从应付，恳请部长俯赐维持，准予咨请军需总监迅赐照案发给埋葬恤金共八十元，俾得转发以示体恤，是为德便等情。据此，相应函请贵处烦为查照办理，足纫公谊等由。准此，查恤金葬埋费系临时费用，在战事时期此项支付定必日有增益，若不筹拨的款，实难应付，且支付手续未奉帅令规定。究应如何办理之处，理合备文呈请睿鉴，伏乞批示祗遵。谨呈

大元帅

中央军需总监蒋尊簋

中华民国十三年三月廿六日

（《陆海军大元帅大本营公报》一九二四年第九号，3

月 30 日，"指令"）

林森呈孙中山文

（1924 年 3 月 26 日）

呈为拟订《权度检定所暂行章程》恭折仰祈鉴核事：窃查《权度法》及其附属法令，自本年六月一日在广州市区内施行，经职部恭录钧令分别公布咨行在案。查此项施行手续必从检查权度器具入手，自应亟设权度检定所以策进行。兹拟订《权度检定所暂行章程》十二条，理合缮具清折随文呈请鉴核，伏乞俯准备案，实为公便。谨呈

大元帅

大本营建设部长林森

中华民国十三年三月廿六日

（《陆海军大元帅大本营公报》一九二四年第九号，3月 30 日，"指令"）

程潜呈孙中山文

（1924 年 3 月 26 日）

呈为呈复事：案奉帅座第六十九号令开：财政统一为当今求治要图，迭经三令五申，分饬遵办在案。乃据广东全省内河商船总公会张耀名等呈，内称：省南各埠军队沿江勒收之保护费自奉明令多已停止，惟海防司令部仍复于甘竹、容奇等处，每渡每日勒收银三十元，恳令饬撤销以苏民困等情。据此，查省城拦河收费机关，前据商民吁请，业经令饬各军分别解散，以一政令而安商民在案。甘竹、容奇事同一律，即着海防司令迅即撤销以顺舆情，毋得延抗致干未便，特此令达，仰即遵照办理具报等因。奉此，窃查此案，昨据广东全省内河商船总公会会长张耀名等具呈职部，业经部长令行

代理广东海防司令冯肇铭迅予撤销，以苏民困在案。奉令前因，除再饬冯司令遵照即日撤销外，理合呈覆察核。谨呈

大元帅

军政部长程潜
中华民国十三年三月廿六日

（《陆海军大元帅大本营公报》一九二四年第九号，3月30日，"指令"）

张翼鹏呈孙中山文

（1924年3月26日）

呈为呈报事：窃职于三月二十日奉帅座令字第一八六号派状开：派张翼鹏为湘边宣慰使，此状。等因。同日，又准大本营秘书处第九八号公函开：迳启者，本月二十日奉大元帅颁发贵宣慰使木质镶锡关防一颗，文曰"湘边宣慰使之关防"，象牙小章一颗，文曰"湘边宣慰使"，相应函送，希为查收见复，至纫公谊等因。准此，遵于三月二十日在广州太平沙设处就职，启用关防，理合备文呈恳察核备案。谨呈

大元帅孙

湘边宣慰使张翼鹏
中华民国十三年三月廿六日

（《陆海军大元帅大本营公报》一九二四年第九号，3月30日，"指令"）

杨西岩呈孙中山文

（1924年3月26日）

呈为据情转请明令免职恭呈仰祈睿鉴事：现据本署总务厅厅长

黄仕强呈称：窃仕强前因署务办理困难，横遭胁迫，曾经具呈恳请准予免职，并因感冒请假调治各在案。时越兼旬，未奉明令，伏查钧座奉令免职，交代手续业已完竣，自应具呈恳请俯赐即日转呈大元帅，明令免去总务厅厅长兼职，以资调养。所有恳请准予免去兼职缘由，理合备文呈请察核，实为公便等情。据此，查该厅长所呈各节系属实情，应请俯准将该禁烟督办署总务厅厅长兼职免去，俾资调养。理合据情转呈察核，伏祈明令施行。谨呈

陆海军大元帅

卸禁烟督办杨西岩

中华民国十三年三月廿六日

（《陆海军大元帅大本营公报》一九二四年第十号，4月10日，"指令"）

杨西岩呈孙中山文

（1924 年 3 月 26 日）

　　呈为据情转请免职恭呈仰祈睿鉴事：窃卸督办现据本署秘书马武颂、张伯雨、陈伯任，科长杨宜生、俞智盦等呈称：前荷呈荐武颂、伯雨、伯任等充任本署秘书，宜生充任本署文书科科长，智盦充任本署考查科科长等职。过承知遇，感激弥殷。现钧座奉令解组，武颂等业经遵谕将交代事务办理完竣，并无经手未完事件，理宜辞职。所有武颂等辞职缘由，理合备文呈请钧座伏乞转呈大元帅察核俯准施行，实感公便等情。据此，查督办业经遵令交卸，该秘书科长等确无经手未完事件，自应准予免职。据呈前情，理合备文呈请察核，准将本署秘书马武颂、张伯雨、陈伯任、科长杨宜生、俞智盦等五员俯赐明令免职，实为公便。谨呈

陆海军大元帅孙

卸禁烟督办杨西岩

中华民国十三年三月廿六日

（《陆海军大元帅大本营公报》一九二四年第十号，4 月 10 日，"指令"）

陆杏村、黎泽闿等呈孙中山文
（1924 年 3 月 27 日）

呈为奸商藐法财政纠纷吁请严令查拿以重职权而资统一事：窃自军兴以来，财政枯竭已达极点。幸赖我大元帅力谋统一，各军将领一致赞同，凡我人民同深盼祷。惟是统一本旨贵求实效，不慕虚名。查近日各项税捐仍有奸商混向各机关瞒请承办，紊乱财政，莫此为甚。委员等耳目所及，不敢壅于上闻。经于三月二十日第三十五次会期提出讨论，众议所有捐项属于中央者应由财政部主持，属于全省者应由财政厅主持，属于广州市者应由市政厅主持。倘有混向别机关瞒承者，我全粤人民决不公认。拟请帅座明令颁布，如有上项情事即将该奸商尽法惩办，以符［符］统一财政之本旨。全粤幸甚，大局幸甚。谨呈
陆海军大元帅
　　广东地方善后委员会当值委员陆杏村、黎泽闿、陈森
　　　　　　中华民国十三年三月廿七日
（《陆海军大元帅大本营公报》一九二四年第十号，4 月 10 日，"指令"）

刘玉山致孙中山电
（1924 年 3 月 27 日）

所部集中都城，正拟进驻郁南县城。讵郑润琦部昨晚忽到，强欲进驻，两军杂处，恐滋纠纷，乞令郑部离郁。

（《申报》1924 年 3 月 29 日，"国内专电"）

卢兴原呈孙中山文

（1924 年 3 月 27 日）

　　呈为呈报遵令发行状纸仰祈睿鉴事：本年三月十一日，奉钧帅第二一六号指令，职厅呈一件，呈请将发行状纸状面权划归该厅办理，并将该款拨充厅费由。令开：呈悉。据称该厅经费无着，拟请援照上次办法将发行各省厅庭状纸权，仍归该厅办理以维现状等情。事属可行，应予照准。嗣后所有发行状纸状面即由该厅办理，该款并准拨充该厅经费以资维持，己［已］另令大理院知照矣，仰即遵照可也。此令。等因。奉此，遵即于本月十□日将奉令发行民刑状纸情形，分别令行各司法机关知照，并布告各诉讼人等知悉，随于本月二十日发行。理合将发行状纸情形，备文连同改用民刑状面样式二张，呈请钧帅察核备案。谨呈
大元帅

总检察厅检察长卢兴原
中华民国十三年三月廿七日

　　（《陆海军大元帅大本营公报》一九二四年第九号，3月 30 日，"指令"）

陈兴汉呈孙中山文

（1924 年 3 月 27 日）

　　为呈请事：窃职路地当北江冲要，为军队往还必经之区，而员司工役人数不少，前恐误被拉充夫役，致碍行车，节经将证章式样分送，并请如佩有粤汉铁路证章者幸勿误拉各在案。乃近日又复发生拉夫情事，职路工役竟有被湘滇军拉充夫役者，几费唇舌方始释回，长此纠纷殊碍路务。兹特再恳钧座转饬各军机关一体遵照，嗣后如遇职路证章之员司工役，请勿误拉，俾得安心服务，免碍运

输。倘或误被拉去，亦请查明准予释放，实为公便。谨呈
大元帅

　　　　　　　管理粤汉铁路事务陈兴汉
　　　　　　　中华民国十三年三月二十七日
　　　（《陆海军大元帅大本营公报》一九二四年第九号，3
月30日，"指令"）

黎润闾、陈森等呈孙中山文
（1924年3月27日）

　　呈为沿途勒索阻绝交通，吁请严令各军长官所获暴徒不得强行
保释事：窃维治安之要，首在交通，勒索取财，显干法纪。近查假
冒军队勒收行水之案到处皆是，以至百货停滞，商旅戒途。前经广
州市公安局严行查办并拿获暴徒多人，讵各军长官受人欺蒙，任意
保释，似此长奸纵恶，殊足妨碍治安。委员等既有所闻，不敢缄
默，经于三月廿日第卅五次常会提出讨论。众议呈请帅座令行地方
官吏，将此等横行匪类尽法惩治，并严令各军队不得受人蒙蔽，强
行保释，庶使交通恢复而治绩可期，实为德便。谨呈
陆海军大元帅孙

　　　广东地方善后委员会当值委员黎泽闾、陈森、陆杏村
　　　　　　　中华民国十三年三月二十七日
　　　（《陆海军大元帅大本营公报》一九二四年第九号，3
月30日，"指令"）

林若时等呈孙中山文
（1924年3月27日）

　　呈为呈报事：昨奉令开：任命林若时为广东海防司令等因。

奉此，窃若时少习海军，薄研韬略，壮遭时变，久历戎行。际兹逆贼称戈，神奸窃位，鲲溟雾浊，鲸浪风狂。观乱石于水滨方埋兵气，听怒潮于海上正杂车声。若时质愧樗材亦切请缨之愿，胸填义愤跋图戡乱之功。我大元帅不弃疏庸，委以重任，闻风思奋，受宠若惊。誓挽澜狂竭驽驷以靖难，乐观海晏布汪濊之湛恩。兹遵于本月廿六日在黄埔就职视事，启用印信，理合呈报钧核，连同履历单一纸附呈。仰祈准予备案，实叨恩便。
谨呈
大元帅

广东海防司令林若时

中华民国十三年三月廿七日

（《陆海军大元帅大本营公报》一九二四年第九号，3月30日，"指令"）

<h1 align="center">杨西岩呈孙中山文</h1>
（1924 年 3 月 27 日）

呈为据情转呈请准免职恭呈仰祈睿鉴事：窃据本署查验处处长郑述龄呈称：述龄迂愚无状，猥蒙任命，承乏处长，两月于兹矣。以大元帅之英明，督办之知遇，谬谓追随其间，尚能竭千虑之一得，以贡献于国家。不图理想与事实相违，办事诸多窒碍。受事以来，旅〔屡〕进旅〔屡〕退，毫不能有所裨益，始信烟禁重大，诚非迂愚如述龄者所能胜任愉快。再四思维，窃谓与其贻越于将来，曷若让贤于今日。为此具呈辞职，伏祈转呈大元帅俯赐照准，另简贤能，俾息仔肩而免罪戾，实为公便等情。据此，查该处长前由西岩呈请简派仰荷照简在案，现西岩已奉令免职，经将篆务交卸该处长，请予转呈免职前来，似可照准。所有本署查验处处长郑述龄呈请免职缘由，理合据情转呈仰祈鉴核俯赐明

令免职，实为公便。谨呈

陆海军大元帅

卸禁烟督办杨西岩

中华民国十三年三月二十七日

（《陆海军大元帅大本营公报》一九二四年第十号，4
月 10 日，"指令"）

杨西岩呈孙中山文

（1924 年 3 月 27 日）

呈为据情转呈请准免职恭呈仰祈睿鉴事：窃卸督办现据本署验
制科科长余浩廷、牌照科科长郑以濂、专卖科科长张世昌、会计科
科长吴季佑、执法科科长温竞生、侦缉科科长高少琴、收缴科科长
刘薇卿、制药总所所长郑文华等呈称：猥以不才，承乏今职，受事
以来，于兹两月，敢不免尽驽骀以尽职守。无如绠短汲深，事繁责
重，自维棉薄，愧不克胜。职等现拟联袂游历考察一切，藉广见
闻，冀深造于今日，再效命于将来。为此具呈辞职，伏乞鉴其愚
诚，俯赐照准转呈大元帅察核施行，实为公便等情。据此，查西岩
奉令免职，经将篆务交卸。该科长等呈请免职，自应照准。所有本
署科长余浩廷、郑以濂、张世昌、吴季佑、温竞生、高少琴、刘薇
卿、制药总所所长郑文华呈请免职各缘由，理合据情转呈，仰祈鉴
核俯赐明令免职，实为公便。谨呈

陆海军大元帅

卸禁烟督办杨西岩

中华民国十三年三月廿七日

（《陆海军大元帅大本营公报》一九二四年第十号，4
月 10 日，"指令"）

杨庶堪呈孙中山文

（1924 年 3 月 28 日）

　　呈为呈复事：案奉训令内开：近闻各军人员有假托长官命令，在河南到处设立机关，征收来往船只各种捐费，巧立名目，藉端苛索，非法扰民，莫此为甚。着各军总司令暨统兵官长严行禁止，并着公安局长饬水上警察严密查办。自接到命令三日后，所有省河及各属河面除船民自治督办所属机关外，一律勒令取销，如敢违犯，军法从事。仰该省长迅饬所部一体遵办，仍将办理情形呈复查考，并由省长署录令出示晓谕，俾众周知。其余省城内外各独立军队由军政部通行遵照等因。奉此，查此事前据内河商船总公会会长张耀名等具呈，当经分别咨行饬查撤销去后，旋准前西江善后督办咨复：征收来往江省各轮渡军费历办有案，已指令财政整理处仍旧征收，一俟军事稍缓然后撤销。海防司令呈复：以特定章程凡属拖渡来往，每次征收保护费五十元，除拖渡外不论何种船只一概免收。嗣经改为每次收三十元，一俟大局敉平即当豁免。鹤山县长呈复则谓：县会议决抽收各轮渡载脚二成为自治联团经费各等情。此外各属如何情形，虽多未据复到，而沿途派队勒抽，屡据航商禀陈数目、地点，言之凿凿。省长受事之始，披阅商民来牍，备闻层剥之呼吁，正切疚心。兹奉令饬前因，自应凛遵办理。除录令分行转饬所属查明，如有设立机关巧立名目，征收来往船排捐费情事，克即解散撤销，如敢抗违，即将主要人拿解惩办，毋稍宽纵，并布告周知外，合将遵办情形呈复大元帅察核。谨呈
陆海军大元帅

　　　　　　　　　　　　　　　　广东省长杨庶堪
　　　　　　　　　　　　　　中华民国十三年三月廿八日
　　（《陆海军大元帅大本营公报》一九二四年第九号，3月 30 日，"指令"）

张启荣呈孙中山文

（1924 年 3 月 28 日）

　　呈为遵令卸职缴销关防印章，并将垫支款目列册呈报察核，恳赐拨给归垫事：窃职本月二十五日奉钧令开：钦廉高雷招抚使张启荣着即免去本职。此令。等因。奉此，自应遵照，即于本月二十五日卸去本职，停止进行招抚事务，理合将卸职日期备文呈报察核。所有前奉颁发钦廉高雷招抚使木质镶锡关防一颗，象牙小章一颗应即随文缴销。此次办理招抚事宜用去垫支各款，合并分别开列清册附呈鉴核，伏乞准予报销拨给归垫，仍候指令祗遵，实为公便。谨呈

大元帅

卸钦廉高雷招抚使张启荣

中华民国十三年三月廿八日

　　（《陆海军大元帅大本营公报》一九二四年第十号，4月 10 日，"指令"）

马超俊呈孙中山文

（1924 年 3 月 29 日）

　　呈为呈请事：窃厂长日前拟具扩充职厂计划及民团军队备价请领枪弹一案，经呈奉钧座令字第四十九号内开：呈及清折均悉。所陈整顿扩充厂务办法尚属妥协，应予核准，仰即继续妥筹办理，随时分别呈报查核，此令。清折存。等因。奉此，厂长遵即依照扩充计划次第筹办，以期仰副钧座注重军实之至意。惟是厂长对于民团尚有无穷之希望，兹谨为钧座略陈之。今者地方警察尚未遍设，而军队又为国防之用，训练民团最为重要。各县县长职司守土，负有专责，每月自应派委熟悉军事人员分赴各乡，施以适当之军事教

育，并因势利导，实行宣传吾党三民主义，期粗知军学及自身应尽之职责，咸使晓然吾党之精神，成为无数有主义之民团，直接可以保护地方，间接可以捍卫国家，即将来出师北伐，亦无后顾之忧。至于枪弹乃事关军实，各县民团来厂请领，亦须有一定之程序，方足以资遵守而杜流弊。兹谨拟具《民团备价请领枪弹暂行细则》及照录《民团备价请领枪弹暂行章程》，恳请钧座令饬广东省长转令所属一体遵照。除将筹办情形随时呈报外，理合具文连同暂行细则及章程共三份呈请鉴核，伏乞俯赐分别存转，实为公便。谨呈

大元帅孙

广东兵工厂长马超俊
中华民国十三年三月二十九日

（《陆海军大元帅大本营公报》一九二四年第十号，4月 10 日，"指令"）

程潜呈孙中山文

（1924 年 3 月 29 日）

呈为呈请事：案查去年十月，准广东省长廖支日代电节开：现接驻广州法总领事官函开：据法商志利洋行呈称：伊行有自置麻奢轮船，海关注册第二千零二十三号，忽被大本营兵站部封用，恳请追还等情。本领事据此查大本营［亦］自行封用外国船只，实为违背条约，应请转知封用此船之长官，务须即速将其交还原主志利洋行为要。且本国商船屡被军官任意封用，实属不合，更可证明该军官等欲与本国旅粤商民为难之恶意，殊非敦睦邦交之道也等由到署。除复法领外，应请贵部长咨行兵站部查明核酌发还等由。当经职部函请罗总监翼群查明发还。去后，旋于十一月十七日复准广东省长廖咨开：现接驻广州法领事函开：据法商志利洋行自置麻奢轮船，前被兵站部封用，尚未发还，忽于本月五日一点钟时候，在附

近石龙之龙叫地方被火焚毁等情。据此，查麻奢轮船被强力封用，迭经本署函致贵署反对矣，惟并无切实办法答复，仍为军人据用而至被毁在贵省。政府竟准军队任意封用外商轮船，至遭损失，自应负担赔偿之责。兹据志利洋行具报，谓该轮船价值银二万元，合请转饬将此款赔偿为荷等由到署。除复法领外，相应咨请贵部长转咨查明酌办等由到部。当经据情函请兵站部罗总监翼群，详细查明见复以凭核办。去后，准罗总监复函节开：据交通局复称：当即派员前往详细调查，麻奢轮船确于十月五日在石龙附近之龙叫地方被火焚毁。惟此船当日由职局封雇后，即移交滇军杨总司令部差用，该轮悬有法国旗号，所称法商物业该系实情。今因公被毁，似应给予赔偿等情。敝部复核无异，相应函复贵部长希为查照核酌办理等由。迨本年本月，复准广东省长杨巧日代电开：现接驻广州法领事官函开：前以法商志利洋行之麻奢轮船被大本营兵站部封用一案，本领事曾于去年九月二十五日函请廖前省长设法交还。旋接函复，谓已请军政部咨行查明酌办等由在案。迨后复查得该轮船确系由兵站部直接封用，本领事业经函致请其发还，惟该部长于九月二十八日答复，谓麻奢轮船系暂时租借，租项按照定章发给。昨已调赴前方差遣，容俟战事稍平，即将该轮驶回发还等语。又当时法商志琏亲赴兵站部请发还该轮船，亦遭辱待。至十一月五日，该麻奢轮船即被军人在石龙附近之龙叫地方焚毁，节经本领事于十一月八日函达廖省长，请饬赔偿船价二万元与法商志利洋行矣。此款仅就船价而言，并未要求赔偿损失。因当日该洋行在本署注册之麻奢轮船，买价确值二万元也。现计至今尚未准贵署答覆照办，又读贵署十一月十七日复函，所言咨请大本营军政部转咨查明核办，俟准咨复到署另行函达等由，亦属延宕之词。本领事对于此不满意之答复殊深诧异，用再为函达，务请于一星期内将此案妥为办结。否则本领事即行呈请本国政府设法办理，以期取得满意之解决等由到署。即祈贵部长迅予酌核等由到部。同时复接法领事函，同前情催促办理。并称：如欲查知其详情，可派员来本署查阅各项凭据及合用牌照等件，足以证明麻奢轮船之真实价值及封用该轮之负责人等语。当经职部派员前往查阅，据复称：麻奢轮船业主系法商志利洋行，于西历一九二二年十一月二十八日在法国领事署注册，注明价值二万元，海关注册号数第二千零二十三号，身长六十二英尺，宽十四尺一寸。又抄得罗前总监翼群复法领事函一件，内开：麻奢轮船敝部暂时租借，按照敝部定章发给租金等语各在案。查此案叠准法领事函催职部办理，数月未得结束，例以保护外侨生命财产之义，实未免歉仄私衷。职部对于法领事赔偿船价二万元之要求认为理由充足，应与允准赔偿船价洋二万元，申明须俟政府财政充裕时方许履行。惟损失一项事太散漫，未便允许。拟如此办理以结此案，藉表政府所辖军事机关封用外轮且致失慎焚毁之歉仄。目前外商因船舶交涉虽多，而确与前例相符者尚属仅见，则他人藉口援例之事亦不足虑。理合备文呈请钧座核准迅予指令下部，以便答复法领事，实为公便。谨呈

陆海军大元帅孙

军政部长程潜

中华民国十三年三月廿九日

（《陆海军大元帅大本营公报》一九二四年第十号，4月10日，"指令"）

地方善后委员会呈孙中山文

（1924年3月29日载）

呈为奸商邈法，吁请严令查拿，以重职权，而资统一事：窃自军兴以来，财政枯竭，已达极点，幸赖我大元帅力谋统一，各军将领一致赞同，凡我人民同深盼祷。惟是统一本旨贵求实效，不慕虚名。查近日各项税捐，仍有奸商混向别机关瞒请承办，紊乱财权，莫此为甚。委员等耳目所及，不敢壅于上闻，经于三月二十日第三

十五次会期提出讨论。众议所有捐项属于中央者应由财政部主持，属于全省者应由财政厅主持，属于广州市者应由市政厅主持。倘有混向别机关瞒承者，我全粤人民决不公认。拟请帅座明令颁布，如仍有上项情事，即将该奸商尽法惩办，以符统一财政之本旨。全粤幸甚，大局幸甚。

（《广州民国日报》1924 年 3 月 29 日，"本报星期特刊"）

梁鸿楷致孙中山电
（1924 年 3 月 30 日载）

请维持军食。各军移驻江门后，本军火食，每日短少五百元。

（《申报》1924 年 3 月 30 日，"国内专电"）

李济深、郑润琦致孙中山等电
（1924 年 3 月 30 日）

广州孙大元帅睿鉴：大本营程部长、李参谋长、许总司令、第四军梁军长钧鉴：

　　第七军陈天太部，日前开驻都城，派员截收防务经费，强提郁南财政分处饷项，并擅调部队，分赴封川、长冈等处占驻，惊扰商民，各种情形，业于有日电呈帅座，请速严令制止，并一面派员驰赴交涉。讵该军长官，一意孤行，不服理劝。昨又据郁南县长沈光周飞足报称：第七军自抵都城，分向商店勒缴巨款。该处商团、民团联谋自卫。该军又逼缴枪支，商团迫得退出，商民惶恐旦夕祸至。请速设法劝止，以纾危疑，而定人心等情。续据郁南财政分处报告：现查都城贴有刘军长及第七军财政处布告，略云：都城为本军防地，所有地方一切收入，概由本军财政处整理，仰各承商遵照等语。现各承商为该军威逼，所有各种税饷，悉缴该军财政处统收，请示办法前来。又据驻郁南县城邓营长报告：日来该军愈闹愈凶，迭向都城商店勒缴巨款，夺取行商米食，迫走商团，群情惶骇，不可终日，请迅予制止等情。查该军日前由省开上，拟在广利登陆，直赴都城，当以大队经过城墟市镇，恐惊商民，即经派员与商，改由水道，并代备船办粮，装运西上，实具协助友军诚意，兼为地方力保治安。讵知该军于本月十八日夜，在贝水墟焚烧商店七间，并将该墟筹办平粜局所存米食数万斤，付之一炬。事后据驻该墟陈营长璋报告各情，方以事前未及防止为憾。现该军既驻都城候命，乃竟截收防费，强提饷项，并敢擅设财政处，霸收地方一切税饷，复向商店勒款夺食，谋缴商团民团枪枝，居心殊不可问。且该军原系奉令进发三罗，竟将部队分调封川、长冈等处，任意占驻，惊扰商民，更属违背命令。迹其举措乖谬，行动自由，不特破坏财政统一，视帅令如弁髦，且肆扰各处商场，贝水惨剧，不难再演。职守土有责，若再曲顾友军袍谊，深恐祸胎愈结，祸害无穷。与其焦头烂额，始谋将来补救之方，曷若曲突徙薪，预为防患未然之计。迫不得已，于本日将该部分驻都城等处枪械，尽数围缴，立予解散。并查悉驻罗叶式其所部高建候、李任杰等，密与陈部联络，举动乖异。同时由罗定琦部，将其缴械遣散，以消隐患而靖地方。区区苦衷，谅邀钧察。除布告各地方商民周知，并饬各部队就地方力维秩序以定人心外，合亟肃电呈明，伏祈俯鉴，并请分饬各友军一体知照，藉明真相为祷。师长李济深、郑润琦呈叩。陷。印。

（《广州民国日报》1924 年 4 月 2 日，"特别纪载"）

叶恭绰呈孙中山文

（1924 年 3 月 30 日）

呈为呈报事：案查广东全省奥加可捐，前由广东财政厅批准永裕公司承办，而广东全省烟酒公卖局复批与合济公司试办，当奉钧令转饬广东全省烟酒公卖局，即将批准合济公司试办火酒取缔之案撤消，仍交还永裕公司办理在案。现查永裕公司承办取缔广东全省奥加可捐，原之一月二十七日开始征收，二月十日起饷，乃迁延至今尚毫无头绪，不独不能依期缴饷，且惹动各种风潮，阻碍取缔进行，足惩［征?］办理不善。倘长此延宕，前敌军饷、公共卫生均蒙影响，自非从速改良，恐难收取缔之效。窃查自批准承办奥加可捐后，外人之抗议，行商之抗抽，公卖局之争办，均由"捐"字而起。今欲实行取缔，似宜援烟酒印花税先例，于办理取缔时施行奥加可类印花税，定为每奥加可一百斤，贴奥加可类印花税票二元，税率从轻，使之易举而便取缔。惟印花税原属国税范围，自普通以及于烟酒、爆竹等印花税皆由职部办理。奥加可类印花税事同一律，不应独异。部长统筹兼顾，当经令行广东财政厅即将永裕公司承办广东全省奥加可捐一案撤消，另由职部订定取缔广东全省奥加可暂行章程，妥为办理，以资取缔而裕税收。所有撤消广东全省奥加可捐，改由职部取缔并施行印花税各缘由，理合备文连同章程呈报察核备案。谨呈

大元帅

大本营财政部长叶恭绰

中华民国十三年三月三十日

（《陆海军大元帅大本营公报》一九二四年第十号，4月10日，"指令"）

鲁涤平呈孙中山文

（1924 年 3 月 30 日）

呈为具报就职日期恭呈仰祈睿鉴事：案奉钧座特派状开：特派鲁涤平为禁烟督办，此状。等因。奉此，遵于本月三十日到署就

职，理合备文呈报察核。谨呈

大元帅孙

禁烟督办鲁涤平

中华民国十三年三月三十日

（《陆海军大元帅大本营公报》一九二四年第十号，4

月10日，"指令"）

林森呈孙中山文

（1924 年 3 月 31 日）

呈为呈请事：现据广东电政监督兼广州电报局局长何家猷，现据沙面电报局局长李锡祥邮代电称：职局办理洋账各行交存按柜，近日纷到提取。虽因广港线阻过久，寄报转港太迟，以致外人啧有烦言。惟日来港中喧传西人议设省港水线，及以彼国兵舰无线电传递省港电报事，未实施之前，原不敢谓必有其事。但证之各行，既非停止营业，忽有提回按柜之举，不为无因。如果成为事实，不独伤害国体，且与粤省电政前途绝大打击。而职局以亏累之余，又经各行提回按柜，如再纷至沓来，应付不易，势必连累水线，款项亦难汇拨，牵动更巨。锡祥伏查，值兹修线通报之际，岂能任令外人创此提议，影响报务。应请将西人议设省港水线及以彼国兵舰无线电传递省港电报一事，呈报大元帅，饬令外交部预为交涉制止。一面并请通令各军对于电报线路认真维持，及不得挂搭电话用线，以期报务通畅兼资随时修理，俾免外人借端侵害国权、电政，甚幸。等情。据此，查广港直达线路在深圳段内，前因军事阻断，所有港电均系交邮递转，外人啧有烦言。家猷因广港直达一时未易恢复，是以竭力经营，改由江香、前山各局线路接转港报，由前山局送交澳门洋公司，转由水线寄港，已定期于本月□日通报，并经电陈钧鉴在案。讵我方竭力设法维持电报交通，而外人适有筹设省港水线及以彼国兵舰无线电传递省港电报之提议。现虽得之传闻，未敢据为事实，但各行商既有向沙面电局提回按柜之举，此事恐非无因。若不预为交涉防范，则影响电政前途关系实大。理合据情呈报钧部察核俯赐，转呈大元帅饬令外交部善为设法词预，向英领事官交涉，防患未然，以重国体而维电政。并请大元帅通令各军，嗣后对于电报线路不得挂搭电话用线，俾电报传达得以灵通，庶免外人有所藉口，实为公便等情到部。除迳咨外交部向英领事官询问阻止外，惟出师讨贼以来，各军为利便起见，随意挂搭电话等线久成习惯，于电报传达殊有阻碍。该电政监督兼局长所请电报线路禁止挂搭电话，以期报务通畅，尚属必要情形。理合据情呈请钧帅下令制止，藉资整顿，是否有当，伏乞训示祗遵。谨呈

海陆〔陆海〕军大元帅孙

大本营建设部长林森

中华民国十三年三月卅一日

（《陆海军大元帅大本营公报》一九二四年第十号，4月10日，"指令"）

林翔呈孙中山文

（1924 年 3 月 31 日）

呈为呈复事：案奉钧帅发下卸建设部长兼代财政部长邓泽如呈送建设部开办费计算书，暨十二年四五月份收支计算书附属表簿，又财政部开办费计算书暨十二年三、四、五、六月份收支计算书附属表簿到局，饬令审查等因。奉此，遵查该卸部长所送册列各数尚无浮滥，惟附属表内列应酬交际费一项本未便在公款内支销，嗣查核单据实系部长汽车费，尚无不合。计核销建设部开办费共一千二百九十六元八毫八仙，四月份经常费共一千九百八十四元一毫八仙，五月份经常费共四千三百七十七元六仙。又财

政部开办费共一千零八十二元七仙，三月份经常费共八百七十一元七毫八仙，四月份经常费共四千五百二十三元三毫四仙，五月份经常费共五千一百三十八元二毫二仙，六月份经常费共四千七百十二元八仙。以上各数尚属核实，均应准予核销。除将计算书附属表簿留局备案外，理合备文连同原呈八份，呈请钧帅察核饬遵，实为公便。谨呈

大元帅

大本营审计局长林翔

中华民国十三年三月卅一日

（《陆海军大元帅大本营公报》一九二四年第十号，4月10日，"指令"）

赵士觐呈孙中山文

（1924 年 3 月 31 日）

呈为呈请核示事：窃查盐税为国家正供，所有军饷及行政费莫不赖此开支。粤省政变之后，盐税收入日形短绌。上年统计较之民国十一年不及十分之四，虽由西北两江道途梗塞、运销未能畅旺，亦未始不由缉私巡舰被各军借用不能查缉私盐有以致之。查运署原有缉私巡舰一十四艘，除沉没破坏不计外，现在所存寥寥无几。内有平南一艘，先被滇军第三军蒋军长光亮借用，又定海、江平、福海三艘先后驶离省河，由西江善后李督办济深收留差遣，业经邓、伍各前运使及运使任内迭次呈请帅座令饬各军交还运署，以便派往缉私而裕税收在案。嗣奉大本营参谋处函知，业已电饬各军克日交还，嘱即派员前往接收等因，遵即派员分投〔头〕接洽。讵意滇军蒋军长则称，请将平南舰暂留运兵，一俟驻扎九江军队运回省城，即行交还。西江善后李督办则称，定海、江平、福海三舰已饬舰队主任招桂章令其刻日集中江门，与运署派员接洽交代。当经派

员迭次磋商，现据西江巡舰舰队处招主任函称：前垫支接收各舰运动费及购回舰内机件费共约港纸银二千二百元，修理及起绞费约毫银五千四百元，购煤费约毫银八千六百元，伙食费约毫银二千元，士兵恤款毫银八百元，士兵购置棺木殓费毫银四百元，各项共计一万九千余元。目下交还缉舰消息□播，各债权人均向同人等陈请，金谓当时挪借巨款纯系友谊的互助，倘各舰交还之后，此项债务一旦移归政府，则归款势将延宕。似此情形，各舰长谅当负责，断无善始毁终等语。谆谆数四，词恻理长，揆理衡情，万难恝然不顾。因是对于兹事深感困难，用特函达，请早日派员携足款项来江接收，庶得以早卸仔肩而清手续等情。查该主任函称，虽非无因，惟所开各项有无浮滥及各该舰在西江督办处服务时曾否领过该款之处无从查考，且运署每日所收盐款业已奉饬拨支各军饷项。至该招主任函开各款应否准发运使，未敢擅便。理合备文呈请帅座鉴核，指令祗遵。并请派员将平南、定海、江平、福海各舰一并收回转发运使，以便派往缉私，实为公便。谨呈

陆海军大元帅

两广盐运使赵士觐

中华民国十三年三月卅一日

（《陆海军大元帅大本营公报》一九二四年第十号，4月10日，"指令"）

谢英伯、陈树人等呈孙中山文

（1924年3月31日）

为案经议决据情呈复乞赐睿鉴准令撤销船民自治联防以恤民艰事：窃委员等前奉帅座第一零二号训令开：广东全省船民自治联防事宜开办以来，尚无成效，所定办法，有无流弊，应由广东省长、海防司令会同广东地方善后委员会详细调查呈复，以资整

顿。除分令外，仰即遵照。此令。等因。奉此，正着手调查间，复据货船协会总部会长黄耀、盘运货船公会陈博知、驳载总工会黄党等联仝呈称，以军兴以来，吾粤首当其冲，地濒海洋，输运尤须船只。虽曰为国服劳，分所应尔，然各军封雇，任意苛待，呼吁无从。加以港汊纷歧，披猖海盗，船民之足以为生者亦仅矣。幸仗大元帅神威，粤局稍靖，江河不致如前梗塞，船民方庆稍苏。奈何勒收名目层出不穷，近更〈有〉所谓自治联防，勒收经费，或百余元，或数十元。船民合全家劳动工作，冀得工资，藉延残喘，对于党对于国莫敢言劳，岂区区之费而靳之耶？诚以自治是自决自动的，而非被动的。联防云者，是本其固有之团体而联合之，以防外侮也，所需经费，自当取决多数，奚容强勒？今督办硬行重定经费，其谓之何？将曰办事经费乎？则毋容此重。将曰公家筹款乎？则堂堂正正出之，众当悦服，奚容假借？细核该章程，虽云经帅座指令，准如所拟，而收费轻重未邀睿鉴，不待智者而知也。查该暂行章程对于水面警察，对于缴验枪炮，对于江海防，无一不互相抵触。当兹船民青黄不接时期，尤不能负此重担。其无设立之必要，了如指掌，此船民所期期以为不可也。特行缕诉隐情，恭赴贵会，伏乞提议，代陈极峰，恩准下令撤销，以拯船民，实为德便等情前来。据此，当于本月二十七日，发交三十七次常会会议，佥以所陈各节，尚属实情。委员等忝为人民代表，自应据情上达，藉伸民隐。所有饬查船民自治及议决各缘由，理合具呈呈复，乞赐睿察。应否明令撤销船民自治，以恤民艰之处，出自钧裁。谨呈

陆海军大元帅孙

　　广东地方善后委员会当值委员谢英伯、陈树人、黎端

　　　　中华民国十三年三月卅一日

　　（《陆海军大元帅大本营公报》一九二四年第十一号，4月20日，"指令"）

林翔呈孙中山文
(1924 年 4 月 1 日)

　　呈为呈复事：案奉大元帅发下广东兵工厂厂长马超俊呈缴十二年四、五、六等月分支出预算书各二件，查该厂预算书内官长薪水及厂长公费，均未照军政部订定饷章计算，当经函请派员说明并请具函证实。旋准函开：前准贵局大函，以敝厂十二年四、五、六月分预算书有未甚明了之处，嘱派经办人员来局接洽，以便咨询一切等因。当即派敝厂三等军需正周梓骥、军需金彝光前赴贵局接洽。兹据该员等回厂面称：昨奉派赴大本营审计局经将本厂大概情形陈述，惟预算书内厂长及各员司薪水未曾折扣公费，亦未免太多，须将缘由备函声明等情前来。查敝厂自厂长以及各员司之薪水照十足支给，此事系由朱前厂长呈奉帅座面准。至公费一节，缘敝厂历任厂长，凡因公晋省向系开支旅费。朱前厂长接事之初，正当沈鸿英蹂躏本厂之后，规复伊始，头绪纷繁，又值军事倥偬，不时晋省，故每月总开报公费四百元，以免烦琐，此事亦经朱前厂长回明帅座在案。所有以上各缘由相应据实函达，请烦查照等由。准此，官长薪水及厂长公费既经钧帅面准，自可作为预算之定额。又查包工工资栏内照该书备考核算，少计八角八分。惟属预算，似无庸议。除将广东兵工厂十二年四、五、六等月分预算书各提一份留局存案外，理合备文连同原呈暨预算书，呈请钧帅鉴核备案，实为公便。
谨呈
大元帅

大本营审计局局长林翔
中华民国十三年四月一日

　　(《陆海军大元帅大本营公报》一九二四年第十一号，
4 月 20 日，"指令")

鲍罗廷致孙中山电

（1924 年 4 月 1 日载）

孙中山先生鉴：

英意两国未成［承］认苏俄之前，驻京俄代表要求首先恢复中俄两国之外交，然后开会讨论解决中俄悬案各种问题。迨此等强国承认苏俄之后，驻京俄代表本可乘时利用本国巩固之机，对北京政府交涉，取不退让之态度，此为意中之事。但事实不然，而该代表反退让一步，其最要之点，以首先解决开会前总纲，以为将来会议时之根据，然后恢复两国外交。因此，加拉罕与北京政府之代表详细讨论，于本月十四日完成两国代表同签之协定。此协定签字后，而北京内阁否决之，且否认其代表之签字为有效。北京内阁所否认之协定，是为何等内容，即包含中国国民党之外交政策，取销前俄与中国所立侵夺中国主权之各种条约，取消租界及领事裁判权，承认中国在蒙古之主权，准定中国同有监管中东铁路之权，至中国有财力能赎回时，则完全归为中国所有，并退回庚子赔款，移作教育之用，主张新条约为将来双方保绝对平等。此种协定，如得诸其他帝国，中国须牺牲几许血，若干财，方能得之？中国国民党亦须大费经营，方能取得此协定所列之权利。此种协定，北京内阁否决之，必不因此协定不利于中国也明甚。然则此种协定，果为伊谁之利而否决之乎？此协定系本诸中国国民党（一月二十三日）在广州大会所决定之外交政策，而为中国民族主义之一大胜利也。革命进行中之俄国，已与邻邦之争自由者互相携手，中国得此，可谋脱离半殖民地之第一步。此协约经俄提出，而北京内阁竟拒绝之。该协定原文，另由邮寄呈阅。任何内阁，称为一国之代表机关，有无却受充足之理由，乞明察以判之。先生之民族主义恐为此种不利于国之行为所阻碍。此为重要之事，尚希贵民党加之意焉。鲍罗廷叩。

（《广州民国日报》1924 年 4 月 1 日，"特别纪载"；
《申报》1924 年 4 月 11 日，"国内要闻"）

叶恭绰、杨庶堪呈孙中山文
（1924 年 4 月 2 日）

为呈复察核事：案奉大元帅第一二二号训令开：查禁烟督办署现在应行改组，所有原设之水陆侦缉联合队，应由该委员会将其即日解散，其原由各军选送士兵一律送还各该本军归队，为此令仰即遵照妥办，仍将遵办情形报查。此令。等因。奉此，查此案经本会三月三十一日第二十五次常会提出议决，录令送由新任禁烟鲁督办涤平遵照办理，即经本会照案录送鲁督办查照在案。除候将遵办情形函复到会再行转报外，奉令前因，理合先行呈覆钧座察核。谨呈
大元帅

财政委员会主席叶恭绰、杨庶堪
中华民国十三年四月二日

（《陆海军大元帅大本营公报》一九二四年第十号，4 月 10 日，"指令"）

刘玉山致孙中山电
（1924 年 4 月 2 日）

广州大元帅睿鉴（余衔略）：

敝军奉帅令南征，出发三罗，集中都城候命。三十日拂晓，不知何故，为黄绍雄、郑润琦、李济琛三部，合派大队，数路前来围

攻，江固、广安各舰复由水面发炮助射。前据都城逃出职员报告各情，节经于卅日通电在案。现复据都城方面逃回职员报称：黄、李、郑各军联合围攻敝军。当此寡众悬殊，且不忍地方糜烂，敝队放弃都城，突围冲出。探闻现尚围困在大王山、平冈等处地方待援。黄、李、郑各部卅一日早尚纷纷续调大兵，前往追击，大有必将敝部围而歼灭之势。当敝军冲出后，所有都城军、师、团各部长官暨其眷属，均为黄等俘掳严禁，视同敌人，尚未释放。行李辎重，军实轮船，概以劫掠。复藉口敝军截收防务经费，冒称已奉大元帅命令，围缴敝军枪械，公然布告。复据探报：郑润琦又派大队，将敝部原驻罗定之游击司令叶式其，及各支队长官等扣留，围缴枪械。似此情形，显系有意藐视大元帅法令，倾覆中央直辖之军队，仇视外来之友军。现值东江战事方殷，演此非常之变乱，不惟阻挠南征大计，直欲牵动东江战事，危害西南大局，如非丧心病狂，即系别有图计，迹其用心，尚何堪问？现在敝军受此惨无人道之压迫，全体一致，愤激异常。玉山向以忠厚至诚接物，不虞其如此欺诈阴险。惟向以服从大元帅命令为职志，现虽欲忍此奇辱，强为遏抑，而全部金以一军之存亡为轻，大局之安危为重。黄绍雄之态度不明，为事尚小，而主动阴谋，妄为离间，愚弄李、郑，牵动大局，为害犹大。应请大元帅迅即派员驰往，严令制止追击，择定敝军集合地点，以为收容候命之所。并命将现驻三罗被押之游击司令叶式其等长官释放，先后所缴去之军械，一概发还，掳去之官长及其眷属暨辎重轮船，一概分别保护送回，以表示倾向我政府诚意。衅自彼肇，罪有应得，吁恳大元帅整饬纲纪，从严惩办，以儆将来，而奠危局。玉山一息尚存，断难容忍，必以正义公道，求最后之解决。伏望各部长、省长、市长，各总司令，军师旅团长，察微观变，顾念危局，主持公论，不独敝军幸甚，大局幸甚。除将伤亡损失续探详报外，谨再电陈，伏候公裁。临电不胜愤慨迫切待命之至。中央直辖第七军军长刘玉山呈叩。冬。印。

（《广州民国日报》1924 年 4 月 3 日，"特别纪载"）

刘玉山致孙中山电

（1924 年 4 月 2 日）

广州孙大元帅睿鉴（余衔略）：

敝军长奉帅令南征，集中都城之部队，为黄绍雄、李济深、郑润琦等抗命围攻，各情节业经世、东两电沥陈，并经帅座飞令制止追击各在案。现又据先后逃回官长报称：敝军自都城突围后，黄、李、郑等部节节尾追。三十一日，至大坡山，士兵已数日不食，疲饥交迫，然犹振臂狂呼，宁为玉碎。不料黄、李、郑等续调大队，纷纷续至，四面包围，以三部数千众，明攻暗袭之谋，乘我军弹尽援绝，进退维谷之时，彼竟谓称奉大元帅令，将我军在大坡山部队，悉数迫缴枪械，陈师长天太，未知下落。又叶司令式其等，尚未释放各等语。玉山闻报，愤不欲生，窃思敝军自柳江东下讨贼，白马会盟，五羊告捷，洎沈、陈变起，转战频年，拥护政府，可告无罪。讵以数年训练、百战余生之健儿，不失败于锋镝交绥、如狼似虎之强敌，而覆没于阴谋险诈、明迫暗战之友军，不为应讨之逆军明创，而为同仇敌忾之友军暗算，不协同进攻南路之强敌，而反倒戈倾覆奉命南征之中央军队，其处心积虑，诚不堪问。犹复藉口敝军破坏财政，种种捏词，殊无辩论之价值。纵使如彼所言，亦应呈候大元帅核办，无论任何军队，均不得擅自调兵围攻。是事如可为，孰不可为？黄、李、郑等如欲背叛中央，则彰明较著，径直昌言可也，何必鬼惑其心，蛇蝎其行。玉山不独为敝军惜，直为中央政府哀。从此西江流域，将无中央军队立足之地，而南路匪患，亦永无肃清之一日。斯风一长，人人得而效尤，从此纲纪荡析，鸱雀互寻，火并自由，祸伊胡底。国家不能行使命令，地方难措治安。玉山非故为危词以耸听，良以江河涓滴，关系匪轻，顾后瞻前，如鲠在咽。惟有仰恳大元帅乾纲独断，迅颁明令，组织军法会审，调黄、李、郑等来庭质讯明白，从严惩治，俾儆将来，而遏乱萌。并责成速将陈师长天太及各职员士兵等，安全保护来粤，免被残害，并将先后缴去枪枝辎重轮船，限日如数送回。临电愤懑，不知所云，伏乞各部长、省长、各总司令、各军师旅长，本履霜坚冰之渐，为仗义持正之言，玉山幸甚，国家幸甚。中央直辖第七军军长刘玉山呈叩。冬。印。

（《广州民国日报》1924年4月7日，"特别纪载"）

伍学熀呈孙中山文
（1924年4月2日）

为请辞兼职吁恳俯允事：窃学熀恭膺简命派兼广东全省船民自治联防督办，遵于上年十二月十五日就职。推原钧令设官之意，原以船民散处四方，智识未启，海盗充斥，劫掠频闻，故促进自治以为振聋发聩之资，举办联防以纾越货杀人之患，法至良、意至善也。学熀循名责实，夙夜兢兢，惟思竭其一得之愚，上贡钧座三民之治。计所拟办事项，如董事会制、团保澳制，所以提倡民权也；如水上银行、水产学校，所以救济民生也；他如国民学校、宣讲所、阅报社，所以启发民智而巩固民权也。征费惟恐或重，办事惟恐或少，奏功惟恐或缓，流弊惟恐或滋，节经详拟计盈严定章程，呈奉钧座核准施行在案。果能循序而渐进，不难计日以程功，不谓时会推迁，环境险恶，征收护费之机关既架屋而叠床，同隶政府之水警复左牵而右掣，郑声乱雅，紫色夺朱，阻力横生，流言蜂起。此船民自治联防开办数月，成效犹未大彰之实在情形也。比者河面护费奉令禁收，拨云见天，欢声动地。船民知自治联防之举，确非剥民利己之谋，踊跃输将，渐见起色。孰料同僚疑忌，动肆讥评非难之声，形诸案牍，不曰纷扰，即曰勒收，一若钧座惠民之政适以厉民，此诚非钧座提倡民治之盛心，而学熀始料所不及者也。学熀毁家纾难，许国以身，心志所存，国利民福。今德不足以格船民，力不足以制军队，诚不足以感同志。与其素餐尸位、贻误将来，孰若辞职让贤、洁身此日。伏乞俯鉴微忱，准予辞去广东全省船民自治联防督办兼职，无任迫切待命之至。再学煐缮呈待发，间阅报载广东地方善后委员会呈复钧座文，内有据货船协会总部会长黄耀盘、运货船公会陈博知、驳载工会黄党等，联同呈请下令撤销之语。又广东政务厅长陈树人呈复广东省长文，亦有闻货船协会、盘运货船公会、驳载总工会各团体，已合词呈请善后委员会转请取销之语。但查三月二十五日《真共和报》所载，驳载工会会长郭有、副会长郭顺所登告白，又有黄党冒认会长之言，然则所谓黄党者，难保非冒名会长毁谤政府。应如何查究之处尚候钧裁，合并陈明。谨呈
大元帅

兼广东全省船民自治联防督办伍学煐

中华民国十三年四月二日

（《陆海军大元帅大本营公报》一九二四年第十号，4月10日，"指令"）

范石生呈孙中山文

（1924 年 4 月 2 日）

呈为呈请严令撤销护商机关以安商业事：案据广州各商埠柴杉竹行代表何德、霍亦衡等呈称：窃商等向在省城及附近商埠开设柴杉竹行生理，前赴西北两江采办货物，尤以西江支流之广宁、四会为多。计由四会开排经马房河口、西南紫洞一带，沿最近河流分埋附近各埠。近年以来，盗贼猖獗，河道梗塞，所有放运排张迭被掳勒打单。政府无力保护，商民饱受痛苦，曾经组织商团沿河自卫。军兴以来，秩序大乱，商团被强暴军队缴械解散。即以沿河防地为利薮，纷纷设立护商机关，扣留货物，勒交行水，而匪势猖獗，未闻剿办。去年春间，商等大帮货物行至紫洞被匪抢劫，排夫凫水逃

命，排张沿河流散，损失十余万元。夏间，商等大帮货物行至西南，因该处新设护商机关，缴费不及即被放枪扣留，适遇西潦澎涨，水紧锚松，沿河漂没，损失二十余万〈元〉。商人望洋兴叹，致有雇船捞运、携资取赎及与收买赃物之败类，在佛山警署暨广州地方审判厅发生讼案。本年初春，商等大帮货物行至河口西南石街等处，先后被匪掳去排夫五十七名，轰毙排夫一名，损失货物十余万元。护商队袖手旁观，不独不为援手，反在西南将商等流失之货扣留取赎，美其名曰"煤银"。既将货物扣留取赎矣，又被匪徒盗卖与西南杉街惯营收买赃物之黄某。迨商等贩运第二次货物沿河下行，所有各处护商费用均已如额缴纳，则又勒收更费，致与护排福军发生冲突，事后扣留货物，勒补子弹费三百元。凡此经过，事实均彰彰在人耳目。月来驻防军队变本加厉，同一防地分设护商机关数处，聚敛搜括，罔恤商艰。计由四会开排，有粤军第一师护商队一处、第三师护商队四处，滇军第五师护商队四处、滇军第六师护商队十三处、福军护商队一处、狮山保卫团麦珍一处。其挂滇军旗号而由各姓收取护商费用者，上滘村则有梁姓、李姓、黎姓三处，下滘村则有黎姓二处。尚有沿河匪帮堂口十二处。兵匪合计共有四十处。每处最高定价来排一张收保护费一百二十元，最低议价则收十元或二三十元。民力有限，聚敛无穷〔穷〕。当经本月廿二日通电陈明，请予援照省城先例，撤销沿河保护费用，以苏民困，并请大元帅明令清乡以除匪患。现在沿河贼匪均向各军长官领旗缴费，包收保护费用，军队藉土匪以广推保护费，土匪藉军队为护身符，每领一旗，即分设保护卡口七八处，收保护费者在此，〈议被掳人目睹在此，〉[1] 赎被留柴杉竹排者在此，说收行水者在此。商等财穷〔穷〕力尽，不得不集行停业，以待解决。惟念柴薪为民生日用之品，停业过久，即闹柴荒。今照上开四十处缴纳保护费，每元卖柴四十斤尚须缺本。若再迁延不理，古人薪桂之喻即在目前。伏

----

[1]　据《林木生、易子庄等呈孙中山文（1924 年 4 月 9 日）》补。——编者

乞钧部体念民瘼，迅下明令，撤销沿河护商机关，**挽已去之人心，
救将绝之民命**，不胜屏营待命之至等情。据此，军长伏查粤中濒年
以来，干戈载道，商业凋残。苟统兵长官稍有人心，更何忍纵容部
曲巧立名目，荼毒商民。该柴商等所呈各节事实昭昭，阅之泪下。
若不吁恳帅座严令撤销查办，吾民宁有孑遗？据呈前情，理合具文
转呈睿鉴施行。谨呈
大元帅孙

滇军第二军军长范石生

中华民国十三年四月二日

（《陆海军大元帅大本营公报》一九二四年第十一号，
4月20日，"指令"）

李济琛致孙中山电

（1924年4月3日载）

广州孙大元帅睿鉴：大本营程部长、李参谋长、中央直辖第七军刘
军长勋鉴：

前准参谋处致电开：刘部开赴三罗，曾瞩在都城整顿待命，如
有加入作战之必要，即由总指挥部指挥，以一号令。日前该军部队
到达河口，经由职署备船办粮，载运西上。现据西江财政整理处呈
报：该军进驻都城，即将防务经费截收，另行派［派］员经理，
并将郁南财政分处征存饷项，强行提取，交涉无效，合将该军训令
缴呈，迅请核办等情。复据驻德庆第三师部派员报告：连日第七军
部队纷纷渡江，分赴封川、长岗等处，任意占驻，分向商店勒缴巨
款，商民异常惊恐，请速制止，以定人心等语。查该军集中都城，
自应候命出发，乃竟截收防务经费，破坏财政统一。又复任意分赴
别地驻扎，肆意滋扰商场，殊于税饷、地方，均有妨碍。除即派员
驰赴严行交涉外，合即电呈鉴核，恳请迅赐严令制止，免滋事端，

盼切祷切。西江善后督办李济琛呈叩。

（《广州民国日报》1924 年 4 月 3 日，"特别纪载"）

何家猷呈孙中山文

（1924 年 4 月 3 日）

呈为报请示遵事：现准香港电报局函称：准香港大东大北公司函开：敝公司等现奉上海总行训令开：贵局如不将正、二两月份所欠水线费于本年四月十日以前付清，则敝公司迫不得已订自本年四月十一日起，凡由贵局交来转往各处之报，其水线费须逐日付现。又将敝公司应付贵局之转报费扣留，直至贵局所欠各数清偿为止等由。准此，查贵局所欠水线报费历经列单寄上，惟迄未汇来敝局。困难情形迭经函达，现年延久。上项水线报费一万余元，实属无力代垫，拟请查照前单，速将一月份水线费六千五百十六元二角三分、二月份水线费三千三百二十元零八角六分，如数克日汇下，俾得清交。否则届时无款清付，洋公司势必照前函实行所有由水线拍尽各报，敝局实无从代转等由。查职处为全省电政总汇机关，从前经常收入足敷月中支出，盖往时到局拍电者概付现费，可资周转。现自政府财政竭蹶以来，即帅座亦因筹给各军军费，以致府库匮乏，军政各机关无一不同感困难，遂至职兼局日中收受、拍发电报，不论由陆线、水线转递各报，皆盖关防印信不给电费。此项电报家猷既不敢积搁贻误，惟有随时拍转，复仰体政府艰难，本线费固属未便催收，所有洋公司水线费又须垫缴种种原因，职处亏累日积月深。目前，匪特洋公司水线款项按月筹汇不易，即电局中电生员司应支薪水，亦已积欠数月。正在筹思维持间，接准港局洋公司函催前情，限期既嫌迫促数月又属巨万，断非短促时间咄嗟可能立办。惟是一经到期无款拨寄，万一洋公司照函实行，则国际信用、电政交通在在堪虞。素任綦重，家猷何敢擅专办理。迫得将港局大东大北洋公司原函二件备文连同呈缴帅座睿鉴，伏乞迅拨巨款，或可否请将原文连同洋公司原函一并发交财政委员会议决，饬由各机关月拨的款维持，以免国际交通外人藉口干涉，且为永久维持电政前途计划。是否有当，统候察核示遵，实为德便。谨呈

陆海军大元帅

广东电政监督兼广州电报局长何家猷

中华民国十三年四月三日

（《陆海军大元帅大本营公报》一九二四年第十一号，4 月 20 日，"指令"）

卢兴原呈孙中山文

（1924 年 4 月 3 日）

呈为呈请事：窃职厅前以经费支绌，具呈恳请帅座将发行状纸权划归职厅办理，该款并准拨充厅费以资挹注等因。当奉钧帅第二一六号指令照准，随于三月二十日遵令〔令〕发行，并备文呈报察核各在案。惟查职厅自发行状纸以来，收入仅得百余元，较昔锐减。推原其故，一因地方不靖，各属厅庭多不能照常来厅领用。二因交通梗塞，各当事人多不敢如常诉讼，所以状纸售额大不如前。益以铜元低，折纸价奇昂，于状纸收入大受影响，似非设法整饬不足以资维持。查职厅发行各状纸均由各属厅庭备价请领，民事状每套领价铜元十三枚，售价六十枚。刑事状每套领价铜元十一枚，售价三十二枚。其余民事状溢出之四十七枚，刑事状溢出之二十一枚，其应解厅之民事状四十枚、刑事状十六枚，均以各属厅庭经费支绌，悉数截留作为司法收入补助经费，职厅所得收入为数尚少。今既有上述情形，核计每月状纸收入仍未敷职厅经费。查诉讼状纸照章得由检察长或审判长因必要情形增收数目，现拟略为变更，将民刑各状售费改征银毫，并略增收数目，民事等状每套征收毫银八

角，刑事等状每套征收毫银四角，各属厅庭领用状纸改为以总售额之半领用，其余半额则留为该厅庭经费。如此办法在职厅厅费较为有著，而各属厅庭现时均苦于经费奇绌，不易支拄，亦可藉此稍增收入以资维持。一转移间，而职厅与各属厅庭均资其利焉。且诉讼状纸征收费，西北各省业于民国九年改征银币，我西南各省犹沿旧例征收铜元，手续既嫌琐屑，核算亦复繁杂，改征银毫，自归简便。而略增收费于诉讼，人民既负担甚微，而于公家收入则裨益实大。所有诉讼状纸改征银币暨增收数目各缘由，理合备文附具表式呈请帅座察核准予备案，实为公便。谨呈

大元帅

总检察厅检察长卢兴原

中华民国十三年四月三日

　　（《陆海军大元帅大本营公报》一九二四年第十一号，4月20日，"指令"）

林云陔呈孙中山文
（1924年4月3日）

　　呈为呈请事：窃查鸦片烟罪原属刑事范围，向来各机关对于此项犯罪人一律均送由法院办理。自禁烟督办署成立后，既以厉行烟禁，涸除烟毒为宗旨，则发现此项犯罪人当亦日见其多，若非陆续送由法院科断，究恐不足以收禁烟之实效。职厅有见于此，理合具文呈请大元帅察核，伏乞饬令禁烟督办署嗣后对于犯鸦片烟罪人，务须随时照章送由法院办理，以重法权而明统系。谨呈

陆海军大元帅

广东高等检察厅检察长林云陔

中华民国十三年四月三日

　　（《陆海军大元帅大本营公报》一九二四年第十号，4月10日，"指令"）

李福林呈孙中山文

（1924 年 4 月 3 日）

呈为呈复事：案奉帅座令饬解散新塘至大览尾一带私立勒收保护费机关等因，奉此遵即转令职属第十旅陈旅长又山迅速办理去后，兹据复称：遵于三月二十七日督率罗团长家驹暨长兵乘驾霞飞兵轮，将沿河新塘以上之南江、新塘下之东洲、米场、西洲、南洲、南岗口等处勒收保护费机关，一律解散。当到各处机关时，所有勒收保护费党羽纷纷先逃，无从弋获。惟于南洲拾得旗帜二面，系书中央直辖第三军第一路第一独立支队第六统领秦及同衔第一营营长吴等字样。现自大览尾溯江而上至江南一带，所有勒收保护费机关悉经解散无遗。除随时侦查俾免再萌故态外，理合将遵办情形及所获旗帜二面随文呈报钧核等情。查该旅长所称解散各机关情形尚无贻误，理合具文呈复察核。谨呈
大元帅孙

东路讨贼军第三军军长李福林
中华民国十三年四月三日

（《陆海军大元帅大本营公报》一九二四年第十号，4 月 10 日，"指令"）

鲁涤平呈孙中山文

（1924 年 4 月 3 日）

呈为呈请简派厅长处长以资佐理而专责成恭呈仰祈睿鉴事：窃查职署总务厅督察处事务最为繁重，函应遴员办理，以助进行。兹查有雷飙堪以胜任职署总务厅厅长，缪笠仁堪以胜任职署督察处处长，理合取具如该员履历备文呈请察核，伏乞照准分别简派明令发

表，并祈指令祗遵。谨呈

大元帅孙

禁烟督办鲁涤平

中华民国十三年四月三日

（《陆海军大元帅大本营公报》一九二四年第十号，4
月 10 日，"指令"）

伍朝枢呈孙中山文

（1924 年 4 月 3 日）

呈为呈复事：现奉帅座发下据新会古兜善后事务所所长梁少
琦、赵卓臣卅电称：驻扎崖门古兜善后保卫团中队长梁国勋，于俭
日亲率兵船四艘游弋海道，讵巡至台属海晏海面，瞥见贼轮一艘，
意欲截劫轮渡。该队长登即枪击互战，移时始将该轮名沙碧近截
获，并拿获匪徒二名，起获被掳人十名。除将匪徒及被掳人等就近
解送新会县署分别释究外，只余该轮留泊崖门，听候请示办法。惟
查该轮系德国洋行之船，前被匪骑去，经省宪通令查起有案。现既
截获，应如何办理，伏乞示遵呈后详等情到部。伏查此案前据特派
广东交涉员傅秉常呈，以德国驻华人民应与无约各国一律待遇，今
德商显利士洋行之沙碧近等轮船为军队收用，似宜一视同仁，妥为
保护，并经呈请大元帅鉴核饬查发还等语报部有案。现据前电称，
沙碧近轮船经已截获，似应将船给还原主以昭体恤。理合备文呈恳
帅座核明，电饬梁事务所长将该沙碧近小轮一艘解省交回德领，转
给德商管业以示怀柔。是否有当，伏乞睿夺施行指令祗遵。谨呈

大元帅

大本营外交部长伍朝枢

中华民国十三年四月三日

（《陆海军大元帅大本营公报》一九二四年第十号，4
月 10 日，"指令"）

杨庶堪呈孙中山文

（1924 年 4 月 3 日）

呈为呈复事：案奉大元帅训令第一〇二号开：广东全省船民自治联防事宜开办以来，尚无成效，所定办法有无流弊，应由广东省长、海防司令会同广东地方善后委员会详细调查，以资整顿。除分令外，合行令仰遵照。等因。奉此，遵即分别咨会海防司令及广东地方善后委员会，并派职署政务厅陈厅长树人详加调查去后。兹据陈厅长树人折呈：查船民以海为家，时受强徒凌虐，提倡联防自治洵属良图。现行章程分船艇之种类、按船身之长短征收经费，岁有定额，由数元以至二百数十元。一般舆论以为船民最苦，终岁劳动所得几何。即就省河而论，如航政局，如公用局，如水上警区，莫不征费，而常泊处有埗租，寄水处有更钱，固已民不堪命矣。若再因联防自治增加一重负担，是利未形而害先著。更有谓既名自治，则须真正船民自行办理。既名联防，则须互结团体实行自卫，似无烦假手他人。纵办事须〔需〕财，只应量入为出，自筹捐助，又无庸官厅先编征额，迹近勒收。上述各节皆系得之舆论者。闻货船协会、盘运货船公会、驳载总工会各团体，已合词呈请善后委员会转请取销，谨将遵谕调查情形报告等情。据此，查倡办船民自治联络团防原属自卫良图，第因督促自治而先编额征收，船民困苦负担为难，舆论多称不便。省长复加查核，该厅长调查各节均属实在情形。奉令前因，理合将调查情形先行据实呈复大元帅察核，指令祗遵。谨呈

陆海军大元帅

广东省长杨庶堪
中华民国十三年四月三日

（《陆海军大元帅大本营公报》一九二四年第十一号，4 月 20 日，"指令"）

程潜呈孙中山文

（1924 年 4 月 4 日）

　　为呈请事：案奉钧座发下滇军总司令杨希闵呈报，第三军军部少将副官长萧学智、中校副官黄璠、中校参谋郑有福、少校副官陈自修等四员转徙数省，身经百战，前以东江激战时惨遭阵亡，情实可悯，拟请各照原级追晋一级以慰英魂等情到部。经部长查核，与《陆军战时恤赏章程》第二十条之规定尚属相符，拟请将该副官长萧学智追赠中将，中校副官黄璠、中校参谋郑有福均赠上校，少校副官陈自修追赠中校，并照阵亡例以赠级给恤。是否有当，理合呈请睿核，伏乞指令祗遵。谨呈
陆海军大元帅孙

　　　　　　　　　　　　大本营军政部部长程潜
　　　　　　　　　　　　中华民国十三年四月四日
　　（《陆海军大元帅大本营公报》一九二四年第十三号，
　　5 月 10 日，"指令"）

鲁涤平呈孙中山文

（1924 年 4 月 4 日）

　　呈为呈请调销前督办任内已拨未发之款以便专心整理恭呈仰祈睿鉴事：窃督办任事伊始，事务甚繁，督率整理负有专责。嗣后凡款项收入除本署单简开支外，无论多寡拟按月赍报帅府。对于外来拨款，一概不负支配之责，庶财政能归统一，而整理不致纷心。至前督办任内，闻尚有已经奉拨未曾发放之款为数甚巨，应请钧座通令一律调销，庶使以前之收付概行截止，以后之收付方免纷歧。督办为整理收入统一财政起见，是否有当，

伏候指令祗遵。谨呈

大元帅孙

禁烟督办鲁涤平

中华民国十三年四月四日

（《陆海军大元帅大本营公报》一九二四年第十一号，
4月20日，"指令"）

杨庶堪呈孙中山文

（1924年4月4日）

呈为呈请事：政务厅长陈树人案呈：惠济义仓原为备荒而设，
创始于前清道光中叶，迄今垂八十年，凡遇水旱偏灾，无论本省外
省莫不竭力施济，诚为粤省善团之嚆矢。历年积存款项购置产业
坐落于番禺、香山两属者，计有沙田六十余顷，亦为地方上共有之
财团。上年粤省军兴，馕糈奇绌，当由广东全省官产清理处处长梅
光培，悉将仓产收归官有，变充军饷，乃一再编投，无人过问，不
惜贬价求售。仅有萧永利堂、朱兴业堂等户领得香山县属大浪网尔
家环马前沙及浪网尾等处围田、水坦约十五顷，所余田坦尚多。迨
十二月间，树人代行省长职务，窃见此案久悬莫结，军费亟待筹
维，因思前人建设义仓，薄有积产本属不易，一旦消灭，非所以维
持善举，况夫贱价而沽徒为资本家谋附益。与其利归一户，何如还
诸众人。再四思维，总以国家军饷、地方公产两能顾全为宗旨，爰
与该仓绅董商酌属令报效军饷一十五万元，即将该仓原有田产连同
已卖出之浪网等沙，亦一并收回发还管业。幸该绅董等深明大义，
情愿以政府发还各产抵押款项如数具缴。□时官产已归并财政厅管
理，树人商之该厅长梅光培，亦得同意。随着该仓绅董分期措缴，
嗣因不敷收赎，变产再饬加缴四千元，亦愿遵办。业据该绅董等陆
续缴足报效军费毫银一十五万四千元，当将已变之浪网尔家环马前

沙及浪网尾各围田坦悉数赎回，连同未变之香、番两属各沙田坦契照，一并给还该惠济义仓永远管业。此案经已完全结束，伏念案悬半载解决末由，今既遵谕具缴十五万元有奇，连前备价领回仓廠地址及官厅收过上年晚季田租约共银八万余元，是该仓先后筹缴各款不下二十四万余元，似于饷需不无少补。所有该仓报效军费数目及将原产发还管业各缘由，请转呈帅座饬部立案等情前来。省长复查该绅董等既遵劝谕筹缴巨款以纾政府之急，尚属好义急公，其原有番、香两属各沙田产经已悉数发还。理合备文呈请大元帅明令准予永远管业，嗣后无论何项机关不得藉端没收，以维地方公产，并饬内政部立案施行，实为公便。谨呈

陆海军大元帅

广东省长杨庶堪

中华民国十三年四月四日

（《陆海军大元帅大本营公报》一九二四年第十三号，5月10日，"指令"）

罗燕平、陈其瑗等呈孙中山文

（1924年4月4日）

呈为案经议决据情转达乞请严令撤销小北江入口货捐以恤民艰事：窃委员等现据连阳小北江一带公民全体代表陈必正、杨汝威等呈称：窃公民等小北江一带地方土瘠民贫，出产物少，向来觅食维难。近年以盗匪充斥，兵燹频加，种种生机，不绝如缕。其幸而苟延残喘者，只赖本地柴麦等物以有易无，博升斗以赡家室。不料此次军兴各队之云集连江口站者，语其名堂之不一，几于辨别之无从。一遇小北江货到，无论出口入口，勒收费用纷至沓来。甚有同一部份而暗派多人分途抽收者，有公然勒抽至再至三者，明目张胆。商民敢怒而不敢言，稍与理论，非受痛击即被将货抢夺。他不

具论，即就出口柴根已受种种损失。似此重重苛抽，商民裹足不前，百货已腾贵不堪矣。乃有中央直辖滇军第一独立旅旅部士兵近竟藉口军用紧急，复在连江口车站张贴布告设厂委员，硬将小北江出入口货每值百元勒抽军费五元，商民以其例外苛抽变本加厉，纷纷集众，议决停办停载，冀其稍念民艰，顿生觉悟。不谓迄今多日，停罢者自停罢，抽收者自抽收，呼吁无闻，商艰罔恤。各埠商畏威惧祸，哑忍□甘，惟相戒店不办货，运馆不运，渡船不载行，此因咽［噎］废食之策而已。独我小北江贫民生斯、长斯、聚斯，受此莫大打击，欲耕无具，欲劳无工，欲用无物，势不至欲炊无米、欲死无所不止。鸣［呜］呼！谁实为之，为之何哉！有此例外苛抽，害民病商，势迫沥情联呈贵会俯念商民艰困已达极点，立赐据情转呈大元帅暨杨省长、蒋军长，准予分令独立旅旅长何克夫立将抽收小北江出入口货捐厂撤销，以苏民困，实为德便等情前来。据此，当于三月三十一日发交第三十八次常会会议，金以所陈各节事果非虚，不特病民扰商抑且有违帅令。委员等为人民代表，自应据情转达，藉伸民隐。所有议决据情转达各缘由，理合具呈睿察，乞即令行广东省长滇军蒋军长查明，分别撤销以苏民困，实为德便。谨呈

陆海军大元帅孙

　　广东地方善后委员会当值委员罗燕平、陈其瑗、黄焕庭

　　　　　　　　　　中华民国十三年四月四日

　　（《陆海军大元帅大本营公报》一九二四年第十一号，4月20日，"指令"）

张开儒呈孙中山文

（1924年4月5日）

　　呈为职处少校副官方孝纯因病辞职仰祈睿鉴示遵事：案据职处少校副官方孝纯呈称：窃副官历年奔走因失调护，近年以来长在病

中，红疾时发，脑系不宁，每一登楼，辄形心跃，精疲力乏，任事未能。当逆氛未靖之际，正国家用人之时，何敢久假病体致取尸位素餐之咎。为此恳请钧座转呈大元帅核准，俾得一意休养，不胜翘企待命之至等情。据此，理合据情呈请睿裁施行。谨呈

大元帅

参军长张开儒
中华民国十三年四月五日

（《陆海军大元帅大本营公报》一九二四年第十一号，4月20日，"指令"）

鲁涤平呈孙中山文
（1924年4月5日）

呈为躬赴前方督战委员代行督办职务恭呈仰祈睿鉴事：窃督办奉兼斯职，本应以身作则，〈积〉极进行，无如职军开赴东江作战在即，自应先行其所急，赶赴前方，所有督办职务暂委职署总务厅长雷飙代拆代行，以专责成而资整理。理合备文呈请钧座察核备案，并候指令祗遵。谨呈

大元帅孙

禁烟督办鲁涤平
中华民国十三年四月五日

（《陆海军大元帅大本营公报》一九二四年第十一号，4月20日，"指令"）

中央直辖第七军全体官兵致孙中山电
（1924年4月6日）

广州大元帅睿鉴（余衔略）：

　　敝军奉命东征，于今三载，虽备受艰苦，饥寒独忍，而不言者，以人所共知也。此次留省部队，奉命南征，集中都城，暂驻数日，其间于军事上有何异举，于地方上有无骚扰，均有当地商民可查，无庸喋喋。当黄绍雄、李济琛、郑润琦三角同盟抗命称兵越境围迫之先，曾派员向其质问，并飞报帅座。敝军自问心迹无他，天日可质。且系奉帅令南征，彼军既非背叛中央，未必甘为戎首。讵意彼等包藏祸心，图谋不轨，竟于二十九黄昏，先将我军向驻罗定之游击司令叶式其及支队长扣留，乘机迫缴枪械。复于卅拂晓，联合江固、广安各舰，齐向我都城部队明攻暗袭。我军以事出非常，变起仓促，犹复振臂迎击，歼厥先锋，嗣以众寡悬殊，遂弃都城突围冲出。黄、李、郑等既先令民团伏击，复以全力尾追，并矫称大元帅令，来缴枪械。我军粮无隔宿，士尤激昂，至三十一日午后冲至大坡山时，弹尽粮绝，卒为暗算，经由敝军世、东、江三电沥陈在案。夫黄、李、郑等军，同直辖于中央，情属袍泽，谊切同舟，共驻西江，有如家人聚处一室。孰料夜半忽有不肖子弟，行奸淫弑杀劫掠之乱，奸淫弑杀劫掠之不已，尤谓为系家长所命。呜呼！道德灭亡，伦常乖离，一至于此，夫复何言？敝军向以服从为职志，此次敝军三千余众，不死于疆场、不死于饥寒之百战健儿，果黄、李、郑等系奉帅令围攻而牺牲，则牺牲不足惜，若非奉帅令而围攻，则非围攻敝军，直围攻大元帅耳。我等待罪粤疆，无补党国，既泣豆萁之煎，尤深狐兔之感，人心如未尽死，天壤当有正气。伏乞大元帅整饬法纲，从严惩处，各部长、各军长、师旅长仗义执言，主持公道，一致呈请大元帅持正严办，以遏乱萌，而奠危局。不特敝军幸甚，国家前途实利赖之。临电迫切，伏惟亮鉴。中央直辖第七军全体官佐士兵等同呈叩。鱼。印。

　　　（《广州民国日报》1924 年 4 月 8 日，"特别纪载"）

程潜呈孙中山文

（1924 年 4 月 7 日）

呈为呈请事：窃据职部所辖警卫团团长王邦吉呈称：团职少校团附刘振寰自去春沈逆背叛之时，正充中央直辖第四旅副官，继任职团团附。转战三江，身先士卒，露宿风餐，劳苦不辞，以致外感深沉，积劳成疾，于去年十一月二十四日卒于广州博济医院。噩耗传来，殊堪痛惜。查该员上有老母，下有孤儿，身后萧条，家徒四壁，理合据情呈请钧座察核，恳予查照积劳病故例从优给恤，俾死者魂安泉壤，生死垂戴国恩等情前来。查该故员克尽职守，积劳病故，拟请照《陆军战时恤赏章程》第十七条第四表之规定，以少校赠恤，俾慰幽魂。是否有当，理合具文呈核，伏乞训示祗遵。
谨呈
陆海军大元帅孙

大本营军政部部长程潜
中华民国十三年四月七日

（《陆海军大元帅大本营公报》一九二四年第十二号，4 月 30 日，"指令"）

程潜呈孙中山文

（1924 年 4 月 8 日）

为呈请事：案奉钧座发下湘军总司令谭延闿以所部第一军第九师所属第二游击司令部副官长兼第三支队长舒用之，于十三年一月六日溆城被捕惨杀，请追赠陆军步兵上校。又补充营长张鲁才于去年十一月六日与敌激战阵亡，又第三支队第一营营长李刚于九月十二日穷追敌人被捕溺毙，又第三支队第二营营长祝鼎新于九月十日饮弹身亡，均请追赠陆军步兵中校。又补充营连长庄金榜于十月十六日在沅属三仙湖击毙，请追赠陆军步兵少校，并均请从优给恤等情到部。经部长查核，该副官长兼第三支队长舒用之等，或被捕惨死，或饮弹身亡，核与《战时恤赏章程》阵亡例尚属相符，拟请均如所请追赠并按级给恤。是否有当，理合具文呈核，伏乞训令祗遵。谨呈

海陆〔陆海〕军大元帅孙

大本营军政部长程潜
中华民国十三年四月八日

（《陆海军大元帅大本营公报》一九二四年第十一号，4月20日，"指令"）

叶恭绰呈孙中山文
（1924年4月8日）

呈为呈复事：案奉钧令开：案据广东地方善后委员会呈称：呈为奸商藐法，财政纠纷，吁请严令查拿以重职权而资统一事：窃自军兴以来，财政枯竭，已达极点，幸赖我大元帅力谋统一，各军将领一致赞同，凡我人民同深盼祷。惟是统一本旨贵求实效，不慕虚名。查近日各项税捐，仍有奸商混向别机关瞒请承办，紊乱财权，莫此为甚。委员等耳目所及，不敢壅于上闻，经于三月二十日第三十五次会期提出讨论。众议所有捐项属于中央者应由财政部主持，属于全省应由财政厅主持。属于广州市者应由市政厅主持。倘有混向别机关瞒承者，我全粤人民决不公认。拟请帅座明令颁布，如仍有上项情事，即将该奸商尽法惩办，以符统一财政之本旨。全粤幸甚，大局幸甚等情。据此当经指令：呈悉。查军队擅抽杂捐，早经明令禁止，并声明奸商承办者应一体从重治罪在案。至原有各项税捐自应由各主管机关主持，有奸商敢向别机关瞒承者，事与向军队

承办杂捐无异，自应一律严惩以免紊乱财政，候即令行财政部长布告禁止，并通行军政各机关遵照可也。此令。等语。除指令印发外，合行令仰该部即便遵照布告严禁，并由部分别咨令军政各机关一体遵照，仍将遵办情形报查等因。奉此，遵即布告严禁，并咨行军政部及令饬广东财政厅转饬所属一体遵照各在案。奉令前因，理合备文呈报察核。谨呈

大元帅

大本营财政部长叶恭绰

中华民国十三年四月八日

（《陆海军大元帅大本营公报》一九二四年第十一号，4月20日，"指令"）

杨希闵致孙中山电
（1924年4月8日）

职部虞（七日）向敌进攻，已达大隆墟苏村一带，佳（九日）定有接触。职准日内往指挥，恳饬大南洋轮来石龙应用。

（《申报》1924年4月11日，"国内专电"）

马超俊呈孙中山文
（1924年4月9日载）

呈为呈请事：厂长日前拟具扩充计划，及民团军队备价呈领枪弹一案，经呈奉钧座令字第四十九号内开：呈及清册均悉。所陈整顿扩充厂务，办法尚属妥协，应予核准，仰即继续妥筹办理，随时分别呈报查核。此令。等因。奉此，厂长遵即依照扩充计划，次第筹办，以期仰副钧座注重军实之至意。惟是厂长对于民团，尚有无

穷之希望，兹仅为钧座略陈之。今者地方警察，尚未编设，而军队又为国防之用，训练民团，最为重要。各县县长职司守土，负有专责，每月自应派委熟悉军事人员，分赴各乡，施以适当之军事教育，并因势利导，实行吾党、宣传吾党三民主义，期粗知军学及自身应尽之职责，咸使晓然吾党之精神，成为无数有主义之民团，直接可以保护地方，间接可以拱卫国家，即将来出师北伐，亦无后顾之忧。至于枪弹，乃事关军实，各县民团来厂请领，亦须有一定程序，方足以资遵守，而杜流弊。兹谨拟具《民团备价请领枪弹暂行细则》，及照录《民团备价请领枪弹暂行章程》，恳请钧座饬令广东省长，转令所属，一体遵照。除将筹办情形，随时呈报外，理合具文连同暂行细则及章程共三份，呈请察核，伏乞俯赐分别存转，实为公便。谨呈

大元帅孙

（《广州民国日报》1924 年 4 月 9 日，"特别纪载"）

杨希闵致孙中山电
（1924 年 4 月 9 日载）

请转令李、郑、黄，发还所缴陈天太械。

（《申报》1924 年 4 月 9 日，"国内专电"）

李福林呈孙中山文
（1924 年 4 月 9 日）

呈为呈报决匪日期事：窃军长于本月八日遵奉帅令，派队凭线前赴长洲□捕拿获著匪彭彦、简标、简锡（混名"大针板"）、简成（混名"大旧成"）、简普文（混名"猪仔"）、陈奕仔等六名，

另嫌疑犯人屈为、曾纪成等一十六名。经将匪徒拒捕、伤亡职部兵士五名各情据情呈报在案。提讯各匪，据供是日兵匪交战之时，梁驹督率拒捕当场伤毙，并烧毙匪徒彭苏、屈仲二名等语。复据彭彦供称，前于民国十年充当职部排长，开驻韶关，因不愿北伐，唆摆士兵挟械同逃，后伙同简标、简锡、简普文、简成、彭昌、彭五、彭鸿、彭海、彭苏、彭体等，纠党骑劫江门大利轮船一次，截劫东圃鱼珠车渡二次，其余在水面行劫多次不能记忆。陈夭仔一犯供认伙同彭昌、简标等匪，骑劫东莞稍潭拖渡一次。此次大利轮船案内，劫匪彭昌、彭五、彭鸿、彭海、彭苏、彭体、彭志、彭同等多名，均由彭彦一人介绍前往长洲当差，暂时躲避，后因马司令停发伙食已十余天，彭昌等匪已逃往他方等语。查各匪供词确凿，直认不辞，复因获犯简锡受伤已重，未便久延，除将各嫌疑犯人复提研讯外，谨于本月九日提出讯实。匪犯彭彦、简标、简锡、简成、简普文、陈夭仔等六名，验明正身，派队押赴河南宝冈地方宣布罪状，依法枪决，以昭炯戒。理合将决犯日期备文呈报钧座察核，伏乞发交军政部备案，实为公便。谨呈

大元帅

东路讨贼军第三军军长李福林
中华民国十三年四月九日

（《陆海军大元帅大本营公报》一九二四年第十一号，4月20日，"指令"）

程潜呈孙中山文

（1924年4月9日）

为呈请事：案奉钧座发下湘军总司令谭延闿呈称，以所部第二军第二师第六团团长黄钟珩仗剑从戎，身经百战。去年随同入粤南始之役，奋勇争先，厥功甚伟，不意风餐露宿，外感内伤，致成疾

病，竟于本月二十日殁于广州东山旅次。追念前功，曷胜惋惜。请以陆军少将追赠，并恳照陆军少将阵亡例议恤，以示优异而慰忠魂等情到部。经部长查核《陆军战时恤赏章程》之规定，积劳病故并无晋级之条文，该故团长黄钟珩从军有年，勤劳卓著，拟请追赠上校，并照十七条积劳病故例第四表规定给予上校恤金。是否有当，理合呈请睿核，伏乞指令祗遵。谨呈

陆海军大元帅孙

大本营军政部部长程潜

中华民国十三年四月九日

（《陆海军大元帅大本营公报》一九二四年第十三号，5月10日，"指令"）

林木生、易子庄等呈孙中山文
（1924年4月9日）

呈为案经议决据情代达乞迅下明令撤销沿河护商强收保费各机关，以利交通而维商业事：窃委员等现据广州各商埠柴杉竹行代表何德等呈称：窃商等向在省城及附近商埠开设柴杉竹行生理，前赴西北两江采办货物，尤以西江支流之广宁、四会为多。计由四会开排经马房河口、西南紫洞一带，沿最近河流分埋附近各埠。近年以来，盗贼猖獗，河道梗塞，所有放运排张迭被掳勒打单。政府无力保护，商民饱受痛苦，曾经组织商团沿河自卫。军兴以来，秩序大乱，商团被强暴军队缴械解散。即以沿河防地为利薮，纷纷设立护商机关，扣留货物，勒收行水，而匪势猖獗，未闻剿办。去年春间，商等大帮货物行至紫洞被匪抢劫，排夫凫水逃命，排张沿河流散，损失十余万元。夏间，商等大帮货物行至西南，因该处新设护商机关，缴费不及即被放枪扣留，适遇西潦澎涨，水紧锚松，沿河漂没，损失二十余万元。商人望洋兴叹，致有雇船捞运、携资取赎及与收

买赃物之败类，在佛山警署暨广州地方审判厅发生讼案。本年初春，商等大帮货物行至河口西南奇石街等处，先后被匪掳去排夫五十七名，轰毙排夫一名，损失货物十余万元。护商队袖手旁观，不独不为援手，反在西南将商等流失之货扣留取赎，美其名曰"煤银"。既将货物扣留取赎矣，又被匪徒盗卖与西南杉街惯营收买赃物之黄某。迨商等贩运第二次货物沿河下行，所有各处护商费用均已如额缴纳，则又勒收更费，致与护排福军发生冲突，事后扣留货物，勒补子弹费三百元。凡此经过，事实均彰彰在人耳目。月来驻防军队变本加厉，同一防地分设护商机关数处，聚敛搜括，罔恤商艰。计由四会开排，有粤军第一师护商队一处、第三师护商队四处、滇军第五师护商队四处、滇军第六师护商队十三处、福军护商队一处、狮山保卫团麦珍一处。其挂滇军旗号而由各姓收取护商费用者，上滘村则有梁姓、李姓、黎姓三处，下滘村则有黎姓二处。尚有沿河匪帮堂口十二处。兵匪合计共有四十处。每处最高定价来排一张收保护费一百二十元，最低议价则收十元或二三十元。民力有限，聚敛无穷〔穷〕。当经本月廿二日通电陈明，请予援照省城先例，撤销沿河保护费用，以苏民困，并请大元帅明令清乡以除匪患。现在沿河贼匪均向各军长官领旗缴费，包收保护费用，军队藉土匪以推广保护费，土匪藉军队为护身符，每领一旗，即分设保护卡口七八处，收保护费者在此，议被掳人价目者在此，赎被留柴杉竹排者在此，说收行水者在此。商等财穷〔穷〕力尽，不得不集行停业，以待解决。惟念柴薪为民生日用之品，停业过久，即闹柴荒。今照上开四十处缴纳保护费，每元卖柴四十斤尚须缺本。若再迁延不理，古人薪桂之喻即在目前。伏乞钧部体念民瘼，迅下明令，撤销沿河护商机关，挽已去之人心，救将绝之民命，不胜屏营待命之至。除通呈外，谨呈等情。据此，窃思军兴而后，河道梗塞，商旅戒途，究厥原因，无非各军队受人欺蒙，遍设机关，假护商之美名，行剥民之暴行。据呈各节多属实情，当于四月三日第三十九次常会提出讨论，经众议决据情代达，理合备文呈请师〔帅〕座迅下明令，将沿河护商强

收保费各机关刻日撤销，以利交通而维商业，实为德便。谨呈

陆海军大元帅孙

　　　广东地方善后委员会当值委员林木生、易子庄、黄健之

　　　　　　　中华民国十三年四月九日

　　（《陆海军大元帅大本营公报》一九二四年第十一号，
4 月 20 日，"指令"）

林森、徐绍桢呈孙中山文

（1924 年 4 月 9 日）

　　呈为会同拟订广州市权度检查执行规则恭折仰祈鉴核事：窃查
《权度法》及其附属法令施行日期，业经呈奉钧座核准，自民国十
三年六月一日于广州市区内施行在案。查《权度法施行细则》第
五十条规定：建设部应会同内政部拟定检查执行规则，呈请大总统
核定等语。兹谨会同拟定《广州市权度检查执行规则》十四条，
俾资遵守。理合缮具清折，随文呈请钧鉴，伏候核准施行，实为公
便。再，此呈建设部主稿会同内政部办理，合并声明。谨呈

大元帅

　　　　　　　　大本营建设部长林森

　　　　　　　　大本营内政部长徐绍桢

　　　　　　　中华民国十三年四月九日

　　（《陆海军大元帅大本营公报》一九二四年第十一号，
4 月 20 日，"指令"）

程潜呈孙中山文

（1924 年 4 月 9 日）

　　呈为呈请事：案奉钧座发下中央军需处处长蒋尊簋等，呈请追

赠故江苏招讨使、讨逆军总司令韩恢以陆军上将，故江苏陆军第六师师长兼参谋长伏龙以陆军中将，均照阵亡例给恤，以昭忠烈而励来兹等情到部。经部长查核，故江苏招讨使、讨逆军总司令韩恢、故江苏陆军第六师师长兼参谋长伏龙生立功勋，死极惨烈，均与《陆军战时恤赏章程》阵亡例之规定相符。拟请准予追赠韩恢以陆军上将，伏龙以陆军中将，均照阵亡例给恤。是否有当，理合具文呈核，伏乞训示祗遵。谨呈
陆海军大元帅孙

大本营军政部部长程潜
中华民国十三年四月九日
（《陆海军大元帅大本营公报》一九二四年第十一号，
4月20日，"指令"）

陈兴汉呈孙中山文
（1924年4月10日）

呈为呈请事：案查职路前以机车损坏，枕木废烂，拟请停提路款三个月俾资修理一案，呈奉钧座发交财政委员会议决暂缓从议等因，本应遵照，惟查职路机车损坏，霉锈不能行驶者实居多数。现在虽有少数勉强可用者，机件亦多亏损。至沿路枕木日久未换，废烂尤多，以致脱钩出轨之事迭见发生，此皆由职路负担过重、乏款修理有以致之。第收入无多而支出日巨，所有积欠员司薪水与及各项账目为数虽巨，然犹属余事。但修路为目前要素。倘再延时日不予修理，不免危险迭生，势必成为废路而后已。职目睹危状，再四思维，舍暂停日提路款之策，则虽有巧妇亦难为无米之炊。职为维持现状免有贻误起见，谨再沥情具呈钧座鉴核，伏乞转发财政委员会，仍照前案酌予停提路款，俾得稍购材料，从速择要修理，免生危险。抑更有请者，职路负担之重已达极点，目下支持已形岌岌之

势，应请并案饬下财政委员会嗣后无论何项机关、何部军队，不得再向职路派担款项，俾得暂维路务以利交通。是否有当，仍候指令祗遵。谨呈

大元帅

管理粤汉铁路事务陈兴汉

中华民国十三年四月十日

（《陆海军大元帅大本营公报》一九二四年第十一号，4月20日，"指令"）

叶恭绰、杨庶堪呈孙中山文

（1924年4月10日）

呈为呈报事：案准大本营禁烟督办署第二号公函开：准本会公函三月三十一日第二十五次常会会议奉大元帅令饬，将禁烟督办署原设水陆侦缉联合队即日解散，其原由各军选送士兵送还各该本军归队，仰即遵照妥办案，议决录令送由新任禁烟督办遵照办理等因，相应抄录原令函送贵督办查照办理，仍希见复以凭转报等由，并附送录令一件。准此，当将敝署原设水陆侦缉联合队克日解散，其原由各军选送士兵并一律妥为送还各该本军归队。兹准前因，相应函复查照，希烦转报等由。准此，查此案前奉帅令，当经录案送由禁烟督办查照办理在案。兹准函复前由，理合转报帅座察核备案，实为公便。谨呈

大元帅

财政委员会主席委员叶恭绰、杨庶堪

中华民国十三年四月十日

（《陆海军大元帅大本营公报》一九二四年第十一号，4月20日，"指令"）

伍学焜呈孙中山文
（1924 年 4 月 10 日）

　　呈为呈请辞去财政委员会委员事：窃学焜前奉帅令派兼广东全省船民自治联防督办，嗣又奉令派为财政委员会委员。今奉令准予辞去督办兼职，理合备文呈请辞去财政委员会委员，伏候指令祗遵，实为公便。谨呈

大元帅

　　　　　　　　　　　　财政委员会委员伍学焜
　　　　　　　　　　　　中华民国十三年四月十日
　　（《陆海军大元帅大本营公报》一九二四年第十一号，
4 月 20 日，"指令"）

吕志伊呈孙中山文
（1924 年 4 月 10 日）

　　呈为呈报事：窃本年四月一日奉大元帅令开：特任吕志伊为大理院长。此令。同日奉大元帅令：特派吕志伊兼管司法行政事务。此令。各等因。奉此，遵于本月八日就职视事，理合将就职日期呈报鉴核。谨呈

大元帅

　　　　　　　　大理院院长兼管司法行政事务吕志伊
　　　　　　　　　　　　中华民国十三年四月十日
　　（《陆海军大元帅大本营公报》一九二四年第十一号，
4 月 20 日，"指令"）

伍学熴呈孙中山文
（1924 年 4 月 10 日）

　　呈为呈报事：本月十日奉帅座第三二八号指令，为呈请辞去兼职由，令开：呈悉。已明令准辞兼职。同日并有令：将广东全省船民自治督办一职裁撤，仰即遵照，赶将任内经管款项及一切事宜结束清楚具报察核，并将关防缴销。附件存。此令。等因。奉此，遵于本月十日将职署裁撤，除分令省河分局及船民董事选举监督即日收束外，理合将撤署日期呈报帅座察核。再，职署奉令开办，并未领过经费。所有职署及分局垫过数目，拟俟收速完竣，分别造册，再行呈报备核，合并陈明。谨呈
大元帅

兼广东全省船民自治联防督办伍学熴
中华民国十三年四月十日

　　（《陆海军大元帅大本营公报》一九二四年第十一号，
4 月 20 日，"指令"）

陈融、林云陔呈孙中山文
（1924 年 4 月 10 日）

　　为呈请事：窃职检察长前奉钧帅面谕，饬拟具改良粤省司法制度意见呈候采择等因，经会同职审判厅长遵照办理。一俟筹拟妥协，再当另文详报。惟维持司法独立及进谋其改良，非有确定经费不为功。民国十年职审判厅长奉令筹办全省司法，经数月筹备，全省司法厅庭完全成立，经费一项除省库拨支外，不敷数十万元。原定计划系由全省司法收入项下分别弥补，惟不敷之数尚巨，而司法收入无多，因扩张全省登记事宜，期登记费收入稍资维持，当经呈

请广东省长指定登记费及其他司法收入，为拨补司法经费不敷及改良监狱之用，业奉令准在案。自援桂军与及陈逆背叛以迄今兹，粤库奇绌，财政厅积欠司法经费极巨，高地审检四厅仅藉讼费、登记费各项收入稍资维持，而外属厅庭因厅县欠发经费，且有因而停顿之势，故维持现状已感困难。至吾国监狱不良久已为世诟病，前者华盛顿会议议决撤销领事裁判权一案，尚须派员来华实地调查，若不亟图改良，不独贻笑邦交，且于撤去领事裁判权一案更属大有妨碍。职检察长对于改建广州监狱及看守所，刻正积极进行，故粤省司法收入即属稍有赢〔赢〕余，亦应留作此项改建之需。若进谋司法制度之改良，尤需费用。我大元帅维持司法宿有盛心，近对于司法之改良尤复殷殷致意，钦仰莫名。用敢专呈陈请乞俯准查照旧案，将粤省一切司法收入概留作维持粤省司法及改良监狱等项之需，不准提作别用。如蒙令准，并请分行大理院及广东省长遵照，实为公便。谨呈

陆海军大元帅孙

广东高等审判厅厅长陈融
广东高等检察厅检察长林云陔
中华民国十三年四月十日

（《陆海军大元帅大本营公报》一九二四年第十一号，4 月 20 日，"指令"）

叶恭绰、杨庶堪呈孙中山文

（1924 年 4 月 10 日）

呈为呈请事：本会本月七日第二十七次常会会议，孙委员科提议坟山税契奉帅谕着令撤销，业已遵照停办。兹查坟山登记事同一律，请由本会公决，呈请大元帅令大理院并将坟山登记案撤销，以符取销坟山税契之本旨一案。议决由会呈请大元帅令饬大理院将坟

山登记案撤销等因在案，理合录案呈请大元帅鉴核施行。谨呈
大元帅

> 财政委员会主席叶恭绰、杨庶堪
> 中华民国十三年四月十日

（《陆海军大元帅大本营公报》一九二四年第十二号，
4 月 30 日，"指令"）

董重兴致孙中山电
（1924 年 4 月 10 日载）

大元帅睿鉴：鄙邑盗匪甲于他属，人民受害，惨难言状。去年底，奉军政部警卫第一师派员来县招编，满谓邑中匪祸，从此克除。今各股匪在六都集合数月，尚未开拔，以致寻仇劫杀之案，时有所闻。商民惶骇，莫知所指。长此不去，祸伊胡底？恳饬该师克日将新招匪帮，速移别处，否则勒令解散，从严剿办，为鄙邑留一线生机。不胜急切待命之至。云浮县东南区十五堡联团总局董重兴叩。

（《广州民国日报》1924 年 4 月 10 日，"各属新闻"）

陈天太致孙中山电
（1924 年 4 月 10 日）

大元帅睿鉴：窃天太奉令率师出发三罗，集中都城，候命南征，业经电陈，谅邀鉴察。讵师抵都城，即为邀击，非覆军于强敌，乃被袭于友军。李济琛、郑润琦、黄绍雄等围攻，益以李宗仁一团海防舰队数艘，五部之众，水陆并进，如临大敌，期在必克。天太何能，为其矜视若此，敝军何罪，致烦友军劳师。夫师出以

名，无名为寇。况敝军与各友军，同隶大元帅辖下，为西南护法中央直辖之军，出发以来，纪律森严。李济深等捏称焚掠贝水，强迫商民，欲加之罪，肆情诋诬。纵使有罪当诛，然非李、郑、黄等可以擅自围击。李、郑、黄等不以歼敌是务，反而同类相残，论其罪则抗命当诛，迹其事则通敌应究。天太无状，不善治军，死何足惜？惟惧遭大变，感触殊多，有不能不为我大元帅直陈者。溯自投笔从戎，力拥共和，北出长岳，东战高雷，护法诸役，靡不将事。远者毋论，即自我大元帅蒙尘海上，天太等待罪行间，忠愤所激，誓矢报国，奔驰经年，倡盟白马，东下戡乱，会师羊城，其间虽迭经变乱，然犹自矢不二。内顾有叛逆之忧，东征稽二年之讨，况复南路诸逆，乘机窃发，北伐尚待整军，内乱频仍靡已，大勋未集，胥因不和，权利之争，地盘之竞，强盗入室，各自阋墙，小怨是修，祸伊胡底，言念及此，能不痛心？大局前途，何堪设想？李、郑、黄等，如欲背叛中央，则彰明较著反叛可也，何必外奉政府之令，内行捣乱之实，抗令相残，反戈自杀，弁髦法令，藐视元戎，政府之号令不行，国家之威严尽损，不惟遗中外之腾笑，实关大局之安危，是而忍为，诚何居心？天太忠厚待人，致为臆算，罪有应得，应请大元帅明令免职，交部议处，以为不善治军者儆。而李、郑、黄等，抗令妄为，盘据西江，滋长敌氛，酿成大乱，有无通敌叛逆行为，亦应请大元帅檄调回粤，从严审讯，治以应得之罪。在天太事如获己，何敢渎请，惟政府法令纪纲，关系綦重，不得不仰恳我大元帅从严究治，以肃军令，而震乾纲。所有此次奉令出征，因死伤各士兵，皆执戈卫国，百战健儿，纵未立功，亦有积劳，遽遭此祸，殊甚悯惜，合并仰恳大元帅加以恩恤，俾振作士气而存正谊。天太满腔孤愤，蒿目时艰，自惭无补于涓埃，早已蔽蓰乎禄利，一俟裁判解决，即当息影家园，栖谷枕山，读书种树，宁与鹿豕游，不同枭獍伍。临电感慨，无任惶悚。中央直辖第三师长陈天太叩。

（《广州民国日报》1924年4月11日，"特别纪载"）

沈鸿英致谭延闿转孙中山电

（1924 年 4 月 10 日）

鸿英虞（七日）抵八步，邓右文、陆云高鱼（六日）占灌阳，现向蒋家岭兴安追击。邓瑞征与敌在葡萄墟激战，瑞师抵阳朔督战。何师杨、沈两旅庚（八日）由平乐出发，取道修华出柳州，断敌后路，何师准真（十一）由平乐出柳州，派沈荣光青（九日）由八步赴平乐策应，希转各军知照。梧州方面，宜同时并举，收夹攻效，请电梧军队与敝军一致动作，至武城抵梧相助。

（《申报》1924 年 4 月 17 日，"国内专电"）

杨希闵致孙中山电

（1924 年 4 月 11 日）

万火急，大元帅钧鉴（余衔略）：

密。顷接敝军左翼总指挥杨民由博罗来报，我左翼滇军第二军全部，及第四师直辖顾旅，于十日拂晓，向博罗开始攻击。敌人顽强抵御。经我军奋勇进击，敌人死伤甚多，敌渐不支，遂分向派尾、惠州方面溃退。我军遂于是日午前十一时，完全占领博罗，夺获枪弹甚多。现在分途追击中，预计三日内即可联合右翼军，会攻惠州。右翼军亦于十日进驻樟木头矣。查敌军自去秋肆威东江以来，经此一战，敌胆已寒，乘胜追逐，惠州指日可下。知关廑注，合电奉闻。杨希闵叩。真。印。

（《广州民国日报》1924 年 4 月 14 日，"特别纪载"）

邓士瞻致孙中山电
（1924 年 4 月 11 日）

广州孙大元帅钧鉴（余衔略）：

顷接广西总司令沈蒸电开：我军遵帅命已于鱼（六日）开始攻击。陆师长云高，是日收复灌阳。邓师长瑞征前线，亦在桂朔交界之萄葡墟接战。希将此战况电告帅座并广州各方暨梧各部为要等因。奉此，相应电达，请即查照。广西陆军第一军警备司令邓士瞻呈叩。真（十一）。印。

（《广州民国日报》1924 年 4 月 15 日，"特别纪载"）

鲁涤平呈孙中山文
（1924 年 4 月 11 日）

呈为呈复事：本月八日奉到钧府第一四一号训令，内开：为令饬事：案据广东高等检察厅检察长林云陔呈称：呈为呈请事：窃查鸦片烟罪原属刑事范围，向来各机关对于此项犯罪人一律均送由法院办理。自禁烟督办署成立后，既以厉行烟禁、澌除烟毒为宗旨，则发现此项犯罪人当亦日见其多，若非陆续送由法院依法科断，究恐不足以收禁烟之实效。职厅有见乎此，理合具文呈请大元帅察核，伏乞饬令禁烟督办署嗣后对于犯鸦片烟罪人，务须随时照章送由法院办理，以重法权而明统系等情。据此，当经指令：呈悉。禁烟督办之设，原为厉行烟禁起见，所有缉获烟犯自应送交法院依法审判，以重法权。仰候令饬该督办遵照办理，其原颁禁烟条例中有与现行刑律抵触者，并候饬该督办查明呈请修正可也。仍候令大理院长兼管司法行政事务转行各级法院一体知照。此令。除指令印发并分令外，合行令仰该督办即行遵照办理。切切。此令。等因。奉此，遵查禁烟条例及各项章程，知本署范围所及，皆禁烟行政事宜，其关于刑事之件当然依照禁烟条例第二十条之规定移送司法机关办理。惟职接办〔办〕未久，暂无刑事发生。至人民之旧有鸦片烟瘾者，一时本难戒断，未便即予严拿送请法院治罪。据禁烟条例第四条之规定，责由本署核定减瘾办法勒限戒断，业经订定牌照限制吸食，并销售本署所制戒烟药料，期收禁烟实效，似无侵越法权之虞。其原颁禁烟条例与现行刑律有无抵触，一俟查明呈请修正。在条例未修正以前，本署遇有关于刑事之项发生，暂用禁烟条例第二十条之规定，以仰副我大元帅慎重法权之至意。所有遵令呈复及拟修正禁烟条例缘由，理合具文呈请鉴核，并候指令祗遵。谨呈

大元帅

禁烟督办鲁涤平

中华民国十三年四月十一日

（《陆海军大元帅大本营公报》一九二四年第十一号，4 月 20 日，"指令"）

林翔呈孙中山文

（1924 年 4 月 12 日）

呈为呈复事：案奉钧帅发下大本营会计司司长黄隆生呈缴十二年九月分杂役工饷册及工饷收据到局。查该司续报九月分杂役工饷毛银一千三百三十五元零三分二厘，数目尚属核实。拟请照数准予核销。除册及收据留局备查外，理合备文连同原呈呈复钧座鉴核示遵，实为公便。谨呈

大元帅

大本营审计局局长林翔

中华民国十三年四月十二日

（《陆海军大元帅大本营公报》一九二四年第十一号，4 月 20 日，"指令"）

林翔呈孙中山文
（1924 年 4 月 12 日）

　　呈为呈复事：案奉钧帅先后发下大本营会计司司长黄隆生十二年九月二十日起至十二月七日止计算书表、单据簿、对照表等件列局。查该司长九月分末句［旬］收入各机关解款，并接收前任移交款目共计四万三千一百八十元，支出大本营经常费二万四千八百六十五元四角四分三厘，结存毫洋一万三千三百一十四元五角五分七厘，镍币一千元。十月分收入各机关拨解毛银八万五千五百六十元、港币六万元，支出各机关及职员薪费合计毛银九万九千零七十八元一分三厘、港币六万元，并上月流存毫银三千七百九十六元五角四分四厘，镍币一千元。十一月分收入各机关拨解毛银五万六千二百九十六元，支出各机关及各职员薪费共毛洋四万二千二百五十五元八角四分一厘、镍币一千元。十二月一日至七日止，收入各机关拨解毛银四万四千四百四十七元二角，支出各机关及各职员薪费毫银共五万零三百二十四元二角五分三厘，并上月流存计存一万一千九百五十九元七毫八分八厘、镍币一千元。核对单据相符，数目亦无错误。惟该司职员九月末旬及十月分、十一月分薪俸均系全支，未照帅令折成发给，可否准其核销，应请钧帅核示祗遵。除计算书表、单据簿、收支对照表留局备查外，理合备文连同原呈四件呈复钧帅鉴核，实为公便。再，该司收入各机关解款只就表列数目核算，合并陈明。谨呈

大元帅

大本营审计局局长林翔

中华民国十三年四月十二日

　　（《陆海军大元帅大本营公报》一九二四年第十一号，

4 月 20 日，"指令"）

林翔呈孙中山文
（1924 年 4 月 12 日）

呈为呈复事：案奉钧帅发下代理大本营会计司司长黄昌谷呈转该司庶务科十二年十月分经办各项数目册、单据簿等件到局。查该司庶务科十二年十月分共支出一万零七百三十二元四角二分五厘，惟购置物品栏内绒台布一张价银一元四角、交际栏内宴客上菜二十五分、毫洋一百二十五元，原单上未有铺章，未便遽予核销外，计应销毫洋一万零六百零六元零二分五厘，核算数目单据尚无错误，拟请准予核销。又查庶务科为会计司所统辖，关于经常支出应由该司按照计算书格式编造方符手续。兹既分开，暂予审计。嗣后应统由该司长汇编，俾免纷岐［歧］。除册及单据簿留局存查外，理合备文连同原呈呈复钧帅鉴核示遵，并请饬令该司长遵照，实为公便。谨呈
大元帅

大本营审计局局长林翔

中华民国十三年四月十二日

（《陆海军大元帅大本营公报》一九二四年第十一号，4 月 20 日，"指令"）

叶恭绰、杨庶堪呈孙中山文
（1924 年 4 月 12 日）

为呈请事：本会本月七日第二十七次常会会议准沙田清理处长许崇灏函称：西路第二师严师长提取东莞沙捐兼清佃局款项二千元应否准予抵解请会公决案，议决由会呈明大元帅察核嗣后不准抵解等因在案。理合录案呈请大元帅鉴核批示遵照，

实为公便。谨呈

大元帅

财政委员会主席委员叶恭绰、杨庶堪

中华民国十三年四月十二日

（《陆海军大元帅大本营公报》一九二四年第十一号，

4 月 20 日，"指令"）

财政委员会呈孙中山文

（1924 年 4 月 12 日）

　　为呈请事：案查本会第二十七次议决报告案内第十二项大元帅发下滇军杨总司令希闵呈为请令饬广州总商会迅即照案筹缴款项呈一件交会办理案，议决仍照前第二十四次会议议决案办理等因。前呈缮为第二十五次第一项至第五项系属记录错误，理合呈请大元帅察核俯赐更正备案。谨呈

大元帅

财政委员会

中华民国十三年四月十二日

（《陆海军大元帅大本营公报》一九二四年第十一号，

4 月 20 日，"指令"）

林翔呈孙中山文

（1924 年 4 月 12 日）

　　呈为呈复事：案奉钧座发下卸大本营会计司司长王棠呈复，更正十二年四、五、六、七等月分临时支出计算书、单据簿、附属表、收支对照表等件到局。正审核间，复准该司长函开：案照

前在大本营会计司任内所有支付各宗军费薪饷等款，均系遵奉帅令办理，报销表册照案声明。兹贵局因审查手续必须根据支付命令，自应逐案检送。内除前次粘在报销单据簿内计有原奉支付江门各部份军费手令五张不计外，相应检齐支付命令共计四百三十六张，分粘三本函送贵局查收，并希将收到件数先行见复。再，十二年四月十三日支付海军舰饷项公费共银一十二万三千九百三十元零九毫二仙，当由大元帅面交，未发支付命令，嘱归会计司出数。又，大本营各机关经费，以及参议特使、谘议特务委员、出勤委员各种薪水、公费、津贴，或奉训令，或由秘书处函知，所有原件归入交代卷宗无凭检送，合并声明等由，计送支付命令粘存簿三本，计四百三十六张。准此，查支出计算书内海军司令部领款一十二万三千九百三十元九角二分，经该司长函内声明由钧帅面交，未有手令。其余支出各款有奉手令者，有奉训令者，有由秘书处或参军处函知者，有由广东省长署或广州市政厅拨兑者，有拨付各机关经费及伙食费者，细核数目尚属相符，自应请予核销。计该司十二年四、五、六、七月分临时支出共一百七十四万二千八百九十七元二角六分七厘，收入共一百七十四万三千零一十五元五角三分。至于领款人员间有未盖印章，既经该司长声明负责，拟毋庸议。除计算书、单据簿、附属表、收支对照表留局存查外，理合备文连同原呈呈复钧帅鉴核示遵，并请令饬该司长另缮计算书、收支对照表各一份，送［送］呈钧府备案，实为公便。再，该司收入各机关解款，只就表列数目核算，合并陈明。谨呈

大元帅

大本营审计局局长林翔

中华民国十三年四月十二日

（《陆海军大元帅大本营公报》一九二四年第十二号，

4月30日，"指令"）

邓士瞻致孙中山电

（1924 年 4 月 12 日）

（衔略）顷接广西总司令沈文电开：顷接邓、何两师长真电称：本日战事甚为得手，经已占领葡萄墟，夺获枪支甚多，敌向六塘方面溃退等语，希转电粤、梧方面为要等因。奉此，相应转达，即请查照。广西陆军第一警备司令邓士瞻呈叩。文。印。

（《广州民国日报》1924 年 4 月 15 日，"特别纪载"）

邓士瞻致孙中山电

（1924 年 4 月 13 日）

万急，广州孙大元帅钧鉴（余衔略）：

顷接广西总司令沈文申电开：顷接平乐邓参谋长介庭电称：前线文日占领六塘，敌人狼狈溃退，已无战斗能力，我军准明日直取桂林等语。希各部分途猛力进攻，乘此敌势已穷，务各跟踪追剿，肃清余孽，奠定桂局，在此一举，希转电粤、梧各方为要等因。奉此，相应转达，即请查照。广西陆军第一军警备司令邓士瞻呈叩。元（十三）。印。

（《广州民国日报》1924 年 4 月 15 日，"特别纪载"）

黄颂陶致孙中山电

（1924 年 4 月 13 日）

大元帅钧鉴（余衔略）：

佛山七十二行商，因筹备处附加渡船加二、印花加二、炮竹印花加四军费，及征收保护出入货物船艇费，酿成罢市。本会劝止无效，迫得电请维持。佛山商会长黄颂陶。印。元。

（《广州民国日报》1924 年 4 月 15 日，"各属新闻"）

罗焕文致孙中山等电
（1924 年 4 月 13 日）

孙大元帅、军政部程部长、财政部叶部长、滇军杨总司令、广东杨省长、财政厅郑厅长钧鉴：

滇军第三军，自驻扎佛山所属以来，异常骚扰，对于敝行各炮竹店尤甚。今日改设之军需筹备处，更为变本加厉。凡各制造炮竹店户所用完饷硝磺及贴印花之炮竹类，仍任意检查，勒令附加军费，种种威逼，不胜枚举。现商罢于市，工辍于场，乞速维持，以救民命，禀续陈，南海全属炮竹商业联合会长罗焕文叩。元。

（《广州民国日报》1924 年 4 月 16 日，"各属新闻"）

邓士瞻致孙中山电
（1924 年 4 月 13 日）

顷接广西总司令文（十二）电，前线文（十二）占六塘，敌溃退，我军准明日直取桂林。

（《申报》1924 年 4 月 16 日，"国内专电"）

联军总司令部致孙中山电
（1924 年 4 月 13 日）

我军元日午前十时，进至钟洞地方，敌人凭险顽抗，我军猛烈攻击，敌始不支，纷纷溃退，俘虏二百余人。十二时进驻虎塘坳，即于午后三时三十分占领飞鹅岭，惠州已四面包围不难攻破矣。除电饬各军奋勉继续猛攻外，谨电奉闻。杨希闵叩。元亥。印。

（《申报》1924 年 4 月 22 日，"国内要闻"）

徐绍桢呈孙中山文

（1924 年 4 月 14 日）

为呈请褒扬事：案准广东省长咨开，据香山县长李蟠呈称：据县城上基五六堡保安局局长缪宗浚等呈称：香山古镇乡寿妇邓苏氏年登百岁，例合褒扬，谨缮具事实清册及切结，并遵缴褒扬费六元，呈请援例褒扬等情到县。由县加具印结，呈省咨部核办前来。部长核其事状，与现行褒扬条例第一条第九款尚属相符，拟请钧座题给"百龄人瑞"四字，并给予银质褒章以示褒扬。所有拟请褒扬寿妇邓苏氏缘由是否有当，理合具文呈请钧座俯赐察核示遵。谨呈
大元帅

大本营内政部长徐绍桢
中华民国十三年四月十四日
（《陆海军大元帅大本营公报》一九二四年第十一号，
4 月 20 日，"指令"）

陈兴汉呈孙中山文

（1924 年 4 月 15 日载）

呈为呈请事：窃铁路附近后方病院，原于北江军事时期设立，近以病愈而未出院之军士，常向职路各厂，擅取公物，及客□货品，

函致该院院长，请予维持有案。乃准函复，仍以未有正当办法为词，迭来之结队联群，分向厂仓拈取煤、柴、铜、铁等项，明目张胆，任便取携，迫得关锁仓闸，俾避其锋。讵仍毁锁破闸，呼啸掠逃，昼夜为常，俨如日课。似此行同盗贼，本可饬警拿究，但念系属各军病愈士兵，稍向理劝，即反唇相稽，甚至藉端撒赖。长此不已，不特职路材料什物将荡然无存，且客商视为畏途，车利实蒙影响。迫得呈请钧座察核，应如何令饬惩办之处，仍候指令祇遵。谨呈

大元帅

管理粤汉路事务陈兴汉

（《广州民国日报》1924 年 4 月 15 日，"特别纪载"）

邓士瞻致孙中山电
（1924 年 4 月 15 日）

接沈电，各部队包围桂林两昼夜，邓右文在北门外缴敌枪百余，沈恩甫在六塘缴敌枪百余，邓瑞征设行营于军桥。

（《申报》1924 年 4 月 20 日，"国内专电"）

李福林呈孙中山文
（1924 年 4 月 15 日）

呈为呈请严办著匪事：案查去年十二月二十五日，有匪首黄国在省河地面纠党骑劫法商安澜泰轮船驳至坭塘海面，经职部军队截回，当场格毙黄国、黄明二名，拿获匪党何海山、周访、罗忠、马式四名，均经职部讯明惩办，呈报军政部长在案。查本案同日由法国领事函解获匪何瑶、吕利达、黄沛、周球等四名，经由军政部军法处再三提讯，惟因各匪供词刁狡，以致日久稽诛。福林生长是

乡，见闻最悉。何瑶即何堪改名，系石溪乡著匪，去年曾在南石头地方伙劫省河补抽厘厂职员住宅有案。此次伙同吕利达、黄沛、周球等匪，因骑劫法商轮船（获解）。在军政部军法处，慎重刑狱自当不厌详求，惟在省河内地骑劫轮船，此等强盗行为，情形昭著，无可掩饰。况自此案发生以后，石溪乡附近一带顿形安靖，乡人额手称庆，方幸股匪多数就禽〔擒〕。福林目睹情形，惟有呈请帅座令行军政部军法处立将劫匪何瑶（即何堪）及吕利达、黄沛、周球等四名尽法惩办，以重邦谊而靖地方，实为公便。谨呈

大元帅钧鉴

东路讨贼军第三军军长李福林

中华民国十三年四月十五日

（《陆海军大元帅大本营公报》一九二四年第十一号，4 月 20 日，"指令"）

赵士觐呈孙中山文

（1924 年 4 月 15 日）

呈为盐政会议议决临时组办北柜官运及北江银行全案，谨照录决案呈请鉴核令遵事：窃士觐于月前面奉钧谕，令于六个月内筹备两广盐政由官专卖之完全计画，以便届时体察情形明令施行等因。奉此，除将计画程序先行具折呈复外，并将钧座改良盐政之最大方针在盐政会议场上郑重宣示。该会议诸员愈以为政府对于粤盐如欲办到由官专卖，就事势方面言之，自应以整理场务为先决问题。就办理方面言之，又当以造就人材为根本计画。倘无充量人才供运使之任使，则场务虽经整理，其结果亦终归于失败。人才大别，不外学识与经验两类。论专卖之所需，则经验尤重于学识。论人才之成就，经验又较难于学识。政府欲造就学识之才，但设一研究所或讲习所之属，不数月间，其才即不可胜用。惟欲造就经验之才，必由

运使择一宜于官运之销场先办官运，其人才乃可由练习而底于成就，是则择地先办官运又为造就专卖人才之根本计画。查运使现时职权所及之销场，其最如［？］以官运者，莫如北柜（即北江南韶连各属及赣南湘南各引地，统称北柜）。总其理由，厥有三项：其一，北伐大计政府已决定速行，至实行北伐之时，由省城至韶关铁路所有车辆必全供后方运输，盐商欲分得车卡运盐至韶决非容易，惟运署以官运任拨前方军饷，使盐务同于军务，乃可以各军兵站商定，日拨卡数以供运输，此宜办官运者一。其二，盐税为政府岁入之一大宗，将来必划定一部分拨充北伐军费，但此划拨之盐税，如在省城分交各军兵站转解前线，则划拨一万元只得一万元之用。若将此划拨盐税，购盐运至前线而利用之，则划拨一万元可得一万五千元之用，此宜于官运者二。其三，北伐开始必向湘赣发展，但展进逾远，后方接济之逾难。千里馈粮，兵家所忌。北伐艰困，此着为尤。惟济以官运，师行所至，盐即随之，湘赣每盐一包，价值二十余元，盐税溢利两项，合计最少当得七八元，加五伸发为十二元，足供兵士二人一月之给养。北柜销额平均匀计每月能销五万包，即足供十万兵士之给养而永无匮竭。故官运一事，倘办理得法，直可以助北伐之成功。昔刘晏以运盐佐唐中兴，殆非诳语。此宜于官运者三。

北柜之宜办官运如此，倘无银行以补之，此计画仍艰于运用，总其理由亦有三项：其一，湘赣商贩到办粤盐者，大都办货而来，办盐而去。在粤则以卖货所得之价银供办盐者买盐，在湘赣则以卖盐所得之价银供办货者买货，当中枢纽全在汇单。盖货盐有往来，价银无有来往也。倘无银行以任汇单之枢纽，则官运实行之后，金融之血脉俱停矣，此宜辅以银行者一。其二，作战区域易中之品，宜于轻剂之纸币，不宜于重滞之硬货，军事家所同认矣。然倘由兵站发行不兑现、无基本之军用票，直接固断绝军用物品之来源，间接亦减缩兵士功劳之代价，其结果终非军事之利。今于战区内欲得轻剂之利，而免其直接间接之弊，非由银行行用有基本而能按现之纸币不可也。此宜辅以银行者二。其三，北伐军费能宽筹一分，自增一分之效，今官运计划拟将盐税溢利两项为基本，加以准单保证变为纸币，即可按盐税拨额加五发饷，此种作用亦非利用银行无可设施。此宜辅以银行者三。缘诸种种理由，故盐政会议有临时组设北柜官运及北江银行之提案，当时提出草案，连期讨论，复将讨论所得之意见连同草案并付审查。旋复将审查结果并提会议逐项表决，经十余人之心力、三十余日之时间，议成决案共一十五条，为本案组办之纲要根据。惟〔事〕兹事体大，非得钧座主持于上，军政两界协助于下，恐不能收完满之效果。兹谨照录决案全文具呈钧核，如蒙核准照办，士觐当先设法筹备资本，俟北伐有期，即着手组织。所有盐政会议议决临时组办北柜官运及北江银行各缘由，理合录案呈候核令祗遵。再，北江银行系规定向北发展，所按发之纸币，由按者盖章签押行用，其性质同于各商埠之庄票，其界限不行用于南韶连各属之南，与将来中央银行拟发行之纸币实无抵触，合并陈明。谨呈

陆海军大元帅

两广盐运使赵士觐

中华民国十三年四月十五日

（《陆海军大元帅大本营公报》一九二四年第十三号，5月10日，“指令”）

伍学熀呈孙中山文

（1924年4月15日）

呈为呈报事：窃职署□办理船民自治监督机关原无直接收入，所有船民自治联防费、旗灯费、船牌费、查验枪照费均交由分局办理，计已开办者只有省河分局。卷查省河分局收过船民自治联防费三百三十五元四毫，旗费二十九元一毫，灯费二十九元五毫，船牌

费四百八十九元八毫，至于查验枪照尚未着手办理，经由该分局缴解职署有案。此次奉命裁撤并奉钧座面谕，准将署局所置各物酌量变价扣抵垫款列册报销等因。查此次变卖家私共得毫银八百九十二元五毫一先，计上列收入及变价两项，共一千七百七十六元三毫一先，职署进款只有此数。查职署支款共支过银毫一万九千五百九十一元二毫三先，经另文列册呈报在案。兹进支比对，督办实垫毫银一万七千八百一十四元九毫二先。所有督办垫支署局经费缘由，理合备文谨请钧帅察核，伏乞指令祗遵，实为德便。谨呈

大元帅

卸兼广东全省船民自治联防督办伍学煜

中华民国十三年四月十五日

（《陆海军大元帅大本营公报》一九二四年第十三号，5月10日，"指令"）

伍学煜呈孙中山文

（1924 年 4 月 15 日）

呈为呈缴事：窃督办前奉钧座面谕着将垫过署局经费列册报销，并将关防文件等物缴府收存等因，自应遵照办理。除垫过署局经费另文列册呈报外，理合将关防一颗、小章一颗、职署卷宗册一本、印件册、家私册一本，连同省河分局钤记文件案卷纸张项目表一本、旗灯牌三项、数目册一本、置存公用物件数目册一本，呈缴钧府照册点收。伏乞指令祗遵，实为公便。谨呈

大元帅

兼广东全省船民自治联防督办伍学煜

中华民国十三年四月十五日

（《陆海军大元帅大本营公报》一九二四年第十二号，4月30日，"指令"）

鲁涤平呈孙中山文

（1924 年 4 月 16 日）

　　呈为遴员荐任本署科长秘书恳请照准加给任命恭呈仰祈睿鉴事：窃查本署总务厅厅长、督察处处长等职业经另文呈请简任在案，其应置科长秘书均属荐任，职自应遴员呈荐以专责成。兹查有吴家麟、张觳、彭耕、彭国钧、龙廷杰、朱谦良、钟忠等七员堪以荐充本署科长，谭柄鉴、朱剑九、郑鸿铸、鲁岱、刘汲之等五员堪以荐充本署秘书。除由督办先行饬知到署办事外，理合取具各该员履历，备文呈请察核，伏乞照准加给任命，并候指令祗遵。谨呈

陆海军大元帅孙

禁烟督办鲁涤平

中华民国十三年四月十六日

　　（《陆海军大元帅大本营公报》一九二四年第十一号，4 月 20 日，"指令"）

伍朝枢呈孙中山文

（1924 年 4 月 16 日）

　　为呈请事：据驻广州英领事函称：英商亚细亚火油公司有代表一人名符鲁士特（Frost——译音），现在惠州，伊于日前业〔乘〕该公司广西号电船行抵该处，两日前伊拟由河道离开该处，被军队枪击，不得已折回。拟请设法准其经过护法军队辖境，循河而下。伊如升挂英商旗帜，缓缓而行，甚易辨别也等语。部长伏查现在用兵于惠州，该洋人困在惠城，似应准其出境，拟请帅座核明俯赐电令前方军官即予放行。是否有当，伏乞察夺施行指令祗遵。谨呈

陆海军大元帅

大本营外交部长伍朝枢

中华民国十三年四月十六日

（《陆海军大元帅大本营公报》一九二四年第十一号，
4 月 20 日，"指令"）

叶恭绰呈孙中山文
（1924 年 4 月 16 日）

呈为呈报就职事：窃恭绰于四月十四日祗奉钧状开：特任叶恭
绰兼盐务督办。此状。等因。奉此，遵于十四日就职，理合备文呈
报察核备案。谨呈
大元帅

兼盐务督办叶恭绰
中华民国十三年四月十六日

（《陆海军大元帅大本营公报》一九二四年第十二号，
4 月 30 日，"指令"）

郑洪年呈孙中山文
（1924 年 4 月 16 日）

呈为呈报就职事：窃洪年于四月十四日祗奉钧状开：任命郑洪
年兼盐务署长。此状。等因。奉此，遵于十四日就职，理合备文呈
报察核备案。谨呈
大元帅

兼盐务署长郑洪年
中华民国十三年四月十六日

（《陆海军大元帅大本营公报》一九二四年第十二号，
4 月 30 日，"指令"）

叶恭绰、杨庶堪呈孙中山文

（1924 年 4 月 16 日）

为呈请事：本会本月十日第二十八次特别会议李局长纪堂提议取销台山县长横揽属内各征收机关附意见书案，议决录案呈请大元帅核办等因在案。理合照案录呈钧座察核办理，实为公便。谨呈
大元帅

　　　　　　　财政委员会主席委员叶恭绰、杨树［庶］堪

　　　　　　　　　　　中华民国十三年四月十六日

　　（《陆海军大元帅大本营公报》一九二四年第十四号，5 月 20 日，"指令"）

徐绍桢呈孙中山文

（1924 年 4 月 17 日）

呈为呈请褒扬事：案准广东省长咨开：据南海县长李宝祥呈称：现接广州市红十字会会长谢英伯、广州地方检察厅检察官梁益余、广东律师汪思济、佛山商团长陈恭受、中国红十字会番禺分会会长韦胒初、绅士梁鼎菜等呈称：南海县节妇陈钱氏守节数十年，贞节不逾，教子成人，常存慈爱，复捐助巨赀俾充善举，凡济人利物等事无不勉为。懿行坚操，例合褒扬，谨缮具事实清册及切结并遵缴褒扬费大洋一十二元，呈请援例褒扬等情到县。由县加具印结，呈省咨部核办前来。部长核其事状，与现行褒扬条例第一条第二、五、六各款相符，自应依照第五条呈请褒扬，又查该条例第□条兼有第一条所定二款以上之行谊者，并得由部呈请加给褒辞，为此拟请钧座题颁"懿德贞型"四字，给予银质褒章，并恳加给褒

辞以示优异。所有拟请褒扬节妇陈钱氏缘由是否有当，理合具文呈请钧座察核指令祗遵。谨呈

大元帅

大本营内政部长徐绍桢

中华民国十三年四月十七日

（《陆海军大元帅大本营公报》一九二四年第十二号，4月30日，"指令"）

徐绍桢呈孙中山文

（1924年4月17日）

呈为呈请事：窃准广东省长公署咨开，现据广东全省警务处处长吴铁城呈称，窃查广东为我国南部中枢，交通最早，华洋杂处，交涉繁兴。然使各遵守条约办理尚非棘手，乃有故意托名外籍，遇事招摇，平时则亨［享］中华民国国民之权利。倘被告发，即以外籍为名，不受处理。其工于趋避，狡诈四出，莫此为甚。而外国之驻粤领事莫明内蕴，反为若辈利用，交涉时起纠纷。于是行政上、诉讼上均受莫大之影响。查我国关于国籍法一种，早于民国元年经已颁布，其中国籍之取得、丧失与国籍之回复及该法之施行细则等均有规定。但该法订自民国初年，至今应否适用，其对于未依法定手续而取得丧失国籍之人应如何取缔，自应确定办法，方易应付。职处有见及此，理合备文呈请察核，伏乞转咨内政部核示祗遵，计抄呈《国籍法》并《施行细则》各一件等情。据此，相应据情转咨贵部，烦为查核办理以便饬遵等由，并附抄《国籍法》并《施行细则》各一件到部。准此，部长查自西南护法政府成立以来，凡在民国六年国会解散以前所公布之法律，于国体无抵触及非明令废止者均认为有效，历经援用有案。此项《国籍法》系民国元年十一月公布，民国三年十二月曾经修

正,《施行细则》系民国二年十一月公布,四年二月曾经修正,核其年月均在六年国会解散以前。查译条文,系参照各国国籍法折衷审订,尚属完密,自可认为有效。惟查《施行细则》第十条载,修正国籍法施行前中国人已入外国国籍,并未依前《国籍法》及其《施行规则》禀明者,限于修正国籍法施行之日起六个月内,遵照第八条规定办理等语。该《细则》既系四年修正所定,六个月之时效早已经过,现拟改定为自此次大元帅批准之日起六个月内,遵照第八条规定办理。至条文中"内务部"字样与现行官制名义不合,应改为"内政部"。其余各节查核尚可适用。如蒙俯准,拟再由部录令咨复广东省长转行警务处遵理〔照〕办理。所有请准援用《国籍法》及拟修改《施行细则》各缘由是否有当,理合具文并将国籍法及施行细则各原文另缮清折,呈候钧核指令祗遵。谨呈

大元帅

内政部部长徐绍桢
中华民国十三年四月十七日

（《陆海军大元帅大本营公报》一九二四年第十二号,4月30日,"指令"）

<h2 align="center">杨庶堪呈孙中山文</h2>
（1924年4月17日）

呈为呈请事:窃维广东财政厅厅长一缺为全省财政总汇机关,事繁责重,非有精明干练之员实不足以胜任。兹查兼代该厅厅长郑洪年老成谙练,精细和平,自莅事数月以来,整理厅务成绩昭然。现值本省财政统一之时,举凡整顿国税筹济军饷在在均关重要,非令久于其任将何以程事功?庶堪为慎重职务起见,拟请销去"代理"字样,仍颁发明令任命该员郑洪年兼任广东财政厅厅长,以

专责成。是否有当，理合具文呈请钧座鉴核训示施行。谨呈

陆海军大元帅

广东省长杨庶堪

中华民国十三年四月十七日

（《陆海军大元帅大本营公报》一九二四年第十二号，

4月30日，"指令"）

程潜呈孙中山文

（1924年4月17日）

呈为呈请事：窃部长鉴于历次革命迄无圆满〈成〉功之事实，尝推求其故，虽其中直接、间接之原因不一，而真正服膺革命之军事干部人材过于缺乏，以致不能组成纯粹革命军之干部军队，实为至大原因。部长为补救前项缺点起见，曾呈请组设中央陆军教导团，以为培养军事干部人材，备他日效命国家之用，业奉钧令准予照办，并经部长遵照招选合格员生，于上年十月间开办并经呈报各在案。嗣因本党创办陆军军官学校，奉令填出黄浦陆军学校地址，因此感于种种困难，遂改计缩小范围，将陆军教导团名义取销，改为陆军讲武学校。就原招之学生中挑选优等生约二百余名，及由滇粤桂湘各军挑送考取者约百余名（在教导团时期内各军送请收录者甚多，因额限未收□合组一校），即就原中央陆军医院为校址。其教职各员大半由东西洋留学及本国军官学校毕业就中之优秀者，于帅座之三民主义、五权宪法尤能绝对服从，充分了解。部长并拟将该校课□于军事上应有学科外，兼授以较浅之政治、经济、社会诸学科，以期能得充分之常识，又于每星期日请各名人讲演本党主义。此讲演虽不拘题，而于现代思潮、本国情势及钧座提倡革命之原理，与夫三民、五权之主张尤当特别注重。此部长前后办理教导团及陆军讲武学校之经过情形及其主张之大概也。惟查自奉令准办

理教导团以来，一切招募、设备、枪枝、伙食等等开办费用皆苦无着。除由部长设法借垫外，仅就邹前财政厅长内拨归职部之土丝台炮经费项下，每月平均约九千元左右一款稍资挹注（此款原系拨充军政部经费），实在不敷甚巨。现在战事未息，国储奇绌，筹款自属不易，拟恳钧座暂将上项土丝台炮经费俯赐明令指定作为该校常费，其不足者仍由部长另行筹补。似此办理，于政府收入所关甚微，而培养人材之效益不可计量。部长实已筹之再三，非敢冒昧渎听也。除造具预算另文赍呈外，所有职部前后办理陆军教导团及陆军讲武学校，并恳指定土丝台炮经费月计九千元为校经费各缘由，理合呈请钧座俯赐察核指令祗遵，不胜惶恐待命之至。谨呈

大元帅孙

军政部长程潜

中华民国十三年四月十七日

（《陆海军大元帅大本营公报》一九二四年第十二号，

4 月 30 日，"指令"）

张开儒呈孙中山文

（1924 年 4 月 17 日）

呈为呈请事：窃查职处少校副官方孝纯因事呈请辞职，业经奉令核准在案。际此作战时期，服务需人，所遗之额，查有职处上尉差遣郑继周，自供职以来勤慎从公，堪以升补，承乏方副官之职，不惟于预算无超越之嫌，并且为勤劳奉公者略资鼓励。是否有当，理合具文呈请睿鉴核准施行。谨呈

大元帅

参军长张开儒

中华民国十三年四月十七日

（《陆海军大元帅大本营公报》一九二四年第十一号，

4 月 20 日，"指令"）

叶恭绰、杨庶堪呈孙中山文

（1924 年 4 月 17 日）

为呈请事：本会本月十日第二十八次特别会议准市政厅公函：据永春公司呈报，滇军第三军军需筹备处将芳村花地三五眼桥二十四乡筵席捐招商承办强制搀［？］收，谨将该处布告抄请察核等情，函请查照迅赐转呈大元帅令行蒋军长转饬该处停止争［征］收案议决录案，呈请大元帅令行蒋军长转饬该处停止抽收等因在案，理合照案录呈钧座察核施行。谨呈
大元帅

财政委员会主席委员叶恭绰、杨庶堪
中华民国十三年四月十七日
（《陆海军大元帅大本营公报》一九二四年第十二号，
4 月 30 日，"指令"）

戴传贤呈孙中山文

（1924 年 4 月 18 日）

呈为呈报事：现奉大元帅令开：派古应芬、戴传贤、曹受坤、杨宗炯、何启澧、陈国榘、陆巨恩为法制委员会委员。此令。等因。奉此，并准大本营秘书处将奉发镶锡木质关防一颗，文曰"法制委员会之关防"，牙质印章一颗，文曰"法制委员会"，函送到会。委员等遵于本年四月十八日就职，互选传贤为委员长，敬谨启用关防。所有就职及启用关防日期各缘由，理合备文呈请察核。再，职会暂设广东高等审判厅内，合并陈明。谨呈
大元帅

法制委员会委员长戴传贤
中华民国十三年四月十八日

（《陆海军大元帅大本营公报》一九二四年第十二号，
4 月 30 日，"指令"）

陈其瑗、黄焕庭等呈孙中山文
（1924 年 4 月 18 日）

呈为案经议决据情转达，伏乞严令各军长官将各重收机关限日撤销以苏民困事：窃委员等现据连县商会代理会长莫灿庭、阳山商会会董梁鹤龄、菁莲埠商会会董陈月藜、大湾商会分所长黄连士、含洸商会会长李建勋等联同呈称：窃查护商护运各费种种病商害民，迭奉大元帅暨省长、军政部分令各军禁止解散各在案。乃敝各商会复据沿江各埠商民纷到诉称，近来各种苛捐、禁止者虽三令五申，抽者愈明目张胆。他非所论，即就我连阳小北江一带而论，计自连县以达连江口站，其中经过小江、阳山、菁莲、大湾、含洸、连江车站，除正式完纳关税、缴交护费不计外，无论大小出入口，货船、空船每到一埠，必有数十次之多勒收更钱，每埠每次船多则六七十元，少亦三四十元。商民处此应付，几于无法矣。不谓近自令行禁止后，而菁莲、含洸、连江口站各部队纷纷设卡重抽，有所谓商运、护运、放行、护商、特别军费、附加、保商、检查种种，更有自称商军司令部者，名堂复杂，征敛烦苛。统计出入口货每值本银百元，必要加多七八十元之抽费。商民以血本攸关，稍与理论即被痛击，甚或将货掠去，群情愤激，至此已极，叩乞据情转达撤销，以救民命等情到会。当经敝各商会派员四出沿江各埠调查属实，似此显违命令，重征害民，商民莫奈，若竟罢工罢市，非类要挟，亦类自杀，但至忍无可忍，恐不免由停办停运停载，而联合罢工罢市，以实行其因咽〔噎〕废食之下策者。素仰贵会体念民艰，无微不至，理合粘呈各重抽厂卡名堂，据情联恳转呈严令各部队重征机关一律限日撤销，以申功令而救民命，实叼公便等情，并粘呈各重抽机关名堂一纸前来。据此当于本月四日发交第二十九次常会会议，金以勒护运机关迭经帅座严令解散有案，兹据呈开，竟以小北江一隅之地，而勒抽重征者至十数处之多，害商病民伊于胡底？委员等□为人民代表，自应据情上达，藉伸民隐，经一致议决，代予转达。理合具呈钧察，伏乞严令该处防军立将重抽机关即日撤销，以恤商困而维民生，实为德便。谨呈

陆海军大元帅孙

广东地方善后委员会当值委员陈其瑷、黄焕庭、罗燕坪

中华民国十三年四月十八日

（《陆海军大元帅大本营公报》一九二四年第十一号，4月20日，"指令"）

叶恭绰呈孙中山文

（1924年4月18日）

呈为呈报事：案准财政委员令第二二五号公函内开：本会本月十五日第二十九次常会会议准大本营秘书处函：奉大元帅交下广东地方善后委员会呈整顿江防附加军费案。奉批，事属可行，着财政委员会妥筹办法案，又准财政部交来广东航运附加军费处章程请提议公决案。以上二案合并讨论议决，由财政部委员办理，俟下次会议提出章程先行修正，再由部训令知照。但此次附加费凡柴米、蔬菜均不准收等因在案，相应函达贵部查照办理为荷等由到部。准此，查整顿航运附加军费一案，既由财政委员会公同议决、交由职部办理，目下军需紧急，亟应早日设处开办以裕饷糈。该处原定名为广东航运附加军费处，所有广东外海、内河航运附加军费事宜统由该处征收，惟对于柴米、蔬菜不准附加征收以重民食。该处应设监督一人，副监督二人，总办、帮办、坐办各一人，以资办理而专责成。查有黄石堃以派充该处监督，易廷彦、梁□秋堃以派充副监

督。至总办、帮办、坐办三职，拟以钟寅兴、赖定邦、郝颂清等派充。业经由部以部令先行分别派充，令饬克日设处开办，切实办理去后。旋据该监督黄石等呈称：□为名称□协应即改定，呈请鉴核备案指令祗遵事：案奉钧部委任令开：委任石等为广东航运附加军费处正副监督等因。奉此，遵即会同酌议，刻日设处开办。窃思军费字样只就狭义而言，且附加名称尤恐商民易滋误会，不若改为大本营财政部广东航运保卫处，则其义较广，且商民深资保卫，自必踊跃输将。所有改定名称各缘由是否有当，理合备文呈请鉴核备案，伏乞指令祗遵等情前来。据此，当批以：呈悉，如呈照准，仰即遵照，此令等词。指令遵照各在案。除指令暨布告外，理合连同章程暨清单各一件，具文呈报钧座备核。谨呈

大元帅

　　　　　　　　大本营财政部长叶恭绰

　　　　　　　　中华民国十三年四月十八日

　　（《陆海军大元帅大本营公报》一九二四年第十二号，

4 月 30 日，"指令"）

叶恭绰、杨庶堪呈孙中山文

（1924 年 4 月 19 日）

　　为呈请事：本会本月十五日第二十九次常会会议，赵运使士觐提议维持盐税办法请会公决案，议决由本会呈请大元帅明令维持等因在案，理合录案呈请钧座鉴核施行。谨呈

大元帅

　　　　　　　　财政委员会主席叶恭绰、杨庶堪

　　　　　　　　中华民国十三年四月十九日

　　（《陆海军大元帅大本营公报》一九二四年第十二号，

4 月 30 日，"指令"）

宋鹤庚呈孙中山电

（1924 年 4 月 20 日载）

大元帅睿鉴：

　　顷于平安途次接鲁军长方、张两师长报告：（1）河源已于寒晚克复；（2）敌陈修爵部沿江绕道向古竹□溃退，李易标、黄业兴之一部沿东江向石公神墟退，又一部尚盘踞河源、龙江北岸一带高地，仍有节节抵抗之势；（3）我第一军已经鉴下牛坑，拟肃清回龙渡河，驱逐盘踞该河北岸高山之敌，我第二军现在搜索河左侧附近高山，并拟渡河驱逐残之敌，第三军拟即由双头渡河截击石公神及东江东岸之敌，第四军现已进驻柏塘杨村，余续呈。宋鹤庚叩。铣午。

　　（《陆海军大元帅大本营公报》一九二四年第十一号，4 月 20 日，"公电"）

谭延闿致孙中山电

（1924 年 4 月 20 日载）

　　顷据敝军总指挥宋鹤庚真申由福田墟来报：响水之敌，被我一、二两军压迫，已向柏塘方面窜去，响水墟完全占领。我军正向柏塘追击，同时第四军驱逐横河之敌，第五军扫除龙华前面之敌，向河源前进，准侵日（十二）齐向河源进攻等语。临电又据报告，我军已过柏塘。知关锦注，谨以奉闻。谭延闿叩。侵午。

　　（《申报》1924 年 4 月 20 日，"国内要闻"）

杨希闵致孙中山电
（1924 年 4 月 20 日载）

　　顷接敝军左翼总指挥杨民由博罗来报：我左翼滇军第二军全部及第四师直辖顾旅于十日拂晓向博罗开始攻击，敌人顽强抵御，经我军奋勇进击，敌人死伤甚多，敌渐不支，遂分向派尾、惠州方面溃退。我军遂于是日午前十一时完全占领博罗，夺获枪弹甚多，现在分途追击中，预计三日内即可联合左翼军会攻惠州，右翼军亦于十日进驻樟木头矣。查敌军自去秋肆威东江以来，经此一战，敌胆已寒，乘胜进逐，惠州指日可下。知关厪注，合电奉闻。杨希闵叩。真。印。

　　　　　　　　　　　（《申报》1924 年 4 月 20 日，"国内要闻"）

刘震寰致孙中山电
（1924 年 4 月 20 日载）

　　我军蒸晨拂晓由横沥出发，向樟木之敌进攻，上午十时行抵老虎隘。逆贼王汝为、钟景棠、练演雄及林虎所部一团，共约三千余人，先已布置埋伏，经我五师前队猛烈冲出，敌遂退至天秤架小径口斜坑一带高地，并筑有永久工事，恃险顽强抵抗。经我军围攻，激战二小时，敌势不支，纷纷溃退，于午后一时，即将樟木头完全占领。王逆汝为所部投降二百余人，毙其八旅参谋长吴光华、十四团长陈文波、营长冼晋荣，其余残部即向清溪、井龙方面逃窜。林、钟、练各部纷向平湖、惠州方面溃逃，现正饬队追击中。谨电奉闻。刘震寰叩。真。印。

　　　　　　　　　　　（《申报》1924 年 4 月 20 日，"国内要闻"）

刘振致孙中山电

（1924 年 4 月 20 日载）

文日，县长随同西路黎师长鼎鉴、谭旅长启秀进攻宝安，经将固戍、西乡次第克复。练逆向深圳方面溃退，现在跟踪追击。谨电奉闻。署宝安县长刘振叩。文。印。

（《申报》1924 年 4 月 20 日，"国内要闻"）

李根云致孙中山电

（1924 年 4 月 21 日）

惠城内逆军军实充足，我军原拟皓（十九）攻惠，因水涨难渡，故改期。俟施行总攻后，惠城难下，恳颁令进攻海陆丰，直捣潮汕，断逆后路。

（《申报》1924 年 4 月 24 日，"国内专电"）

赵士觐呈孙中山文

（1924 年 4 月 21 日）

呈为呈请辞职事：窃士觐于去年十二月三十一日奉令派为财政委员会委员，辱承知遇，勉效驰驱，屡易居诸，苦无献替。既乏涓埃之报，恐贻尸素之讥，自应避位以护贤，庶几人存而政举。理合披沥下忱，恭呈辞职，伏乞钧座俯赐核准免去士觐财政委员本职，实为公便。谨呈大元帅

财政委员会委员赵士觐
中华民国十三年四月二十一日

（《陆海军大元帅大本营公报》一九二四年第十二号，4 月 30 日，"指令"）

叶恭绰、杨庶堪呈孙中山文
（1924 年 4 月 21 日）

为呈请事：本会本月十五日第二十九次常会会议准沙田清理处许处长文日邮电：请将廖司令湘芸所委虎门护沙局长杨王超撤锁〔销〕仍由本处东莞护沙费征收委员照案收拨乞核示遵案，议决由本会呈请大元帅令饬廖司令将所委虎门护沙局撤销等因在案，理合录案呈请大元帅鉴核施行。谨呈
大元帅

财政委员会主席委员叶恭绰、杨庶堪
中华民国十三年四月二十一日
（《陆海军大元帅大本营公报》一九二四年第十二号，
4 月 30 日，"指令"）

李福林呈孙中山文
（1924 年 4 月 21 日）

呈为呈报拿获打单匪徒事：案职部第九旅旅长余定中呈解匪犯冯标、黎咸二名到部，词称：本月十三日，据增城沙贝乡农民黄炳有来部奔报，有本乡著匪伍良豪纠党冯标、黎咸等四五人，手持枪枝同到民家勒索火食银一百元，民适往田工作，民妻伍氏到来报知，迫得逃避。查伍良豪一匪于去年五月、本年二月两次共勒过民银三十元，现又冒称湘军投入土匪陈以文部下，凶焰更张，叩乞派兵剿捕等语，当即令饬连长陈廷光带同事主前往，按址搜捕。讵该匪伍良豪等先在屋内放枪抗捕，我军还枪攻击，当场枪伤匪党冯标一名，拿获黎咸一名，余匪由瓦面逃去。理合将获犯冯标、黎咸二名，事主黄炳有、黄伍氏二名解请讯办等情。据此提讯该犯，均认在陈以文所部当差，惟不认有随同伍良豪打单勒索情事。当即提同

事主黄伍氏等当堂对质，委系入屋勒索之匪，该犯冯标等亦俯首无词。随由事主黄炳有等出具坐诬切结，恳请严办，理合将该匪冯标、黎咸等藉名投军纠党勒索情形备文呈报钧座察核。应否将该匪等发还犯事地方，就地枪决以儆效尤，伏乞指令祗遵。谨呈
大元帅

东路讨贼军第三军军长李福林
中华民国十三年四月二十一日

（《陆海军大元帅大本营公报》一九二四年第十二号，4 月 30 日，"指令"）

廖湘芸致孙中山电
（1924 年 4 月 22 日）

辞虎门要塞司令职，因无火食发给之故。

（《申报》1924 年 4 月 27 日，"国内专电"）

邓泽如呈孙中山文
（1924 年 4 月 23 日）

呈为呈报事：案奉大元帅简任令开：任命邓泽如为两广盐运使。此令。等因。奉此，遵于本年四月二十二日接印视事。除俟赵前运使将文卷公款公物移交接收再行查核造册呈报外，理合先将到任日期呈报察核。谨呈
大元帅

两广盐运使邓泽如
中华民国十三年四月二十三日

（《陆海军大元帅大本营公报》一九二四年第十二号，4 月 30 日，"指令"）

鲁涤平呈孙中山文

（1924 年 4 月 24 日）

　　呈为成立水陆巡缉队请予备案恭呈仰祈睿鉴事：窃准财政委员会函开：本会三月三十一日第二十五次常会会议奉大元帅令饬将禁烟督办署原设水陆侦缉联合队即日解散，其原由各军选送士兵送还各该本军归队，仰即遵照妥办案，议决录令送由新任禁烟督办遵照办理等因，相应抄录原令函送贵督办查照办理，仍希见复以凭转报等由，并抄录训令一件到□。当即遵令解散，并分别遣送归队在案。惟查目下奸人私运鸦片者比比皆是，甚至假借军队名义包揽把持，肆无忌惮，仅凭侦缉四出梭巡，力量实有未逮。职署斟酌情形，似非组织干部队兵不足以资巡缉而申禁令。兹已成立水陆巡缉队一队，额设队兵七十名，定名为大本营禁烟督办署水陆巡缉队，专备广州市巡缉之用。又为节省开办费起见，咨准湘军第二军于后方留守士兵抽拨七十名，暂归水陆巡缉队队长指挥调遣，一俟积弊稍清，遣归原队。如此办理似于力策进行之中，仍容限制开支之意。所有成立水陆巡缉队及咨调湘军第二军士兵来署服务缘由，理合备文呈请鉴核训示祗遵。谨呈

陆海军大元帅

禁烟督办鲁涤平

中华民国十三年四月二十四日

　　（《陆海军大元帅大本营公报》一九二四年第十二号，4 月 30 日，"指令"）

朱世贵呈孙中山文

（1924 年 4 月 25 日）

　　为呈请察核事：现奉中央直辖滇军总司令部第五六五号训令

开：案准军政部第一三六九号咨开：案准大本营秘书处函开：奉大元帅交下连县商会长莫灿庭等呈称：小北江仍有各部军队重征货物机关，据情粘抄，请再颁严令一律撤销，以符功令等情呈一件。奉谕，商运护商各机关前经明令撤销，军队抽收货费亦经迭令禁止，所呈各节着军政部查明严行制止等因，相应录谕检同原呈函达查照办理等由。准此，查军队不得勒收货船各费一事，迭奉帅令禁止有案，准函前由，除分别咨行查禁外，相应抄录原呈粘单咨达，希即转饬分别撤销制止以恤商艰等由。准此，除分令外，合行令仰该师长遵即查明所属有无设立粘列各项机关，迅即分别撤销制止，仍将查办情形呈报，以凭咨复。此令。等因。（计附原呈粘单一纸到师。）奉此，查此事前奉滇军总部训令第五二五号令行到师，当经饬属一体严禁在案。兹奉前因，理合将办理情形呈报察核。除呈复滇军总司令部外，谨呈

大元帅孙

中央直辖第四师师长朱世贵

中华民国十三年四月二十五日

（《陆海军大元帅大本营公报》一九二四年第十三号，5月10日，"指令"）

林森呈孙中山文

（1924年4月26日）

呈为呈请暂拨广东省立银行场所一部设立商标注册所、权度检定所恭呈仰祈鉴核事：窃据职部工商局长兼商标注册所总办、权度检定所所长称：职所业经依法成立，惟尚无适当地方以资办公，于进行殊有阻碍。查广东省立银行停办后，该行场所经为航空局、东江商运局等各机关借用，现东江商运局取消，剩有场所，请转呈帅府将该局原用后楼一所，拨供商标注册所暨权度检定所，以资进行

等情。查商标注册、权度检定两项均奉钧座核准施行,自应急觅相当地方设立机关奉行职务,以副钧座保护商业、整顿地方盛意。广东省立银行地点适中,交通便利,于施行权度检查及商人注册颇见适宜。该银行后楼地方原系东江商运局所用,现在该局既经取消,移供使用似属尚无窒碍。理合据情呈请钧座察核俯准所请,实为公便。谨呈

大元帅孙

大本营建设部长林森

中华民国十三年四月二十六日

(《陆海军大元帅大本营公报》一九二四年第十三号,5月10日,"指令")

叶恭绰呈孙中山文

(1924年4月26日)

呈为呈请事:窃职部前改组部务,修正官制,业经呈请鉴核令遵在案。查修正官制中,设参事二人,兹为便于处理部务起见,拟添设参事一人以资勷理。现查职部佥事兼财政委员会秘书长廖朗如自任事以来,所有财政委员会事务均赖其一人悉心处理,条理井然,劳绩卓著,职部所添设参事一缺如蒙照准,拟以廖朗如简任藉资鼓励。递遗佥事一缺,查有职部局员陆仲履堪以荐任。理合呈请睿鉴,伏乞核准施行。谨呈

大元帅

大本营财政部长叶恭绰

中华民国十三年四月二十六日

(《陆海军大元帅大本营公报》一九二四年第十三号,5月10日,"指令")

叶恭绰呈孙中山文

（1924 年 4 月 26 日）

　　为呈复事：本年四月十日，案奉钧座发下彭贞元原呈一件，以债权樛辖未清，请令饬财政部查明清划、秉公核办等情。同月十日复据该彭贞元具呈到部，案同前由。职部当以刘园产业系因刘学询揭欠公帑，故收归国有，开投变抵以充军需。当时曾由部登报布告，并未据该商来部声明，旋据南美公司缴价具领，业经本部核准。至该商与交通银行如何纠葛，自应迳与该行交涉，何得来部渎呈，所请各节应毋庸议等语，批示该商遵照。嗣据南美公司股东那文函请证明刘园产业业由该公司缴价具领，完全与彭贞元无涉，亦经职部函复证明各在案。查此案如何樛辖，职部无案可稽。惟据彭贞元具呈前来，职部为慎重人民权利起见，当经函请广东高等审判厅将该案抄送过部以凭查核。旋准该厅函复：查广州地方审判厅于民国七年三月十一日，判决苏秉枢诉广东交通银行梁士诒等串占产业及彭贞元参加诉讼案，因认交通银行应即赔偿彭贞元铁码头租银损失二十五万二千元。如不遵判履行，准将该行财产查封变抵，并先据彭贞元声请假扣押。经该厅于同年三月九日决定，交通银行管业收租之旧刘园产业认为应赔偿彭贞元损失之执行标的物，于本案判决以前准予暂行假扣押。广东交通银行对于决定声明不服，来厅抗告，经敝厅民二庭于同年十二月二十日决定将原决定撤销在案。准函前由，相应将本案历审主文抄录，函复贵部查照。再，敝厅受理广东交通银行梁士诒等与苏秉枢因串占产业控告案，及彭贞元与谭德源码头控告案，两案合并办理，现在诉讼进行之中。因两造屡传不〈到〉案，故尚未判决，合并声明等语函复到部。是彭贞元只与交通银行有涉讼樛辖，当时刘园产业属于交通银行管业，故得间接假扣押以为抵偿损失之担保，今职部因该产主刘学询积欠公帑，将其刘园产业收归国有，职部自有处分其产业之权，已与前案无涉。至广东交通银行虽已停业，而交通总行依然存在，该彭贞元如欲追偿损失，自可迳与该行直接交涉，职部未便受理。奉发前呈，理合呈复睿鉴。谨呈

大元帅

财政部长叶恭绰

中华民国十三年四月二十六日

（《陆海军大元帅大本营公报》一九二四年第十三号，

5 月 10 日，"指令"）

程潜呈孙中山文
（1924 年 4 月 26 日）

　　呈为呈复事：案奉钧座发下东路讨贼军前敌总指挥何成浚函呈一件，以该部参议王守愚于前任鄂西总司令部参谋长并代行鄂西总司令职权时，迭与吴逆佩孚剧战，宜施积劳致疾。上年讨贼军由闽回援潮汕，该参议尤多所尽力，疲劳之余旧疾剧发，于本年一月在广州身故，请追赠陆军中将并从优抚恤等情。查该已故参议王守愚为国奔驰，积劳病逝，核与《陆军战时恤赏章程》第六章事实相符，拟请准予追赠陆军中将，并照中将积劳病故例给恤，以酬劳勋而慰英灵。所有核议赠恤各缘由是否有当，理合具文呈请鉴核施行。谨呈

陆海军大元帅孙

大本营军政部长程潜

中华民国十三年四月二十六日

（《陆海军大元帅大本营公报》一九二四年第十二号，

4 月 30 日，"指令"）

马伯麟呈孙中山文

（1924 年 4 月 27 日）

呈为呈报事：窃查职部编制原有总台长一人设部办事，直接管辖各炮台。司令接任之初，为节省经费起见缓未设置，一遇有事，仍须派员指挥监督，方期严密周至。现值东江未尽肃清，司令为整顿台伍、勤慎教练起见，再四筹维，亟应恢复总台部，设总台长以资督率。查有前大元帅府秘书李思汉忠党爱国，文武兼资，去年十一月派充炮台临时指挥，教练有方，布防周密，炮击逆军，命中出自该员，应变之才为多，现在堪充职部长洲要塞总台长之职。除本月十六日状委该员刻日组织总台部办事、认真督率整饬外，理合具文呈报察核，伏祈备案，实为公便。□□

大元帅孙

长洲要塞司令马伯麟

中华民国十三年四月二十七日

（《陆海军大元帅大本营公报》一九二四年第十二号，4 月 30 日，"指令"）

沈鸿英致孙中山电

（1924 年 4 月 27 日）

英敬（二十四）由八步起程，沁（二十七）抵平摊，拟亲赴前敌劳兵。顷据报告，敌屡冲出，均被我军击败。灌阳、兴安、鹿砦、雒容等处我已增重兵，全柳敌援谅难飞渡。

（《申报》1924 年 5 月 9 日，"国内专电"）

沈鸿英致孙中山电

（1924 年 4 月 27 日）

广州孙大元帅睿鉴：

密。英敬（二十四）日由八步起程，沁（二十七）日抵平滩，即遄赴前方，慰劳伤兵，鼓励将士，限期攻克。迭据报告，敌已困惫，士无斗志，屡次溃围冲出，但被我军击败，并将冲锋之敌，完全缴械。灌阳与安鹿寨、雉容等处，我已增加重兵，全柳敌援，谅难免［?］过。俟英抵桂，即施行总攻击，务期必下桂垣，俾副帅座暨诸公之厚望。广西总司令沈鸿英呈。鸿英叩。沁（二十七）。印。

（上海《民国日报》1924 年 5 月 15 日，“国内要闻”）

邓泽如呈孙中山文

（1924 年 4 月 28 日）

呈为呈请辞退参议一职俾得专心整顿盐政事：窃泽如学植浅薄，分应退藏，遭遇明时，叠叨睿愿，钧镕顽矿，规墨散樗，咳咳［唾?］为恩，眄睐是饰，粉碎难酬，敢遑除让。但以时方俶扰，战事侵寻，百政废弛，盐纲亦堕，缉私疏销，补苴已难。挽粟飞刍，腾挪匪易，凝神一志，尚凛冰渊，旁眘并营，终贻覆悚。况复钧府宏建，济有俊贤，久尸清要，实忝瑶玙。借箸无筹，发兵乏谶，燕台装玉，傥不精真，齐客滥竽，讵宜恒简，似此傍［徬］徨，不宁夙夜。谨辞参议，免累甄收。伏恳俯准，俾专鹾务。仰祈钧核，无任悚惶。谨呈

陆海军大元帅

两广盐运使邓泽如

中华民国十三年四月二十八日

（《陆海军大元帅大本营公报》一九二四年第十二号，
4 月 30 日，"指令"）

程潜呈孙中山文
（1924 年 4 月 28 日）

呈为呈复事：案奉钧座发下大本营参谋处签呈一件，以已故前
赣军独立旅长蔡锐霆、少校参谋蔡康国、上尉副官蔡炳间及蔡怒飞
等拥护崇座，矢死不渝，父子兄弟相率殉国，请追赠蔡锐霆为陆军
中将，蔡康国为陆军步兵中校，蔡炳间、蔡怒飞为陆军步兵少校，
并照阵亡例议恤，以资奖劝而慰英灵等情。奉批交军政部办理，经
部长查核事实相符，理合具文呈请明令发表，实为公便。谨呈
陆海军大元帅孙

军政部长程潜

中华民国十三年四月二十八日

（《陆海军大元帅大本营公报》一九二四年第十三号，
5 月 10 日，"指令"）

程潜呈孙中山文
（1924 年 4 月 28 日）

呈为呈复事：案奉钧座发下中央直辖滇军第三军军长蒋光亮呈
一件，以该部第六师第十二旅第二十三团第三营营长王春霖，又该
营第十一连排长李春和二员，于四师八旅叛变围攻石围塘军部时督
队抵御，同时战死。请追赠该已故营长王春霖为陆军中校，该已故
排长李春和为陆军中尉，并照阵亡例议恤等情。经部长查核事实相
符，拟请俯予照准，并照阵亡例分别给恤以示矜恤。所有核议赠恤

已故营长王春霖等各缘由是否有当，理合具文呈请鉴核施行。谨呈

陆海军大元帅孙

军政部长程潜

中华民国十三年四月廿八日

（《陆海军大元帅大本营公报》一九二四年第十三号，
5月10日，"指令"）

李福林呈孙中山文

（1924 年 4 月 28 日）

　　呈为呈报格毙著匪事：窃军长自奉帅令专任番、东、顺三县剿匪事务，所有著名土匪迭经饬属严拿。兹据职部十一旅旅长李群报称：现据职旅第二十一团一营营长郑为楫报称：查番禺沙湾著匪何声（混名"斩崩刀"）犯案山积，甚为地方之害，因饬代连长冯天成购线严密侦缉，探确匪巢，当于本月二十七日初更时候派队前往按址围捕。该匪纠率党羽放枪抗拒，轰伤职营兵士冯应昌一名，鏖战两小时，职队奋勇还击，当场将著匪何斩崩刀一名击毙。因时已昏暮，余匪四散逃脱，即将匪兄何锦元（混名"豆皮元"）一名拿解，合将匪尸连同获犯解请验办等情。据此，除将该匪尸身拍照瘗埋，受伤兵士送院医治，获匪何锦元押候查明始行解办外，合先据情飞报察核等情。据此，查著匪何声系霹雳党匪首梁济军□党羽，迭在番、顺交界泮浦濠滘等处炸沉轮渡，掳人劫货，久已流毒一方。前经军长责令该乡团董悬赏三百元购缉，现经格毙，航道可望疏通。理合备文呈报钧座，伏乞察核备案，实为公便。谨呈

大元帅孙

东路讨贼军第三军军长李福林

中华民国十三年四月二十八日

（《陆海军大元帅大本营公报》一九二四年第十三号，
5月10日，"指令"）

李福林呈孙中山文
（1924 年 4 月 28 日）

呈为呈报决匪日期事：案奉钧座第四〇一号指令内开：呈悉。匪犯冯标、黎咸二名胆敢伙党行劫，并敢拒捕，实属不法，自应按照军法处以枪决，以昭炯戒，仰即遵照执行可也。此令。等因。奉此，谨于四月二十八日提出该匪验明正身，派队押回犯事地方执行枪决，理合将决匪日期备文呈报钧座察核备案。谨呈
大元帅孙

　　　　　东路讨贼军第三军军长李福林
　　　　　中华民国十三年四月二十八日
（《陆海军大元帅大本营公报》一九二四年第十三号，
5 月 10 日，"指令"）

杨庶堪呈孙中山文
（1924 年 4 月 29 日）

呈为呈复事：案准大本营秘书处转到奉帅谕交办总检察厅检察长卢兴原请将广东公立警监专门学校拨归该厅直接管理等情呈文一件。正在核办间，又奉帅令：据高等检察厅检察长林云陔呈请将公立警监专门学校校长仍归该厅任免等情，令饬并案核议具复酌夺等因。奉此，核阅两呈，在总检察厅方面，以为该校办理不得其人，实为改良监狱之障碍，是以有拨归该厅直接管理之请。在高等检察厅方面，以为关于监狱教育事项，依照部令应归该厅办理。现任校长系由大理院委任，办理不善，未便处理，是以有查照成例，该校校长仍由该厅任免之请。伏查该校设立之始，原名公立监狱学校，于民国二年十月由前广东司法筹备处拨款开办，常年经费则以收入学费开支，如仍不敷再由处拨助。嗣司法筹备处裁撤后，即由高等

检察厅照案办理。十年八月间，该校校长伍岳以广东高等警察学校久已停办，拟将监狱学校改为警监学校以宏造就，随即拟具章程办法，报由高等检察厅转呈前大理院徐院长核准改定章程，并因□务关系，由院咨送前内务部查核备案。其一切校长任免、学生毕业各项，仍由高等检察厅核办。转报查核，有案可稽。此该校设立之沿革及其办理经过之情形也。本省长详加察核，窃以该校系属省立，由高等检察厅管辖已逾十年，根据成案似无移转管辖之必要。所有任免校长、整顿校务诸事，自可照案仍归高等检察厅办理。至于总检察厅系全国最高检察机关，对于狱务既负积极改良之责，即对于该校亦有间接监督之权，似无须拨归管理始可实行监督。所有遵令核议缘由，理合备文呈请鉴核。是否有当，伏乞指令祗遵。谨呈

陆海军大元帅

广东省长杨庶堪

中华民国十三年四月廿九日

（《陆海军大元帅大本营公报》一九二四年第十三号，5月10日，"指令"）

程潜呈孙中山文

（1924 年 4 月 29 日）

呈为呈请事：案奉钧座发下滇军总司令杨希闵呈，以所部第一军第二师步七团第一营中校营长赵连城讨沈之役在银盏□阵亡，请予追赠陆军上校，并照上校阵亡例提前给恤。又第二师警卫队少校队长赵商民江防会议时值沈军逞凶，从场制止，弹穿两目，竟至失明，并请提前从优给恤，俾资回籍等情，并呈缴调查表各一份、军医诊断书一份到部。查该已故中校营长赵连城身先士卒，为国捐躯，核与《陆军战时恤赏章程》第七章第十八条事实相符。该少校队长赵商民因公受伤，竟成残废，核与《陆军战时恤赏章程》

第四章第八条事实相符。似应均予照准，以示矜恤而昭激劝。至所请提前发给阵亡赵连城一次恤金一千元，阵伤赵商民年金四百五十元俾资回籍一节，如蒙俞允，敬恳令饬中央军需处筹拨发给以清手续。是否有当，伏乞训示祗遵。谨呈

陆海军大元帅孙

军政部长程潜

中华民国十三年四月二十九日

（《陆海军大元帅大本营公报》一九二四年第十三号，5月10日，"指令"）

朱世贵呈孙中山文
（1924年4月29日）

为呈请察核事：现奉中央直辖滇军总司令部第五七四号训令开：案准省长公署咨开：案查各属河面私设之护商机关及勒收之各种捐费，前奉大元帅明令通行拿禁，并限三日内一律勒令取销，如敢违犯军法从事等因，当经先后录令咨行遵照办理暨布告知照在案。现复据广州各商埠柴杉竹竹行代表何德、霍亦衡暨增城商船代表林德华、船户代表林兴船等分别具呈，以沿河军队遍设护商机关，重重抽剥，兼以盗匪纷立堂名，勒收行水，扰害不堪，势将停业，恳请撤销解散、严行拿办各等情前来。是各河面私设之机关，现尚依然存在，并未撤销，殊属残害商民，弁髦命令。据呈前情，除分别咨饬认真拿禁外，相应抄具各呈电咨达贵总司令，请烦查明，严饬所部迅遵帅令，立将各私设之护商机关即日解散撤销。如再抗违，即将主要人拿解惩办。一面责成当地部队，随时将勒抽行水盗匪严行缉剿，勿任扰害，仍希见复，至纫公谊等由。准此，除咨复并分令外，合行令仰该师长即便转饬所属查照办理。切切。此令。等因。奉此，查此项机关职部早经遵令撤销在案。兹奉前因，除再通行所

属一体严禁并呈复滇军总司令部外，理合备文呈报察核。谨呈
大元帅孙

中央直辖滇军第四师师长朱世贵

中华民国十三年四月二十九日

（《陆海军大元帅大本营公报》一九二四年第十三号，
5 月 10 日，"指令"）

吕志伊呈孙中山文

（1924 年 4 月 30 日）

呈为呈报事：窃志伊遵奉钧令特任为大理院长兼管司法行政事务，经于本年四月八日就职视事具报在案。兹准前大理院长兼管司法行政事务赵士北，先后将印信、案卷、文件、簿藉、器具、数目存根等项列册咨交前来，当经派员分别依照来咨点明接收清楚。除自上年四月四日起至本年四月七日止，前任收支计算书来咨声明业经自行编造呈请钧座核销外，计共接收咨交院印一颗，官章一颗，全院职员兵役名册各一本，器具什物清册一本，案卷、簿记、文件清册共十二本，内载未结刑事上告等案三十九宗，民事上告等案三百□十五宗，律师证书存根一百三十六张，复验律师证书存根一百零八张，簿记三本，广东坟山登记各局职员名册一本，稿卷一宗，已刊未发仁化分局木质关防一颗，甄拔律师委员会免试证书存根四十一张，清册一本，收支数目簿记共二十四本，收支计算书稿共十一件，存根十六束，欠发员薪清册一本，仍由各科庭照旧保管赓续承办。理合备文具报呈请鉴核。谨呈
大元帅

大理院长兼管司法行政事务吕志伊

中华民国十三年四月三十日

（《陆海军大元帅大本营公报》一九二四年第十三号，
5 月 10 日，"指令"）

吕志伊呈孙中山文

（1924 年 4 月 30 日）

呈为呈报事：窃查接管卷载赵前院长任内经管款项册列收支数目总结尚多不敷，故并无分文移交过院。而职院每月预算经费原额共应支银一万八千六百六十六元，即照前任减成给发员薪办法，每月亦须实支银九千三百余元。近来司法收入如制发各种状纸一项，前经总检察厅呈奉令准划归该厅办理，广东坎山登记一项复经财政委员会呈奉令准撤销，所余仅有讼费及律师请领证书费两项收入，又异常短绌，以之拨充支款不敷殊巨。查赵前任曾援徐前大理院院长兼管司法行政事务时成例，呈请按月由财政部拨款七千元以资补助，蒙赐批交财政部酌拨在案。窃以职院属中央司法机关，为维持法律、保障人民生命财产计，不可一日停顿。合无仰恳帅恩再颁明令，责成财政部如数照拨，俾得按月具领，撙节支销，俾资维持，实为公便。所有接收前任交代实情并请饬财政部每月拨给经费缘由，理合备文具报呈请鉴核，伏乞指示祗遵。谨呈
大元帅

　　　　大理院院长兼管司法行政事务吕志伊
　　　　　中华民国十三年四月三十日
（《陆海军大元帅大本营公报》一九二四年第十三号，
5 月 10 日，"指令"）

宋鹤庚、鲁涤平等致孙中山电

（1924 年 4 月 30 日载）

大元帅睿鉴：

我军于蒸日克复响水后，即整军疾进，所有石坝冷水坑之敌，

亦先后被我军击退。有约五千人之敌复盘踞铺前墟及南陂西端山地之阵地，顽强抵抗，复经我军一再痛击，始向河源退却。河源系李易标、陈修爵等所部，合计不下七八千人，仍复临山凭河恃险抵抗，且以一部据石公神墟以为犄角，大有背城藉一之势。经我军以一部出双头，断其河惠水道之交通，毁其电线以阻塞其通信，复以该段河流甚深，不能徒涉，以一部绕攻其左侧背以分其势。其余各部即从正面猛力攻击，敌死伤颇众，势始不支，遂于寒日乘夜退却。我军遂于是晚克复河源，陈修爵部及李易标、黄业兴之一部均沿江而下，向古□及石公神墟溃窜。他一部尚盘踞河源庞江北岸一带高地，仍有节节抵抗之意。现我第一军已经双下牛坑前进，拟肃清回龙镇后即渡河驱逐该河北岸高地之敌。第二军搜索河左侧附近一带高山后，即渡河驱逐东岸残余之敌。第四军暂驻柏塘、杨村之间，以警戒派尾方向，并为我左路第五军由龙门进攻平陵墟一带敌人之声援，兼防敌由我后方窜入惠阳之路。按此次溃退之敌分途退却，而大部仍缘江岸而下，揣其意图，不外会合惠敌抄击袭我军后方，阻我前进。或节节抵抗以图向紫金收合余烬，或利用东江河流阻我军渡河之种种计画。惟冀我第一联军从速攻下惠阳，直趋海陆丰以收夹攻之效，则老隆、紫金之敌，当亦不难歼灭矣。知关廑注，谨电奉闻。宋鹤庚、鲁涤平、谢国光、吴剑学、陈嘉佑、方鼎英、张辉瓒、谭道源、戴岳、王得庆、吴家铨仝叩。删午。

（《陆海军大元帅大本营公报》一九二四年第十二号，4月30日，"公电"）

叶恭绰呈孙中山文

（1924年4月）

呈为遴员荐任秘书恭呈仰祈睿鉴事：据盐务署长郑洪年案呈：窃职署为处理一切事务起见，拟设秘书二人以资勷理。查现任大本

营财政部秘书陈敬汉、杨志章堪以呈荐兼任。除由职署先行派委外，理合呈请荐任等因。据此，理合呈请钧座核准施行。谨呈
大元帅

大本营财政部长兼盐务督办叶恭绰

中华民国十三年四月□日

（《陆海军大元帅大本营公报》一九二四年第十二号，4 月 30 日，"指令"）

吴铁城呈孙中山文

（1924 年 4 月）

呈为呈报事：顷奉大本营秘书处函送帅座颁发木质镶锡印信一颗，文曰"广东省警卫军司令印"，象牙小章一颗，文曰"广东省警卫军司令"等因。奉此，遵经将奉到缘由函复秘书处在案。谨择于四月一日就职，敬谨启用。理合备文呈报帅座，伏乞钧鉴。谨呈
大元帅孙

广东省警卫军司令吴铁城

中华民国十三年四月□日

（《陆海军大元帅大本营公报》一九二四年第十号，4 月 10 日，"指令"）

张民达呈孙中山文

（1924 年 5 月 1 日）

呈为呈报该处视事启用关防日期仰祈睿鉴事：窃于四月二十八日奉钧座令字第二零六号派状内开：派张民达兼理盐务缉私主任。

此状。并奉两广盐运使邓咨转发下木质关防一颗，文曰"两广盐务缉私主任关防"各等因。奉此，兹遵于五月一日设处视事，启用关防。除分咨令行外，理合将设处视事、启用关防日期呈报察核。谨呈
大元帅孙

　　　　　　　　兼盐务缉私主任张民达
　　　　　　　　中华民国十三年五月一日
　　（《陆海军大元帅大本营公报》一九二四年第十三号，
5月10日，"指令"）

叶恭绰、杨庶堪呈孙中山文
（1924 年 5 月 1 日）

　　呈为呈请事：本会本月二十四日第三十二次特别会议准广东省长公署咨：据全省田土业佃保证总局长邹琳呈：据台赤田土业佃保证局呈：准台山县咨该县试办自治管理属内征收事务，咨请移交请核示遵等情。查与贵会民业保证事同一律，咨请提议并行呈报帅座核办，以免纷歧案，议决由会照沙田清理处各县自治办法呈请大元帅核办等因。查本会第二十八次特别会议，议决民产保证李局长纪堂提议取销台山县长横揽属内各征收机关附意见书案，录案呈请大元帅核办。又第三十一次常会会议，议决沙田清理许处长崇灏函请将台山县原拟自治办法审查修正以崇法制案，由沙田清理处将章程修正呈请省长公署核办各在案。理合查案并照录省长原咨备文，呈请钧座核明办理俯赐批示遵照，实为公便。谨呈
大元帅

　　　　　　　　财政委员会主席委员叶恭绰、杨庶堪
　　　　　　　　中华民国十三年五月一日
　　（《陆海军大元帅大本营公报》一九二四年第十四号，
5月20日，"指令"）

戴传贤呈孙中山文

(1924 年 5 月 1 日)

呈为呈报事：窃职会成立伊始，亟应将处务及会议规则分别规定以资遵守，兹经议定处务规则二十一条、会议规则十二条，理合缮正二份，备文呈报察核备案。谨呈

大元帅

法制委员会委员长戴传贤

中华民国十三年五月一日

（《陆海军大元帅大本营公报》一九二四年第十三号，5 月 10 日，"指令"）

程潜呈孙中山文

(1924 年 5 月 1 日)

呈为呈请事：窃职部现以海珠为办公地点，该地亦因年久失修，墙壁俱已颓圮，就中该地主干屋舍之中央一部，其倾斜之度已足使居者日有危险之顾虑，舍此则又不敷办公之用。且海珠为广州胜景，若任其倾倒，殊失观瞻，深为可惜。基此理由，实有不得不急谋修葺之势。又前奉令准办理之陆军讲武学校，经择定原陆军医院为校址，业经呈报在案。惟查该校原有之房舍多已颓败不堪，而校内必不可缺之讲堂、食宿、游戏诸场急需设备，故非添设棚厂、修整余屋，实不足以敷分布。惟查以上两项添设及修缮房屋费用曾经饬工估计，至少约需□万五六千元左右。现当财政奇绌之际，焉有余力及此？职筹思再三，未敢冒渎钧听，现拟有筹款方法，谨为钧座陈之。查职部管辖之军械总局业经职极力裁汰，将该局经费由月需三千余元减至月仅五六百元，经另文呈报在案。其中有原设市

东红花冈之永济库，旧本为储藏无烟药、炸药及地雷、炸弹等之用，现该库员兵既已裁撤，拟将所存之炸弹交飞机厂领去，地雷运长洲保存，此外仅有空房一所。该库僻为偏隅，墙壁又多颓塌，砖瓦散置，即往时恒多遗失。若俟员兵尽行裁撤之后，附近居民难免不肆意盗拆，往者燕塘兵房以此损失者几十之七八，即其先例。职拟将该库上盖，先行招商变卖，可得数千元，所得价款即以之为上项海珠及陆军讲武学校修缮之用，其不足者仍拟另行筹措。似此办理既可免将来之损失，复可济目前之急需，一举两得，计莫善焉。所有呈请将永济库上盖变卖，并准将价款拨充讲武学校及海珠修缮费用各缘由是否有当，理合呈请钧座俯赐察核，指令祗遵。谨呈
大元帅孙

军政部长程潜
中华民国十三年五月一日
（《陆海军大元帅大本营公报》一九二四年第十三号，5月10日，"指令"）

许崇智呈孙中山文
（1924年5月2日）

呈为呈报事：现据职部东江前敌总指挥张国桢呈辞东江前敌总指挥职务等情到部，据此当以东江作战现由友军担任，所有东江前敌指挥一职自无留存之必要。除业经指令照准外，所有职部撤销东江前敌总指挥各缘由，理合备文呈请察核备案，实为公便。谨呈
大元帅孙

东路讨贼军总司令许崇智
中华民国十三年五月二日
（《陆海军大元帅大本营公报》一九二四年第十三号，5月10日，"指令"）

许崇智呈孙中山文

（1924 年 5 月 2 日）

呈为呈报事：窃职前因患病请准给假赴沪养疴，入春以来病已稍痊，业于四月二十二日返抵广州，即日到部照常视事。除前经面禀销假外，所有销假视事日期理合具文呈报察核。谨呈

大元帅孙

东路讨贼军总司令许崇智

中华民国十三年五月二日

（《陆海军大元帅大本营公报》一九二四年第十三号，5 月 10 日，"指令"）

蒋尊簋呈孙中山文

（1924 年 5 月 3 日）

呈为再请辞职仰祈睿鉴事：窃尊簋前经沥陈下情，恳请辞职，乃荷慰留，惭惶益甚，勉强应付，又已月余。财政愈窘，羽书更急，智尽力竭，无补大局，左支右绌，必误戎机，事非畏难，才实不逮。思维再四，惟有仍恳帅座准予即日辞职，另简贤能，庶足挽救，俾少咎戾，不胜屏营待命之至。谨呈

大元帅

中央军需总监蒋尊簋

中华民国十三年五月三日

（《陆海军大元帅大本营公报》一九二四年第十四号，5 月 20 日，"指令"）

李福林呈孙中山文

（1924 年 5 月 3 日）

　　呈为呈报事：现据职部李旅长群呈称：昨据探报称：著匪曾带、罗报等日骑东意轮船，在顺德东西马宁河面截劫来往商船，应否派兵追缉请察核等语，当饬令游击队团附关庞带兵乘轮前往巡缉去后。现据该帮统复称：于五月一日巡至马宁附近河面，远见匪徒乘坐西盛轮船，联同东意匪轮沿海图劫，帮统立即率同士兵鼓轮追捕。匪等见有官兵追前，开枪抗拒，且战且走。追至南海紫洞河面，被我军枪伤匪徒二名，该匪知势不敌，纷纷凫水负伤而遁，致未弋获。当将西盛、东意两轮截获回省，理合呈报核办等情。据此，查西盛轮船向系与人拖运货物，上落陈村、西南等处。先据该轮船东中安公司呈报，前月二十八日该轮驶往南海紫洞，被著匪罗寮、罗报等纠党多人持械将该轮骑劫掳去，船伴李区、李魏、梁湘等三名，人船不知去向，请予查缉在案。现该西盛轮船既经截回，除传谕该轮东主中安公司到部领回外，理合据情备文连同东意匪轮呈解钧部核办等情前来。窃查近日匪徒骑掳商轮，藉势在海面横行，四出截劫，为航商大患。除令该旅长饬属赶紧设法巡缉，并查明东意轮船船东听候发落，理合据情备文呈请帅座发交军政部备案。谨呈
大元帅孙

东路讨贼军第三军军长李福林

中华民国十三年五月三日

　　（《陆海军大元帅大本营公报》一九二四年第十三号，
5 月 10 日，"指令"）

程潜呈孙中山文

（1924 年 5 月 3 日）

　　呈为〈呈〉复事：案奉钧座发下东路讨贼军总司令许崇智呈

一件，以所部第一旅参谋长周朝宗，护法诸役卓著战功，前次攻击百芒花一役不避艰险，亲赴前线指挥，不幸中弹殒命，请予追赠陆军少将阵亡例从优抚恤等情。经部长查核事实相符，**拟**请俯予照准，以示矜恤。是否有当，理合具文呈请鉴核，明令施行。谨呈

陆海军大元帅孙

大本营军政部长程潜

中华民国十三年五月三日

（《陆海军大元帅大本营公报》一九二四年第十三号，5 月 10 日，"指令"）

吕志伊呈孙中山文

（1924 年 5 月 3 日）

呈为呈请核示事：窃奉钧令第一五五号内开：案据广东高等审判厅厅长陈融会同广东高等检察厅检察长林云陔呈称：为呈请事：窃职检察长前奉钧帅面谕饬拟具改良粤省司法制度意见呈候采择等因，经会同职审判厅长遵照办法，一俟筹拟妥协再当另文详报。惟维持司法独立及进谋其改良，非有确定经费不为功。民国十年职审判厅长奉令筹办全省司法，经数月筹备，全省司法厅庭完全成立。经费一项除省库拨支外，不敷数十万元。原定计划系由全省司法收入项下分别弥补，惟不敷之数尚巨，而司法收入无多，因扩张□省登记事宜，期登记费收入稍资维持，当经呈请广东省长指定登记费及其他司法收入，为拨补司法经费不敷及改良监狱之用，业奉令准在案。自援桂军兴及陈逆背叛以迄今兹，粤库奇绌，财政厅积欠司法经费极巨，高地审检四厅仅藉讼费、登记费各项收入稍资维持。而外属厅庭因厅县欠发经费，且有因而停顿之势，故维持现状已感困难。至吾国监狱不良，久已为世诟病，前者华盛顿会议议决撤销领事裁判权一案，尚须派员来华实地调查。若不亟图改良，

不独贻笑邦交，且于撤去领事裁判权一案，更属大有妨碍。职检察长对于改建广州监狱及看守所刻正积极进行，故粤省司法收入即属稍有赢〔赢〕余，亦□留作此项改建之需，若进谋司法制度之改良尤需费用。我大元帅维持司法宿有盛心，近对于司法之改良尤复殷殷致意，钦仰莫铭〔名〕。用敢专呈陈请乞俯准查照旧案，将粤省一切司法收入概留作维持粤省司法及改良监狱等项之需，不准提作别用。如蒙令准，并请分行大理院、广东省长遵照，实为公便等情。

据此，当经指令：呈悉。准如所请办理，仰候令行大理院及广东省长查照备案可也，仍咨高检厅知照。此令。等语。除指令印发并分行外，合行令仰该院长即便查照。此令。等因。奉此，自应遵照办理。惟查司法收入为司法行政之一种，志伊奉命兼管司法行政事务，实自负监督管理之责。按照历来办法，司法收入并不列入财政部预算，所有各厅诉讼费、罚金、没收物、状纸各种，均作为特别会计由各省高等厅汇解司法部，以补额定经费之不足，广东省亦历经遵办在案。惟自军兴以来，司法收入多不遵照向章办理。窃查职院兼管司法行政，原属中央法院及司法行政机关所有经费以财政支绌未能照拨，自不能不藉各省司法以资挹注。广东现为中央政府所在地，该高等厅尤应恪遵成例，以为将来各省倡导。即或以粤库支绌，财政厅积欠司法经费亦只能呈院酌留数成，为各该厅支用。再查广东登记局亦属司法行政范围，其所收入支出均应按月呈报以凭核办，乃该厅长等迳自呈请将粤省一切司法收入全数截留，实与向章不符。原各省司法机关收入丰啬迥异，如审厅恒比较的多，检厅恒比较的少，故定章一律报解司法部，再由司法部酌盈剂虚，平均分配，庶收入多者不致中饱，收入少者不致偏枯，法至良、意至善也。现在粤省尚系军事时代，其省外各厅庭收入虽遽难加以稽核，而省内司法机关似应仍遵定章办理。兹谨拟变通办法，请将广东高等审检厅、广州地方审检厅司法收入以及登记费均以五成解交职院，除支职院及兼管司法行政事务并总检察厅办公经费外，再酌量分配各厅。至称改建监狱及改良司法，实职院兼管司法行政事务之专责，应由该厅长等详加研究，作成意见书及图说，并将全省司法收入开具清册呈报职院，以便通盘筹画，再行呈请大元帅指示以励进行，理合备文呈请察核批示祗遵。谨呈

大元帅

大理院长兼管司法行政事务吕志伊

中华民国十三年五月三日

（《陆海军大元帅大本营公报》一九二四年第十三号，5 月 10 日，"指令"）

范石生、韦冠英呈孙中山文

（1924 年 5 月 3 日）

呈为呈报事：窃以军需急迫弛及赌禁，实属万不得已之举，但杂赌一端祸人至烈，似宜严行厉禁以顺民情，当于本月五日由职局拟定布告严禁在案。谨将原文恭缮呈报以凭察核，仍乞钧座俯赐通令各军，约束所部不得包庇开设，以清赌祸，实为德便。谨呈

大元帅

督办范石生

会办韦冠英

中华民国十三年五月三日

（《陆海军大元帅大本营公报》一九二四年第十三号，5 月 10 日，"指令"）

林翔呈孙中山文

（1924 年 5 月 3 日）

呈为呈报事：案查前准刘前任纪文咨交职局木质镶锡大印一

颗、牙章一个暨文卷、收支、员役、器具等清册各一本，兹复准刘前任续送十二年四月至九月计算书附属表各六份。除书表业奉钧令发交审查另文呈核外，理合先将接收刘前任移交情形具文呈报钧座察核。谨呈

大元帅

大本营审计处处长林翔

中华民国十三年五月三日

（《陆海军大元帅大本营公报》一九二四年第十三号，5 月 10 日，"指令"）

叶恭绰呈孙中山文

（1924 年 5 月 3 日）

呈为修正本部官制恭呈仰祈睿鉴事：窃职部修正官制，业经明令批准在案。查该官制第八条第二项关于盐税事项归职部赋税局掌管，现因盐务署已告成立，所有盐政自当划归该署掌管，以专责成而明统系。拟修正该官制第八条第二项，即将"盐税"二字删去，用符制度。所有修正职部官制缘由是否有当，理合备文呈请鉴核示遵。谨呈

大元帅

大本营财政部长兼盐务督办叶恭绰

中华民国十三年五月三日

（《陆海军大元帅大本营公报》一九二四年第十三号，5 月 10 日，"指令"）

徐绍桢呈孙中山文

（1924 年 5 月 3 日）

呈为呈请事：窃查卫生行政为本部职掌之范围，而医药与人民

生命攸关，其事尤为重要。近□东西各国关于医师、药剂师之取缔，售制药品之检查规定至为详密。去岁九月，本部制定管理医生规则呈奉钧府核定施行，在广州市开业各医生业经分别审查给照注册，其不合资格未准给照者，不得执行医务。办理略有成效，次第推行外属，当可渐少滥竽。惟药品营业与医术病家尤有密切之关系，若漫无考察，匪特真伪良窳易致混淆，而贻毒社会、有碍卫生亦非浅鲜。查广东所制丸散膏丹等项，每年行销外洋各埠为数甚巨，只以官厅保护不力，遂至仿冒赝造之事时有所闻，营业退化，购者因之裹足。现为提倡奖励起见，参考现行各国法令，拟定管理药品营业规则及检查药品规则，其大致办法分特种营业执照、药品注册及药品检查证三种。丸膏药商、制药商应先领特种营业执照，其自制药品则于注册后、发售时，并须贴用药品检查证，俾资识别。取费均极从轻，不事烦苛，以期易行。拟从广州市先行试办，分期实施，并由部酌派专员办理，以专责成。经将管理药品营业规则暨检查药品规则各一份，于四月十九日缮呈钧鉴，旋于四月二十五日接准秘书处公函开：奉谕所拟两种规则均尚可行，应即以部令公布，俟公布后另行呈报备案可也等因函知到部。奉此，除遵令公布外，理合检齐原拟规则二份，具文呈请察核备案指令祗遵。谨呈陆海军大元帅

大本营内政部长徐绍桢
中华民国十三年五月三日

（《陆海军大元帅大本营公报》一九二四年第十三号，5月10日，"指令"）

粤"圣三一"学校学生呈孙中山文

（1924年5月4日载）

为学校禁止学生集会，无理开除学生，污辱中国人民，恳请迅

予维持事：窃敝校系英国人圣公会所办之学校。外国人在中国内地办学，原无好意，不过挟持其帝国主义势力，侵略中国，因而努力制造洋奴，替彼等宣传侵略，故其教育之不合时代与中国国情，不言可知。而外国人之压迫中国学生，亦是意中事。然学生等能力薄弱，而国势又复衰微，因而含垢忍辱，始终未出一言。此即外国人奴隶教育之成绩，我中华民国之大辱也。不意帝国主义者，目无中国政府，愈来愈凶，月前学生等以自治研究与做事之紧要，起而组织学生会，校长英人竟大肆呵斥。圣公会白会吏长且谓，英国人所办之学校，应受英国法律所支配，而校长则更称校有英领事在广州，断不能任彼等中国人以自由。中国仍未亡也，然而英国人直不以独立国人民待生等。现在压迫更加厉害，竟至开除同学五人，其压迫中国学生，污辱中华民国，一至于此。帝国主义者，侵略我国，其手段不一而足，其最狠毒者，则以教育形式出之。从前南洋华侨学校，英人任意取缔，而中国内地教会学校，势力更是膨胀，此诚吾人最痛心之事。学生等身受此种奴隶教育与压迫情实不甘，经一致反抗，争回集会结社自由，反对奴隶教育，及帝国主义之侵略，并要收回被革学生，要校长向生等道歉。我大元帅为手造民国之人，对于保护人民权利自由，维持教育定必尽力。伏望对于我被压迫污辱之同学，赐予维持；对于此种奴隶教育，严加取缔。不特生等之幸，实中华民族之福也。迫切陈词，伏祈监〔鉴〕察。谨呈

海陆〔陆海〕军大元帅孙

（上海《民国日报》1924 年 5 月 4 日，"国内要闻"）

谭延闿致孙中山函
（1924 年 5 月 5 日载）

大元帅钧鉴：

敬肃者：顷据由沪来粤投考军官学校未蒙录取之各学生面称，

该生等向均为本党主义，在各省内地奔走运动最力之人，而亦素抱为国牺牲志愿之最坚决者，故皆不惜放弃正在修业之母校，冒尽艰险来粤，投考军校，非好为新奇，乃为异日为党为国供牺牲效奔走之准备也。今竟未蒙录取，在生等或因学力不足，然亦未必竟至不堪造就。设即如此返里，不惟无面目见故乡父老，其至发生意外之惨剧，诚所谓欲进不能，退又不可，求生无路，求死不得。辗转思维，惟有遍恳同乡及大会代表诸公，体念生等不远数千里来粤求学之诚，务为转请大元帅恩施格外，俯准入校肄业，以资造成，而免向隅等情前来。查该生等所陈各节，尚属实情，国家兴学，原所以培植人材，本党为促进国民之革命成功起见，提挈青年之道，尤应广辟蹊径，以资奖掖。今若不予延纳，该生等意外失望，则不惟断绝该生等求学之机，或竟迫入不幸之境，是岂本党瞩令各省代表号召数千里外莘莘学子之来粤，用资造就之初心哉？况该生等皆品行端正，聪颖可爱，体格强健，并无疾病，更宜使之入校学习，以免遗材之叹。所请各节，万祈大元帅格外矜全，俾该生等得以即日入校肄业，以广造就而宏人才，实不胜感恩待命之至。除另呈中央执行委员会外，谨恳祇颂

崇安，伏乞睿鉴

　　谭延闿、刘□□、彭素民、于右任、詹大悲、张拱

　辰、王用宾、张秋白、徐清和等（俱盖章）

（《广州民国日报》1924 年 5 月 5 日，"特别纪载"）

程潜呈孙中山文

（1924 年 5 月 5 日）

　　呈为遵核前兵站经理局收发子弹数目相符，应准核销并编造统计表恭呈仰祈睿鉴事：案奉钧座训令发下前兵站总监罗翼群呈缴十二年四月至九月分，经理局收发子弹数目表册，原文有案，请免重

叙，后开：仰该部长即将发下表册暨领据详加审核，其收入数目是否与各原呈报拨交之数相符，发出各数是否均经本大元帅核准有案，与领据内所列之数能否相符，以及册列总分各数是否相符，均应逐一核明于原表内粘签声叙，将原表一份暨领据留部备案，以一份呈缴来府以凭核销。此令。计发原表两份，共计二十四本，领据粘存簿六本。又奉令发该前兵站总监续缴十二年十月份经理局收发军械子弹月报表册，后开：仰该部长遵照逐一核明，呈复核夺。此令。计发兵站部经理局十二年十月份收入发出军械子弹月报表各二本，总对照表二份，单据粘存簿一本到部各等因。奉此，遵查原册各项收发数目错误甚多，正在审核间，又奉发下该前兵站总监呈缴十二年五、六、七、八、十各月份子弹数目更正表一本到部，当经更正详细复核。该经理局先后将收发各项子弹及各军领据数目尚属相符，均应准予核销。除将原册一份暨领据留部备案外，合将原册一份粘签声叙，并详细编造□□□站各月份收发各军子弹统计表一份，呈请鉴核俯予核销，实为公便。谨呈

大元帅

军政部长程潜

中华民国十三年五月五日

（《陆海军大元帅大本营公报》一九二四年第十三号，5 月 10 日，"指令"）

杨庶堪呈孙中山文

（1924 年 5 月 5 日）

呈为呈请事：现据粤海关税务司巴尔函称：据常关副税务司呈转兴合、利商两渡商分词呈称：窃民渡等于本月十四日由港启行返省，行至沙角地面，忽被威远炮台驻兵着照原纳厘税减半收费方准开行，计兴合渡缴纳毫洋二十八元，利商渡缴纳毫洋二十四元，均

有收据。查额外征税系属非法，历经帅令禁止，今复巧立名目征收火食费，不特显违禁令，即税收亦蒙影响。除照案函请军政部查禁外，合将原呈二件、收据一纸、照录一折，函送察核立行禁止。并饬该炮台驻兵将所收之费交由本关，转给该渡船等收领，实为公便等情。据此，查威远、沙角两炮台对于船渡滥行征费殊属显违禁令，妨碍税务，亟应严禁。据函前情，除函复外，理合抄具原折转呈察核，伏冀令行各该炮台长官厉行查禁，并饬将收过款项交还具领，以符明令而维税收。是否有当，仍候训示祗遵。谨呈

大元帅

广东省长杨庶堪

中华民国十三年五月五日

（《陆海军大元帅大本营公报》一九二四年第十三号，5 月 10 日，"指令"）

杨庶堪呈孙中山文

（1924 年 5 月 5 日）

呈为呈复事：现奉帅座发交香山各界代表张伯荃、李成、林都华、徐其任等，呈请令行将派委顺绅充任东海十六沙局长一案收回成命，仍由该邑办理节略一件，内批：沙田清理处要旨在清理漏税而裕饷源，至于前已定案而办有成效之自护团体，诚不必多事改更而滋流弊，着省长饬该处长慎之为要。文批。等因。奉此，同日并据香山县议会议长杨吉暨各团体等联名邮电同前情。查此事既奉批行前因，自应凛遵办理，除训令广东沙田清理处遵照外，理合呈覆察核。谨呈

大元帅

广东省长杨庶堪

中华民国十三年五月五日

（《陆海军大元帅大本营公报》一九二四年第十三号，5 月 10 日，"指令"）

林翔呈孙中山文

（1924 年 5 月 6 日）

呈为呈报事：本月一日准大本营秘书处公函开：奉大元帅令开：大本营审计局着改为大本营审计处。此令。等因。复准函送奉钧帅颁发木质镶锡大印一颗，文曰"大本营审计处之印"，象牙小章一颗，文曰"大本营审计处处长"。又于本月四日奉钧帅第四六九号任命状开：任命林翔为大本营审计处处长。此令。等因。奉此，遵于本月六日就职，敬谨启用印章。理合将遵令改处暨就职启用印章日期具文呈报察核，伏乞指令祗遵。谨呈
大元帅

大本营审计处处长林翔

中华民国十三年五月六日

（《陆海军大元帅大本营公报》一九二四年第十三号，5 月 10 日，"指令"）

叶恭绰呈孙中山文

（1924 年 5 月 7 日）

呈为呈报事：窃查广东航运保卫处附加军费一案，业由职部将派员开办经过情形，呈报钧座察核暨分行布告各在案。现据商船总公会会长张耀名等联名具呈略称：昨阅报载航运保卫处有征收航运附加二成之举，无不惊骇。现在生活程度已高，何堪再事腹削。地方善后委员会文饰其词，弊少利多，不知沿途勒收保护费之为害商民，早奉帅令禁止。今若再将加二军费重行征收，何异前门拒虎后门进狼。且沿途收费机关尚属暗中私设，而此项附加军费并无截止的期，不几成为永久性质，其敝视保卫费更大。此事关系全省商民

负担，迫得联合请愿，伏乞钧察令行将航运附加二成军费立予撤销等情前来。据此，部长为俯顺民意起见，当批：呈呈已悉。查轮渡征收附加二成军费系由地方善后委员会议决，呈请政府施行，本部尊重法团意见，保卫商旅为主旨，非专为筹措军需，经提出财政委员会议决并派员办理在案。今既据该会长等联名请愿取销，则此事既由法团发起，而该会等亦同属法团，既有所不愿，本部自无强人保卫之必要。应即俯顺民意，将保卫航运案撤销。该会长等既为法团领袖，自必物望所归，应如何保航便商，平日必筹之已熟，仰即研求利弊呈请政府施行。但能商货流通，政府财政自无形增进，固非专为附加军费计也。但盼该会长等公益为怀，化除成见，勿为莠人利用，本部有厚望焉。此批。在［等］词。除揭示并令饬航运保卫处遵照既［？］分行布告外，理合将即日撤销航运附加军费案各缘由具文呈报睿鉴。谨呈

大元帅

大本营财政部长叶恭绰

中华民国十三年五月七日

（《陆海军大元帅大本营公报》一九二四年第十四号，5 月 20 日，"指令"）

张开儒呈孙中山文

（1924 年 5 月 7 日）

呈为呈请事：案据职处少校副官杨泰呈称：为愿赴前方效力恳请给予长假事：窃副官现投北伐军第一师杨师长所部，担任前方收容队伍，扩充北伐势力，本职实难兼顾，拟恳准予辞职，俾得专心一志，从事杀贼。再，副官旅粤有年，平时所得薪金入不敷出，亏累甚巨。此次呈请长假，恳将存薪发给，俾得偿还债务，实感德便等情。据此，可否准予长假开行及发给该员存薪之处，未便擅拟，

理合备文呈请睿裁施行，伏乞指令祗遵。谨呈

大元帅

参军长张开儒

中华民国十三年五月七日

（《陆海军大元帅大本营公报》一九二四年第十五号，

5月30日，"指令"）

邓泽如呈孙中山文

（1924年5月8日）

呈为呈报事：现准兼任两广盐务缉私主任张民达咨呈开：窃于四月二十八日奉大元帅令字第二零六号派状，内开：派张民达兼理盐务缉私主任，此状。并奉贵运使转发下木质关防一颗，文曰"两广盐务缉私主任关防"各等因。奉此，兹遵于五月一日设处视事、启用关防，除分咨令行外，理合将设处视事启用关防日期呈报察核等因。准此，除分别转呈咨令外，理合备文呈报钧座察核。谨呈

大元帅

两广盐运使邓泽如

中华民国十三年五月八日

（《陆海军大元帅大本营公报》一九二四年第十四号，

5月20日，"指令"）

李福林呈孙中山文

（1924年5月8日）

呈为呈报事：现据职部王旅长若周呈称：于本月四日午后据特

派线人报告，匪首莫鬼王忠带同党羽数十人，潜回新基乡聚集，请派队前往引拿等语。职旅长当即亲自率领兵士一营乘将近入夜之际潜往围捕。甫近村边，匪等即先行开枪抗拒，我军奋勇扑前，四面兜截，伤匪数人，匪等不支，遂夺路退走。匪首莫鬼王忠自恃胆壮殿后，为我军生擒，余匪远飏。惟时已入夜，故未便穷追。是役当堂伤我军兵士邓有一名。查莫鬼王忠系掳劫日本大图丸、瑞典斯兰洋轮两案重犯，平时洗劫村镇，骑劫渡船，匪名素著。理合备文将该匪首莫鬼王忠一名，呈解钧部讯明正法等情前来。查莫鬼王忠系东莞属著匪、红日堂首领，去年日本大图丸、瑞典斯兰两轮船劫案，该匪均在为首之列。惟党羽既众，耳目灵通，以故屡缉未获。此次重购线人探悉该匪首潜引党羽回乡图劫，致为我军生擒，实为地方之福。除派员严密讯供外，理合备文先行呈报察核，伏乞发交军政部备案，实为公便。谨呈
陆海军大元帅钧鉴

番东顺三邑剿匪司令李福林
中华民国十三年五月八日
（《陆海军大元帅大本营公报》一九二四年第十四号，5月20日，"指令"）

沈鸿英致孙中山电
（1924年5月8日）

桂林天险，急切未下，歌（五日）用地雷轰城，未炸开，敌死守待援，无退意。谭浩明、陆福祥援军已过柳州，由中渡超出永福、古化，距桂仅数十里，事机甚迫，英鱼（六日）由六塘亲赴苏桥督战，迭将永福、古化之山原、金竹、枫木各要隘克复。

（《申报》1924年5月21日，"国内专电"）

陈际熙致孙中山电

（1924 年 5 月 8 日）

大元帅睿鉴（余衔略）：

　　窃际熙自接充虎门清乡处长以来，一以清除匪风，筹办莲溪全属联团，杜绝奸徒防害治安，并得谭启秀旅长相佐为理，数月以来，堪告无罪。惟际熙刻因决计赴美游学，图他日为党务奋斗地步，故曾向廖司令三上辞呈，未获批准。惟行期在迩，迫不及待，不得已饬处内员司，准于本月十二日，一一备文移交清楚，嗣后对于清乡事务，概难负责。除再电请廖司令接收外，合亟奉闻，倚装陈词，伏希睿鉴。陈际熙叩。齐。印。

　　（《广州民国日报》1924 年 5 月 13 日，"特别纪载"）

杨汉烈致孙中山等电

（1924 年 5 月 8 日）

广州大元帅、各部长、各总司令、各师旅长钧鉴：

　　汉烈始终拥护大元帅，准佳日亲率所部随方总司令出发讨贼。近日厦门报纸，忽载汉烈就福建讨逆军后路游击总司令伪职，系奸人捏造，远道误传。特电声明，并希鉴察。杨汉烈叩。齐。

　　（《广州民国日报》1924 年 5 月 20 日，"特别纪载"）

冯启民致孙中山等电

（1924 年 5 月 9 日）

广州大元帅睿鉴（余衔略）：

　　窃启民此次率部担任西路右翼军事，随同黎师长先后收复广九沿路，即蒙总司令刘令，派兼任广九铁路警备司令。适读公报，抄奉大元帅令：派周自得为广九护路司令等因，启民当以护路警备□防略同，□俟请示划清，再行就职。前于回省报告军情时，陈奉大元帅面谕，护路司令专司保护往来车辆，车站以外沿路附近地方防务，仍由各该驻防军队照常负责维持，是护路警备各有专司。复奉刘总司令暨黎师长令发木质关防一颗，文曰"广九铁路警备司令官之关防"，催促就职。启民祗领之余，固辞不获。谨遵于本月九日在深圳本军防次就任广九铁路警备司令兼职，督率本军沿路部队，认真保卫地方，清除奸宄。除分别呈咨训令外，谨电奉闻，统希垂察。西路讨贼军第三师第六旅旅长兼广九铁路警备司令官冯启民呈叩。佳（九日）。印。

（《广州民国日报》1924 年 5 月 12 日，"特别纪载"）

廖仲恺等致孙中山电
（1924 年 5 月 9 日）

孙大元帅（余衔略）钧鉴：

顷据广东油业工会出席代表出席报告：该会江门支会会员千余人，参加五一巡行，被江门蚬步街协成英店，恶声侮辱，三数工友，上前质问。后该市商团，藉端□陷，竟于下午四时，由油业东家李超，现充该市第四分团长，督率数百人，分路围困工会，搜索工人，开枪射击。工人手无寸铁，四散逃走，伤毙人数，不知多少。其在会及街市上，与各过海渡头，被商团见其身佩油业工会襟章者，都被掳归商团团局，私刑拷打，惨不愿闻。现在会员失踪八十三人，除该商团被江门警察应严重交涉，只将二十三人交出江门军警巡查处，转交警厅递交新会司法分庭外，其余六十三人，不是奔还过海时中弹落水而死，即为商团擅捕团局，私刑拷打而灭尸，种种惨情，不堪尽述。苟不与之抵抗，何以慰此工人。伏维我广州市工人代表大会，乃系广州市工人集合机关，自必专为工人谋保护，谨请协力声援，以与比万恶东行及蛮横商团对杭〔抗〕等语。查得此次油业及江门商团，仇恨工人，藉端伤杀，围困工会，拷打无辜。此等行为，直同野兽，吾辈工人，利害与同，岂能任此横行，长为吾辈工人之大毒。当经敝会议决，一致力争，务必达到下列五条最低目的：（一）赔偿损失；（二）抚恤伤毙；（三）限制商团自后不得干涉工人行动；（四）电请国民革命政府，保护工人，成立工团军，以保工人行动之自由；（五）依法严惩江门油业东行及商团，以为惨杀劳工者戒。工人代表会主席廖仲恺暨代表三百人叩。佳（九日）。

（《广州民国日报》1924 年 5 月 12 日，"各属新闻"）

徐绍桢呈孙中山文
（1924 年 5 月 9 日）

为呈请褒扬事：案据广东省督学韩国清、东路讨贼军第二旅长陈得平、广东省议会议员林超南等呈称：万宁县节妇李吴氏自二十六岁夫死守节，迄今五十五岁，孀守已三十年。侍翁姑以孝，抚儿女以慈，苦志冰清，久为乡人矜式。国清等居近咫尺，见闻真切，为此联词连同册结并注册费一并呈恳察核，伏乞准予褒扬，以彰节孝而维风纪等情，计呈册结各一份到部。据此，部长核其事□现与行褒扬条例第一条第二款尚属相符，拟请钧座题颁"节媲松筠"四字，并给予银质褒章以示褒扬。所有呈请褒扬万宁县节妇李吴氏各缘由是否有当，理合具文呈请钧座察核令遵。谨呈
大元帅

大本营内政部长徐绍桢
中华民国十三年五月九日
（《陆海军大元帅大本营公报》一九二四年第十四号，
5 月 20 日，"指令"）

李福林呈孙中山文

（1924 年 5 月 9 日）

呈为呈报捕获要匪事：案据职部旅长王若周呈称：前因东江下游狮子洋附近地方股匪啸聚，迭出掳劫重案，惹起外交。旅长奉命移驻莞属麻涌，凛遵迭次训令，广购眼线剿办海洋强盗，务期破获。本月二日据探报称：匪首莫苏潜逃回乡，立即派出一团二营营长黄居正督带队兵按址包围，讵该匪凶悍殊常，放枪抗拒，致被击伤兵士周球一名。我军奋勇上前，该匪不能逃脱，当场就获。同日复据探报：麻涌著匪莫朗洲（混名"崩鸡沃"）前因职旅驻扎该乡，在逃多日，现复潜行回里，图谋劫掠旅长，仍派黄营长居正立即回师带同线人前往围捕。该匪冲锋走出，我军极力尾追。班长曾耀督率兵队首先上前，为该匪当堂枪毙。幸各兵士奋勇包围，前面又有大河拦阻，该匪见无路可逃，犹复负隅抵抗，仍麕战移时始行拿获，并获伙党陈保祥一名。查莫苏、莫朗洲两匪平日四出掳劫，去年迭在麻涌口河面截劫轮船及过往柴船勒收行水，近于旬日内设法投入湘军恃作护符，以故明目张胆，横行无忌。此次就获，乡人额手相庆，理合解请讯办等情。据此，查莫苏、莫朗洲两匪平日同恶相济，本年一月二十六日瑞典斯兰轮船被劫掳去，带水人邓培基一案，胆敢在麻涌趸藏，实该两匪为之主动。而莫朗洲一犯，前于七年十一月伙同匪首黄跻尾等洗劫增城久裕乡，强掳团董李锡金等一十九人，经职部起获被掳人单孔怀等供开有案。前经令营严缉，均属著名巨盗，未便因其暂投湘军，藉稍为轻纵，致贻地方大患。除将陈保祥澈查核办外，理合将捕获要匪缘由备文呈报钧座察核，伏乞指令祗遵，实为公便。谨呈
陆海军大元帅钧鉴

剿匪司令李福林
中华民国十三年五月九日

（《陆海军大元帅大本营公报》一九二四年第十四号，5 月 20 日，"指令"）

李福林呈孙中山文
（1924 年 5 月 11 日）

呈为呈报决犯日期事：案据职部旅长王若周于本月四日购线拿获东莞新基乡著匪莫鬼王忠一名，先经据情呈报在案。提讯该匪供认去年十一月伙劫日本大图丸轮船，本年一月伙劫瑞典斯兰轮船，其余在麻涌海面设立红日堂名目，劫掠商船打单勒索不记［计］其数。谨于本月十日提出该匪莫鬼王忠一名，派队押往河南宝冈地方执行枪决。理合将决犯日期备文呈报钧座，伏乞察核备案，实为公便。谨呈
大元帅

剿匪司令李福林
中华民国十三年五月十一日

（《陆海军大元帅大本营公报》一九二四年第十四号，5 月 20 日，"指令"）

李福林呈孙中山文
（1924 年 5 月 11 日）

呈为呈报决匪日期事：案据职部旅长王若周于本月二日凭线拿获东莞县著匪莫朗洲、莫苏二名，先经据情呈报在案。福林以该匪等投入湘军，正在祗候钧座指令明定办法，旋奉湘军谭总司令函示，有不分彼此一律正法以肃军纪等语。谨于五月十日提出该匪莫朗洲、莫苏二名，派队押往河南宝冈地方执行枪决。理合将决匪日期备文呈报钧座，伏乞察核备案，实为公便。谨呈
大元帅

剿匪司令李福林
中华民国十三年五月十一日

（《陆海军大元帅大本营公报》一九二四年第十四号，
5 月 20 日，"指令"）

吕志伊呈孙中山文

（1924 年 5 月 12 日）

呈为呈复事：本年四月二十六日奉大元帅第一八八号训令：为
令行事，据财政委员会主席叶恭绰等呈称：呈为呈请事：本会本月
七日第二十七次常会会议孙委员科提议坟山税契奉帅谕着令撤销，
业已遵照停办。兹查坟山登记事同一律，请由本会公决呈请大元帅
令大理院并将坟山登记案撤销，以符取销坟山税契之本旨一案，议
决由会呈请大元帅令饬大理院将坟山登记案撤销等因在案，理合录
案呈请大元帅鉴核施行等情前来。除指令：呈悉。应照准候令行大
理院遵照办理可也。此令。印发外，合行令仰该院长即便遵照。此
令。等因。奉此，自应遵照办理。惟查坟山登记经前院长赵士北呈
准，于四月一日设局开办，并广肇各属亦已先行派员前往办理。人
民赴局登记甚为踊跃，志伊到任后旁咨博采，似一般舆论对于该坟
山登记尚称浃洽，在事各员办事亦甚得力。若遽予裁撤，实不无窒
碍，谨分条为我大元帅陈之。查财政委员会原议坟山登记与坟山税
契事同一律，议决呈请将该案撤销，以符取销坟山税契之本旨等
情。窃按坟山登记系于司法登记事项内划出一部分，另订专章设局
办理，完全属于司法范围以内之事，与坟山税契为行政事项者无
涉。此坟山登记不必撤销者一。再，坟山登记为人民所有权利，赴
局登记为求法律上之保障，故登记与否并不加强制。至若坟山税契
禁止匿税，故匿税者有罚，情形迥不相同。此坟山登记不必撤销者
二。况坟山登记未设局以前，人民因重视坟山之故，各地曾有坟山
公所之设。今特由法院设局专办，所以体察人民心理以资保护，似
与坟山税契仅重税收者不同。此坟山登记不必撤销者三。综上各
条，是坟山登记与坟山税契其范围及性质迥别，自无撤销之必要。

况查坟山税契未经明令核准，故未开办。若坟山登记经呈准设局开办，各处人民来局登记者已复不少，按照坟山登记定章已声请登记者，尚须给予假登记完毕及正式登记完毕等证书，此种发给证书手续须经过一定时间。若一旦撤销，对于此种手续将无法以资收束。又按司法登记事项，原以证明人民所有权利，以便将来诉讼上可据以为判决标准。兹就坟山一部份特别予以登记，诚以人民诉讼往往因坟山而发生纠葛，使非正其土名、明其界至，确定为某姓某人之亲属，将诉讼日纷，审判上亦漫无标准，似坟山登记所以补助司法机关办理不容或缓者也。至职院经费按照预算每月需银一万八千六百六十六元，即照前任减成给发员薪办法，每月亦须实支银九千三百余元。前呈请按月饬拨七千元，系援照赵前院长所请先例，今虽蒙明令批准饬财政部按月照拨，但职院收入日见短绌，不敷之数仍巨。虽坟山登记定章收费甚微，然究可藉资挹注，否则职院经费完全须由政府担负矣。志伊一再思维，坟山登记既与坟山税契有别，又属便民而非扰民之举，且于司法前途不无裨益，理合将坟山登记仍恳俯准赓续办理缘由，备文呈请鉴核批示祗遵。谨呈
大元帅

大理院长兼管司法行政事务吕志伊
中华民国十三年五月十二日

（《陆海军大元帅大本营公报》一九二四年第十四号，5 月 20 日，"指令"）

蒋中正呈孙中山文
（1924 年 5 月 12 日）

呈为呈报事：本月四日奉钧座特任特字第四五号内开：特任蒋中正为陆军军官学校校长。此状。本月八日颁到木质镶锡关防一颗，文曰"陆军军官学校关防"，象牙小章一颗，文曰"陆军军官学校校

长"各等因。奉此，正中［中正］遵于本月十二日就职视事，启用
印信。除布告外，理合具文呈报，伏乞钧座鉴核施行。谨呈
陆海军大元帅

　　　　　　　　　　陆军军官学校校长蒋中正
　　　　　　　　　　中华民国十三年五月十二日

（《陆海军大元帅大本营公报》一九二四年第十四号，
5 月 20 日，"指令"）

廖仲恺呈孙中山文
（1924 年 5 月 12 日）

　　呈为呈报事：准中央执行委员会函开：前请总理指派驻陆军军
官学校中国国民党代表，并由本会颁发驻陆军军官学校中国国民党
代表之印一颗一案，经奉总理核准派廖仲恺为代表等因，奉此，除
请陆军军官学校校长查照外，相应函请贵代表克日就职，并刊发驻
陆军军官学校中国国民党代表石质印章一颗，以资信守等由。准
此，仲恺遵于五月十二日适赴陆军军官学校就职视事，启用印信。
理合具文呈报，伏乞钧座鉴核施行。谨呈
陆海军大元帅

　　　　　　　　陆军军官学校中国国民党代表廖仲恺
　　　　　　　　中华民国十三年五月十二日

（《陆海军大元帅大本营公报》一九二四年第十四号，
5 月 20 日，"指令"）

旅沪湖南学工商界联合会致孙中山等电
（1924 年 5 月 12 日）

广州大元帅钧鉴；各部长，滇、桂、粤总司令，湘军总司令，湘军

各军长、各司令，旅粤各先生，各报馆钧鉴：

顷有自湘来者，云及此次炎午附北，已与马济、谭道南确已签字，赍送条件于吴大军阀。而昔之护宪招牌，已将其假面具完全扒破。夫湘宪本无可护价值，而炎午之所谓护者，不过护一己之权利。然吾湘之所损失者，是不计也。湘自民六衡永首义，逐傅驱张，及与吴佩孚长岳之战，湘岳之战，其头颅之虚掷，军饷之虚糜，皆示以不与北虏为伍，而为西南团体之一。去岁谭总司令返湘，炎午苟有人心，当如何服从我主义。乃计不出此，竟与昔日培植恩人，致以戎衣相见。今湘中将领除叶、唐、贺外，大有一种觉悟，炎午之鬼蜮伎俩，各军官业视破无遗。敝会同人，远旅沪渎，救国之心，岂敢后人，业于冬日发致湘中各团体快邮，主张凡我国民，实行罢赋，以绝赵氏之饷源；实行罢工，以碍赵氏之工作；并一面传檄湘中旅团营连各军官，切勿为赵党所利用。我粤中诸公，手握兵符，对于炎午北附，师出有名，古人曲直老壮之分，乃千载一时之机也。兹特派本会交际干事萧绍祖君，代表来粤。查萧君去岁返湘，适谭总司令返旆湘南，而于我大元帅主义，多方鼓吹。今来羊城，伏望诸公进而教之，湘省之事，悉惟诸公是赖，俟侦实北附条件，再行函上。区区之忱，谅邀鉴察。旅沪湖南学工商界联合会叩。文。

（《广州民国日报》1924 年 5 月 20 日，"特别纪载"）

程潜呈孙中山文
（1924 年 5 月 13 日）

呈为呈复事：窃职部前奉钧座发下航空局军律执行草案一件，批：着军政部审查详复等因。奉此，查航空局既为军事飞行而设，则所有一切组织及法制当然在陆军范围以内，即欲组织临时审判处，亦应依照陆军刑法执行，似无庸另订军律。惟职部前所拟陆军刑法草案尚未奉钧座明令公布，则该局暂订军律亦属可行，但必须改为航空局暂行军律草案，一俟陆军刑法公布即将此律撤销。除将该局草案略加修正外，理合备文呈复察核。谨呈

大元帅孙

军政部长程潜

中华民国十三年五月十三日

（《陆海军大元帅大本营公报》一九二四年第十四号，5 月 20 日，"指令"）

赵成梁呈孙中山文

（1924 年 5 月 13 日）

呈为呈复事：案奉大元帅第四二七号指令开：呈悉。田曦既奉有柏军长委任，又无招募土匪确证，自应免予置议，仰即遵照释放可也。此令。等因。奉此，遵于民国十三年五月七日将田曦一员提案开释，理合具文呈复，请祈查核备案。谨呈

大元帅孙

中央直辖滇军第一师师长赵成梁

中华民国十三年五月十三日

（《陆海军大元帅大本营公报》一九二四年第十四号，5 月 20 日，"指令"）

许崇智呈孙中山文

（1924 年 5 月 13 日）

呈为呈复查办兵站情形请饬调集兵站流水簿据转发澈查以昭核实事：窃职前奉钧令查办前兵站总监罗翼群有无舞弊等因，奉此经委许崇灏等查办委员组织委员会详细查核，业经呈报在案。兹据委

员长许崇灏呈称：呈为查明前兵站舞弊情形报请察核事：窃崇灏等奉令查办大本营前兵站总监部暨所属各局有无舞弊，查明据实呈报等因。奉此，经即函请各军派员会同查核。嗣因东江战事方殷，而该兵站部造送报销各表册又迟迟不行送会，无从查核。各军所派委员亦不继续到会，延至本年二月，始由大本营秘书处陆续将前兵站总监罗翼群造送各局表册函送钧部转发到会。崇灏即交各核算员详细查核，惟因表册繁多，至今始将米、煤两项查核完竣，另造清查表册加具说明送请察阅。惟查该兵站部舞弊之端，其荦荦大者则收据不实、伪造铺号、羼杂低货、短发斤数、伸缩价格，不一而足。即购米一项，伪造铺号至四五间之多。经调查米铺，并查获伪造发单一纸，所以伪造铺号则因可以随意伸缩价格，使无从调查其抬高时价之证据。煤炭一项，亦复伪造铺号数间，所造报销发出煤斤又不注明用途。凡此数种，皆兵站舞弊之端者。证之前次第三师郑师长来函附送供给数条，尤可为该兵站舞弊之实。据其中所述，短发斤数凿凿可据，断非凭空捏造者。综之该前兵站舞弊情形，其端不一，迨至查办，任意报销，经崇灏等屡向该兵站各局提取流水，总部始终不允交出，实因该流水簿于崇灏奉令查办时业已派员加盖图记，不能伪造之故。如须澈底清查，则非调集各种簿据未可证明。兹先将查明米、煤两项造册随文呈请察核，俯赐指令祗遵，实为公便等情，并据附送清查兵站各表册十三件及说明书一扣到部。据此，查该兵站舞弊既经查有确据，应请转令该前总监罗群翼迅将前经查办委员加盖图记久延未缴之各种流水簿据全数呈缴，转发审计□澈底审核，以儆官邪而振颓风。今所有查办兵站委员会查出米、煤两项舞弊情形及请调集该兵站久延未缴簿据澈底审核各缘由，理合具文连同查办兵站委员会清查各表册十三件、说明书一扣送请察核，分别令饬施行，实为公便。谨呈

大元帅孙

　　　　　东路讨贼军总司令许崇智
　　　　　中华民国十三年五月十三日

（《陆海军大元帅大本营公报》一九二四年第十五号，
5 月 30 日，"指令"）

邓泽如呈孙中山文
（1924 年 5 月 14 日）

呈为呈请事：查盐税为国家正供，即为军饷来源，欲求饷源充
裕，必先整顿税收，非认真缉私无从着手。近日盐税收入寥寥无
几，推原其故，虽由西北两江运途梗塞，未始不由中柜所属私盐充
斥有以致之。运署原有缉私巡舰一十四艘，现在所存只有安北、江
顺、横海、操江、福海、定海、江平、隼捷等舰，及缉私主任拨用
之飞鹏一艘而已，实属不敷分布。当此私销泛滥、缉舰缺乏之际，
各舰按段梭巡，来往出入最贵神速。一有阻滞，则走私船只难免稍
纵即逝。再四思维，合无仰恳恩施俯准通令各炮台，嗣后遇有运署
缉私巡舰经过炮台，一律免予检查。如遇戒严时期必须查验，并请
从速验放，庶利缉私而免贻误。是否有当，理合备文呈请帅座鉴核
指令祗遵，实为公便。谨呈
陆海军大元帅

两广盐运使邓泽如
中华民国十三年五月十四日

（《陆海军大元帅大本营公报》一九二四年第十四号，
5 月 20 日，"指令"）

顺德商会致孙中山等电
（1924 年 5 月 14 日）

大元帅、军政部、省长署报界公会钧鉴：

顺德出品全赖蚕桑，渡船久停，交通断绝。乞速维持，以苏民困。禀后详。顺德商会叩。盐。

（《广州民国日报》1924年5月16日，"各属新闻"）

顺德商会致孙中山等电
（1924年5月14日）

大元帅、军政部、省长署海防司令部、总商会、报界公会钧鉴：

顺德沙头柴商投称：该行运柴，沿途已受重抽，今复被驻防电兑舰勒抽旗资，乞撤销。禀后详。顺德商会叩。盐。

（《广州民国日报》1924年5月16日，"各属新闻"）

中华民国学生联合会总会致孙中山电
（1924年5月14日）

广州孙大元帅钧鉴：

接广州学生联合会来函，得知"圣三一"学潮一切情形，不胜愤慨。敌国主义文化侵略，实较政治侵略为尤险。谨此电达，万恳钧座毅然收回教育权，教育前途幸甚，革命前途幸甚。临电不胜迫切待命之至。中华民国学生联合会总会叩。寒。印。

（《广州民国日报》1924年5月22日，"特别纪载"）

蒋光亮呈孙中山文
（1924年5月15日载）

呈为呈请事：案据敝部第七师长李根云呈称：为呈请通缉以肃

军纪而弭隐患事：职部第二十七团团长欧阳洪烈，前以临阵潜逃，呈称〔报〕撤差拿办在案。嗣查该团长缺额，几及百名之多，并将团部火食公款席卷而逃。当即一面四出踩缉，一面饬新委团长黄子荣切实查报去后。兹据报称，该撤团长欧阳洪烈由粤逃港，投效北敌，图谋不轨，实属有意，不法已极，应请钧长分别转呈咨令上紧协缉，务获解办，以肃军纪，而弥隐患等情。据此，查该团长身肩重职，临阵潜逃，拐带公款，已属罪大恶极，尚不革面洗心，胆敢投效北敌，谋为不轨，实属罪无可逭。除分令各属各部队，从严侦缉外，理合备文呈请帅座，转令各军饬属从严侦缉，务获究办。

谨呈

大元帅孙

滇军第三军军长蒋光亮

（《广州民国日报》1924 年 5 月 15 日，"特别纪载"）

邓泽如呈孙中山文
（1924 年 5 月 15 日）

呈为时局艰难，拟将署内外经费分别暂行核减以期撙节度支稍资军饷具呈仰恳鉴核备案事：窃粤省盐务近年疲敝已极，泽如奉委再权运篆，明知整理之法较前倍难，本不敢再事滥竽要职。惟感帅广〔座〕特达之知，谆谆以大义相勖，屡辞不获，勉就厥职，业将到任日期呈报及分行在案。查职署现每日额解之饷已过万元，临时加派之款为数亦巨，虽曾继续与盐商订有每日包缴税款一万元之约，然收支比对不敷甚巨。又值赵前运使任内先向盐商方面将包缴税款提前收至四月底止，而四月份盐务机关及舰扒盐警等项经费分文未曾发过。泽如接事至今，每日除筹付额担之款及清理前任积欠各费外，并须兼筹临时派交各机关特别费等。措缴繁重，迄无清理善法。际兹盐务东西场局均为逆贼盘踞蹂躏，缉私巡舰又为各军借用截留，西北两江运道更因沿途军队加收军费，配销异常迟滞，对于盐政治本治标均属无从着手。窃念理财之道不外开源节流两端，目前开浚利源既不敢目［自］信有把握，惟于节流之点，力可能为，当即勉强进行，冀以减少公家困难。查职署现辖内外各机关设置人员向有规定，各有专责，升平时代本属无可删除，但值此地方多故，稍可撙节归并之处，自应仰体时艰分别核减以省支出。业经运使通盘筹画，将署内外人员经费详加改组，定自五月一日起，照表列现支数目约一万一千元之谱，比较历任原额经费一万五千五百余元，每月计共减支四千四百余元。在机关减一分开支，在公家即增一分财源，虽杯水无济车薪，而成裘或资集腋。此等办法本属因时制宜，将来地方秩序如恒，仍应由运使体察情形查照定章分别规复，随时呈明办理。所有暂行核减署内外经费以期撙节度支各缘由，除呈咨外，理合备文列表呈请钧座察核备案指令祗遵，实为公便。谨呈

大元帅

两广盐运使邓泽如

中华民国十三年五月十五日

（《陆海军大元帅大本营公报》一九二四年第十四号，5 月 20 日，"指令"）

刘毅呈孙中山文

（1924 年 5 月 15 日）

呈为呈请辞职恳予允准事：窃毅谬蒙培植，派充粤闽湘军招抚使，受命之际即值旧疾复作，复蒙给假疗治，蛰居医院匝月不愈，所有应行职务多未办理，职责所在，咎无可辞。及前月二十一日负疾出院销假视事，整理更张，将近一月。复值经费奇缺，给养屡停，在粤来归部队多因乏食溃散，派赴闽方人员以旅费告尽滞留他

方，湘省来使亦以无费不克遣还。事之困苦莫此为甚，且精力稍疲，旧疾复至，近数日来渐不能支。再四思维，非恳予辞职，实无善计。所有奉委无状、疾重辞职各缘由，理合备文呈请察核，伏乞俯予照准，不胜感激之至。谨呈

大元帅

粤闽湘军招抚使刘毅
中华民国十三年五月十五日

（《陆海军大元帅大本营公报》一九二四年第十四号，5月20日，"指令"）

邓泽如呈孙中山文
（1924年5月16日）

呈为呈请核示事：窃维盐务首在疏通正销，欲求疏通正销非严办走私无从着手。查私盐之种类不一而足，有所谓洋私者，有所谓场私者，有所谓邻私者。而以洋私为最，场私次之，邻私则近日来者甚少。至走私船只亦觉名目繁多，有轮船拖渡之夹带者，有渔船帆船之贩运者，有兵轮差遣船之包庇者。轮船拖渡之夹带，可由缉私厂卡查验之；渔船、帆船之贩运，可由缉私舰队截缉之。惟兵轮差遣船之包庇，非仰仗帅座威严，令饬各军帮同整饬，实属防不胜防。查向来缉获私盐案件，先由运署执法官提案审讯，如果赃证确凿，除将私盐船只照章没收交仓，秤收投变，分别充公充赏外，并将人犯函送法庭惩办。间有私盐无多，案情细微由执法官酌拟罚金，呈请从宽发落者。惟近日缉获私盐数起，多系军队包庇，若照寻常私盐办法，诚恐不足以资整顿。昨准两广盐务缉私张主任民达来署面商，嗣后如有此等重大案件，除将案内私盐船只仍照章没收办理外，所有人犯拟即迳送军政部军法处从严讯办，俾资折服而昭炯戒。运使细查所商办法，原为整理缉务维持军饷起见，是否有

当，未敢擅便，理合具文呈请帅座鉴核指令饬遵。如蒙俯如所请，
并恳通饬各军一体知照，实为公便。谨呈

陆海军大元帅

两广盐运使邓泽如

中华民国十三年五月十六日

（《陆海军大元帅大本营公报》一九二四年第十四号，
5月20日，"指令"）

附　邓泽如呈孙中山文
（1924年5月20日载）

窃维整顿盐务，首在疏通正销，非严办走私，无从着手。查
私盐之种类不一而足，有所谓洋私者，有所谓场私者，有所谓邻
私者。而以洋私为最，场私次之，邻私则近日来者甚少。至走私
船只亦觉名目繁多，有轮船拖渡之夹带者，有兵轮差遣船之包庇
者。轮船拖渡之夹带，可由缉私厂卡查验之；渔船、帆船之贩运，
可由缉私□队截缉之。惟兵轮差遣船之包庇，非仰仗帅座威严，
令饬各军帮同整饬，实属防不胜防。查向来缉获私盐案件，先由
运署执法官提案审讯，如果赃证确凿，除将私盐船只照章没收交
仓，秤收投变，分别充公充赏外，并将人犯函送法庭惩办。间有
私盐无多，案情细微，由执法官酌拟罚金，呈请从宽发落者。惟
近日缉获私盐数起，多系军队包庇，若照寻常私盐办法，诚不足
以资整顿。昨准两广盐务缉私张主任民达来署面商，嗣后如有此
等重大案件，除将案内私盐船只仍照章没收办理外，所有人犯拟
即迳送军政部军法处从严讯办，俾资折服而昭炯戒。运使细查所
商办法，原为整理缉务维持军饷起见，是否有当，未敢擅便，理
合具文呈请帅座鉴核指令饬遵。如蒙俯如所请，并恳通饬各军一
体知照，实为公便。

（《广州民国日报》1924年5月20日，"特别纪载"）

叶恭绰、杨庶堪呈孙中山文
（1924 年 5 月 16 日）

呈为呈请事：本会本月十二日第三十七次常会会议准财政厅函请提议取销百货捐并鸡鸭蛋捐（附请议书）案，议决由会呈请大元帅饬滇军第一军朱军长查案取销等因在案，理合录案备文呈请钧座鉴核施行。谨呈

大元帅

　　　　　　　财政委员会主席委员叶恭绰、杨庶堪
　　　　　　　中华民国十三年五月十六日

（《陆海军大元帅大本营公报》一九二四年第十五号，5 月 30 日，"指令"）

林翔呈孙中山文
（1924 年 5 月 16 日）

呈为呈复事：案奉钧帅先后发下代理大本营会计司司长黄昌谷呈报十二年十二月八日起至十三年二月底止收支表册、对照表、单据薄等件到处。正审核间，准该司长函开：查敝司十二年十二月份报销册内接收黄前司长隆生移交款项，漏列黄前司长移交卫士队预备费毫银五百元暨镍币一千元，此两项现均存敝司。至会计司各月经费均系职员薪俸，特将收据补上。又黄前司长任内定案，由敝任支给招代豫军代表费一千零十一元二角七仙，系奉大元帅训令办理，相应将帅令抄录一份函达查照等由。旋又准该司补送司员俞杜衡领薪收据一纸。准此，业经职处将该司职员收据并抄件、附卷详细审查，计十二年十二月八日起至月底止，支出五万五千七百一十三元三角七分，十三年一月份支出九万七千二百二十九元七角九

分，二月份支出五万九千七百六十三元六角七分。核对单据尚属相符，拟请予以核销。至收入数目既经该司长来函声明漏列接收前任移交毫洋五百元、镍币一千元，则十二年十二月份收入应改为五万七千一百零九元七角九分二厘，镍币一千元，结存数应改为一千三百九十六元四角二分二厘，镍币一千元。十三年一月份收入一十万二千零九十元二角七分，结存数应改为六千二百五十六元九角零二厘，镍币一千元；二月份收入五万七千四百元，结存数应改为三千八百九十三元二角三分二厘，镍币一千元，业经代为更正。除十二年十二月八日起至十三年二月底止收支表册、对照表单据簿留处存查外，理合备文连同原呈三件呈复钧帅鉴核示遵，并恳令饬该司长嗣后收支款项应照计算书格式编造，实为公便。谨呈

大元帅

　　　　　　　　　大本营审计处处长林翔

　　　　　　　　中华民国十三年五月十六日

　　（《陆海军大元帅大本营公报》一九二四年第十五号，
5 月 30 日，"指令"）

许崇智呈孙中山文
（1924 年 5 月 16 日）

　　呈为转呈续查前兵站卫生局舞弊情形恭呈仰祈睿鉴事：窃查查核兵站部米、煤舞弊各情，业经连同表册呈送饬核在案。兹据查办兵站委员会委员长许崇灏呈称：现查前兵站卫生局购入卫生材料，价目既多浮冒，数量又复参差，其发给各军卫生药品本已啧有烦言，则昭昭在人耳目。而对各项开支殊多弊窦，该卫生局于兵站收束仍继续办理，而当日情形究不可掩。合将调查各情缮具清册连同调查复文呈送察核等情，并附送调查表册五本、呈复文一扣到部。据此，查该兵站卫生局购货价目既多浮冒，各项开支复生弊窦，朋

比为奸，尤应迅饬审计局严行查究以儆官邪。所有续查卫生局舞弊
情形，理合将表册五本、查复原文一扣送呈察核施行。谨呈
大元帅孙

东路讨贼军总司令许崇智

中华民国十三年五月十六日

（《陆海军大元帅大本营公报》一九二四年第十五号，
5 月 30 日，"指令"）

杨愿公致孙中山电
（1924 年 5 月 17 日）

广州孙大元帅睿鉴（余衔略）：

职部自去岁发难梧州，成立于丧乱之余，收纳诸附义之众，
支撑一载，困苦万端，军无隔宿之粮，士有无衣之叹。虽梧州财
政局所发款项暨护商收入，支持伙食，犹且不足，而军实之补
充，及被服之购置，诸待筹维。数月以来，殚其力于筹措服食之
途，而教育训练诸大端，遂不克整理，以至上不能为帅座杀贼卫
国，下不能为桑梓保护治安，清夜自思，徒滋惭悚。近以梧州财
政局停止伙食，处境益困，无术维持，除已函请李处长直接统辖
改编外，所部官兵，拟请酌给川资，分遣回里，则感荷鸿施，实
无涯矣 [?]。中央直辖广西讨贼军第一军长杨愿公呈叩。筱
（十七）。

（《广州民国日报》1924 年 5 月 20 日，"特别纪载"）

朱声祯等致孙中山电
（1924 年 5 月 17 日）

广州孙大元帅（余衔略）钧鉴：

　　绅等上中隅乡民，屡遭著匪张细苟（即张国天），统伙劫掳焚杀，种种祸害，罄竹难书。前经呈电沥诉各钧座在案，昨奉杨总司令冬日邮电，内开：宥电悉。已令第四师长查办矣，仰即知照。等因。奉此，本应静候查办，但该匪行止诡谲，党羽众多，万一致稽天诛，吾民更无噍类，迫得将该匪最近暴情，为各上宪呈之。伏查张细苟，自民七以来，结党横行，焚杀劫掠，暴殄人民，屡抗官军，罪大恶极，百死不足蔽其辜。去年复因时局多故，当道为怀桑计，不究既往，许其编入为滇军大小北江护商统领第三大队长。意谓其天良激发，改过自新，吾辈乡民，得庆生存，不再惨遭毒手。不料该匪乃化身李闰，□投编护商队后，恃为虎符，不惟毫无改过，横暴更甚于前。于本夏历三月廿一日，因加收上中隅乡刘、李、郑、赖、林、黄、袁、潘姓费，村民包等家勒索不遂，率党埋伏于县属剃头岭上封山地方，趁乡民经沙口市买卖，拦途掳抢枪毙男妇十四名，掳去妇女六口，纵焚剃头岭铺屋而逸，已属残忍已极。近日尤复用贿买开花炮，向民村射击，又毙乡民三命，冤惨更为弥天。且其贿弄爪牙，充当英德县署游击队，以为内援；巴结前充英德县议会议长，现为县署科长同宗张赓韶，以为外交。内外把持，党羽横行，寻仇于韶州英德，日夜梭巡，遇有被害乡民控告，即行掳杀。如本夏历三月廿九日，下隅乡公村居民朱神贵，因被掳抢，赴县报案，乘粤路车回至河头站，被该匪党认识，即于车下强拉该民下车，擅行枪毙，弃尸河干，众目共见。以一著匪横行如此，国法何存，路政安在？驯至人民视车路为畏途，视县署为虎薮，纵被掳杀，冤向谁鸣？长此以往，吾民尚有孑遗耶？呜呼，不去庆父，鲁难未已；不杀张匪，冤惨莫伸。迫切再为泪电，伏乞迅赐褫夺该匪职任，严拿究办，以除大害，生灵幸甚。英德县属沙口六乡上中隅两乡保卫团绅商学界暨冤民朱声祯、刘裕民、罗金保、李汉清、范辑如、刁剑光、梁汉东、赖靖臣等叩。筱。印。

　　（《广州民国日报》1924年5月22日，"各属新闻"）

鲁涤平呈孙中山文

（1924 年 5 月 17 日）

　　呈为呈赍职署本年四月份支付预算书及前任本任职员名额、薪饷比较表仰乞鉴核事：窃职署预算急待编制，检查接管卷内只有职员名册一分，其中所列各项多未详备，所有预算案卷并未准杨前任移交前来。旋经咨请将此项表册移送过署去后，迄今未准咨复，只得将现任各员兵工役名额、薪饷及办公费力求撙节，从严规定。总期职无冗员，款不虚糜，以收减政之实效，而副我帅座整理会计之至意。兹将本月分支付预算及前任本任职员名额、薪饷比较分别造具书表。计前任除侦缉队及各分局、各分销所职员因原册内未经载明薪额无从计算及办公费无清册可查外，仅督会办科长、科员等薪俸、工饷一项，月支三万零四百六十八元五角。本任编制预算书通盘计算所有俸给薪饷月支一万八千五百四十九元，比较前任职员表内所载之数实减去一万〇千九百十九元五角。办公费预算月支八千一百零二元二角，合共本月份支付预算数计二万六千六百五十一元二角。除临时增设局所及特别发生各项再行呈请核销外，理合备文连同书表恭呈帅座俯赐察核施行。谨呈

大元帅孙

禁烟督办鲁涤平

中华民国十三年五月十七日

（《陆海军大元帅大本营公报》一九二四年第十五号，

5 月 30 日，"指令"）

叶恭绰呈孙中山文

（1924 年 5 月 17 日）

　　呈为呈请事：窃职部前与联商公司订立合同承办广东造币分

厂，嗣因该公司声请停止履行，并经该厂总办梅光培、会办区濂呈请辞职，当拟照准，并与东华公司另订合同，均经呈奉核准在案。所有该厂总办一职查有劳勉堪以派充，会办一职查有蔡炳堪以派充。除由部委任外，理合具文呈请鉴核施行。谨呈

大元帅

大本营财政部长叶恭绰

中华民国十三年五月十七日

（《陆海军大元帅大本营公报》一九二四年第十四号，
5 月 20 日，"指令"）

蒋光亮呈孙中山文

（1924 年 5 月 17 日）

呈为呈复事：案奉钧府第一七八号训令开：案据财政委员会呈称：本月十日第二十八次特别会议准市政厅公函：据永春公司呈报滇军第三军军需筹备处将芳村花地三五眼桥二十四乡筵席捐招商承办一案，令开：仰该军长即便遵照停收，仍将遵办情报查等因。奉此，遵即令饬职署军需筹备处遵照办理去后。兹据该处长复称：查三五眼桥花地芳村等处筵席捐，前据福利公司商人何作云月认饷银五百元，呈请承办当经批准在案。嗣据该商呈称：该处捐务原为省河永春公司批承，现因省河减饷，仅能收及半数，未能照额征解，恳请退办等情。当查该处收款为数既属无多，照承办地点与永春公司范围抵触，经已令将该福利公司撤销交还永春公司办理，并将各情形呈报在案。奉令前因，理合具文呈复察核转报等情。据此，理合将停收交还各缘由备文呈复，伏乞鉴核施行。谨呈

陆海军大元帅孙

中央直辖滇军第三军军长蒋光亮

中华民国十三年五月十七日

（《陆海军大元帅大本营公报》一九二四年第十五号，
5 月 30 日，"指令"）

程潜呈孙中山文

（1924 年 5 月 18 日）

呈为呈请事：案准西路讨贼军总司令部咨开：以所部第四旅第
二营营长韩贵庭积劳致病，遽尔身亡，家属伶仃，情属可悯，请援
例予恤等因到部。准此，窃查该故营长韩贵庭积劳病故，身后萧
条，殊堪矜恤，拟恳钧座准予《查照陆军战时恤赏章程》积劳病
故例予少校恤金，俾励来兹而安存没。是否有当，理合备文呈请鉴
核指令祗遵。谨呈

陆海军大元帅孙

大本营军政部长程潜

中华民国十三年五月十八日

（《陆海军大元帅大本营公报》一九二四年第十五号，
5 月 30 日，"指令"）

程潜呈孙中山文

（1924 年 5 月 18 日）

呈为呈请事：案准西路讨贼军总司令刘震寰咨开：以所部第三
支队第二统领潘国熙病故，虎门副司令兼统领陈桂廷阵亡东江。又
前援桂之役，营长刘震模阵亡永安墟。均请查照《陆军将士抚恤
条例》从优议恤等由过部。查该统领潘国熙等或积劳病故，或杀
敌身亡，惓怀忠烈，悯悼殊深，拟请钧座准予查照《陆军战时恤
赏章程》分别给恤，该统领潘国熙准以积劳病故例给予中校恤金，
副官司令兼统领陈桂廷准以阵亡例给予上校恤金，营长刘震模准以

阵亡例给予少校恤金，以示有功而慰忠魂。是否有当，理合备文呈
请核夺指令祗遵。谨呈

大元帅孙

军政部长程潜

中华民国十三年五月十八日

（《陆海军大元帅大本营公报》一九二四年第十五号，
5 月 30 日，"指令"）

程潜呈孙中山文

（1924 年 5 月 18 日）

呈为呈请事：案准湘军总司令部咨开：以军务处少校处员郑传
瀛于十二年十二月二十八日奉差赴韶，在英德附近地方被匪劫车枪
害，变出意外，殊堪悼惜，除发给殓葬费三百元外，咨请从优核议
给恤等因到部。准此，窃查该处员郑传瀛奉命出勤，惨遭不测，情
殊堪悯，拟请钧座准予查照《陆军战事〔时〕恤赏章程》因
〈公〉殒命例给予少校恤金，以酬劳勋而慰英灵。是否有当，理合
备文呈请鉴核指令祗遵。谨呈

陆海军大元帅孙

大本营军政部长程潜

中华民国十三年五月十八日

（《陆海军大元帅大本营公报》一九二四年第十五号，
5 月 30 日，"指令"）

李福林呈孙中山文

（1924 年 5 月 19 日）

呈为呈报枪决犯官事：窃查职部第四路第二营营长黄居正，因

在来往新塘、麻涌渡上失去驳壳枪二枝，诬捏新塘荣安泰商店有窝匪嫌疑，迫令该店司事何黎、外柜何树泉书立一千零八十元银单一纸，业经讯明供证确凿。该营长身为官长，竟敢带兵捉拿商民，迫立单据，形同掳勒，非严行惩办不足以明纪律而警效尤。除将该犯官提出军前正法并通告各部队知照外，理合备文呈报帅座察核，恳请发交军政部备案，实为公便。谨呈

陆海军大元帅

东路讨贼军第三军军长李福林

中华民国十三年五月十九日

（《陆海军大元帅大本营公报》一九二四年第十五号，5月30日，"指令"）

李福林呈孙中山文

（1924年5月19日）

呈为呈复事：案奉钧座第四七五号指令内开：呈悉。莫苏、莫朗洲二名既系著名要匪，并敢开枪拒捕，伤毙官军，实属不法。该司令按照军法处以枪决办理甚是，已于另呈内令准备案矣。其陈保祥一名究系胁从抑系首要，并应由该司令查明，详慎处断，期无枉纵。仰即分别知照。此令。等因。奉此，查陈保祥一名，前据番东七约局局长陶铸查明，该犯向来入营当差，勇敢过人，尚无为匪情事，请予录用前来，已于五月十二日发交王旅长若周充当线兵，以观后效。理合将办理遵办情形备文呈复钧座，伏乞察核，实为公便。谨呈

大元帅钧鉴

东路讨贼军第三军军长李福林

中华民国十三年五月十九日

（《陆海军大元帅大本营公报》一九二四年第十五号，5月30日，"指令"）

张开儒呈孙中山文

（1924 年 5 月 19 日）

　　呈为据情续请伏乞睿裁示遵事：窃查职处少校副官杨泰呈请长假开行，曾于本月七日据情转呈核示在案。兹复据该副官呈称：窃副官于五月六日具呈，随北伐军赴前方集合队伍，从事杀贼，恳请辞去本职一案，迄今多日未奉指令。已将前方各事布置有绪，因未敢远离致受停顿，不得已再具报告，务恳转呈迅予准，俾得前往，以图报国，不胜屏营待命之至等情。据此，理合备文呈请钧座俯赐察核，可否之处伏候指令祗遵。谨呈

大元帅

参军长张开儒

中华民国十三年五月十九日

　　（《陆海军大元帅大本营公报》一九二四年第十五号，
5 月 30 日，"指令"）

林翔呈孙中山文

（1924 年 5 月 20 日）

　　呈为呈复事：案奉钧帅发下卸大本营审计局局长刘纪文呈送十二年四月份至九月份收支计算书并附属表簿到处，饬令审查等因。奉此，遵查该卸局长所送册列各数尚无浮滥，计自十二年四月一日起至九月三十日止，实领过经费共一万零四百一十五元，证以表簿核数相符，自应准予核销。其欠发薪俸等项共计四千一百零九元三角五分尚属实在，因该款未领到，故无收据，未便核销，应俟该款补发后再行饬令补送收据，另案核销。除将计算书附属表簿留处备案外，理合具文连同原呈一件呈请钧帅察核饬

遵，实为公便。谨呈

大元帅孙

大本营审计处处长林翔

中华民国十三年五月二十日

（《陆海军大元帅大本营公报》一九二四年第十五号，

5 月 30 日，"指令"）

林森呈孙中山文

（1924 年 5 月 20 日）

呈为呈请备案事：窃查民国二年邓慕韩、孙寿屏、邓泽如、潘达微、陆秋露、邓子瑜、何克夫、陆文辉等缅怀先烈义勋，发起革命纪念会，拟具章程，向广东省议会请议，经将案表决，咨请广东都督兼民政长核准。同时复迳呈奉批准拨款开办，并拨旧官纸局为会地各在案。嗣以政变纷乘，进行见阻，十载于兹，深抱内疚。顷值中国国民党改组、广东支部结束，森与诸同志筹议，即借支部地址设办事处，并接收其器具，重兴会务。现根据原案继续办理，期竟前功，以扬先烈。理合备文并检具原案，呈请大元帅察核恩准备案，并饬广东省长拨给款项俾资进行，实为德便。谨呈

陆海军大元帅孙

革命纪念会临时干事主任林森

中华民国十三年五月二十日

（《陆海军大元帅大本营公报》一九二四年第十五号，

5 月 30 日，"指令"）

鲁涤平呈孙中山文

（1924 年 5 月 20 日）

呈为遵令改拟组织大纲乞予察核备案恭文具呈仰祈睿鉴事：案

奉第四一三号帅令内开：呈悉。所拟组织大纲暨办事细则大致均尚妥协，惟禁烟督办缉获烟犯应一律送交法院依法审判，前据广东高等检察厅呈请前来，当经指令照准并令饬该督办遵照在案。何以现拟组织大纲第八条犹将关于烟犯处罚事项列为督察处第二科职掌？兹将大纲及细则一并随令发还，仰即按照以上所驳妥为改拟，另文呈候核准施行。以后缉获烟犯，务遵叠令移送法庭，依法审讯治罪以重法权，合并饬知。此令。等因。奉此，自应遵照办理。兹将组织大纲之第八条遵令改为，关于违反禁烟之行政处分及移送法庭事项，定为督察处第二科职掌，办事细则即根据大纲规定。凡属于行政范围者，由职署直接审讯处分。其属于司法范围者，即行照案移送法庭，俾于尊重法权之中仍于禁烟行政前途不至发生障碍。所有遵令改拟组织大纲第八条及办事细则各缘由，理合连同组织大纲暨办事细则各一本恭文具呈，仰乞睿鉴准予察核备案，并候训示遵行。谨呈

陆海军大元帅孙

禁烟督办鲁涤平

中华民国十三年五月二十日

（《陆海军大元帅大本营公报》一九二四年第十五号，5月30日，"指令"）

鲁涤平呈孙中山文
（1924年5月20日）

呈为设立虎门检查所恳乞令行驻防军队查照协助恭呈仰祈睿鉴事：窃职署拟在各交通要道设所检查鸦片，业经呈奉指令照准在案。查虎门为港澳必经要道，自应从速设立，着手检查，以期杜绝私运，早清流毒。兹特选派干员前往虎门地方设所开办，为此呈请钧座俯赐令行虎门要塞司令官廖湘芸查照，认真协助，俾策进行。

理合具呈，伏乞鉴核训示祗遵。谨呈

陆海军大元帅孙

禁烟督办鲁涤平

中华民国十三年五月二十日

（《陆海军大元帅大本营公报》一九二四年第十五号，
5月30日，"指令"）

朱淮致孙中山电
（1924年5月21日）

请进攻潮汕。

（《申报》1924年5月27日，"国内专电"）

黄绍雄致孙中山等电
（1924年5月21日）

广州大元帅睿鉴：伍外交部长勋鉴：

感、艳两电计蒙鉴察。顷据本部副官粟继炎面称：职请准假回桂省亲，由梧附搭路乐电轮上驶，有（廿五）日未刻，至昭平县属大广地方，护送营警在岸匪不迎头痛击。职见势难前进，乃与轮中各人，劝告西人牧师速将电轮转驶下避，讵该牧师等执意不肯，派遣水手登岸，与匪接洽，商订条件，匪不如愿，强留水手。届时兵匪混战，匪党增加，卒以寡不敌众，兵遭挫折。匪驶小轮舟上，胁迫司机鼓轮至岸，于是匪尽将中西各人及财物掳掠而去。迭经多方诱骗，艳（廿九）始由匪党放还西人翟辅民身达二名，职及华民水手七名，后乘路乐电船于卅午旋梧，尚有西人廉健德理力善二名，华民二名，仍留匪巢等语。除再电致沈总司令开始起出被掳中西人士，并将该股土匪歼灭外，谨此报闻。黄绍雄呈叩。廿一。印。

（《广州民国日报》1924年6月4日，"各属新闻"）

林森呈孙中山文

（1924 年 5 月 21 日）

　　呈为拟加电话用费以供修造七十二烈士坟园经费恭呈仰祈鉴核事：窃黄花冈一带地方业蒙钧准划为七十二烈士坟园，自应着予经营，俾坟园及早告成，以副钧座褒崇先烈至意。现拟分为即时进行与陆续进行两项办法。其应即时进行者，即改造祭场、修筑墓道及征收民田三种。盖原有祭场限于经费，工程草率，规模狭隘，每当公祭之时，军学各界以及各种团体前往展拜，人数稍多即难集队成礼，久为国人所抱憾。此项改造本不容缓，际兹经营伊始，尤应最先从事。又由坟场至东沙马路之墓道，仅就地势铲平，泥土本不坚实，更因车马络绎，一遇雨潦之后，泥泞辄深数寸，随时修治劳费既多，而且旋修旋坏，究属无补，此项修筑工程亦难置为缓图。至坟园界内尚有民田若干，亦须备价征收方能开始经营，此皆应即时进行也。其应陆续进行者，即关于坟园相当之修造设备，暂拟依渐施行以纾财力。惟虽分两项进行，需费究仍甚巨，军兴日久，国帑空虚，自难措筹，及此而坟园要典且为中外观瞻所系，又未便停止不办。再四筹维，只有加增电话用费。拟自本六月一日起，每一电话机每月加收费用大洋一元，由电话局经收，解交建设部收存，专供建造坟园之需。所有该项收支数目由森随时另案造册呈报核销。查使用电话均有资力之人，每月加收一元系属轻而易举，况崇拜先烈，人人具有同情，当尤无不乐襄成盛举，是于坟园进行有裨，而于民情尚无窒碍。所有拟加电话用费以供修造七十二烈士坟园缘由是否有当，理合备文呈请鉴核，伏乞训示祇遵，实为公便。谨呈

大元帅

建设部部长林森

中华民国十三年五月二十一日

（《陆海军大元帅大本营公报》一九二四年第十五号，

5 月 30 日，"指令"）

杨庶堪呈孙中山文
(1924 年 5 月 21 日)

呈为呈复事：现奉令开：据禁烟督办鲁涤平呈称：窃烟禁要义首在杜绝来源，职拟于各处交通要路设立检查所，认真查缉，前曾备文呈请仰荷指令准行在案。惟查广州水路西自梧州南自广州湾，皆为烟土输入要地，欲于各要隘施以检查，不有兵舰协助实难从事。理合呈请帅座令行江防司令暂拨兵舰数艘协助职署办理检查事宜。是否有当，伏乞鉴核，指令祗遵等情。据此，除指令照准外，合行令仰该省长即便转饬江防司令酌量借拨数艘，俾资应用。切切。此令。等因。奉此，除饬江防司令遵照办理外，理合呈复察核。谨呈
陆海军大元帅

广东省长杨庶堪
中华民国十三年五月廿一日

（《陆海军大元帅大本营公报》一九二四年第十五号，5 月 30 日，"指令"）

梅光培呈孙中山文
(1924 年 5 月 21 日)

呈为呈报事：案奉钧座派状令字第二百一十三号内开：派梅光培为广东造币厂监督。此状。等因。奉此，遵于本月二十一日到厂视事，并准前任监督黄骚移送关防及监督小章各一颗前来，当经接收典守各在案。所有奉派及接收各缘由，理合呈报钧座察核备案。谨呈
陆海军大元帅

广东造币厂监督梅光培
中华民国十三年五月廿一日

（《陆海军大元帅大本营公报》一九二四年第十五号，5 月 30 日，"指令"）

何克夫呈孙中山文
（1924 年 5 月 21 日）

呈为呈报事：本年五月九日恭奉钧帅大字第四七零号简任状开：任命何克夫为中央直辖第一混成旅旅长。此状。等因。奉此，嗣于昨二十日复承准钧府秘书处函送奉颁木质镶锡关防一颗，文曰"中央直辖第一混成旅旅长之关防"，象牙小章一颗，文曰"中央直辖第一混成旅旅长"，当经先后祗领，遵于本日敬谨启用就职视事。窃念克夫追随钧座已越廿年，凤负栽成，涓埃未报，乃荷荩菲不弃，宠命叠倾。既使参幕府之军，复寄以一旅之众，恩深任重，弥切悚惶。顾值逆焰鸱张之时，为钧座宵旰忧勤之日，匹夫尚应有责，克夫胡敢辞劳？惟有战兢受事，奋勉图功。祗奉前因，除克日将原统集中江浦属及沙头等处部队分别改编搜讨，另册具报候令出发外，理合先将所有奉命就职启用关防日期备文恭呈睿鉴，伏乞俯赐备案，实为公便。谨呈

大元帅孙

　　　　大本营参军中央直辖第一混成旅旅长何克夫
　　　　　　　中华民国十三年五月廿一日

（《陆海军大元帅大本营公报》一九二四年第十五号，5 月 30 日，"指令"）

杨希闵呈孙中山文
（1924 年 5 月 22 日）

呈为恳请迅颁恤金以安故员家属事：本年三月十九日准大本营军

政部咨开：奉大元帅令开：据大本营军政部长程潜呈称：已故广州卫戍总司令部副官长洪锡龄，上年随征东江博罗之役，不幸惨死。据杨总司令希闵呈请给恤，交部核议，拟予追赠陆军中将，照阵亡例给恤等语。洪锡龄着追赠陆军中将，并照中将例给恤以彰忠烈。此令。等因。奉此相应咨行查照为荷等由。准此，窃查该故员洪锡龄为国捐躯，身后萧条，其老父亦去岁病殁停柩，家庭无资殡葬。其老母年近古稀，尚在倚闾而望，所遗寡妻、弱子无所依倚，情实堪怜。现该叔父及寡妻闻耗到粤静候月余，其情甚属可悯。理合备文呈请钧帅饬部照中将阵亡例迅颁恤金，给该故员家族具领，俾赡孤寡而慰忠魂。谨呈
陆海军大元帅孙

广州卫戍总司令杨希闵

总参谋长周自得代

中华民国十三年五月廿二日

（《陆海军大元帅大本营公报》一九二四年第十五号，5 月 30 日，"指令"）

程潜呈孙中山文

（1924 年 5 月 22 日）

呈为呈请事：案奉钧座发下中央直辖广东讨贼军第四军军长梁鸿楷呈一件，以所部第一旅第二团中校团附兼补充营营长尹正揆，围攻肇庆之役冒险冲锋，重伤殒命，请予从优赠恤等情。查该已故中校团附尹正揆临敌殒命，核与《陆军战时恤赏章程》第二章第一项事实相符，拟请准予追赠陆军上校并照上校阵亡例给予恤金，以慰忠魂而昭令典。是否有当，理合具文呈请鉴核，伏乞训示祇遵。谨呈
陆海军大元帅孙

大本营军政部长程潜

中华民国十三年五月廿二日

（《陆海军大元帅大本营公报》一九二四年第十五号，
5 月 30 日，"指令"）

林翔呈孙中山文
（1924 年 5 月 22 日）

呈为呈复事：案奉钧帅先后发下广东兵工厂厂长马超俊呈缴十
二年七、八、九等月分支出预算书到处审核。遵查该厂各月预算书
包工工资一节，照备考栏核算少计八角八分，惟属预算似无庸议。
其余均与旧案相符，拟请准予备案。除该厂十二年七、八、九各月
分支出预算书各提一分留处外，理合连同原呈并该厂预算书呈请钧
帅鉴核示遵，实为公便。谨呈
大元帅

大本营审计处处长林翔
中华民国十三年五月二十二日

（《陆海军大元帅大本营公报》一九二四年第十五号，
5 月 30 日，"指令"）

许崇智呈孙中山文
（1924 年 5 月 22 日）

呈为呈报遵令遴员整理西江财政仰祈睿鉴事：案奉钧座先后令
开：着即克日遴派妥员接收粤军现驻各防地财政，彻底整理以裕饷
糈，并限期整理就绪，转交财政厅接收，以符财政统一本旨等因。
奉此，遵即以西江、五邑、香顺等十九县属为范围，设立西江财政
整理处。兹查有江维华才守兼优，经验亦富，堪以充任西江财政整
理处处长。李基鸿材具干练，办事精详，堪以充任该处副处长。除

任命并令各该员克日前往接收各该属财政，统一征收，澈底整理，随时具报并咨会广东省长加给任命，转饬财政厅各县属知照外，所有遵令遴委各员接办西江各属财政各缘由是否有当，理合呈请察核指令遵行。谨呈

大元帅孙

粤军总司令许崇智

中华民国十三年五月二十二日

（《陆海军大元帅大本营公报》一九二四年第十五号，5 月 30 日，"指令"）

许崇智呈孙中山文

（1924 年 5 月 22 日）

呈为呈报就职及启用印信日期暨感激下忱仰祈睿鉴事：案奉特任状开：特任许崇智为粤军总司令。此令。同时并准秘书处函送粤军总司令印一方，文曰"粤军总司令印"，象牙小章一颗，文曰"粤军总司令"等因。奉此，窃崇智愚昧之才，追随钧座奔走国事，屡掌军符，未树赫赫之功，愧乏涓涓之报。乃蒙不弃授以，彊［疆］圻重任，知深国士敢不力竭弩骀、勉效驰驱？兹于五月二十□日就粤军总司令之职，恪遵命令，整顿三军，枕戈待命，并于是日启用印信。除所有一切办理情形容俟随时呈报外，所有就职及启用印信日期暨感激下忱，理合具文呈请察核。谨呈

大元帅孙

粤军总司令许崇智

中华民国十三年五月廿二日

（《陆海军大元帅大本营公报》一九二四年第十五号，5 月 30 日，"指令"）

林翔呈孙中山文
（1924 年 5 月 23 日）

呈为呈复事：案奉钧帅第一九四号训令开：为令饬事：查前因兵站总监罗翼群供给军需受人指摘，当经明令交许总司令崇智查办。嗣据罗前总监造呈所属部、局、站、所、院、队各月份报销复经发交许总司令查算各在案，迄今久未据复，亟应另行派员查算。除令饬许总司令速将迭次奉发及由罗前总监迳送部之各项兵站报销表册及单据克日检齐列单、转送该局外，合行令仰该局长俟收到前项表册单据，即行秉公澈底查算有无弊混，据实呈复核夺，勿稍徇隐。切切。此令。等因。奉此，窃查此项各报销表册及单据尚未准许总司令移送到处，俟送到时，谨当遵照办理。奉令前因，理合备文呈复钧帅鉴核，实为公便。谨呈

大元帅

大本营审计处处长林翔

中华民国十三年五月廿三日

（《陆海军大元帅大本营公报》一九二四年第十五号，5 月 30 日，"指令"）

叶恭绰呈孙中山文
（1924 年 5 月 23 日）

呈为设处整理税捐恳请简员办理以专责任而资整顿恭呈仰祈睿鉴事：窃查税捐为国家大宗收入，惟自清末以还，名目繁多，系统纷乱。民国成立以后更形烦复，商民既病苛细，而国库未尝增益。广东频年干戈，紊乱尤甚，若不急于整理，无以

苏民困而裕国用。兹就本部先行设立中央税捐整理处从事整顿，至该处对外行文仍以本部名义行之，拟请简任黄仕强为中央税捐整理处处长，张沛为副处长，以专责成。除将该处章程由部拟订公布另案呈请备核外，所有本部设立中央税捐整理处及请简处长各缘由，理合备文呈请鉴核，伏乞俯赐分别明令施行，实为公便。谨呈

陆海军大元帅

大本营财政部长叶恭绰

中华民国十三年五月廿三日

（《陆海军大元帅大本营公报》一九二四年第十五号，5 月 30 日，"指令"）

范石生呈孙中山文

（1924 年 5 月 23 日）

呈为呈请察核示遵事：案据会办韦冠英，以冠英猥以庸材，奉大元帅特派为筹饷总局会办，就职以来夙夜兢兢，恒思竭其绵薄以尽职责，乃查阅本局组织大纲总务处办事细则，于会办权责之规定似有缺略不完之处。窃思会办一职亦大元帅所特派，则对于局事自应负有多少之权。无如原章所载则会办几同虚设，不惟程式未符，亦恐非帅座特派之本意。想事属创始，□□仓猝，订定容有未臻完备，惟事关体制，理难缄默。查原章第十三条内载：如有未尽事宜得随时修正等语。兹就愚见所及，于原章未尽之处分别添改签注于上，请筱泉督办饬下局中员司讨论，加以修正，以明职权而符体制等情提案到局。窃查职局当成立之始，鉴于禁烟署多头政治之不良，复承训示谆谆以勿蹈禁烟署故辙相勉，是以草拟组织大纲共十一条，规定全局人员办事权责呈准施行在案。现该会办对于此项条文请加修正，可否照准，职未便擅拟，理合具文连同签改之组织大

纲及办事细则，呈请睿鉴，伏候衡核示遵，实为德便。谨呈

陆海军大元帅孙

督办范石生

中华民国十三年五月廿三日

（《陆海军大元帅大本营公报》一九二四年第十五号，5 月 30 日，"指令"）

杨庶堪呈孙中山文
（1924 年 5 月 23 日）

呈为呈请事：窃庶堪拟请给假一月赴沪省亲，所有省署公务即由政务厅长陈树人代拆代行。除令行遵照外，理合具文呈请大元帅鉴核俯准，伏候训示祗遵。谨呈

陆海军大元帅

广东省长杨庶堪

中华民国十三年五月廿三日

（《陆海军大元帅大本营公报》一九二四年第十五号，5 月 30 日，"指令"）

李济深致孙中山电
（1924 年 5 月 24 日）

广州大元帅睿鉴：

济深前奉秘书处转传帅谕：点验杨军长愿公所部人数枪枝，按数接济给养等因，当即通知杨军长将所部集中人和，听候点验，该军未照集中，无从查点各情，经于敬日、齐日先后邮电呈核在案。嗣准杨军长函称：现拟将所部实行收束，完全拨归济深直接统辖调遣，并请克日派员点验接收等情。窃查该军成立经年，教育训练，

均形欠缺，若非切实整饬，难裨实用。杨军长既愿收束，从实改编，拨归职署直接统辖，济深即与杨部参谋长吴中柱在梧磋商，将该部从实改编为两团，每团两营，由吴参谋长中柱统率训练。事历多日，未据编成，吴参谋长中柱面辞收编，由梧返省。旋据黄总指挥绍雄呈称：窃据中央直辖广西讨贼军第一军杨军长所部团长李绍兰、张树声、万振武等，先后来部面称：职团等自受杨军长改编以来，军饷一项，万分支绌，不独被服装具无从补给，即给养一项，亦时虞不继。且杨军长业经呈请辞职，所有职部给养，负责无人，若长此以往，诚恐部伍携离，维持无术，不得已恳请钧座酌予改编，以资维系，而图报称等情。据此，查该团长李绍兰、张树声、万振武等，穷无所归，志愿受职改编，以图报称，可否之处，未敢擅专。理合具文呈请鉴核，伏祈批示祗遵等情。又据张树声等电呈略谓：该军成立以来，火食械弹，时虞不足，军长远处粤垣，未必悉兹苦况，今更内无隔宿之粮，军长复有辞职之说，军心解体，无所适从，部众皆大好男儿，安可坐以待毙，势至万不得已，迫得呈请黄总指挥俯赐维持，准予改编各等情到署。济深以杨军长既请收编，吴参谋长又不任收编，该军负责不可无人，查黄总指挥绍雄所呈各该部自愿受编，尚属实在，经予照准，并准杨军长函请将该军部员役分别给资遣散，实行结束。所有此项办理杨部改编前后经过各情形，理合电呈钧核。督办李济深呈叩。敬。印。

（《广州民国日报》1924 年 5 月 29 日，"特别纪载"）

广东高等师范学生会致孙中山函
（1924 年 5 月 24 日载）

孙大元帅钧鉴：

圣三一学生因争集会自由权，遽遭英籍校长之拒斥，加以辱诋。圣心学生，因欲加入国耻纪念巡行，复遭法籍校长之斥骂，侮及国体。由此以观，可知外人在我国举办教育，决无善意，不过欲利用宗教势力，造成奴隶式教育，以软化我国国民，使失却汉族精神耳。集会自由，约法所许，圣三一及圣心两校长，于我国政治范围之下，对此竟横加摧残，其蔑视人权，弁髦约法，可想而知。此时苟不施以相当之对付，将来愈演愈凶，实不知伊于胡底。我国民权与约法信用，更何所赖乎？为此特吁请钧座立刻严重交涉，将外人在我国教育权，正式收回。嗣后无论何国，不许在我国领土内施设此种奴隶式教育，以愚弄国民，而为我中华民国之羞也。谨此奉陈，敬希垂察

国立广东高等师范学生会叩

（《广州民国日报》1924 年 5 月 24 日，"特别纪载"）

<h1 align="center">黄隆生呈孙中山文</h1>
（1924 年 5 月 24 日）

　　呈为呈请辞职事：窃隆生去冬因海防店务须回整理，曾经呈请辞退大本营会计司司长一职。旋奉钧令不准，只准给假一月，另令行营金库长黄昌谷代理，一俟假满着仍回营供职，迨后又复准续假一月等因。仰承奖励有加，感愧交并。兹者店务整理经已就绪，业经回省，本应仍回原职勉效驰驱，惟查该职自由黄代司长昌谷接理以来，力加整顿，条理井然，拟应由代司长补实该职，俾展所长。隆生计学未娴，既疏精核之术，国语弗谙，尤乏肆应之才，再三思维，不若避职贤能庶可稍藏鸠拙。理合披沥下情恭呈辞职，伏乞钧座俯赐核准，免去隆生大本营会计司长本职，简任代理司长黄昌谷补实该职，俾得公私两便，不胜屏营待命之至。谨呈
大元帅

大本营会计司长黄隆生
中华民国十三年五月二十四日

（《陆海军大元帅大本营公报》一九二四年第十五号，
5 月 30 日，"指令"）

伍朝枢呈孙中山文
（1924 年 5 月 24 日）

为呈报事：窃职部前呈准钧座于法国飞机师到粤时妥为接待等
因，本月十八日下午一时该飞机师杜华诗航空抵粤，于大沙头下
站，经航空局招待一切，二十一日准驻粤代理法国额〔领〕事嘉
聘格函请代向钧座道达法国政府谢忱等由。理合检同原函转呈，伏
乞鉴察。谨呈
大元帅

大本营外交部长伍朝枢

中华民国十三年五月廿四日

（《陆海军大元帅大本营公报》一九二四年第十五号，
5 月 30 日，"公文"）

叶恭绰呈孙中山文
（1924 年 5 月 26 日）

呈为呈报事：窃职部与商人东华公司订立合同承办广东造币
厂，业经职部次长郑洪年带同承办商人谭礼廷，将承办该厂始末情
形暨所订合同面陈钧座并蒙批准在案。旋由钧府秘书处将批准合同
封送到部即日施行，理合抄录原合同呈请钧座备案。谨呈
大元帅

大本营财政部长叶恭绰

中华民国十三年五月廿六日

（《陆海军大元帅大本营公报》一九二四年第十五号，5 月 30 日，"指令"）

张开儒呈孙中山文
（1924 年 5 月 26 日）

呈为呈请任命严宽为职处少校副官仰祈睿鉴事：窃查前江固舰舰长严宽办理勤能，置散可惜，拟任为职处少校副官以资驱策。是否有当，理合备文呈请睿裁施行。谨呈
大元帅

参军长张开儒

中华民国十三年五月二十六日

（《陆海军大元帅大本营公报》一九二四年第十五号，5 月 30 日，"指令"）

李安邦呈孙中山文
（1924 年 5 月 26 日）

为呈报事：现安邦所部谨遵奉钧令自行收束，即将大本营游击军名义取销，听候粤军总司令许明令□配。除呈报粤军总司令部备案外，理合谨将职部结束及将大本营游击军名义取销，呈请察核备案。谨呈
大元帅孙

大本营游击军司令李安邦

中华民国十三年五月廿六日

（《陆海军大元帅大本营公报》一九二四年第十五号，5 月 30 日，"指令"）

叶恭绰呈孙中山文

（1924 年 5 月 26 日）

呈为发行短期军需库券拟订条例并指定本息基金仰祈鉴核令遵事：窃职部自附设军需经理处以来，所有各军给养、子弹等费经财政委员会议决，由各机关分担解部转发，预计不敷甚巨，□待另筹。且以前积欠尤须清理，当将困难情形陈报在案。职部虽兼管军需，责无旁贷，奈直接收入向本无多。即以印花税一项而论，亦经指拨殆尽，所余者已复无几，惟冀造币厂开铸，当有余利可资挹注，然未来者纵不无希望，而目前亦难□应急需。当此作战期内，军需浩繁，固已刻不容缓，自非从速妥筹办法源源接济，不足以安军心而鼓士气。再四筹思，依经济原理，惟有汇集零星之收入以充大宗之用途，尤当挪移日后之盈余，以应一时之不足。爰拟发行一种库券用济军需，即定名为短期军需库券。先以二十四万元为定额，即于本年六月一日发行，并用抽签法于七月一日抽定还本之库券号码及其日期。自七月十一日起三个月内，除例假日外，每日还本二千四百元，同时付其利息。当指定印花税款项下每日拨一千元，造币厂余利每日拨二千元。如造币事有中变，当改由民产保证处照拨，均自六月十一日起拨存裕广银号，以充本息基金。仍规定由审计处长、公安局长及广州总商会、银业公会、各军军需长，各公推代表一人前往查察账目与存款，以昭大信。且自还本到期日起，得用该券缴纳职部及财厅所管一切田赋税捐及抵解公款，视与现款相同等，并准其买卖抵押，以便流通。查此次发行库券定额较少，原拟促证券之进行为期较短，藉以引人民之信仰，当由职部拟具条例草案交财政委员会核议。兹据该会将条例拟决报告到部，并经职部征集各军军需同意，均乐予承受，理合钞附该库券条例，呈请钧座鉴核公布施行。至基金一项，无论何项军政要需，均不得挪借移用，以示维持。并祈

指令祗遵，实为公便。谨呈

大元帅

财政部长叶恭绰

中华民国十三年五月廿六日

（《陆海军大元帅大本营公报》一九二四年第十五号，

5 月 30 日，"指令"）

阮渭樵、杨宝韶等致孙中山函

（1924 年 5 月 27 日载）

中山总理钧鉴：

近日港沪各报，妄传钧座凶耗，致令中外震动，人心皇皇，殊堪痛恨。查港报未登载此种谣言之前五六日，广州市内盛传此事，街谈巷议，时时闻之。一般党员，多互相探问，非常注意，此或因奸人造谣，有以致之。当此之时，本党之中央执行委员会宣传部，宜无有不闻之理，该部既负有宣传指导之责，自当于此项谣言未盛之先，随时设法纠正，以期消弭祸患于未然。乃竟视若无睹，甚于聋聩。而党员及一般社会，因之受直接间接之损失者，何可胜道。窃以该宣传部长戴季陶，对于此次绝大危险之谣言，应负相当之责，谨依本党总章七十二条及七十三条，即请总理依法惩戒，以重纪律，实为公便。此颂

公安

党员阮渭樵、杨宝韶谨呈

（《广州民国日报》1924 年 5 月 27 日，"特别纪载"）

新会商会、新会城总商团致孙中山电

（1924 年 5 月 28 日载）

广东孙大元帅钧鉴（余衔略）：

县属匪氛滋炽，商旅戒途，百货运输，极感艰困，民食日用，断绝时虞，益以沿河冒军苛抽，架林叠屋，民不堪命。幸大元帅明察，痛其病商害民，严令撤销，违者以军法从事，商民莫不额手称庆。讵邑城内河收费各机关，不特不恪遵功令，立即取销，反变本加厉，强征愈烈。查船艇由江门载货，运经文昌沙、松排、三贤祠、西河厘厂侧等处，滥抽重剥，每次收费至少一元或三五元不等。复有驻河西环溪庙之所谓保商卫旅营者，绝无一兵在船保护，乃该办事人何健兴，每船逼抽领旗费五元，仍按月分十五元、十元、五元三种勒收缴费，稍迟或未足数，即遭枪击扣留，商民忍痛负重，莫敢谁何。盖文昌沙与西厘厂相距仅十里许耳，而抽费五次，似此违抗帅令，摧残航业，妨害交通，民怨沸腾。迭据葵业老葵猪栏缸瓦砖瓦时果鲜鱼木油糖米炭各行商，及商团团军、艇主等，纷纷来会奔告，佥请维持前来。敝会有代达商情之责，不得不为民请命，涕泣陈词，伏恳俯念商业凋残，不堪再扰，重申前令，迅赐饬县立行解散冒军勒抽各机关，以利交通而苏民困，不胜迫切待命之至。新会商会、新会城总商团同叩。廻①。印。

（《广州民国日报》1924 年 5 月 28 日，"各属新闻"）

翁源县长致孙中山电

（1924 年 5 月 28 日）

有臧致平、何成浚两军之一部，约五六千人，计沁（二十七）可抵南径。俭（二十八）可抵苦瓜营，艳（二十九）可抵墟仔墟。

（《申报》1924 年 6 月 3 日，"国内专电"）

---

① 疑为"逥"。——编者

叶恭绰呈孙中山文
（1924 年 5 月 28 日）

呈为呈请事：案奉钧令第二零六号内开，据大理院长兼管司法行政事务吕志伊呈称：呈为呈报事：窃查接管卷载赵前院长任内经管款项册列收支数目总结尚多不敷，并无分文移交过院。而职院每月预算经费原额共应支银一万八千六百六十六元，即照前任减成给发员薪办法，每月亦须实支银九千三百余元。近来司法收入如制发各种状纸一项，前经总检察厅呈奉令准〔准〕划归该厅办理，广东坟山登记一项复经财政委员会呈奉令准撤销，所余仅有讼费及律师请领证书费两项收入，又异常短绌，以之拨充支款不敷殊巨。查赵前任曾援徐前大理院院长兼管司〈法行〉政〔行〕事务时成例，呈请按月由财政部拨款七千元以资补助，蒙赐批交财政部酌拨在案。窃以职院属中央司法机关，为维持法律、保障人民生命财产计，不可一日停顿。合无仰恳帅恩再颁明令，责成财政部如数照拨，俾得按月具领，撙节支销，俾资维持，实为公便。所有接收前任交代实情并请饬财政部每月拨给经费缘由，理合备文具报呈请鉴核，伏乞指示祗遵等情前来。除指令：呈悉。所请令饬财政部依照成例，每月拨给该院经费七千元各节应予照准，候令行财政部遵照筹拨可也。此令。印发外，合行令仰该部长：即便遵照办理。切切。此令。等因。并准大理院咨会领款前来，当经勉筹毫洋一千元，拨交大理院领用在案。惟职部因筹付各军军费，库款更形支绌，实无余力再担任他项经费。且查大理院已奉钧座明令，准予赓续办理坟山登记，即以所收登记费拨充该院经费，是该院经费，已有收入的款指拨，似毋庸再由职部另筹。伏祈钧座俯念职部直接之收入有限，近来担任军费为数日巨，所有大理院经费每月七千元一款，实已无款可拨，拟请准予免筹，以轻

负担。是否有当，理合具文呈请察核，指令祗遵。谨呈

大元帅

财政部长叶恭绰

中华民国十三年五月廿八日

（《陆海军大元帅大本营公报》一九二四年第十五号，

5月30日，"指令"）

许崇智呈孙中山文

（1924年5月30日）

呈为呈复事：案查职在东路讨贼军总司令任内，奉钧座发下职部已撤三等军需正杨鲲呈文一件，呈控前福莆仙平善后处特派员李基鸣在该善后处任内款目不清，有三十余万元未缴单据，不无侵吞等情，批饬职部自行办理等因。奉此，查该善后处报销，去岁曾经发交前军需监黄裳审核在案。奉饬前因，为慎重起见，当经派委职部参谋处长冯轶裴、秘书长江维华为复核主任，关道、俞飞鹏、刘峙、马灏、曾匪石等为委员，详密复核去后。兹据复称：此案据李前特派员基鸿补缴到单据、簿册等多件。经详密复核之结果，其中据声明在汤坑遗失单据者，计有付张毅大洋五百元，又林怀瑜大洋五百元。其有清册而无单据者，有该善后处自十一年十一月开办起至十二年五月底结束止，计共支经常费大洋七千三百五十八元五角，临时费大洋一千四百七十二元四角四分五厘，又小洋四千零八十四元七角四分。惟逐月经常费系奉准有案之额支临时费一项，值当日大军过境前进之时，该处为后方接济供应之总汇。核其册报，除该处五月分结束时开支二千元外，此外逐月开支多不过千元，少只六七百元。拨诸应支款目，尚属相距不远。惟概无单据，手续缺略，实属不合。至该处解总部台伏一万元误列大洋，以平均价格一零六三计算，折合大洋实应补解大洋五百九十三元六角六分二厘。

除与该收支总报册垫用大洋五百四十三元八分七厘两相抵除外，尚应补解大洋四十九元五角七分五厘。又仙游庙捐办事处捐付新仙游报、兴化通讯社小洋一百元，报册误列大洋，以小洋加一五折大洋伸算，应补解小洋十五元。此外各款收支数目尚相符合。所有单据或人证亦尚真确完全，似无疑义等情。据此，查张、林两款收据既据声明遗失，又该善后处经临各费一为核准有案之额支，一据核明与应支款目相距不远，自不能因其一时过误与手续缺略之关系，完全饬其赔缴。职衡诸法理，准诸人情，当经酌定办法，对于张林及该处经临各款，一面申斥其手续不合，一面从宽准予核销。对于台伏及小洋误列大洋两款，则饬其照数补缴，以重公款。其他各款收支总数既相符合，单据人证亦尚完全，应准概予核销，业经分别指令遵照以资结束在案。惟查前已撤三等军需正杨鲲挟李处长基鸿，未令其经手购办军用物品之私嫌，辄敢砌词控告长官，复不待职部处置，一面迳尔直呈钧处并另行擅发传单，一面又离职他去不负责任。迨经职令该已撤军需正限期回部备询，复敢抗令逾期，久不到案，迹其行为实属挟嫌诬控，藐抗长官，居心捣乱。应即通令缉拿归案讯办，以为挟嫌渎职、藐抗长官者戒。除通令外，所有以上遵令派员复核前福莆仙平善后处报销一案及办理情形暨通缉前已撤军需正杨鲲各缘由，理合备文呈请察核。谨呈

大元帅孙

　　　　　　　　　　粤军总司令许崇智

　　　　　　　　　　中华民国十三年五月卅日

　　（《陆海军大元帅大本营公报》一九二四年第十六号，6 月 10 日，"指令"）

鲁涤平呈孙中山文

（1924 年 5 月 30 日）

呈为请饬护路司令维护检查俾利执行而重禁令恭呈仰祈睿鉴

事：窃查广九车站为港粤往来要道，业经设置检查所派委员兵实力检查，以期杜绝私运廓清流毒在案。但该处时有商人携带戒烟药原料附车返乡，现广九铁路护路司令周自得已在车站设有稽查处，搜查一切违禁物品，诚恐署部同时检查发生误会。为此，呈请钧座俯赐令行广九铁路护路司令周自得转饬所属知照，如在车站查有戒烟药原料经粘贴职署检验证或检查所已征收检验费，应即验明放行，毋得留难拦阻，别生缪辖。并令就近维护协助，共策进行，禁烟前途裨益不鲜。是否有当，伏乞指令祗遵。谨呈

陆海军大元帅

禁烟督办鲁涤平

中华民国十三年五月三十日

（《陆海军大元帅大本营公报》一九二四年第十六号，6月10日，"指令"）

林翔呈孙中山文

（1924年5月30日）

呈为呈请示遵事：案奉钧帅发下广东兵工厂十二年五月份收支计算书、单据簿到处审核等因。奉此，窃查该厂五月份支出计算书零星材料栏内，购买无烟药二百二十五斤十五两，应价银三千一百六十三元一角二分五厘，未缴原铺单据。当经询据，该厂函答开：查敝厂去年四月规复之初适经兵燹之后，所有造存枪枝子弹及已成将成之零件，并一切器具、样板、家私等项，均被盗窃、捣毁无遗。敝厂附属之无烟药厂其破坏为尤甚，一时不能制药。当日战事吃紧，各军催造子弹急如星火，不得不设法购，以救眉急。当由朱前厂长派员四处访查，不知几费经营、几多转折，始陆续购到无烟药二百二十五斤十五两，价银三千一百六十余元。因此种无烟药系违禁物品，不但卖者不使买者见面，连姓名住址亦不使人知，但凭

中人议价。交易时在荒野地方，收银交货既无店铺又无单据，是以十二年五月份计算书只开报无烟药若干，价银若干，并无单据粘存，敝厂料械处暨弹厂均有收发簿据及领单可查。如果当日非购此帮无烟药，断无子弹解兵站转发各军。事实具在，并无虚伪。相应将当日购买无烟药经过之情形据实函达，请烦查照等因。准此，查审计以单据为凭，该厂声明各节虽系实情，但与审计手续不甚符合。应否准其核销，职处未便擅拟。理合备文呈请钧帅察核示遵，实为公便。谨呈

大元帅

大本营审计处处长林翔
中华民国十三年五月三十日
（《陆海军大元帅大本营公报》一九二四年第十六号，
6月10日，"指令"）

陈兴汉呈孙中山文

（1924年5月30日）

呈为呈请事：窃兴汉前蒙帅座不弃，使管理粤汉铁路事务。受事以来，夙应〔夜〕祗惧，迨北江军事结束，自维材轻任重，即经呈恳准予辞职，藉让贤能，俾免陨越。乃奉指令慰留，不准卸责。闻命之下，悚与愧并，遵即勉竭驽钝，以图报称。数月以来，幸藉帅座威福，尚免虞越，方谓常怀朽索驭马之心，或可收按部就班之效。不图积劳贱体，不敌风寒，匝旬缠绵，脑炎遽发，虽力疾以视事，仍头脑之不清。据医生云，须择地静养方可速痊，否则药石徒施，恐成脑病等语。兴汉以身许国，岂敢告劳？只以为病所驱，精神恍惚，于公务固生窒碍，在私情不无可原。理合呈恳帅座鉴核，准予给假两月，俾资调养。再，粤汉干路关系重要，兹查有该路前总理许崇灏深悉情形，自可驾轻就熟，拟请准

派兼理。是否有当，仍候指令祗遵。谨呈

大元帅

管理粤汉铁路事务陈兴汉

中华民国十三年五月三十日

（《陆海军大元帅大本营公报》一九二四年第十七号，

6 月 20 日，"指令"）

廖行超致孙中山电

（1924 年 5 月 30 日）

广州孙大元帅睿鉴（余衔略）：

据前敌指挥朱淮个日电称：联军以协同一心，用混战之法，避实击虚，直捣海陆丰，进窥潮汕，早定东江等情，通电请示，谅荷明鉴。复据该指挥敬日电称：据四旅八团长萧维良报称：敌兵黄金桂等廿余名，先后负枪到团归降，询悉敌人在惠州府城，有三旅、八旅、第七独立团约千五六百人，县城第四旅约五六百人；城外西江□系第五旅马静平滩各驻一营，乃杨坤如所部；永湖平山淡水，为熊略所部；河源以上，为林虎、李易标所部。惠州有退管炮一、土炮三，县城有土炮一、五生的炮二、水机关二、旱机关十余、步枪多用六八、七九，每兵子弹至多不过廿排，少者十余排不等。其壕沟在府城小杉门一段，西湖城门、用电网各等语。除电饬对该降兵等严密防范外，行超窃念坚城顿兵，老师旷日，适值溽暑，官兵易病。现在敌力单弱，军械窳乏，似宜亟早改图。若候敌人援漳回师，将恐前功尽弃，复摇根本。我联军平日极相友善，当此时机，更宜联为一气，一面合围惠州，复以大兵直趋海陆丰，进攻潮汕，此王琳之下金陵，郭崇韬之覆梁都也。应如何进趋之处，仍候帅座示以方略，各长官指导一切，俾便遵行。临电屏营待命之至。中央直辖滇军第二师长廖行超叩。陷（三十）。印。

（《广州民国日报》1924 年 6 月 3 日，"特别纪载"）

顺德县商会致孙中山等电

（1924 年 5 月 31 日）

广州大元帅、军政部、省长署粤军总司令、海防司令钧鉴：香山县长鉴：

　　大良米业穗和堂，由港运谷米二万回县，以济民食，于沁（廿七）日在香属横□鸟珠河面，被海盗用火船三艘，截劫一空。恳速移营缉起，以安商旅。禀后详。顺德县商会。卅一。叩。

　　　　　（《广州民国日报》1924 年 6 月 4 日，"各属新闻"）

段克鉴致孙中山电

（1924 年 5 月 31 日）

十万火急，广州大元帅睿鉴（余衔略）：

　　艳电谅达，顷奉中央直辖福建各军总指挥何成浚、赣军总指挥董福开、第五师师长苏世安函开：敝军现奉大元帅命令，调遣来粤，经过贵县稍事休息，即行前进。所需军米等项，请饬沿途各乡绅民暂为筹给等因到县。当即分饬地方绅团筹备粮秣，妥为招待，并布告人民各安生业去后。兹查闽军何部约二千余人、苏部一千余人、赣军董部一千余人，统计三部约六千余人，已于二十八日全部抵墟子，距县城一百三十里，每日需用军米不下万斤。职县僻处山□，素称贫瘠，现值大军临境，筹备给养，殊多困难，县库早经告匮，一切费用，须贷诸商民，供给一二日，已属竭蹶万分，多驻数日，即有缺食之概。事关军糈，未便因循。应如何办理之处，伏候电令祗遵。翁源县长段克鉴呈叩。世（卅一）。印。

　　　　　（《广州民国日报》1924 年 6 月 5 日，"特别纪载"）

邹鲁呈孙中山文

（1924 年 5 月 31 日）

　　为呈请事：窃维教育之道，非多设小学则智识无由普及，非更设大学则文化无由提高。吾国筹设学校垂三十年，多注力于中小学，始惟北京设有大学一所。近来知大学之必要，于是东南大学、西北大学继续成立。广东中学之上虽设有高等师范及法政、农业专校，然大都设备未完，未足餍学者之心。而广东全省中学统计九十七所，每年毕业者依九年统计表为九千六百九十四人。此项毕业生学仅半途，固未可中辍。而在富厚之家，尚可赴外省大学或留学外国。若贫寒之士及不愿远离乡土者，只有转入高师、法政、农业各校，限于专门，学额已不甚多，学程尤未能高，则有可造就之材每无相当之学校，卒至成就不如其量者何可胜计。广东为西南中枢，广东如此，他省可知。大元帅有见及此，毅然将高师、法大、农专三校合并改为国立广东大学。戎马倥偬之时，犹顾及国家根本之计。鲁承乏筹备，敢不仰体鸿模，奋其驽力。数月以来凡百均有头绪，决定将原有高师改为文科、理科，原有法大改为法科，原有农专改为农科，并拟加设工科。以目前未有学生程度相当，故下学期只□□科，现并定文、法、理、工、农五科，下学期共招预科生十一班。特是开办经费所差尚远，统计非有四十万元不足以敷开办之用。拟请大元帅令行广东省长分令各县筹解，以各县之大小定担任之多寡。此次筹设大学，在国家为振兴教育、提高文化起见，而在粤人则子弟得以深造、蔚成人材，是亦应有负担之责。各县绅商均可饬令酌量捐输，如有捐助巨款者，由各该县长随案呈请奖叙，以昭激劝。无论何县并应捐除成见，实力筹解，务于一个月解足。其办理得力、依限解足之县汇案由省长呈请奖励。此项解款除绅商捐款外，准在征收粮税项下拨足，由县迳解大学筹备处取具印收，呈请财政厅抵解。设遇交卸，由后任继续承认，庶期迅速集事。谨将

摊派各县应解数目开具清折一扣、劝捐章程一份，呈请大元帅鉴核。是否有当，仍候指令祇遵。谨呈

陆海军大元帅

国立广东大学筹备主任邹鲁

中华民国十三年五月卅一日

（《陆海军大元帅大本营公报》一九二四年第十六号，6月10日，"指令"）

周自得呈孙中山文

（1924 年 5 月）

呈为具报奉到关防并就职启用日期恭呈仰祈睿鉴事：窃于四月二十七日准大本营秘书处转来大元帅令字第二〇七号派状开：派周自得为广九铁路护路司令。此状。等因。奉此，又于二十九日准大本营秘书处转来大元帅颁发木质镶锡关防一颗，文曰"广九铁路护路司令关防"，象牙小章一颗，文曰"广九铁路护路司令"等因。奉此，司令遵于是日祇领，择于五月六日就职，敬谨启用。除通电并分令外，理合将奉到关防并就职启用各日期具文呈报察核备案。谨呈

大元帅孙

广九铁路护路司令周自得

中华民国十三年五月□日

（《陆海军大元帅大本营公报》一九二四年第十四号，5月20日，"指令"）

蒋光亮呈孙中山文

（1924 年 5 月）

呈为呈请事：案据敝部第七师长李根云呈称：为呈请通缉以肃军

纪而弭隐患事：窃职部二十七团团长欧阳洪烈，前以临阵潜逃，呈报撤差拿办在案。嗣查该团长缺额蚀饷几及百名之多，并将团部火食公款席卷而逃。当即一面派员四出踩缉，一面饬新委团长黄子荣切实查报去后。兹据探报称，该撤团长欧阳洪烈由粤逃港，投效北敌，潜谋不轨等情。查该撤团长欧阳洪烈临阵潜逃，缺额蚀饷，投效北敌，图谋不轨，实属有意为恶，不法已极。应请钧长分别转呈咨令一体上紧协缉，务获解办，以肃军纪而弭隐患等情。据此，查该团长身膺重职，临阵潜逃，拐带公款，已属罪大恶极。尚不知革面洗心，竟敢投效北敌，谋为不轨，实属罪无可逭。除分令所属各部队从严侦缉外，理合备文呈请帅座转令各军饬属严缉，务获究办，实为公便。谨呈
大元帅孙

滇军第三军军长蒋光亮
中华民国十三年五月　日

（《陆海军大元帅大本营公报》一九二四年第十四号，5月20日，"指令"）

邹鲁呈孙中山文
（1924年6月2日）

为呈请事：窃查前奉钧令指定广东全省田土业佃保证局收入为国立高等师范学校经费等因，曾经主任呈奉令行军政部、广东省长通饬各县军警地方官认真协助并禁提借在案。现查该局收拨款项为数不多，虽缘青黄不接暂时愆期，究属催收不力有误要需。且开办伊始，全赖地方官实心协助，设或意存敷衍，必致滞碍进行。比者高师、法大、农专合并改组大学，成立在即，需款綦殷。适本年早稻收获期近，农有余裕，措缴匪难，亟应及时催收，用资接济。拟恳钧座俯赐令行广东省长转饬该局认真进行，并令各县县长极力协助。如有办理懈弛、协助不力，即予分别撤惩。并由省署布告全省田土业佃一体遵照，务

尽早稻登场，扫数缴纳。倘有疲玩，仍前观望，应由该管县局从严罚办，以示警戒而维学款。理合具文，恭请鉴核施行，实为公便。谨呈
陆海军大元帅

国立广东大学筹备主任邹鲁

中华民国十三年六月二日

（《陆海军大元帅大本营公报》一九二四年第十六号，6月10日，"指令"）

杨希闵致孙中山电
（1924年6月3日）

广州大元帅睿鉴：

顷据石龙行营职部参谋主任卢启泰俭电称：感电敬悉。已遵照转知各军办理。惟该国兵舰行驶东江，非止一次，事前概未通知。近且在白沙堆不服检查，更发生击毙第二军排长一员，伤士兵数名情事。似此蔑视我军，既有关于国体，而当此作战时期，往来于战区，更属显违国际公法，如为敌方利用，隐患益不堪问。除曾电请帅座饬部与该领事严重交涉，务加取缔外，应乞钧座再行切商外部妥办，以杜后患等语。查英舰擅入战区行驶，不服检查，甚至伤毙我国官兵，既有济敌嫌疑，尤觉捐〔损〕伤国体，应恳钧座饬下外部与英领严重交涉，不胜盼祷之至。滇粤桂联军前敌总指挥杨希闵叩。江（三日）。印。

（《广州民国日报》1924年6月5日，"特别纪载"）

邹鲁呈孙中山文
（1924年6月3日）

呈为呈报事：案奉大元帅令着将国立高等师范、广东法科大

学、广东农业专门学校合并改为国立广东大学，并设国立广东大学筹备处，派鲁为国立广东大学筹备主任等因。奉此，遵即将筹备处组织成立，并分聘省内外名流为筹备员会同筹备。数月业经就绪，拟将高等师范改为文科、理科，广东法科大学改为法科，农业专门改为农科。而目前工科深切实用，只以尚无相当程度学生，故只先招预科。计下学年成立广东大学，除将现有三校学生改并外，亟应添招预科学生，现拟于暑假期内招文科、预科学生一百二十名，理、工、农三科预科学生各一百名，法科预科学生一百名。而原有三校在学学生归入大学后，其待遇照旧，至各校原定毕业时期为止。如不愿履修大学课程者，得仍照未改大学以前各校之课程修业。其修毕时，仅得广东大学某学院某科毕业证书，不给学位。至于大学条例、职制及各项规程，虽历经筹备会议议决，仍拟于暑假时悉请省外各筹备员到粤开筹备大会再行审定，另文呈报，以昭慎重。谨将高师、法大、农专三校合并改为国立广东大学及定下学期成立国立广东大学情形暨大学预科招生章程，高师、法大、农专三校归并国立广东大学办法各一份，理合备文呈报大元帅察核，仍候指令祗遵，实为公便。谨呈

陆海军大元帅

国立广东大学筹备主任邹鲁

中华民国十三年六月三日

（《陆海军大元帅大本营公报》一九二四年第十六号，6 月 10 日，"指令"）

林森呈孙中山文

（1924 年 6 月）

呈为请将永济药库废址拨为天葬场所恭呈仰祈睿鉴事：窃惟吾国葬埋之俗误解慎终报本之义，于殓饰务求其厚，于坟场务尚其

闼，耗有用之财，夺生产之地。合全国积年而计，不知戕损国力若干。尤其甚者，惑于风水之说，停棺浅葬，尸骸暴露。风日蒸扬则秽恶尸气漫于空气之内，雨潦浸润则腐化尸质混入饮料之泉，小则妨碍健康，大则酿成疫疠。在常人每多不察，而其害实无比伦。从前伍老博士谋救其弊，曾经力倡天葬，即俗所称火葬。查火葬在吾国宋元间本有流行，现在世界各国更成为共同倾向，洵属裨益民生，相当可行。当时明白事理以及注重公共卫生之人均表赞同，第以场所难觅，未及举行。盖火葬场所须择深奥无人居住地方，而倡始之际更须交通稍便，方得人人乐从。而在今日省垣附近求合此条件之地颇为不易，森窃以为憾。近因往来黄花冈，计划烈士坟园，查悉永济药库业由军政部呈奉钧准撤废。该库旧址深奥、交通二者俱备，拟请拨为天葬场所之用。如蒙俞允，关于火葬设备以及建筑骨塔、安藏骨灰等项，再由森招集地方热心此事之人提倡经营，务期转移风化、实现良规。所有请将永济药库废址拨为天葬场所缘由是否有当，理合呈请钧座察核，伏乞训示祗遵。谨呈
大元帅

大本营建设部长林森

中华民国十三年六月□日

（《陆海军大元帅大本营公报》一九二四年第十六号，1924 年 6 月 10 日，"指令"）

徐绍桢呈孙中山文

（1924 年 6 月 3 日）

呈为呈请事：窃职部科长陈庆森学识优长，办事勤慎，部长前任广东省长派充秘书之职，旋调充职部科长，随同规画部务，极资得力。听力从公，积劳成疾，于本年四月二十六日身故。查去年七月财政部书记官谢俊廷在职病故，曾由财政部呈蒙大元帅批准颁发

恤金二百四十元。该陈故员现任科长系荐任职，且其身后萧条，情殊可悯。该故员月俸二百元，可否给与一次过两个月俸额恤金四百元，以示体恤之处理。理合具文呈请钧座察核俯赐照准饬下财政部照发，俾得颁给早日殡葬以昭激劝，实为公便。谨呈

大元帅

大本营内政部部长徐绍桢

中华民国十三年六月三日

（《陆海军大元帅大本营公报》一九二四年第十六号，6月10日，"指令"）

杨庶堪呈孙中山文

（1924年6月3日）

呈为呈复事：现奉令开：据革命纪念会临时干事主任林森呈称：窃查民国二年邓慕韩、孙寿屏、邓泽如、陆秋露、潘达微、邓子瑜、何克夫、陆文辉等缅怀先烈义勋，发起革命纪念会，拟具章程，向广东省议会请议，经将案表决，咨请广东都督兼民政长核准。同时复迳呈奉批准拨款开办，并拨旧官纸局为会地各在案。嗣以政变纷乘，进行见阻，十载于兹，深抱内疚。顷值中国国民党改组、广东支部结束，森与诸同志筹议，即借支部地址设办事处，并接收其器具，重兴会务。现根据原案继续办理，期竟前功，以扬先烈。理合〈备文〉并检具原案，呈请大元帅察核恳准备案，并饬广东省长拨给款项俾资进行，实为德便等情前来。除指令：呈及章程均悉，应准予备案，候令行广东省长查照原案筹拨的款，继续办理可也。此令。印发外，合行令仰该省长即便遵照办理。此令。等因。奉此，查此事昨准革命纪念会来函，当以民国二年五月间准省议会咨请拨款为革命纪念会开办费，经胡前都督兼民政长核准拨给十万元，除先拨二万元建筑黄花冈先烈坟墓外，尚余八万元未发。

嗣据邓慕韩等具呈请领，亦经胡前都督饬司照拨，现函请拨给款项自应照办等由函复，并令行财政厅照案筹拨在案。奉令前因，理合呈复大元帅察核。谨呈
陆海军大元帅

广东省长杨庶堪谨呈

中华民国十三年六月三日

（《陆海军大元帅大本营公报》一九二四年第十六号，6月10日，"指令"）

范石生、韦冠英呈孙中山文
（1924年6月3日）

呈为呈请备案事：案准钧府第五三四号指令内开：呈悉。所请修改组织大纲第六七八等条增加"会办"字样应予照准，第五条无庸修改，仰即查照缮正呈候公布办事细则，仰并照签呈各条更正缮呈备案可也。附件发。此令。等因。奉此，理合将核准原案缮正备文，呈请俯赐备案，仍候指令祗遵。谨呈
陆海军大元帅孙

督办范石生

会办韦冠英

中华民国十三年六月三日

（《陆海军大元帅大本营公报》一九二四年第十六号，6月10日，"指令"）

李济深致孙中山电
（1924年6月10日载）

广州大本营孙大元帅睿鉴：

前奉帅令：西江善后督办一职着即裁撤等因，奉此，并准东路讨贼军总司令部函开：案奉大元帅令开：着许总司令崇智接收西江督办之广东境内一切军政财政事宜，即将□□转交财政厅管理，以归统一。此令。等因。奉此，相应函达请烦查照等由。准此，自应遵照办理。惟□□□总司令养疴沪滨，尚未回粤，无从交代。且以西江上游一带地方，军民两政整理亦未告竣，慎始图终，不敢不勉竭愚诚，力谋完善，冀以副帅座轸念西陲之切，并以慰地方人民望治之殷。区区寸衷无非欲自完职责，今幸辖境粗安，又值许总司令回粤就职，三军距跃，士庶欢腾，以后西江地方当形巩固。济深仔肩获卸，庆幸同深。谨于六月六日遵将西江善后督办署完全结束，所有一切事宜概移送粤军总司令部办理。除分令及布告周知外，谨电呈达，伏祈察照。卸西江善后督办李济深呈叩。鱼。印。

（《陆海军大元帅大本营公报》一九二四年第十六号，6 月 10 日，"公电"）

沈鸿英致孙中山电

（1924 年 6 月 10 日载）

万急！广州孙大元帅睿鉴（余衔略）：

前据何师长才杰、邓参谋长右文报称，江日再克鹿寨，当将战况支电呈报帅府在案。顷据何师长鱼电，鹿寨一役，敌胆丧尽，谭、陆、黄、韩各残部一面柳城逃遁□退古化拒守，中渡东泉等处已无敌踪。青晨复接何邓同时电话：庚日何部已抵柳州东门，邓部暨卫戍独立两团本日已抵喇嗒三隍，遮断敌人桂柳交通，准明日向凤凰墟进攻古化各等语。查入柳之兵现已逼近城下，逆敌虽众，确难坚守，下柳只在指日。至退古化之敌如蚁入穴，前有两江山口大军拦路，后有追兵一股聚歼，尚可预操胜算。桂城现软困之□仍在包围中，各路敌援已绝，当可不战自溃，合并陈明。广西总司令沈鸿英呈叩。青。印。

（《陆海军大元帅大本营公报》一九二四年第十六号，6月10日，"公电"）

黄隆生呈孙中山文
（1924年6月3日）

呈为呈请辞退兼职事：窃隆生前具呈辞退大本营会计司司长一职，业蒙钧座核准在案。第隆生原兼大元帅行营军用票监督，惟该军用票始终未尝发行，实在无事可办，理合再呈钧座鉴核，伏乞一并准予辞退大元帅行营军用票监督兼职，无任屏营待命之至。谨呈大元帅

　　　　　　　　大元帅行营军用票监督黄隆生
　　　　　　　　中华民国十三年六月三日

（《陆海军大元帅大本营公报》一九二四年第十七号，6月20日，"指令"）

善后委员会呈孙中山文
（1924年6月4日）

呈为强提机械，越界侵权，舆情愤激，伏乞据理力争以维国体事：窃委员会于本月二日第四十五次常会，由□委员焕庭提议，以此次美商啰弼洋行，雇用日轮强提机械，不特违背国际主权，抑且有辱国体。现在全粤人民，同深愤激。委员会为人民代表机关，自应呈请政府严重抗议，以维国体，经一致议决全体通过，用敢肃陈钧座，伏乞令行外交部交涉署，严重抗议，据理力争，委员等忝为

人民代表，自应集合各界，以为政府后盾。所有议决呈请严重交涉，以维国体各缘由，理合具呈睿鉴，乞赐察核，仍候训示祗遵，实为德便。谨呈

陆海军大元帅孙

（《广州民国日报》1924 年 6 月 5 日，"特别纪载"）

叶恭绰呈孙中山文
（1924 年 6 月 5 日）

呈为呈复事：案据两广盐运使邓泽如呈称：民国十三年五月八日奉钧署训令第一零三号内开：案奉大元帅训令第一七五号内开：为令饬事：据两广盐务稽核所经理宋子文呈称：为运署假租商船、藉端浮报呈请鉴核事：案查本年三月间接准运署第五十四号来咨一件，略称为杜绝私运、增加正税起见，拟暂雇商轮，借炮安设，加配炮兵，盐警选派得力人员督同驶往沿海认真巡缉，以期畅销正引而裕税收，经奉大元帅面谕照准办理在前。兹有澄清商轮一艘，船身尚属坚固，大与一等巡舰相埒，当与该船磋商租赁。巡缉每日租银港币九十五元，月共需银二千八百五十元，其数并不为多，而于缉私税收前途大有裨益。一俟运署将隼捷、江顺各舰修复及各军将所借各舰交还，即将此轮取销。业经与该船主梁志文租定订明本年二月五日交船起租，此项租价拟在盐税收入项下拨支。至于该轮官兵薪饷，则请在缉私经费项下支给。除呈报大元帅暨大本营财政部察核外，相应咨请查照备案等由，当经咨覆准予备案，并请将该澄清轮船身、载量、排水量、机器马力、速率、煤舱容量、吃水尺寸等项分别列明咨复，以备存查。距今已有月余，尚未见复。当时以案关增加巡舰经费，来咨简略，无从稽考。经饬令职所调查员朱丹墀调查一切，据复称：前有航商刘有余曾以该商航政江门水东之安和拖轮被高雷绥靖处骑取，将安和名字划除，改名澄清等情，呈由

航政局转呈军政部有案。所谓澄清船实缘于此，至该安和船船主实系刘有余。该船船身约长九十六尺，宽约十六尺。此外并未另有澄清商船。随赴粤海关调查，商船注册部亦只注有安和商船一艘，并无澄清商船，亦未注有梁志文为船主，再查该安和船亦已逃去无踪等情。查运署咨开之澄清商船，海关册部既无列入，则显无此商船可知，则船主梁志文从何而来？向梁某租赁之说究何所指？如谓现租之澄清商船，即系高雷绥靖处骑取之安和船，则此船船主原系刘有余，只可物归原主，并无出租与人之理。且此船尚名澄清，则仍为高雷绥靖处所骑用可知。所谓澄清商船云云，租赁云云，如何说法？乃每月租银二千八百五十元，试问此宗巨款如何发放？如谓系向该处借用，则并无所谓租赁，更无须二千八百余元之巨。且该安和租轮船身不过九十六尺，宽仅十六尺，按之章程所定巡舰等级，实不及二等之列。来咨乃谓与一等舰相埒，照计一等舰每月员兵薪饷一千二百六十三元，合以船租每月二千八百余元，总计每月耗款四千余元。仅假借一船遂浮报巨款，所以职所咨询各节亦久置不理，且该船今已逃去，更无所用，其假借而从此之非与商人租赁，概可想见。来咨既声明分别呈报，则此中作用早在大元帅洞鉴之中。职所职司稽核对于此种借租浮报亦不敢隐匿，理合将详细情形备文呈报鉴核，指令祗遵等情。据此当经指令：呈悉。究竟赵运使是否租有商轮以作巡舰，及有无浮报租价、薪饷情事，候令盐务督办转饬新任运使秉公澈查，呈由该督办复查后据实呈报核夺。此令。等语。除指令印发外，合行令仰该督办即便遵照办理。切切。此令。等因。奉此，为此令仰该运使秉公澈查、详细具复以凭核办。此令。等因。

奉此，自应遵照办理。卷查运署原有缉私舰十四艘，除江澄舰拨归运副外，靖海、裕民两舰经早已沉没，绥南、利琛被香港扣留，平南由蒋军长借往差遣，定海、江平、福海亦先后驶离省河。赵任时归运署直辖者，仅安北、隼捷、江顺、横海、操江五艘，而隼捷、江顺损坏极大，尚未修复，操江、横海船身过小，难以出海。所恃以为缉私者仅有安北一艘。时值旺销期间，私盐遍地，布置为难。赵前运使选据香安督缉局长陆志云暨驻港侦查员马锦川、驻澳侦查员毛沛兴等呈请，派舰截缉私盐，无从应付，经由盐政会议决定，租船巡缉。嗣闻高雷绥靖处林处长有澄清差遣舰一艘，坚固快捷，愿租与本署以之缉私，藉可挹注兵食。业经赵前运使先行回明帅座允许照办，然后与之租借为本署二等巡舰，订租簿据由梁志文出名。且当时走私漏税军队为多，各舰水兵枪械陋劣不适于用，盐警又只裁设六连，不敷调遣，因与林处长商拨退管炮一门，炮兵两班，步兵一排，由何参谋笑侠管辖，听候本署分派。舰上服务炮兵饷项由林处长自行发给，步兵饷项官长兵夫每月共四百七十元，由运署发交梁志文收领，转缴林处长直接发给。赵前运使以该款无着，即将该舰改领一等舰经费，该项兵饷每月四百七十元，则由该舰经费项下扣出支发。此则澄清照一等舰开支经费之实在情形也。职使奉令后经再令行该舰长黄堃南查报去后，随据复称：查澄清舰系林处长差遣船，是否即系安和舰及梁志文如何转辗租与运使，当时舰长尚未在场，不得而知。前舰长范兴呈报，募足水兵，配齐军火，恳请分别资行，以便出海巡缉。案内所开员司，原系按照二等舰各额支配，嗣后高雷绥靖处派有步、炮兵一排在舰帮同巡缉，饷项无着，饬令照一等舰经费具领。除每月由会计处代扣毫银四百七十元交梁志文转缴高雷绥靖处发给驻舰兵饷外，其余毫银九百零一元九毫五仙则由范兴具领散给舰员士兵。舰长于三月一日奉令到差请领经费，仍系仿照范舰长办理。三月十二日奉赵前运使训令，饬将澄清舰全船载重、排水量、机器马力、速率、煤舱容量、船身宽长、吃水尺□及每次升火化煤、每小时行船化煤等项分别列明，以凭转咨稽核所等因。正拟遵令查复间，旋该舰于三月三十一夜十二时泊在省河，被西路军队乘虎威舰强行骑去。交涉日久，未能取回，只得呈请将澄清舰长名义取销等语，核与卷查各节亦复相同。赵前运使租借轮船以之缉私，并非捏饰。至于租价、薪饷亦系据实开支，并无浮滥。应否免其置议之处，运使不敢擅便。所有遵令查明各缘由，理合备文呈复钧署察核俯赐据情转报，实为公便等情前来。督办细加考查，赵前运使租借轮船用以缉私尚非捏饰，且租价、薪饷据实开支，亦无浮滥，应准免予置议。是否有当，理合备文呈复察核，伏候指令祗遵。谨呈

大元帅

　　　　　大本营财政部长兼盐务督办叶恭绰

　　　　　　中华民国十三年六月五日

　　（《陆海军大元帅大本营公报》一九二四年第十七号，6 月 20 日，"指令"）

程潜呈孙中山文

（1924 年 6 月 5 日）

　　呈为呈复事：案准大本营秘书处第二五号公函开：顷奉大元帅交下粤军总司令许崇智呈请令饬：自六月一日起，将应发黄军长明堂等部伙食饷项交由该总部转发等情函一件，奉批交军政部核复等因，相应检同原呈函达，即希查照等由，计送原呈一纸。准此，查统一饷糈为整军经武之要图，粤军总司令许崇智呈请将第二军军长黄明堂、虎门要塞司令廖湘芸、长洲要塞司令马伯麟、海防司令林若时、东江缉匪司令徐树荣各部，向由大本营所领伙食概由该部请领转发，自属可行。所有奉批核复各缘由，除照抄原呈存部备查外，理合仍检原呈备文呈复钧座察核施行，至为公便。谨呈

大元帅孙

　　　　　　　军政部部长程潜

　　　　　　　中华民国十三年六月五日

　　（《陆海军大元帅大本营公报》一九二四年第十七号，6 月 20 日，"指令"）

程潜呈孙中山文

（1924 年 6 月 5 日）

呈为呈复事：案奉钧座发下东路讨贼军总司令许崇智呈一件，以所部故参谋处长杨子明去年夏间因应何总指挥成浚电召前往漳州会议，归途为北海军陆战队逆贼杨砥中等截杀，请援照陆军少将阵亡例，优予给恤等情。查该已故参谋处长杨子明因公遇害，核与《陆军战时恤赏章程》第五章事实相符。拟请钧座准予援照陆军少将因公殒命例，照第三表给予一次恤金，以慰英魂而励来者。是否有当，理合具文呈请鉴核明令施行。谨呈

陆海军大元帅孙

大本营军政部部长程潜

中华民国十三年六月五日

（《陆海军大元帅大本营公报》一九二四年第十七号，6 月 20 日，"指令"）

刘玉山致孙中山电

（1924 年 6 月 5 日）

职军粮无隔宿，势将变为饿鬼。适奉杨总指挥第二期作战，命职为左翼军总指挥，惟自顾粮草欠缺，空言指挥，实难负责。恳帅给发饷费及子弹，否则无从效命。

（《申报》1924 年 6 月 12 日，"国内专电"）

郑雨初等致孙中山等电

（1924 年 6 月 5 日载）

广州送大元帅、省长、许总司令钧鉴：

邑属沙甫归回人民自筹自卫，著有成效。乃许龄筠竟在香设立护沙行营，妄夺自卫权，现又派队落东海十六沙。即开公民大会，群情愤殴，恐生冲突，乞电撤销，呈读〔后〕详。公民大会郑雨初、贺国彬、黄亮俦、刘馆道等三千七百五十六人同叩。

（《广州民国日报》1924 年 6 月 5 日，"各属新闻"）

程潜、李济琛致孙中山电
（1924 年 6 月 6 日）

鱼（六日）将西江善后督办职务解除，各事当送许办。

（《申报》1924 年 6 月 11 日，"国内专电"）

程潜呈孙中山文
（1924 年 6 月 6 日载）

大元帅钧鉴：

前奉命拟定点验军队办法，当由潜拟具军队点验令二份，伏祈俯赐裁核，明令公布，俾共遵行，敬叩

钧安

军政部长程潜谨呈

附呈拟具《军队点验令》：

第一条　凡大本营所管辖之军队，须遵本令受军政部呈请派定之委员，施行严格认真点验，即以点验枪炮实数，为编制该部之基础。

第二条　凡军队遵照本令，实行点验，经大元帅核定编制饷额者，按月发给饷项，按季给与服装。

第三条　点验日期由大元帅明令定之。

第四条　凡被派交点验军队任务者，概称为点验委员，由军政部长就左（下）列机关中，选择陆军出身人员，呈报大元帅，明

令派充之：

  （一）军政部员

  （二）参谋处之高级参谋，上、中校参谋

  （三）参军处之参军副官

  （四）各军之参谋顾问参议

  第五条 点验员之编组，及其点验之部队，由军政部长开单定之，但每组须定资深者一员为长，以资领率。

  第六条 点验委员，须遵照大元帅令定之时日，到达指令部队，认真点验。

  第七条 凡部队于验点委员时，应听该组点验委员长区处，严格施行。

  第八条 各部队长官，于点验委员到达时，即须呈出所部官兵花名、枪炮种类、号码册□于点验委员长，或点验委员。花名册式样（职别、姓名、年龄、籍贯、到差或入伍年□、枪支号码）。

  第九条 各军长官于点验该军部队时，宜亲自莅临受点验，并有预先严切督率准备之责，如军队散处各地，除在最前线任警戒勤务者外，宜按营预为集合，并派遣要员，随同点验委员前往军队驻扎地，指挥各部，遵令受点。

  第十条 各军长官于点验日期，及人员派定后，即宜派出要员，与该点验委员长商定关于点验之事项。

  第十一条 凡在同一方向之部队，分头同时点验。

  第十二条 点验委员，宜注意军队枪炮之种类号码，按册点验明确，有注记之必要者，应详加注记。

  第十三条 官兵花名册内，应将枪炮种类、号码填写清楚，如无号码之枪枝，各部队长官，应饬于未点验前，于枪壳上，用火烙编号码，造册点验。

  第十四条 点验之枪支，以五响、单响、九响、村田、驳壳、左轮、各式机关枪为限，其他用粉药之枪、猎枪，概不准列册报点。炮须有炮闩装置者，方能合格。

第十五条 点验所得之枪炮号码，如有重复时，以先点者为实，后点者为虚。

第十六条 各组点验委员长，应于点验后，即将名册及点验情形，呈报大元帅及军政部。

第十七条 官兵花名册，步炮工兵，以每营为一册，其他无形编册者，以及总军师旅团部各为一册。

为［第］十八条 点验委员旅费，按陆军旅行章程办理，由大元帅令拨款项，交军政部分别发给。

第十九条 各点验委员，有徇情虚冒行为，致枪炮数目不实在时，治以溺职之罪。

第二十条 本令由公布日施行。

（《广州民国日报》1924年6月6日，"特别纪载"）

曾西盛呈孙中山文
（1924年6月6日载）

现奉湘军总司令谭委任西盛为湘军东江别动司令，随颁发木质关防一颗，文曰"湘军东江别动司令关防"，仰即遵照祗领等因，遵于本月二日就职，启用关防。理合备文呈请察核备案。谨呈。

（《广州民国日报》1924年6月6日，"特别纪载"）

程潜呈孙中山文
（1924年6月7日）

呈为呈请事：案准东路讨贼军总司令部咨开：以所部第一旅第二团营长李奎仙、上尉副官时伯萼等十员或临阵捐躯，或积劳病故，情殊可悯，请予援例分别抚恤等由，并咨送官佐死亡表一纸过部。准此，查该已故营长李奎仙积劳病故，核与《陆军战时恤赏章程》第六章事实相符，拟请钧座准予查照第四表给予少校恤金，以示矜恤。至上尉副官时伯蓴等九员，除由职部分别查照第一表、第四表照原级另案呈请给恤外，所有拟请抚恤该已故营长李奎仙各缘由是否有当，理合具文呈请鉴核，指令祗遵。谨呈
陆海军大元帅孙

大本营军政部部长程潜
中华民国十三年六月七日

（《陆海军大元帅大本营公报》一九二四年第十七号，6 月 20 日，"指令"）

叶恭绰、杨庶堪呈孙中山文
（1924 年 6 月 7 日）

呈为呈报事：窃职会章程前经议决呈奉钧座核准公布在案。施行以来业已数月，迄今议案日多，事务日繁，而奉派委员亦日众，致条文与事实已不尽适合，亟应分别修正，俾资遵守。且会中办事职员向由财政部调员兼充，尤非确定其职务不足以专责成而资整理。爰以各委员之同意，将原设各职员改组干事处掌理会务，当将职会原定章程加以修正，并拟订干事处组织规程，于五月二十七日第四十一次常会提出会议议决。理合钞附清折，呈请钧座鉴核指令祗遵。谨呈
陆海军大元帅

财政委员会主席委员叶恭绰（郑洪年代）
杨庶堪（陈树人代）
中华民国十三年六月七日

（《陆海军大元帅大本营公报》一九二四年第十七号，6 月 20 日，"指令"）

叶恭绰呈孙中山文

（1924 年 6 月 7 日）

　　呈为呈报事：窃广东造币厂前因故障暂请停铸，当经职部核准并将经过情形密呈鉴核在案。现据该厂监督梅光培、总办劳勉、会办蔡炳等呈称：已招集员司工匠于六月先行开铸广东通用之双毫银币，并声明于钢模内用民国十三年字样，请布告商民周知等情到部，当指令核准并布告在案。所有□造币厂开铸双毫银币日期及所用钢模载明民国十三年字样缘由，理合呈报大元帅鉴核备案。谨呈陆海军大元帅

大本营财政部长叶恭绰

中华民国十三年六月七日

　　（《陆海军大元帅大本营公报》一九二四年第十七号，6 月 20 日，"指令"）

潘文治呈孙中山文

（1924 年 6 月 7 日）

　　呈为呈报事：中华民国十三年五月三十一日奉大元帅任命状开：任命潘文治为海军练习舰队司令。此状。同日又奉训令内开：着福安、飞鹰、广海三舰编为海军练习舰队，由潘文治统带，归粤军总司令许崇智节制调遣。此令。各等因。六月二日又奉大元帅发下海军练习舰队司令木质镶锡关防一颗，海军练习舰队司令牙质小章一颗。奉此，文治谨遵于六月七日就职视事，即日启用关防。除分别呈咨令行外，理合将就职及启用关防日期呈报，伏乞钧鉴。谨呈大元帅孙

海军练习舰队司令潘文治

中华民国十三年六月七日

叶恭绰呈孙中山文
（1924 年 6 月 7 日）

呈为呈请鉴核事：窃以当此军事方殷，需饷孔亟，现有收入在在不敷，自非设法开源难资接济。查落地税一项所以补出产运输之未备，为世界理财家所同认者也。粤省每年糖类销场为数甚多，兹拟办糖类落地税以济军用。其税率暂定为值百抽五，岁约可得一百万元。考欧战时美法两国曾于糖税加增，自是办有先例。且落地税系属国家税，现定抽率于商民之负担不重，于国库之补助良多，当经由部拟具简章送交财政委员会提出会议在案。嗣准财政委员会函开：本会本月八日第三十六次特别会议准财政部提出拟办糖类落地税，并拟具简章请会公决案，议决照办，相应函达贵部，烦为查照等由过部。准此，案经议决照办。除一面派钟锡鎏先行设局开办、容将简章另文呈缴外，理合将拟办糖类落地税暨大概办法各缘由备文呈报察核备案。再按征收百货之捐税名称，考之世界通例，不过出产、经过、销场三项，惟我国极形复杂，当此整顿之始，亟宜统一名称以便考核。查此案财政委员会通过原案系称落地税，此项名称我国各省或有用之，然名实未甚妥协，兹拟改为销场税以符通例，合并陈明。谨呈
陆海军大元帅

财政部部长叶恭绰
中华民国十三年六月七日

宋子文呈孙中山文

（1924 年 6 月 7 日）

呈为据东汇关造具程船比较表谨照表钞呈鉴核事：窃职所辖下东汇关原司配兑省河盐斤之责，现据该关委员郑芷湘呈称：窃查省河配兑盐斤数目经先后按日、按月造报在案，惟各程船报运盐斤之多寡与乎实配之包数尚未详细列报，故各程船配运盐斤之盈绌与各员办事成绩之优劣均无从查考。职自十二年十二月接事，即注意及此。惟前无细数可稽，故不能溯及太远，仅可由十二年七月起至本年四月底止，就各程船之已清舱者核计其报配包数及配兑实数之多寡加以比较，藉资查考。现划分十二年七月至十二月为下半年份，其配盐溢额比较表系每千包溢盐六十三包零百分之五七。又由本年一月至四月划分为本年上半年份，其配盐溢额比较表系每千包溢盐一百一十八包零百分之五八。两相比较，本年配盐比较去年每千包实多五十五包，总计盐税约多二百七十五元。以上若照省河每年配盐一百万包计算，每年实可增加盐税三十万元之谱。惟其原因，实以秉承钧旨革除陋习、严加整顿，除督率各员认真监视配兑外，并每日实行复秤以杜弊混。而尝试舞弊之秤手骆习之、骆品芳、李海云等，亦经先后奉令分别革除停职，所以收效更速。所有各程船配盐溢额比较数目理合列表察核等情，计附呈十二年下半年份及十三年上半年□份程船比较表各一份。查程船运到各场，盐斤一经配兑，即须照盐纳税，所以私枭则乘未配时设法偷卖，私相授受。奸商则乘秤放时多方舞弊，暗加盐斤，而排艇之走漏，人役之窃取，尤为防不胜防。此均系乘间走私，意图瞒税。职自到任以来，即严饬所属对于上项积弊设法扫除，关于配盐工商亦严行取缔。现据所呈两表计，由十二年十二月以后，由该委员郑芷湘所配盐斤比较程船报配数目，每千包多一百二十包左右，以视前时仅多配六十余包，实超过半数。照每年省河所配盐包计，实增数十万元。若从此逐渐整顿，虽不敢云弊绝风清，总可去其太甚，此收回自办后之成绩。上欲仰副大元帅整顿鹾纲之至意，而下对人民亦未始非增进税收、充裕民食之一道也。所有该关造具□船配盐比较表，理合照钞二分，备文呈请鉴核备案，实为公便。谨呈

大元帅

　　　　　　　　两广盐务稽核所经理宋子文

　　　　　　　　中华民国十三年六月七日

　　（《陆海军大元帅大本营公报》一九二四年第十七号，6月20日，"指令"）

沈鸿英致孙中山电
（1924 年 6 月 9 日）

　　庚（八日）何才杰抵柳州东门，邓右文部抵柳喇塔、三隍，遮断敌人桂柳交通，下柳只在指日。桂城入软困之境，各路敌援已绝，可不战自溃。

　　　　　　　　（《申报》1924 年 6 月 14 日，"国内专电"）

许崇智致孙中山电
（1924 年 6 月 9 日）

广州大元帅钧鉴：

　　窃职部前经大本营军政部及广州卫戍总司令，先后来函，称奉帅令：广州市内军民杂居，屡滋纷扰，着有防地之军队，各归原防，其非正式编制之军队之向驻市内，限于奉令十日一律迁出，撤销机关等因。准此，即经通令职军各部队，一律遵照办理，其原有借居之民房，亦一律退归房主，以副我大元帅整军恤民之至意。近

据各部队官长呈复，关于驻军市外交还民房各事，亦一律遵照实行。理合将办理情形，呈报钧核，伏希睿鉴。粤军总司令许崇智呈。佳（九日）。

（《广州民国日报》1924 年 6 月 11 日，"特别纪载"）

沈鸿英致孙中山等电
（1924 年 6 月 9 日）

万急。孙大元帅睿鉴：谭总司令组安、朱总司令益之勋鉴：

前据何师长才杰、邓参谋长右文报称：江（三）日再克鹿寨，当将战况呈报帅府在案。顷据何师长鱼（六日）电，鹿寨一役，敌胆已寒，谭、陆、黄、韩各残部，一由柳城逃遁，一退古化拒守，中渡东泉等处，已无敌踪。青（九日）晨，复接何、邓同时电话，庚（八）日得何部已抵柳州东门，邓部暨卫成［戌］独立两团，本日已抵喇哈三陉，遮断敌人桂柳交通，准明日向凤凰墟进攻古化各等语。查入柳之兵，现已逼近城下，逆敌虽众，确难坚守，下柳只在指日。至退古化之敌，如蚁入穴，前有两江山口大军拦路，后有追兵，一股聚歼，当可豫操胜算。桂城尚在包围中，各路敌援已绝，当可不战而溃，合并陈明。广西总司令沈鸿英呈叩。青（九日）。印。

（《广州民国日报》1924 年 6 月 13 日，"特别纪载"）

程潜呈孙中山文
（1924 年 6 月 9 日）

呈为呈复事：案奉钧座发下东路讨贼军总司令许崇智呈一件，以所部第十二旅旅长兼前敌总指挥郑咏深［琛］，前于东江之役指挥作战，露宿风餐，驰骤彊［疆］场，心力交瘁，遂至积劳成疾，于十二年十一月十六日病故，请予追赠陆军中将并援照阵亡例优予给恤等情。查该已故旅长兼前敌总指挥郑咏琛卓著辛勤，积劳病故，拟请钧座准予追赠陆军中将，仍照积劳病故例第四表给予中将恤金，以酬劳勋而慰英灵。是否有当，理合具文呈请鉴核明令施行。谨呈

陆海军大元帅孙

大本营军政部长程潜

中华民国十三年六月九日

（《陆海军大元帅大本营公报》一九二四年第十七号，6月20日，"指令"）

程潜呈孙中山文

（1924年6月9日）

呈为呈复事：案奉钧座发下东路讨贼军总司令许崇智呈一件，以所部已故总参议陆军少将加中将衔蒋国斌，自清末入党以来为国效力，矢死不渝。护法军兴，于北伐、援闽等役尤著战功，积劳成疾，咯血身故，请追赠陆军中将并照阵亡例给恤等情。查该已故总参议陆军少将加中将衔蒋国斌屡经战役，卓著勋劳，尽瘁身亡，良堪悼惜。拟请钧座准予追赠陆军中将，仍照积劳病故例，照第四表给予中将恤金，以昭忠荩而慰英魂。是否有当，理合具文呈请鉴核明令施行。谨呈

大元帅

大本营军政部长程潜

中华民国十三年六月九日

（《陆海军大元帅大本营公报》一九二四年第十七号，6月20日，"指令"）

程潜呈孙中山文

（1924 年 6 月 9 日）

呈为呈请事：案据中央直辖广东讨贼军第四军军长梁鸿楷呈，以所部上尉副官兼第三独立团少校团附廖有权，于五月二十八日因公由恩平来省，本月一日事竣搭轮返恩平，中途被匪劫轮轰毙，请照例给恤等情到部。查该已故上尉副官兼少校团附廖有权因公殒命，核与《陆军战时恤赏章程》第五章事实相符，拟请钧座准予查照第三表给予少校恤金，以示矜恤。是否有当，理合具文呈请鉴核训示祗遵。谨呈

陆海军大元帅孙

大本营军政部长程潜
中华民国十三年六月九日

（《陆海军大元帅大本营公报》一九二四年第十七号，6 月 20 日，"指令"）

叶恭绰呈孙中山文

（1924 年 6 月 9 日）

呈为呈报事：窃职部为经理军需、筹拨国军军费起见，发行短期军需库券，前经拟具条例交由财政委员会议决，并呈奉第五四二号指令准如所拟施行各在案。查此项库券必须维持信用，方可推行尽利。依条例第八条之规定，对于本息基金应由职部函请大本营审计处长、广州市公安局长及广州总商会、银业公会暨各军军需，各推举代表一人，于星期一、星期四两日会同前往裕广银号，考核其基金存款账目。并于开始还本、付息后，查验其库存备还本息之现款等语。亟应由部约集各该员及函请各该团体，推举代表组织基金

委员会，以便执行条所规定之职务，并将裕广银号经理加入该会为委员，用资接洽。至各委员对于该项基金应如何考核，账目如何查验，现款如何证明，实数如何报告公布，及裕广银号对于该项基金应如何保管，如何收存所有一切详细手续及报告表式，亦应规定办法，分别执行。爰即报据条例，拟订基金委员会章程及其办事细则，俾各有所遵守而明权责。除由职部分行查照外，理合将前项章程细则及表式抄附清折，呈请钧座俯赐鉴核备案，指令祗遵。谨呈

陆海军大元帅

大本营财政部长叶恭绰
中华民国十三年六月九日

（《陆海军大元帅大本营公报》一九二四年第十七号，6月20日，"指令"）

顾忠深呈孙中山文

（1924年6月9日）

呈为呈报事：窃于五月二十七日奉师〔帅〕座简任状内开：简任顾忠深为北伐讨贼军第四军军长等因，复于同月三十一日奉钧座秘书处颁发木质镶锡大印一颗，文曰"北伐讨贼军第四军军长之印"，象牙小章一颗，文曰"北伐讨贼军第四军军长"。奉此，遵于六月九日就职启用印信。除分行外，所有就职及启用印信日期，理合呈请鉴核备案。谨呈

大元帅

北伐讨贼军第四军军长顾忠深
中华民国十三年六月九日

（《陆海军大元帅大本营公报》一九二四年第十七号，6月20日，"指令"）

邓泽如呈孙中山文

（1924 年 6 月 9 日）

呈为呈请核示事：民国十三年五月二十四日准两广盐务缉私主任张民达咨呈，内开：查现在各处私盐充斥，影响正引不能畅销，盐税收入遂至锐减。若非认真整顿缉私，何以维鹾务而裕税收？查从前缉私巡舰原有十四艘，除江澄拨归运副外，靖海、裕民经已沉没，绥南、利琛被港扣留，定海、江平、福海三舰自驶离省河后尚未归队，平南一艘为蒋军长借用亦未还，隼捷虽已投修工程未竣，操江、横海舰身大〔太〕小出海为难。以粤省河道之迂折、交通之频繁、华洋之接壤、港澳之分歧，所恃以为缉私之具者只安北、江顺及与东路借用之飞鹏三艘，指挥纵极敏捷，顾此终虞失彼。主任就事以来，除将陆警从新编配、分派严缉，并一面请运使咨请蒋军长迅将平南一艘交回调遣外，仍一面与招君桂章暨定海、江平、福海舰长等往返磋商迅速归队，以备缉私。招君暨各舰长等尚属深明大义，竭诚来归。此后巡舰骤加数艘，于缉私前途谅能日有起色。惟据招君暨各舰长等呈称，军兴之际，各缉私舰或被各军踞用，或在港地扣留，舰长等几经艰险始克收回，集队澳门，为时匝月，随投归大本营成立缉办事处。嗣泽公接任，即率队返省，仍设处办事。旋因该处撤销各舰出巡在外，亦为时匝月始奉李督办编为西江舰队。计自集队澳门及出巡两时期，先后垫过接收各舰运动费及赎回舰内机件费共二千四百八十元，修理费共五千零五十五元九毫六仙，煤炭费共六千五百五十六元一毫，起绞费八百元。福海、江顺两舰遇风后，员兵住宿费一百一十九元，故兵殓葬费五百二十五元，故兵恤款八名共八百元，垫支伙食共二千元，统计一万八千三百三十六元零六仙，为数颇巨。虽毁家纾艰古有遗风，然桂章等资藉不丰末由捐报，盖涓滴之耗皆挪借得来，屡被责还，筹措乏术，用敢将单呈缴察核，恳予设法维持等情。

据此，查该舰长等出巡及集队澳门时，垫借各款尚系实情。虽当此公款奇绌之秋，但赎舰机件暨绞舰收理、购炭各费，皆由挪借而来，若令其借垫无归，因公受累，亦属情所难堪。兹将原开各费共一万八千三百三十六元零六仙再三核减，应准予给续取机件费六百三十六元六毫四仙，修理费除江顺舰修理及定银一千三百四十一元二毫外，实给三千七百一十四元七毫六仙，煤炭费除江顺舰购煤九百零七元五毫外，实给五千六百四十八元六毫，计共一万元，俾其垫款有着，安心服务。除由主任设法垫发外，相应连同所缴单据咨呈察照，准将核减各舰赎取机件及修理、购煤各费一万元迅发下处以便归垫等由，附呈单据三十三纸到署。

准此，运使复查咨呈各节尚属实情。惟查此案前准西江巡舰队主任招桂章函请将前后垫支各舰港币二千二百元、毫银一万七千二百元如数发给归垫，业经赵前运使转呈帅座请示办理，未奉核准，想系因其擅留巡舰，有碍缉私，是以未允发还。今各缉舰业已知悔悟，驶回省河，听候调遣，情节尚属可原。且所请发各款其赎取机件一项虽无收据呈验，但查前年六月政变之后，各缉私舰驶往港澳湾泊，曾将机件撤卸押作伙食，以免旁人运动将船驶去，系属实情。原单所列连运动费二千四百八十元，张主任仅止核发六百三十元六毫四仙，不过四分之一。其余修理工程及购买煤炭两项均有单据可凭，其修理一项经张主任扣除，江顺舰修理及定银一千三百四十一元二毫实发三千七百一十四元七毫六仙。煤炭一项亦经扣除，江顺舰购煤银九百零七元五毫。实发五千六百四十八元六毫。三款共计一万元，尚属核实。且为奖励各舰自行归队起见，既经张主任设法垫发，可否由运使于盐税项下拨还归垫，未敢擅便，理合具文呈请帅座鉴核，指令祗遵，实为公便。谨呈

陆海军大元帅

两广盐运使邓泽如
中华民国十三年六月九日
（《陆海军大元帅大本营公报》一九二四年第十七号，
6 月 20 日，"指令"）

林翔呈孙中山文
（1924 年 6 月 9 日）

　　呈为呈报事：本月三日奉钧帅第二五六号训令开：查整理财政，当求收支适合，况现在前方作战，需款正殷，罗掘俱穷，尚不足以资供养，自非将各行政机关竭力撙节以裕度支不可。查自军兴以后，各行政机关一切开支视前不啻倍蓰，其冗员之多不问可知，仰即克日裁减。其民国十年已成立之机关，应参照该年度预算切实减除，不得超过。其成立于十年以后者，亦应力加节省，限本月十日以前将所拟定减省之数呈报核夺，不得玩延。此令。等因。奉此，查职处经费经刘前局长呈准每月三千四百一十七元，当日开办伊始，交审之案尚属无几，定设员额均从减省，仅足以敷彼时办公之用。迨职于去年十月接办以来，奉发交审及直接送审案件日益增多，视刘前局长时不啻数倍。值兹财政困难，历经督饬各职员勉为其难。兹奉前因，谨于无可核减之中拟裁去协审官一员，月俸一百一十五元，一等核算一员，月薪五十元，计每月共减薪俸一百六十五元，以仰副钧座节省政费之至意。所有奉令裁减职处开支缘由，理合具文呈报察核。是否有当，伏乞指令祗遵，实为公便。谨呈大元帅

大本营审计处处长林翔
中华民国十三年六月九日

　　（《陆海军大元帅大本营公报》一九二四年第十八号，6 月 30 日，"指令"）

林森呈孙中山文
（1924 年 6 月 10 日）

　　呈为呈报事：案奉钧帅第二五六号训令开：查整理财政，当求

收支适合，况现在前方作战，需款正殷，罗掘俱穷，尚不足以资供养，自非将各行政机关竭力撙节〔不足〕以裕度支不可。查自军兴以后，各行政机关一切开支视前不啻倍蓰，其冗员之多不问可知，仰即克日裁减。其民国十年已成立之机关应参照该年度预算切实减除，不得超过。其成立于十年以后者亦应力加节省，限本月十日以前将所拟定减省之数呈报核夺，不得玩延。此令。等因。奉此，查本部自成立以来因事置人，尚少见滥职。接任之后复经斟酌，现情力求撙节，计先后裁去科长一员、一等科员一员、办事员六员，共减八员，现有人仅供办事之用。又前奉钧帅令核准成立商标注册及权度检定□所，职为节省起见，除添雇杂差两名外所需职员，商标注册所分三科应设科长、科员等，权度检定所应设检定员、事务员等，均就部员委派兼充，尚觉不敷分配，实难再行裁减。所有奉令减省缘由，理合备文呈请鉴核，伏乞训示祇遵。谨呈

大元帅

大本营建设部部长林森

中华民国十三年六月十日

（《陆海军大元帅大本营公报》一九二四年第十八号，6月30日，"指令"）

许崇智呈孙中山文

（1924 年 6 月 10 日）

呈为遴选人员呈请任命事：窃职部组织伊始，事务殷繁，所有部内各处处长自应遴员专任以收臂助。兹查有冯轶裴堪任参谋处处长，冯祝万堪任军务处处长，陈可钰堪任副官长，邵元冲堪任秘书长，万黄裳堪任军需监，关道堪代军需处处长，俞飞鹏堪代审计处处长，江维华堪任西江财政整理处处长。除由崇智先行委任外，理

合呈请察核，伏乞俯赐加给任命，以专责成。谨呈

陆海军大元帅孙

粤军总司令许崇智

中华民国十三年六月十日

（《陆海军大元帅大本营公报》一九二四年第十七号，

6月20日，"指令"）

许崇智呈孙中山文

（1924年6月10日）

呈为遴任高级将领请予任命以重职守伏祈睿鉴事：窃崇智忝奉特命，总制粤军，业将东路部队及原日粤军次第编改。惟整军经武，首重将才，庶懋绩登庸，允孚物望。查广东讨贼军第四军军长梁鸿楷久掌兵符，历著勋绩，堪任粤军第一军军长。东路讨贼军第三军军长李福林敭历戎行，屡著战绩，堪任粤军第三军军长。广东第一师师长李济深治军有方，将士詟服，堪任粤军第一师师长。东路讨贼军第八旅旅长张民达征战频年，卓著功绩，堪以升任粤军第二师师长。广东第三师师长郑润琦老成持重，绰有将才，堪任粤军第三师师长。东路讨贼军第五旅旅长许济转战各省，屡立功勋，堪任粤军第七旅旅长。东路讨贼军第一独立旅旅长杨锦龙勇敢善战，素著懋绩，堪任粤军第八旅旅长。以上各员皆粤中人选，为一时不可多得之才。除由崇智先行委任并刊发印信外，理合呈请察核伏乞俯赐任命以重职守。谨呈

陆海军大元帅孙

粤军总司令许崇智

中华民国十三年六月十日

（《陆海军大元帅大本营公报》一九二四年第十七号，

6月20日，"指令"）

许崇智呈孙中山文

（1924 年 6 月 10 日）

呈为呈报事：五月二十七日案奉大元帅令开：特派许崇智为江海警委员长。此令。等因。奉此，复准广东省长公署咨开：现准大本营秘书处公函开：查江海警委员长原由广东省长兼充，现杨省长请假，奉大元帅谕改委粤军总司令许崇智兼江海警委员长等因。除分函通知外，相应函达查照，并希将前颁发江海警委员关防及委员长牙章各一颗，送交许总司令查收为荷等由。准此，自应照办。除函复外，相应备文连同江海警委员会关防一颗、象牙小章一颗，又委员长牙章一颗、案卷三束，一并咨送贵总司令查照，分别验收办理见复等由。准此，伏查江海警委员会原为协防盗匪、统一指挥而设，关系地方治安极为重要，自应随时禀承钧训认真办理。所有领到关防经于六月十日启用，除咨覆广东省长外，理合具文呈报大元帅鉴察。谨呈

大元帅孙

江海警委员长许崇智

中华民国十三年六月十日

（《陆海军大元帅大本营公报》一九二四年第十七号，6 月 20 日，"指令"）

蒋中正、廖仲恺呈孙中山文

（1924 年 6 月 10 日）

呈为呈请事：窃职校自奉令筹备以来，即选择熟谙军事、尽忠党务人员，拟任以主任及总教官之职。前拟定教练部主任李济深、

教授部主任王柏龄、政治部主任戴传贤、总教官何应钦均经到校任事，确能尽职，理合造具履历，备文呈请钧座给予任状，以昭慎重而专责成。是否有当，仍候指令祗遵。谨呈

陆海军大元帅

陆军军官学校校长蒋中正

驻校国民党代表廖仲恺

中华民国十三年六月十日

（《陆海军大元帅大本营公报》一九二四年第十七号，6 月 20 日，"指令"）

邹鲁呈孙中山文

（1924 年 6 月 11 日）

呈为呈报事：查本校高师第十一届文史部四年级生杜喆全等三十五名、英语部四年级生虞文灼等二十名、数理化部四年级生黄迪勋等十七名、博物部四年级生王德泰等二十七名，于民国九年七月入学，至本年六月修业期满。惟内有文史部学生林天焘一名、数理化部学生黄焕乾一名系民国八年七月入学，至十二年六月修业期满，经于去年考试毕业，当因单位不足令其留级补习，所有各科功课均已教授完竣，照章由校先行呈请考试毕业。谨将高师第十一届各部学生名籍表一份，理合备文呈请大元帅察核，准予举行毕业试验，仍候指令祗遵。谨呈

陆海军大元帅

国立广东大学筹备主任邹鲁

中华民国十三年六月十一日

（《陆海军大元帅大本营公报》一九二四年第十七号，6 月 20 日，"指令"）

徐绍桢呈孙中山文
（1924 年 6 月 11 日）

　　为呈请褒扬事：案据琼山县民陈道五等呈称：琼山县福□里寿妇陈黄氏年登百岁，例合褒杨［扬］，谨缮具事实清册及证明书，连同褒扬费大洋六元，呈请援例褒扬等情。据此，部长核其事状，与现行褒扬条例第一条第九款尚属相符，拟请钧座题颁"共和人瑞"四字，并给予银质褒章以示褒扬。所有拟请褒扬琼山县寿妇陈黄氏各缘由是否有当，理合具文呈请钧座俯赐察核，指令祗遵。谨呈

大元帅

　　　　　　　　　　　　　　大本营内政部长徐绍桢
　　　　　　　　　　　　　　中华民国十三年六月十一日
　　（《陆海军大元帅大本营公报》一九二四年第十七号，
　　6 月 20 日，"指令"）

沈鸿英致孙中山电
（1924 年 6 月 11 日）

火急。广州大元帅睿鉴：

　　本日据职部何师长才杰报称：杰本晨九时，入柳州城，敌人由一都方面溃退，除派队追击外，城厢内外商民安堵，秩序井然，谨电驰陈，容续详报。才杰呈。真（十一）。印。等因。特电奉闻。沈鸿英呈叩。真（十一）酉。印。

　　（《广州民国日报》1924 年 6 月 14 日，"特别纪载"）

程潜呈孙中山文

（1924 年 6 月 12 日）

呈为呈复事：案奉钧座发下粤军总司令许崇智呈一件，以所部参议兼四军驻江行营主任李天霖此次东江战役积劳致疾，于本年五月二十三日病故，拟援照陆军上校在职病故例，请予恩准追赠陆军少将等情。查该已故参议兼主任李天霖卓著辛勤，积劳病故，拟请钧座准予追赠陆军少将，仍照积劳病故例，照第四表给予恤金，以昭殊荩而慰英魂。是否有当，理合具文呈请鉴核明令施行。谨呈
陆海军大元帅孙

军政部部长程潜

中华民国十三年六月十二日

（《陆海军大元帅大本营公报》一九二四年第十七号，
6 月 20 日，"指令"）

林若时呈孙中山文

（1924 年 6 月 12 日）

呈为呈请委任事：窃查江固舰一艘系帅府座船，当常泊省河听候差遣。其舰长一职责任匪轻，尤应物色干员慎恭将事。兹查有海军毕业生卢善矩学识甚优，忠诚素著，前充宝璧舰长，在白鹅潭之役已著功勋，去年转充安北舰长，亦能矢志服从，无忝厥职。倘荷帅恩赐委该员为江固舰长，则感激高深，必更勉图报称。职为因事择人起见，理合专文呈请仰祈睿鉴察核施行，不胜屏营待命之至。谨呈
陆海军大元帅孙

广东海防司令林若时

中华民国十三年六月十二日

（《陆海军大元帅大本营公报》一九二四年第十七号，6月20日，"指令"）

沈鸿英致孙中山等电
（1924年6月13日）

万急。广州孙大元帅睿鉴：谭总司令组菴、朱总司令益之勋鉴：

某密。真日何师长才杰克复柳州府城，当将捷报飞电查核。顷据邓参谋长右文真（十日）电称：本晨五时，率带全部及炮兵机关连进攻凤凰墟，与敌接触，战约数时，敌势不支，向古化溃退。我军追至石排时，古化城中敌将谭浩明、刘日福，亲率大队千余，到石排督战。约四时之久，敌向城中败退，我军追至城下，敌复据城抗拒，经用大炮轰击，敌始向瓦窑方面败窜，遂将古化县城完全克复。是役火力颇猛，获枪俘虏约数百。等语。查四路敌援，数达七百余人，经我军节节猛攻，大受惩创，尚复顽强抗抵，所幸将士用命，勇气百倍，用能于数日之内，分克柳州古化中渡各名城。现在敌援均已分窜来宾、庆达等处，西路一律肃清，陆、韩死守桂林孤城，确无能为矣。理合飞电查核，谨舒廑注。广西总司令沈鸿英呈叩。元（十三）。印。

（《广州民国日报》1924年6月18日，"特别纪载"）

伍朝枢呈孙中山文
（1924年6月13日）

为呈复事：案奉钧座训令第二五六号开：查整理财政，当求收支适合，况现在前方作战，需款孔殷，罗掘俱穷，尚不足以资供养，自非将各行政机关力求撙节以裕度支不可。查自军兴以后，各行政机关一切开支视前不啻倍蓰，其冗员之多不问可知，仰即克〈日〉裁减。其民国十年已成立之机关，应参照该年度预算切实减除，不得超过。其成立于十年以后者，亦应力加节省，限本月十日以前将所拟定减省之数呈报核夺，不得玩延。此令。等因。奉此，窃查职部自去岁成立伊始，以公家财政窘蹙，故于原拟预算先求力加撙节，月仅定八千元。部中只设一厅两局，部员不及十人，且多系交涉署兼职减薪者。较之各部，经费及职员均以职部为最少。当未奉钧令之前，并经于原定预算极事节省，每月实支经费统计仅六千余元，犹未违原额八千元之数。值此财政竭蹶、军需孔急之际，职部经费自应随时斟酌情形，力图节省以副大元帅节用之至意。所有奉令裁减经费缘由，理合具文呈复鉴核。谨呈
大元帅

　　　　　　　　大本营外交部长伍朝枢
　　　　　　　　中华民国十三年六月十三日
　　（《陆海军大元帅大本营公报》一九二四年第十八号，
6 月 30 日，"指令"）

叶恭绰呈孙中山文

（1924 年 6 月 14 日）

　　呈为呈复事：四月十八日奉钧座第一六二号训令，以两广盐运使赵士觐呈称：盐务稽核所侵越运署行政职责，谨将署所原来权限及现在侵越案由，并缕陈稽核所在黄沙设局及扣留裕昌堂所雇宇和岛运盐轮船两事，呈候核判等情。该局应裁应留及该所与运使权限如何划分，或竟行裁撤，令即秉公确查，悉心妥议，具复核夺。同日又奉钧座第一六五号训令，以两广盐务稽核所经理宋子文呈称：以宇和岛运盐轮船舱面尺寸不符，盐量又溢出多额，显有情弊，函请运使勿予过驳，以便澈查，照章办理，乃运署违章侵权，徇私故

纵。谨将情形呈报鉴核指示饬遵，以明权限而维税收。并声明□□盐斤尚停在省河，应如何办理，统候核示等情。令即秉公澈查，据实呈复核夺，并转行盐运使将由宇和岛丸运回现尚停泊省河之盐斤，暂予扣留。同日又承秘书处函，转发该稽核所经理宋子文第十七号原呈一件，按照运使关于批准过驳一案，致该所函据理析驳，并附抄运使第一百五十九号公函，备文呈奉批交盐务署并案查复各等因。

奉此，遵即指派本部泉币局长李承翼，按照所呈各节，根据定章详细调查，并前往黄沙及东汇关等处实地履勘。一面由部遵令转行该运使将宇和岛丸运回现尚停泊省河之盐斤，暂予扣留，静候查明呈复，再行照章处分各在案。正调查间，又于四月二十一日承准秘书处函，抄发稽核所经理宋子文呈报该所设置黄沙验放局缘由，及该局员司藉端收受陋规情形呈，附何委员文英第四号布告各一件。奉谕着交盐务署并案查明，呈候核办。同日又承准秘书处函，转发该盐运使呈，为谨将稽核所对于裕昌堂运馆雇用宇和岛丸载运琼盐返关一案办理不合及影响轮运各实情，呈请鉴核原呈一件，附抄船主片山蔍致运署函及装盐原状图，及商人呈缴片山蔍致稽核所函中□文各一帙。又查列前后各轮船报运盐数类表一纸，又转发稽核所经理呈报九龙新关函复宇和岛丸日前抵港时曾起有通常货物原呈一件，附抄该关英文复函及译文各一纸。奉谕着交盐务督办并案查办等因，下部遵即转饬并案分别澈查。嗣又于同月二十五日承准秘书处函，转发赵前运使呈请将运署复查稽核所附件发交盐务署并案议复呈一件。奉谕准如所请办理等因，并检同原呈暨附件函达到部，遵即转饬并案议复，附件用备参考。兹据该局长查复前来，除将详细调查情形及说明赵前使解释合同章程函令等不无歧误之处，另详报告内抄录成帙附呈睿核外，兹谨撮要为钧座陈之。

窃以为关于两广盐运使与稽核所争执权限一案，查核前两广盐运使赵士觐原呈，以稽核所在黄沙设立验放局及扣留裕昌堂所雇宇和岛运盐轮船两事，谓为侵越运署行政职掌，请判分权限。而两广盐务稽核所经理宋子文亦以宇和岛运盐既有种种嫌疑，该运使徒徇商人一面之请，不避侵越之嫌，迳行准予过驳，将历来会同监视过驳之惯例全然抛弃，谓为违章侵权，徇私故纵，请将盐斤暂予扣留，候查明呈复再行照章处分，并据陈明黄沙设局缘由。彼此各执一词，自非根据以前例案及调查现时情形，无由分其曲直是非。今该使与该所权限之争执皆由裕昌堂雇用宇和岛轮船运盐一案而发生，在该认为颇有嫌疑，在该使认为确无弊混，故彼则谓该所不当饬令扣留，此则谓该使不应迳准过驳。是欲明双方之权限，尤当视该使与该所此次之处置是否得当。自应将此案调查，俾明真相。若按定章而论，运署职掌场产运销，有执行之责。稽核所职在收税秤放，有稽核之权。而对于缉拿私盐，双方均有应尽之职责。惟该所对于缉私只限于查察举发，而该使对于缉私并得以处分执行。此固章程函令所规定者也。若按事实而论，在该使既知过驳有会同监视之惯例，虽核准过驳权在运使，亦应尊重该所意见会商办理，以免漠视稽核所之职权。在该所明知扣留将涉及处分之范围，即拿缉私盐例所不禁，亦应咨会运署备案共同进行，俾免执行方面之两歧。故此次处置未能和衷并济，于先又各执成见，于后意气用事，彼此不无过当之处，此又权限争执所由来者也。惟扣留究与处分不同，亦由过驳本与配销有别。今运使虽经过驳，而目前嫌疑证据运署亦既证明，商家并未否认，将来查明实据，商家固当受罚，联保亦复负责。即使核准过驳，固不虞证据之湮灭。至该所虽拟扣留，而对于处分文字上确无表示，对于罚办事实上又未实行，即使暂行扣留，未便处分之权限，盖一则慎重盐税乃假定扣留，俾实行监视，对于该轮未便任其狭脱，尚非干预行政；一则顾念商艰，故先准过驳，仍暂缓配销而非徇私故纵。对于惯例不无稍近漠视，皆可视为临时一种不得已之权宜办法，幸于处分原案尚无妨碍。但该所于四日间尚未报告，致授人口实。然尔时正在调查，尚未有误船期致令商人损失，而运使未先商洽即准过驳，因之启人拟［疑？］议。然开舱既未监视，不俟双方同意，遽谓放弃职权，此均于手续上不无稍欠完备，实际上尚未侵及权限者也。

次则黄沙设局一节，据该使原呈所称，已有西汇关复验并为内地隘口，应请裁撤。并以该局员司勒索规费，谓为意旨别有所在。已据该所呈复，当开始设局即告诫员司洁己奉公，以为创始之表率。旋微闻该局验照员高家齐有私受运商小费嫌疑，即立行撤革，并调该局委员到所严加申饬。随据该局报称，经于三月二十四日布告禁止职员藉故收索，本月七日复派员严密调查并询之商人，自高撤革后，该局办理各件并无收受陋规情事。当时运署所辖黄沙查缉厂员司亦有需索陋规情弊，闻经运署将该员撤差，并谕禁止收受陋规等语，并附抄布告一纸为证。职署亦已派员于履勘东汇关及黄沙时就近访查，现时尚无前项情弊。是此节既经该署所长官察及，分别查办禁止，应可毋庸置议。惟该局之设既有总所先期核准，复经伍使咨复照办，历时既久，屡经调查，则当时设立自有相当之必要。且水运者既有西汇关复验，陆运者应有黄沙局验放。职务本自不同，先例亦更有可援。况证以无照之私运，税收之短绌，必须因时制宜，未便因噎废食。且该局经费为数无多，倘能因此杜绝私运，对于整顿税收似尚不无裨益。总之运使与稽核所职务本属对待，吾党政见既主张分权制度，则不独稽核所当然应与运使分立并存，即黄沙验放局亦未便准予裁撤。所有两广稽核所及黄沙验放局应请仍旧设立。现当洋员去职之后，自应另行规章，划分权限。倘钧座准如所请，当再由署拟订，呈候核定施行。

其关于裕昌堂雇用宇和岛轮船运盐嫌疑一案，查核该所原呈所谓嫌疑之点，计有下列四端：（一）装盐多于程照半数，谓为违背程照第一款之规定，显有越境配运嫌疑。而运使则以轮运盐量与程照核对，只责其过少以防洒卖，不责其多溢以便商情，向为不成文之惯法。似此情形已非一次，当列表为证。值此地方未靖，情形本与平时不同。历查各案，此说尚不无可信之处。（二）头尾两舱装盐不平，历来轮船装盐皆系平正，今头尾两舱皆低陷数尺，恐有沿途洒卖情弊。而运使则以轮船装货向应尾重头轻，方合于驾驶。此固技术上所应尔，□询熟谙驾驶者皆以为然。此说虽亦具有理由，惟该船船尾、舱内亦成斜坡形，究因何故，似尚未能自圆其说。（三）斜坡盐上均无印花。谓斜坡已达五尺有奇，自应加盖印花，否则亦应照水程条例，经过丈量厂照章尺量。今竟不遵章办理，即监运员亦未报明，情弊显然。而运使则以斜面盐粒船动即卸，自不能加盖印花，并证诸船主所图装盐原状本似如此，而监运、监驳各员亦称相符。不知船主及运署员司同为当事人，难免不□存回护。故无论该管员司所报不能作凭，即船绘图亦未便遽以为证。即使行使颠播有损印花，然印花即有模糊，究较不盖印花为愈。此亦未足据以证明。（四）中途夹带他种货物。谓据九龙关函复，该轮三月二十九日抵港时，曾卸生猪、鸡蛋、生田鸡等通常货物，与中华夹带货物一案相同，并据抄附九龙关洋文原函一件为证。是该轮夹带货物可以证实，实犯两广现行缉私章程第二十二条之规定，照章应即将盐充公。今再综核全案，若按照定章，即多运盐斤亦属违章之事。现程照既已不符，场函又不足证溢多将及半数，诚难保不有越境及贩私情事。顾说者谓报少运多，商人图省配费而已。盖轮船来往本有□定地点，未必能如程船之沿途可以停泊，则越境买私自可不必致疑。况各场尚在敌方范围，虽商人惜费违章亦藉免资敌饷需，其情尚不无可原。至头尾两舱装盐不平，斜坡上又无印花，以近来轮运既非一次先例，既无可循，即以为斜坡上所盖印花，恐船动盐卸易于损坏，亦尚有中途复量舱口之救济，乃该商竟计不及此，致受嫌疑，本属无可致辩。而说者又谓轮船既不能如程船之任意湾泊，故向无舱口折而停船，既有一定口岸，自无虑中途洒卖。况香港洋私充斥，虽经停船，按其成本亦未必能在该埠私销。是头尾两舱倾斜及斜坡未盖印花两事，虽有走私嫌疑，尚无舞弊实据，似可准其先行配运。当经令饬两广盐运使及稽核所责成该商酌缴保证金，准予先行配运，仍候查明，再行处分各在案。至夹带别种货物一节，照章本应将盐充公，惟轮渡装货每有租用船舱一部分之例，当以该船货物是否盐商夹带抑系船商装载，必须调查合同条款方知实情。比饬调该商原订合同到部，译为华文，从事审查。依合同第一条及第五条规定，似系全船包租。而增订第二十三条则又有该船得于船面搭运货物，费归船商所得之规定，似亦不应故违定章。而质询该盐商曾否夹带货物，则屡称未知。而监运委员回省亦未具报，似更不无弊混。但此事尚非走私，亦与税收无关，对于该商似可从轻处分。

职署察酌情形，查核事实，窃以当此整顿税收，积弊固宜祛除，又值招致轮运，商艰亦应顾及，务于惩儆之中，仍寓体恤之意。加以军需孔亟，勿使影响税源。所有裕昌堂运盐□案虽有重大嫌疑，尚无舞弊实据。惟其间不无违章之处，应否将该盐商从宽准予酌量处罚，或责令缴纳预饷以示宽大而济军需，出自钧裁。至该运使赵士觐虽稍有失察，姑念业经免职，应请免予置议。余如监运委员报告不实，及运署员司或有通□及徇私情弊，拟即由署饬令现任邓运使泽如从严查办，分别斥汰，以便整饬而祛积弊。其旧订各项章程条文，或于轮运有不适用者并拟饬令修正，呈候核定颁行。或另订轮运专章，俾免混淆而资遵守。所有奉令查复缘由谨缕晰上陈，是否有当，理合附具调查报告书，呈请钧座俯赐核示施行，实为公便。再，此案情形复杂，卷帙繁多，必须详加调查研究，俾免稍涉偏徇枉纵。因此颇需时日，呈复较迟，合并陈明，并乞垂察。谨呈
陆海军大元帅

盐务督办叶恭绰（署长郑洪年代）

中华民国十三年六月十四日

（《陆海军大元帅大本营公报》一九二四年第十八号，6月30日，"指令"）

谭延闿呈孙中山文

（1924年6月16日）

呈为呈请察核备案事：窃职于本月十六日出发前方，所有职部

一切事宜，已派参谋长岳森代拆代行。除分行外，理合备文呈恳帅座俯赐察核备案施行。谨呈

陆海军大元帅孙

湘军总司令谭延闿

中华民国十三年六月十六日

（《陆海军大元帅大本营公报》一九二四年第十七号，6月20日，"指令"）

罗翼群呈孙中山文
（1924 年 6 月）

呈为呈复事：案奉钧府第二三六号训令开：据许总司令崇智呈称，除原文有案邀免冗叙外，后开：仰该前总监即便遵照将前经许委员长崇灏派员加盖图记之各项流水簿据克日检齐，呈缴来府，以凭转发审计处澈底查算，俾昭核实，勿得违延。切切。此令。等因。奉此，伏查兵站所属全部各表册，经于十二年十一月二日陆续分别函送东路总部及呈缴钧府转发在案。惟该委员会延搁数月，不予查明，迨至许总司令此次回粤始行赶办呈复。兹就其所举兵站舞弊各端略加辩明，以免淆惑钧听。现逐条举驳如左（下）：一收据不实。查经理局收发军品收入，有各商号单据发出，有各部队机关人员收据为凭，所称收据不实，不知所指何局、何部及何项物名而言。即有领取军品人员未携正式印据，然因军情紧急，一时从权起见，书立临时收据亦必有经手人员签名负责，似不能遽加以收据不实之断定也。一伪造铺号。查经理局购买米煤两项，先向省城原有米煤各号购买，及与米行订约购米。迨至赊欠过多，原日交易各号以兵站不能履行契约，多以本少不能周转为辞，不肯再行赊货。而未经与兵站交易之商号则更闻风逃避，不肯与兵站交易。事机紧急，惟有由兵站人员各向省港友人店铺请其设法办货接济，故非向

日在省设立商号而为临时设肆采办者间亦有之，至现各该号尚有货价未清，时来索取。其因公负累已属可悯可嘉，而反加以伪造铺号之恶名，岂不令急公好义者歔欷叹泣耶？一曰杂低货。查经理局收货物派委员数人照办验收，间有商号不依货办，查出立即退回。但因前方催迫接济，以致漏夜赶付多量粮食，商人因以少数次货羼入图利，检验委员限于时间匆促不及逐件检出，或所未免。然此项发现之事极少，即属有之，亦因一时忙迫之故，非局员有意作弊也。一曰短发斤数。查经理局收发粮秣均有监磅，非一二人所得而舞弊。若辗转运至前方，间有损耗，在所不免，然亦依解单或收据为准。在本部发出断无短少斤数也。一曰伸缩价格。查原文所谓可以随意伸缩价格，使无从调查其抬高时价之证据，系以伪造铺号为根据。其所谓伪造铺号一项，经于第二条办［辩］明。若不穷其原而竟其委，而遽加以臆度之辞，则未免公道不彰矣。总之兵站报销概以收发单据为准，其有意外损失，如被风灾、盗劫及前方军队间有不给收据者，亦事出有因，经加注说明不能任意伪造，其有任意伪造者自应严办。翼群绝不为所属曲庇，但只意气用事、不调查事实真相而遽加以武断诬捏，则翼群为本身名誉计，为所属名誉计，则不可以不辩。至各种流水簿系据以为造报销之一要件，应妥为保存报销，未办竣以前更不能抽缴。迨去年石牌之役，该委员会尚将已送查之单据交回兵站办事处，虑其有失，故此项流水簿经理局亦恐其散失，不敢率缴至报销办竣。该委员会对于此事亦搁置不理，并非经理局苟延不缴也。兹谨遵令饬局检缴前经该委员会派员加盖图记之各种流水簿二十本，随文呈缴钧府转发审计处查算，实为公便。

谨呈

大元帅

　　　　　　　　　　前兵站总监罗翼群（徐伟代）
　　　　　　　　　　中华民国十三年六月　日

　　（《陆海军大元帅大本营公报》一九二四年第十七号，
　　6月20日，"指令"）

陈兴汉呈孙中山文

（1924 年 6 月 16 日）

呈为呈报事：窃兴汉六月十六日奉钧座第五九四号指令开：呈悉。已有明令照准矣，仰即知照。此令。等因。奉此，遵于是日将管理粤汉铁路事务关防及象牙小章各一颗移交新任许崇灏接收，理合备文呈报钧座鉴核备案。谨呈

大元帅

　　　　　　　　卸管理粤汉铁路事务陈兴汉

　　　　　　　　中华民国十三年六月十六日

　　（《陆海军大元帅大本营公报》一九二四年第十七号，6 月 20 日，"指令"）

程潜呈孙中山文

（1924 年 6 月 16 日）

呈为呈复事：案奉钧座发下中央直辖滇军第三军军长蒋光亮呈一件，以所部第五师第一独立旅第一团第一营营长林鼎甲忠勇素著，前于东江战役身先士卒，所向有功，积劳成疾，于五月六日病故，请予从优照中校例议恤等情。查该已故营长林鼎甲卓著辛勤，积劳病故，情殊堪悯。拟请钧座准予援照中校积劳病故例，照第四表给予中校恤金，以慰幽魂而昭激劝。是否有当，理合具文呈复，伏乞鉴核训示祗遵。谨呈

陆海军大元帅孙

　　　　　　　　大本营军政部长程潜

　　　　　　　　中华民国十三年六月十六日

　　（《陆海军大元帅大本营公报》一九二四年第十七号，6 月 20 日，"指令"）

程潜呈孙中山文

（1924 年 6 月 17 日）

呈为呈复事：案奉帅座发下中央直辖讨贼军第一师师长李济深呈送拟订梧州善后处暂行条例，请核定公布原呈及条例各乙件，奉批交军政部核等因。部长惟将各条详加考核，略予修改，理合将修正条例呈复鉴核公布施行。谨呈

大元帅

军政部长程潜

中华民国十三年六月十七日

（《陆海军大元帅大本营公报》一九二四年第十八号，

6 月 30 日，"指令"）

邹鲁呈孙中山文

（1924 年 6 月 17 日）

呈为呈请事：窃职校于本年暑假招考预科学生，计文科一百二十名，理、法、农、工四科各一百名，共五百二十名，业经呈报大元帅察核并奉指令准如所拟办理在案。现因原有宿舍除为原有学生及添聘教员居住外，所有新招学生竟无宿舍可住。若任其在外散居，以目前广州旅舍价值高昂、习染恶劣，妨碍学生实非浅鲜，是非急为筹备不可。但一时建筑财力□有不能，时日亦恐不及。筹觅再四，查校舍后门对面有番禺学宫，尚有宽大堂屋，现为第三军卢军长所部及湘军病院驻扎。除应移驻郊外之军队所腾出堂屋、请定为广大宿舍之用外，其有不在移驻郊外之军队，亦请令该军另觅地点移驻。庶几莘莘学子有所托足，而学校管理亦易奏效。谨拟将令第三军卢军长所部及湘军病院驻扎番禺学宫之堂屋腾出，及将其他所部军队移驻郊外所腾出之堂屋一并拨定为国立广东大学宿舍各缘

由，理合备文呈请钧座察核准照办理，仍候指令祗遵。谨呈
陆海军大元帅

国立广东大学筹备主任邹鲁
中华民国十三年六月十七日

（《陆海军大元帅大本营公报》一九二四年第十八号，
6月30日，"指令"）

刘震寰呈孙中山文
（1924年6月17日载）

　　为呈复事：案奉钧座第二六五号训令内开：为令饬事：前据广
九铁路总工程师函报，广九华段各站，有军人勒收附加运费、军费
等情，当经令行该总司令严行制止在案。顷复据军车管理处报告，
各站仍有勒收附加运费、军费情事，殊属妨碍交通。合亟令仰该总司
令严饬所属，克日将广九路附加运费、军费等名目取销，嗣后无论何
项军队，均不得擅行加收各费，以利商旅而维路政。除分令外，仰即
遵照办理。切切。此令。等因。奉此，查职军对于广九路事，如有抽
收附加运费、军费情事，亦限令克日取销各在案。嗣后如有事故发生，
职军一切不负责任。奉令前因，理合备文呈覆，伏乞鉴核。谨呈
陆海军大元帅

中央直辖西路讨贼军总司令刘震寰

（《广州民国日报》1924年6月17日，"特别纪载"）

刘玉山致孙中山电
（1924年6月18日）

广州大元帅睿鉴（余衔略）：

　　敝军前奉帅令，集中都城候命南征之部队，为黄、李、郑等暗

袭大坡山，被迫解散，曾经通电存案。惟当时自行逃窜小部队，为数尚众，迭经派员密赴收容。兹据派出员报称：奉令收容部队，现计人枪约得六百余，各官兵异常感激，金誓尽力图报。即于上月中旬，分部偷渡北岸，间道东下，业于删日抵达花县属之三江墟，请电各友军查照，以免误会，而资效命等情。据此，除令韩旅长宝球，督率该部，暂在原地休息候命开拔，并派员前往安慰外，谨电奉达，伏祈垂鉴。中央直辖第七军军长刘玉山叩。巧。印。

（《广州民国日报》1924 年 6 月 20 日，"特别纪载"）

刘玉山致孙中山电

（1924 年 6 月 18 日）

前在西江被李、郑、黄击散部队，经派员往桂大坡山收容，偷渡北岸东下，删（十五）抵花县属三江墟。

（《申报》1924 年 6 月 21 日，"国内专电"）

方镇致孙中山电

（1924 年 6 月 18 日）

铣（十六）申葆藩率大队，由阳江进占恩平之那隆那吉，即率队向之围攻，现敌退出约百里之遥，据探报敌有反攻势。

（《申报》1924 年 6 月 22 日，"国内专电"）

张开儒呈孙中山文

（1924 年 6 月 18 日）

呈为呈报职处录事猝遭父丧恳给薪水以资营葬恭呈仰祈睿鉴

事：窃据职处录事熊阳钰呈称：呈为迫切陈词恳请给假奔丧以全子职事：□职顷接家慈手谕，云家父于阴历五月初二日卯时身逝，促速归家料理一切等因。捧读之余，寸心惨断，呼天抢地，痛不欲生，只缘既无伯叔终□兄弟，势不能不勉抑哀怀以襄大事。拟遵慈命即日束装旋里，为此迫切陈词，恳请钧座察核，给予丧假三十天，俾得丧葬之后返处供职。惟思国步艰难，原可夺情任职，然究不足以敦庞国俗，复不足以慰我良知。区区之情当蒙洞察，再有恳者，职家贫，亲老担石无储，频年万里驰驱，亦谋甘旨之奉。即今惨遭大故，当祭葬之资，且远道奔丧，川资不少，囊空如洗，五内如煎。拟恳我钧座大发慈悲，推情格外将职所有欠薪函知会计司，迅赐如数发给，则蛇珠环雀，图报将来，高厚鸿施，殁存均感，苦块余生，语无伦次，伏候示遵等情，并附呈家属报丧信一件。据此，查该员系出寒儒，奉公勤慎，离乡数千里，猝遭父丧而囊空如洗，情实堪怜。综计该录事自十二年尾至十三年五月份止，共存薪金一百八十四元，拟恳逾格恩施，令行会计司将该录事积薪特予清发，俾得奔丧营葬，以济寒儒而全孝道。所有职处录事恳恩给薪缘由连同原信粘呈仰祈睿察，伏候指示祗遵。谨呈
大元帅

参军长张开儒
中华民国十三年六月十八日
（《陆海军大元帅大本营公报》一九二四年第十八号，6月30日，"指令"）

程潜呈孙中山文
（1924年6月18日）

呈为呈复事：案奉大元帅第二七三号训令内开：为令遵事。据广东讨贼军别动队第一路司令孙统绸呈请抚恤故司令孙之虑并改编

接济该队一案。除原文有案邀免冗录外，尾开：除明令任命孙统绸为广东讨贼军别动队司令并饬归湘军总司令指挥调遣外，该故司令孙之虑应如何抚恤之处，仰该部长照章妥议，具复核夺。切切。此令。等因。奉此，查该已故司令孙之虑殒命疆场，情殊堪悯。拟请钧座准予追赠陆军上校，并照《陆军战时恤赏章程》第一表给予上校恤金，以彰忠荩而慰英灵。是否有当，理合具文呈复，伏乞鉴核明令施行。谨呈

陆海军大元帅孙

军政部长程潜
中华民国十三年六月十八日

（《陆海军大元帅大本营公报》一九二四年第十八号，6月30日，"指令"）

程潜呈孙中山文
（1924年6月18日）

为呈复事：案奉钧座发下大本营建设部长林森、外交部长伍朝枢呈一件，以烈士刘景双辛亥革命举义奉天，民国元年稽动局成立，以功授陆军少将。六年追随大元帅兴师护法，备员参军，嗣因炮击粤督莫荣新功败垂成，莫荣新恨之刺骨，遂于是年遇害，请予优恤或追赠等情。查该已故烈士刘景双矢志杀贼，遇害身亡，情殊堪悯。拟请钧座准予援照陆军少将因公殉命例，照第三表给予少将恤金，以示矜恤而慰忠魂。是否有当，理合具文呈复，伏乞鉴核，训示祗遵。谨呈

陆海军大元帅孙

大本营军政部长程潜
中华民国十三年六月十八日

（《陆海军大元帅大本营公报》一九二四年第十八号，6月30日，"指令"）

坪石盐业公所等致孙中山电

（1924 年 6 月 19 日）

广州孙大元帅睿鉴（余衔略）：

　　窃平石弹丸之地，频年兵燹，勒捐匪劫，种种受害，民不聊生。现在中央直辖第一军朱军长所部，驻防平石乐昌军队，设卡数起，重抽百货捐。经各行迭禀各宪，恳请取销，以苏民困，蒙大元帅洞悉商艰，迭令该部取销在案。惟至今仍未撤销，不特有违帅令，而商民剥肤之痛，尚未超苏，犹冀日间必有实行撤销之希望，故不敢再渎，静候解决。讵料一波未平，一波又起，近日平石警署，更新抽猪牛捐，生猪一只，抽银半毫，牛一头，抽银一毫。查敝埠警费，向系埠上商场负完全责任，除收房捐警费外，不敷则各行科派支足。规定之额，又何必再抽耶？不宁唯是，近日封船驾桥，船户固属枵腹从公，抑且货船上落，经过军桥者，每船抽一元，是抽之又抽，剥之又剥矣。各行观此惨状，即开全体大会讨论，金谓商场末日，若不再行呼吁，势必绝商业之命脉。迫不得已，通禀前来，乞恤民艰疾苦，迅予咨详维持，饬即将先后重抽各款，并遵帅令，立予撤销，以维法令，而苏民困，不胜待命之至。再，平石商会会长邓锡光，因请求豁免苛抽，被王师长驻防平石所部扣留后，愤而辞职。敝埠商会，无形停歇，不得已，各行联合举代表，恳求前来矣。盐业公所、龙河船户济日堂、上河船户同德堂、屠行牛栏、岑叶帮、蔴行、蛋行、油行、杂货行，邓云龙、朱广德、李维扬等数千人同叩。皓。

　　（《广州民国日报》1924 年 6 月 24 日，"各属新闻"）

廖仲恺呈孙中山文

（1924 年 6 月 19 日）

　　呈为呈报就职日期事：案奉大元帅令开：特任廖仲恺为广东省长等因，奉此，随准前任省长杨庶堪咨送印信、文卷等项前来。仲

恺经于六月十八日就职视事，除随时禀承钧训、力图整理外，所有遵令就职日期理合具文呈报大元帅鉴察。谨呈

陆海军大元帅

广东省长廖仲恺

中华民国十三年六月十九日

（《陆海军大元帅大本营公报》一九二四年第十八号，6月30日，"指令"）

林森呈孙中山文

（1924年6月19日）

呈为呈报视事日期仰祈睿鉴事：窃奉大元帅令开：派大本营建设部长林森兼理广东治河督办事宜等因，奉此，遵于本月十九日就职视事。除咨令外，理合将就职视事日期缘由具文呈报，伏乞鉴核备案。谨呈

大元帅

兼督办林森

中华民国十三年六月十九日

（《陆海军大元帅大本营公报》一九二四年第十八号，6月30日，"指令"）

鲁涤平呈孙中山文

（1924年6月20日载）

呈为遵令切实节减开支、缮具四月份预算及另造全年预算并陈明困难情形仰祈睿核事：窃奉钧府第五二五号指令内开：呈赍本年四月分预算书暨前任、本任职员名额、薪饷比较表，仰乞鉴核由一案。除原文有案邀免冗录外，尾开：仰再自行酌减，以薪饷办公费

合计每月不超过一万五千元为度，另造全年预算书呈候核定，按月照支可也。比较表存。此令。等因。奉此，伏维职谬领军符兼管烟禁，自应上体帅座节用爱人之盛意，下解人民水深火热之倒悬，对于用人行政、开源节流无不审慎周详，考虑至再。所有前呈四月分支付预算数目虽属稍多，实则减无可减。其中困难情形，不得不为我帅座陈之。查杨前督办以地方人办地方事，因革损益，无不斟酌至当，署内开支尚复如是之多。且属着手之初，仅及广州一市，现在东西北三江均皆逐渐推行，预算又复锐减，若再缩小用度，势所难能。至内、财两部为行政最高机关，每月开支各不过万元者，以其均就□□旧有之机关为之骈枝，兼有省署、财厅从中辅助以总其成。部务仅处最高裁核地位，性质既不□同，情形又复各别，故开支少。若禁烟事属创举，举凡一切署务均须从新规画，不能就已设之机关混合代办。署务因之而繁，开销亦随之而巨，此必然之势也。现当军需孔亟之秋，烟禁厉行之际，尤不能因陋就简，断颈续足，致虞贻误。苟有可以涤除烟毒、扩充饷源之处，即开支略多亦所不计。若徒事敷衍，因小失大，则非职所敢为，亦非我帅座所乐闻也。兹奉前因，遵于减无可减之中，将办公费酌减一千四百余元，此外再无撙节之余地。除临时增设局所及特别发生事故等费专案另行呈请核销外，理合检同四月份支出预算书，并按照会计年度另造全年支出预算书表，备文恭呈鉴核施行。谨呈
陆海军大元帅孙

禁烟督办鲁涤平

（《陆海军大元帅大本营公报》一九二四年第十七号，6 月 20 日，"指令"）

伍朝枢呈孙中山文

（1924 年 6 月 20 日）

呈为呈请事：案据特派广东交涉员呈称，现奉钧部令开：

奉大元帅第二五六号训令开：查整理财政，当求收支适合，况现在前方作战，需款孔殷，罗掘俱穷，尚不足以资供养，自非将各行政机关力求撙节以裕度支不可。查自军兴以后，各行政机关一切开支视前不啻倍蓰，其冗员之多不问可知，仰即克〈日〉裁减。其民国十年已成立之机关应参照该年度预算切实减除，不得超过。其成立于十年以后者亦应力加节省，限本月十日以前将所拟定减省之数呈报核夺，不得玩延等因。奉此，合令仰该交涉员即便遵照办理具复等因。窃维部定特派交涉员署经临费用表职署列入甲等规定俸薪一项，月支二千二百六十六元办公费、杂费一项月支二千元，临时费一项月支一千元，合计每月应支五千二百六十六元，经于民国十年以前公布在案。现时职署月领俸薪及办公杂费每月二千九百八十六元，连增设编辑股经费月三百元，统共月支亦祇三千二百八十六元，仅得规定原额约十分之六，已属极力撙节，款不虚糜。方今交涉案繁，日不暇给，各科长、科员、雇员均兼省署交涉局职务，不领薪。夫加以物价腾贵，各员领得□俸几乎不足以赡其家，亦属员无可裁薪无可减。至华洋诉讼上诉机关原系前粤海道尹兼办，道尹既裁，始附设于职署，每月经常杂费共六百四十二元。以一华洋诉讼上诉机关只支此数，亦属难于节省。缘奉前因，理合将职署及附属机关经费微薄、公事繁多，均未便裁员减薪实情备文呈复钧部察核，伏乞转请帅座俯予矜恤，免其裁减等情。据此，查所呈各节尚属实情，理合转呈帅座鉴核，指令祇遵。谨呈
大元帅

大本营外交部长伍朝枢
中华民国十三年六月二十日
（《陆海军大元帅大本营公报》一九二四年第十八号，6月30日，"指令"）

赵士觐呈孙中山文

（1924 年 6 月 20 日）

为遵令依式编支出计算书呈请备案事：窃奉帅令第一三六号内开：案查前该督办造送收支四柱总册一本，开办费报销分册一本，开办后一个月分支出分册一本暨单据粘存簿二本，请予核销前来，当经发交大本营审计□审查去讫。兹据复称：审查数目尚无错误，核对支出单据亦属相符，应请准予核销。惟该督办所造各册均与定式不符，拟请令饬依式另造开办费及经常费、临时费、支出计算书两分，呈送备案等情。据此，除指令照准外，合行令仰该前督办即便知照，并依式速造支出、计算书两分，呈送备案。切切。此令。等因。奉此，自应遵造办理。兹谨依式编造开办费支出计算书一分，一个月份经常、临时费支出计算书一分，随文呈请察核备案。至职处自奉令筹办起至裁撤止，收支比对计不敷毫洋四百五十六元五毫三仙，经由督办向外借垫清支，呈准核销在案。现查两广盐运使署税收充裕，应否由该署于税收项下拨还归垫俾清手续之处，伏乞指令祗遵。谨呈

陆海军大元帅

　　　　　　　　大本营粮食管理处督办赵士觐

　　　　　　　　中华民国十三年六月二十日

（《陆海军大元帅大本营公报》一九二四年第十八号，6 月 30 日，"指令"）

许崇智呈孙中山文

（1924 年 6 月 20 日）

呈为转报就职日期仰祈睿鉴事：窃据职部参谋长蒋中正呈称：

奉大元帅任命状开：任命蒋中正兼粤军总司令部参谋长。此状。
等因。奉此，中正猥以菲材，谬膺兼职，汲长绠短，陨越堪虞，
只以我帅座眷顾之隆，是以不揣驽钝，愿效驰驱，遵于六月十九
日就职视事，呈请据情转呈前来。据此，理合具文转呈察核。
谨呈
大元帅孙

粤军总司令许崇智
中华民国十三年六月二十日
（《陆海军大元帅大本营公报》一九二四年第十八号，
6月30日，"指令"）

何成浚呈孙中山文
（1924年6月20日）

为呈请解职谨祈鉴情俯准事：窃成浚于十一年十二月奉总司令
许委任为福建兴泉永等属前敌总指挥，攻取泉州，迨总司令许回粤
留守兴泉。上年奉令讨伐陈逆顿遭挫败，兴泉同时亦告不守。是时
统兵各将领强半逃亡，仅现任金旅长龙彰率所部到厦，丧师失地，
咎无可辞，迭次呈请总司令解职并请处分，仰荷宽宥未蒙批示。顾
责一日未卸，即心力不敢或懈，乃复协同闽军返攻，血战数日，幸
克漳州。成浚即率所部与中央直辖各军向龙岩攻击前进，冀与我东
江联军夹击潮梅，远仗德威，亦幸占领龙城。入城三日，即奉到钧
座委任为中央直辖福建各军总指挥之令，因指挥直辖各军起见，遂
宣布就职。是时漳、厦不守，闽军南来，更会合闽军攻取汀州。闽
军返浙，职乃率所部回粤，冀稍事补充，加入东江，以讨累年不靖
之寇。奈两月以来扶病驰驱，体质日削，正气不伸，邪瘴环起，竟
事与愿违。如不稍为休养，势必公私交尤，且军队既经抵粤，所有
福建各军总指挥名义当然取消。除兴泉永总指挥一职另呈请总司令

许解除外，理合将由闽率部回粤经过情形及辞职各缘由，备文呈请钧座鉴察俯允，不胜感激屏营之至。谨呈

大元帅孙

何成浚

中华民国十三年六月二十日

（《陆海军大元帅大本营公报》一九二四年第十八号，6月30日，"指令"）

林翔呈孙中山文

（1924年6月21日）

呈为呈请核销事：准大本营会计司函开：案奉大元帅第一六六号训令内开：据贵局呈复敝司转呈庶务科十二年十月分经办各项数目册、单据簿等件一案，内有购置物品栏内绒台布一张，价银一元四角，交际栏内宴客上菜二十五份，毫银一百二十五元。原单上未有铺章，未便遽予核销，其余原文有案不录外等因。奉此，旋即转庶务科遵照。兹据该科呈送购置台布及宴客上菜两项铺单前来，相应函送查照，即希将此两项核销为荷等由，计铺单二纸。准此，窃查该司庶务科十二年十月分支出数目册单据簿内，宴客上菜二十五份，毫银一百二十五元，绒台布一张，毫银一元四角，前因单据未盖铺章，未便遽予核销，并经呈请钧帅核准在案。兹惟函送铺章到处，业经职处详核无误，拟请予以核销。除铺单二纸留处附卷存查外，理合备文呈请钧帅鉴核示遵，实为德便。谨呈

大元帅

大本营审计处处长林翔

中华民国十三年六月廿一日

（《陆海军大元帅大本营公报》一九二四年第十九号，7月10日，"指令"）

徐树荣呈孙中山文

（1924 年 6 月 21 日）

呈为呈报事：窃查职部象宝巡舰舰长兼军事委员陈翕文，前据番禺石楼乡留省学会屡次函电密攻私藏炮械，接济匪徒，坐地分肥，与逆党袁虾九等互通声气，请迅予拿办，明正典刑。复据番禺县民陈尚达呈控该员私藏炮械，聚集歹徒，恳严行拿办，以免株累各等情到部。职以事关职员通匪，虚实均应澈究，以免有玷军誉。当经密令驻防该番禺属石楼乡步兵第五营营长凌仕璜确查去后。据复，该犯员陈翕文私藏炮械、接济匪徒属实，并敢暗中运动职营部队逃编别军等词呈复职部。据此，当即派队将该犯员陈翕文□名拿获，解部讯究，并场搜出炮械多件，由该乡自行看管。讵该乡竟敢开枪拒捕，击毙士兵一名。此案送奉大本营军政部暨广东省长公署令行严究有案。又奉粤军总司令部令饬查明番禺县民陈赞清等所控曾判徒刑、因庇匪通缉有案之陈翕文即陈务平，藉勒索、私擅逮捕、标封商店各节，遵经派员密查据复，亦均属实，呈复在案。随讯究，该犯初虽供词闪烁，后经一干人证指□确凿，该犯始俯首无词。似此犯案累累，若非处以极刑不足儆效尤而肃军纪，拟将该犯员陈翕文一名提出枪决以昭炯戒，仍乞指令祗遵。谨呈
陆海军大元帅孙

司令徐树荣

中华民国十三年六月廿一日

（《陆海军大元帅大本营公报》一九二四年第十八号，6 月 30 日，"指令"）

邹鲁呈孙中山文

（1924 年 6 月 21 日）

呈为呈报事：本月九日奉钧座：任命邹鲁为国立广东大学校长。

此状。等因。奉此,复于十四日准大本营秘书处函送颁发木质镶锡关防一颗、象牙小章一颗等由。准此,遵于本月二十一日就职任事。所有关防小章各一颗均经祗领,即日启用,理合备文呈报察核。谨呈
大元帅

国立广东大学校长邹鲁
中华民国十三年六月二十一日

（《陆海军大元帅大本营公报》一九二四年第十八号,6月30日,"指令"）

马超俊呈孙中山文
（1924年6月21日）

呈为呈请事:本月十五日奉钧座面谕,查兵工厂与罗拔洋行提取机器一案,当经本府一再派专员交涉妥协。惟提取机器之款在一百七十余万之多,将来增设新厂与及运输机器购办材料等费又须数十万,虽经各团体担认垫借,而不敷之数尚巨,自非赶紧设法筹措难收速效。仰该厂长将现在每日所制出枪枝一律照民团领枪条例拨归民团,出具县结备价清领,所得之枪款专拨作提取机器及增建工厂之用。至各军日前定造各枪枝一律暂行停发,已缴过之枪□由该厂陆续交还。如各军须用枪枝,一俟新厂成立,再行继续发给。此次提回机器增设新厂关系西南大局,实非浅鲜,仰即妥为办理,勿稍玩忽等谕。旋奉钧座第一一三号手令开:着兵工厂长将各军所定各枪枝一律停止发给。此令。各等因。奉此,除遵照办理,于本月二十二日一律停止外,用特具呈恳请钧座通饬各军一体遵照以昭郑重,实为公便。谨呈
陆海军大元帅

广东兵工厂厂长马超俊
中华民国十三年六月二十一日

叶恭绰、廖仲恺呈孙中山文
（1924年6月21日）

为呈请事：窃财政委员会改订章程及改组干事处□□□决并呈奉钧座指令核准在案。所有干事处各职员根据定章亟□□□派充以重职责，拟请简任财政部参事兼财政委员会秘书长廖朗如为财政□□会总干事，其原充财政委员会秘书长一职并请明令准免，以符定章。至副干事一职拟请简派财政部泉币局局长李承翼兼任，其秘书四员查有前□□□察厅检察官姜和椿、财政部金事陆仲履、局员金轩民、林继昌等堪以胜任，谨荐请任命为财政委员会秘书。所有遴员呈请任命财政委员会总副干事暨秘书并分别任免各缘由，理合具呈钧座鉴核施行，并候指令祗遵，实为公便。谨呈
陆海军大元帅

财政委员会主席委员叶恭绰、廖仲恺
中华民国十三年六月二十一日

（《陆海军大元帅大本营公报》一九二四年第十八号，
6月30日，"指令"）

赵成梁致孙中山电
（1924年6月21日）

顷据赣南探报：方本仁以援粤军总司令名义，在赣州开军事紧急会议，决定：七月一日开始动员，部众约二万余人，由南安、信

丰、新城三路寇粤。洪逆常师专任先锋，其主力军为邓、雷、张、王诸旅，梅岭现已增兵各等语。据此，查北敌请兵运械，增设粮台，种种布置，已成箭在弦上之势，事实昭然，非虚声恫吓者可比。以职管见所及，东江陈逆已成穷蹙之势，南路寇敌虽狡然思逞，不过癣疥之疾，将来北路肃清，不难以偏师平定。若北敌则心腹大患，假使稍得尺寸，摇动大局，为害匪浅，允宜集我劲旅，迎头痛击，无使越雷池一步，庶可绝南侵之心。惟兹事体大，务恳帅座仍照面促许总司令率师北上，专任北防，并调何总指挥、苏师长、董指挥各部，及朱军长连乐之师克日发动，会师韶石，共策应守。职责任所在，当激励将士，前驱杀贼，以抒帅座北顾之忧。临电惶悚，静待明令。

（《申报》1924 年 7 月 2 日，"国内要闻"）

赵成梁致孙中山电
（1924 年 6 月 22 日）

据侦探报告：赣军方本仁部连日陆续开拔，向安南［南安］方面前进，前锋部队已达南安者，已达一旅人数以上，三数日后，当可完全集中，想必系图粤等语。除再电令该探慎密前往侦探外，理合电闻，并乞指示机宜。

（《申报》1924 年 7 月 2 日，"国内要闻"）

郑洪年呈孙中山文
（1924 年 6 月 23 日）

为陈述下情呈请准免广东财政厅长兼职并荐贤自代事：窃洪年渥承知遇，誓报涓埃［埃］，会值艰难，理无暇逸。无如身兼数职，虽驽驳勉竭而丛脞堪虞。个人纵未敢告劳，朽木究难肩重任。与其将来覆悚，何如及早让贤？洪年干〔于〕财政虽非一无所知，然根本之图要当按序而进，断非旦夕可以呈功，更非统一财权无从着手。倘措置不循轨辙，必致贻害于无穷。目前战事方殷，前敌将士嗷嗷待哺，又岂能悬釜以待、从容整理？洪年虽竭尽其心力，终惧无补夫艰难万一，尤悔纷来，不独贻毕生晚节之愆，且恐负主座知人之哲。清夜自省，绕室彷徨。广东财政厅职务重要，非有计画能负责之员不足胜任。窃见广州市财政局长陈其瑗果毅有为，办事明敏，且在粤省服务多年，谙熟社团各方面情形，若令其兼任财政厅长一职，庶合省市通盘筹画，调剂运用，当于国家财政、社会经济两有所裨。爰于本月十九日政务会议讨论，众多赞同，合无仰恳钧座准免去洪年广东财政厅长兼职，并简任陈其瑗兼任，俾洪年稍释重负之处，出自逾格成全。所有洪年请辞广东财政厅长兼职并荐贤自代缘由，理合呈请睿核施行。谨呈

大元帅

大本营财政部次长兼任广东财政厅长郑洪年
中华民国十三年六月二十三日

（《陆海军大元帅大本营公报》一九二四年第十八号，6 月 30 日，"指令"）

邓泽如呈孙中山文
（1924 年 6 月 23 日）

呈为规复第四号扒船俾利缉务具呈仰祈鉴核备案事：现准两广盐务缉私主任张民达咨呈，内开：准贵署函开：查第一、二、三、四号缉私扒船，本署前以其笨重破烂不堪使用，当经于改定各机关经费案内，将此四号扒船经费停支，以免虚糜公款，呈奉帅府暨盐务署核准备案有案。现准贵处送来订定各项经费预算表，仍将奉令

停支之第四号扒船一艘经费大洋二百八十二元列入，未免与改定经费原案不符，应请迅将该第四号扒船规复缘由专案咨达本署查照，以便分别转呈鉴核，免与原案抵触，至所盼切等由。准此，查敝处原有缉私扒船一、二、三、四号，各艘日久失修，一、二、三号各船遂至木质朽腐不堪驶用。前经咨呈贵署查验属实，分别投变在案。惟查四号扒船船身尚好，拟留为差遣之用。盖河流之涨落深浅殊不一致，巡舰食水较深，扒船食水较浅，有时缉私扒船效力可以补巡舰之不及。以经费一项论之，每月不过二百余元支出，尚非过巨。虽与改定经费原案略有不符，惟审情度势，似应予通融。准函前由，相应将敝处第四号扒船规复缘由咨呈贵署查照分别转呈，实为公便等由过署。准此，查该四号扒船既准将规复缘由咨呈到署，自应照案核转以利缉私。除函复并分呈财政部、盐务署鉴核外，理合具文呈请钧座察核俯准备案，并乞指令祗遵，实为公便。谨呈大元帅

两广盐运使邓泽如
中华民国十三年六月二十三日

（《陆海军大元帅大本营公报》一九二四年第十八号，6月30日，"指令"）

谭延闿等呈孙中山文

（1924年6月23日）

呈为举办劝捐呈请睿核备案事：窃以东战方殷，北伐待举，馈饷不足，必误戎机。况军日以增，用日以繁，一切筹措虽悉由帅座睿衷独断，而职等任司辅佐亦理合忧勤分担。愿竭一得之愚，聊筹涓埃之助。惟地方税课罗掘已空，强制加征，腹削俱备。若取之再非其道，人民必不能堪。盖横征暴敛固仁者所不为，而出之以奖励，董之以义礼，则人心滋悦，必有倾囊相助者。今职等公同议决，共设□战时军需筹备处，其筹款之宗旨曰劝捐。其劝捐之范

围，无论水陆，凡不病国害民、不妨碍政府财政者皆属之。拟先从外海、内河入手办理。外海鱼船浮游无定，从来征收有所未及，劝之捐输，罔不乐从。内河航商往来繁伙，各省各国靡不有之。凡购渡票因而劝捐，劝客捐款于船无涉，于各方面之经□更无涉。所取甚微，集腋成裘，于众无害而有□于公，此项收入以一部解缴帅府转发作战豫军等，余由职等分作军需，按月造报，以昭核实。是举也，通力合作，一以为帅座分忧，一以补财政机关筹给所未逮。措施如法公而无私，推之于战，亦本此意，以杀敌致果则成功之速可断言也。除开办一切情形及各项另案以次呈报外，所有举办劝捐先于外海、内河入手各缘由，理〈合〉会衔具文并拟定简章十条先行呈报，请祈睿核备案。谨呈

陆海军大元帅孙

> 湘军总司令谭延闿
> 桂军总司令刘震寰
> 滇军总司令杨希闵
> 中华民国十三年六月廿三日

（《陆海军大元帅大本营公报》一九二四年第十八号，6 月 30 日，"指令"）

叶恭绰呈孙中山文

（1924 年 6 月 23 日）

呈为呈请事：案查财政委员会职员前均由职部派令部员兼任，现该会事务日繁，干事处组织规程业经奉令核准，所有该会职员均由该会呈请任命各在案。查职部佥事陆仲履现已调任该会秘书□佥事□职，应□明令准免俾专责成。理合呈请睿鉴，伏乞照准施行。谨呈

大元帅

> 大本营财政部长叶恭绰
> 中华民国十三年六月廿三日

（《陆海军大元帅大本营公报》一九二四年第十八号，6 月 30 日，"指令"）

陈兴汉呈孙中山文
（1924 年 6 月 24 日）

呈为呈请辞职恳予照准事：窃兴汉前因脑病遽发呈请赏假养疴，业奉令准辞去管理粤汉铁路事务一职，具见帅座体谅，微员感激无已。惟财政委员会待议之案日繁，倘按期莅议则于医生静养之戒有违，若缺席时闻又于政府设员之旨相背。思维再四，惟有仰恳帅座俯鉴微忱，将兴汉财政委员会一职明令准免，俾资休养，实为公便。谨呈

大元帅

财政委员会委员陈兴汉

中华民国十三年六月二十四日

（《陆海军大元帅大本营公报》一九二四年第十八号，6 月 30 日，"指令"）

许崇智呈孙中山文
（1924 年 6 月 24 日）

呈为呈请事：窃照职部呈请，自六月一日起将黄军长明堂等部应领伙食饷项，改由职部请领转发一案，业奉令复遵照。兹查尚有海军练习舰队司令潘文治所属福安、飞鹰、广海及舞凤等舰，所有按月伙食向由财政部给领，自七月一日起改归职部。又军乐队长吕定国伙食向由财政厅给领，自六月十六日起改归职部。则前项伙食饷项应请饬令概发交职部具领，以便分别令饬财政部及广东财政

厅。将应发海军舰队及军乐队伙食饷项照发以便领给，至叩公便，伏候指令祗遵。谨呈

大元帅孙

粤军总司令许崇智
中华民国十三年六月二十四日

（《陆海军大元帅大本营公报》一九二四年第十八号，6 月 30 日，"指令"）

程潜呈孙中山文
（1924 年 6 月 24 日）

呈为呈请事：窃维军人以服从命令为天职，捍卫国家为义务，非经宣誓不足表示至诚。部长现拟订军人宣誓词及军人宣誓条例，理合具文呈请察核公布施行。谨呈

大元帅

军政部长程潜
中华民国十三年六月二十四日

（《陆海军大元帅大本营公报》一九二四年第十九号，7 月 10 日，"指令"）

中国国民党中央执行委员会呈孙中山文
（1924 年 6 月 24 日）

为建议事：本会以为欲实现本党对内政策所列举之农民政策，一方固应由政府以政治的设施为贫苦之农民实行解放，一方尤赖贫苦之农民能建立有组织、有系统之团体，以自身之力量而拥护其自身之利益。爰为拟订《农民协会章程》，建议于政府批准施行，期

使全国农民得悉。在一个主义、一个组织之下而奋斗，则本党农民政策之实施，可以于此筑基础矣。此呈

大元帅

中国国民党中央执行委员会

中华民国十三年六月廿四日

（《陆海军大元帅大本营公报》一九二四年第十八号，6 月 30 日，"公文"）

龙建章致孙中山电
（1924 年 6 月 24 日）

广州即送孙大元帅睿鉴：

敝邑十区联团自卫，办理数载，地方义安。兹复因应潮流，进筹自治，设立顺德县自治筹备会，举建章为会长。父母之邦，义无逃避，抑与大元帅之三民主义相吻合，迫得服务桑梓，藉矢敬恭。谨于本月廿五日开幕，廿六日开成立大会，理合呈报帅座察核备案，并敬乞依照大元帅令军队移出郊外，勿驻城市之意，勿派军队驻顺，以完成我邑地方自治，尤深幸祷。顺德县自治筹备会会长龙建章叩。敬。

（《广州民国日报》1924 年 7 月 1 日，"要闻"）

蒋光亮呈孙中山文
（1924 年 6 月 25 日载）

呈为呈复事：案奉钧府第一七八号训令开：案据财政委员会呈称，本月十日第二十八次特别会议，准市政厅公函：据永春公司呈报：滇军第三军军需处筹备处，将芳村、花地、三五眼桥、二十四

乡筵席捐招商承办一案，令开：仰该军长即便遵照停收，仍将遵办情形报查等因。奉此，遵即令饬□属军需筹备处，遵照办理去后。兹据该处长复称：查三五眼桥、芳村、花地等处筵席捐，前据福利公司商人何作云，月认饷银五百元，呈请承办，当经批准在案。嗣据该商呈称，该处捐务，原为省河永春公司批承，现因省河减饷，仅能收及半数，未能照额征解，恳请退办等情。当查该处收款为数既属无多，照承办地点，与永春公司范围抵触，经已令将该福利公司撤销，交还永春公司办理，并将各情形呈报在案。奉令前因，理合具文呈复，察核转报等情。据此，理合将停收交还各缘由，备文呈复，伏乞鉴核施行。谨呈

陆海军大元帅孙

中央直辖滇军第三军军长蒋光亮

（《广州民国日报》1924 年 6 月 25 日，"各属新闻"）

叶恭绰呈孙中山文

（1924 年 6 月 25 日）

呈为呈请备案事：窃以广州华商银行此次猝然停业，不仅损害债权者之利益，而于银行业前途影响尤大。现虽未据该行将停业情形呈报，而职部有监督银行之责，为维持债权者利益起见，业经咨行广东省长，并令行广州市公安局饬区查明该行一切情形，呈复核办，一面即由该局会同总商会、银业公会，先将该行财产、账目分别标封保管各在案。查该行所负商民债额甚巨，函〔亟〕应慎重处理。职部现拟派定监理员六人，由广东财政厅选派二人，广州市财政局选派二人，职部选派二人，共同组织监理处，实行监理该行账目，详细调查该行资产，妥为保管。其分配偿还债项及处理该行资产等事，则另设监督清理委员会，经其议决后交监理员执行。总期无所偏徇，庶于债权者之利益能得完全之保障。所有职部处理广

州华商银行停业一案情形，并拟订章程派委监理员及组织监督清理委员会各缘由，理合附录章程，呈请钧座鉴核备案。谨呈
大元帅

大本营财政部长叶恭绰

中华民国十三年六月廿五日

（《陆海军大元帅大本营公报》一九二四年第十八号，6月30日，"指令"）

蒋中正、廖仲恺呈孙中山文

（1924年6月25日）

呈为呈请事：窃职校学生队各队长前经呈请加委以资鼓励，业蒙照准在案。兹有第一队队长吕梦熊不知奋勉，反敢私开会议要求加薪，并欲联名要胁，引起同盟罢职之举动，实属不遵命令，违犯纪律。且查吕梦熊学术平庸，性情跋扈，如再姑容，难免滋生事端。现在已将该队长吕梦熊看守，拟即免其职务，永除党籍。并请大元帅通饬军政各机关不准录用，驱逐出境，以儆效尤而肃军纪。是否有当，伏乞指令祗遵。谨呈
大元帅

陆军军官学校校长蒋中正、驻校党代表廖仲恺

中华民国十三年六月二十五日

（《陆海军大元帅大本营公报》一九二四年第十九号，7月10日，"指令"）

蒋中正、廖仲恺呈孙中山文

（1924年6月26日）

呈为呈请事：窃维职校之设，原为训练干部人材，组织真正之

革命军，以冀贯澈本党主义，所以职校各官既经慎重选定，业蒙分别任委。兹拟聘请俄人铁里沙夫、波拉克、赤列巴罗夫、哈罗们四君为职校顾问，庶可博采旁咨，多获裨益。现在均已到校，理合呈请钧座给予委任，俾有遵循。是否有当，伏乞鉴核施行。再，职校现又加聘国文教官王南微，系中校衔；技术教官郑炳垣，系少校衔；并前次请委之教官王俊，现改为中校衔。均请给予委任，合并陈明。谨呈

陆海军大元帅

陆军军官学校校长蒋中正、驻校党代表廖仲恺
中华民国十三年六月廿六日
（《陆海军大元帅大本营公报》一九二四年第十八号，

6 月 30 日，"指令"）

古应芬呈孙中山文
（1924 年 6 月 26 日）

呈为呈报事：现奉大元帅第五一五号简任状开：任命古应芬为经界局督办。此状。又奉第〇二五号派状开：派古应芬兼办广东沙田清理事宜。此状。各等因。旋准大本营秘书处函送大元帅颁发木质镶锡大印一颗，文曰"经界局印"。象牙小章一颗，文曰"经界局督办"。又木质镶锡关防一颗，文曰"广东沙田清理事宜"。关防象牙小章一颗，文曰"广东沙田清理事宜"各等因。准此，遵于六月二十三日派员将广东全省沙田清理处接收，随于二十六日就职任事，启用印信。除将办理情形随时呈报外，所有就职及接收日期，理合备文呈报鉴核俯准备案。谨呈

大元帅

大本营经界局督办兼办广东沙田清理事宜古应芬
中华民国十三年六月廿六日

（《陆海军大元帅大本营公报》一九二四年第十九号，7月10日，"指令"）

孙科呈孙中山文
（1924年6月26日）

　　呈为呈请鉴核令遵事：窃查省河筵席捐，前由财政委员会议决，呈奉钧令照准由职厅□理，经将核准永春公司商人张希明认饷承办及将该公司饷项，划拨朱军长积欠军费暨省市教育经费各情形呈报鉴核在案。查永春公司原认年饷九十万元，内以三十万元拨给中央直辖第一军朱军长培德积欠军费，其余六十万元分拨省市教育经费各占半数。嗣据该公司以办理困难呈请核减饷项，当经职厅函请财政委员会提议见复。旋准函复，经于第三十五次常会议决，减定年饷为六十万元，计照原认饷额减去三十万元□由省市教育经费各减支十一万元，朱军长摊还所欠军费减支八万元，均经分函朱军长、教育厅、七校经费委员会，暨令行教育局查照办理各在案。此永春公司承办省河筵席捐原认饷额暨核减饷项之经过情形也。计该公司自起饷承办，迄今将及四阅月，只缴过一次饷项三万八千三百三十三元四毫，又抵缴朱军长印收十一万一千六百六十六元六毫，共计十五万元。其时系以年饷九十万元计算作为解缴，按预饷各一月，恰以上数，此后分文未缴，职厅迭次严令催促，均置弗恤。当经令行公安局将该公司总理张希明拘案押追，又准朱军长来函，以该公司亏累极多、迭呈退办，请将该总理先行释出等由。职厅以该公司所欠饷项亟应扫数清理收缴，姑准该总理备具保结，先行省释，限五日内将欠饷清缴，逾限仍拘押严追，令局遵照办理在案。是该公司只缴过饷项十五万元，照章未经核减以前饷项应照原额九十万元计算。又承捐通例，所缴按饷一月须办至尾月始准扣除，若半途退办，该按饷应没收充公。现在永春公司办理筵席捐中途退办，自当照章办理。惟查朱军长迭次来函代述该公司亏累情形，不为无因，姑准通融办理。概以年饷六十万伸算，复准将缴过按前一月扣作月饷，使所缴过十五万元足抵三个月月饷之数，但核算尚欠饷项三万余元。业经函请朱军长饬令如数清缴，并令局严缉该总理押追。此永春公司积欠饷项之实在情形也。职厅以该公司既积欠饷项，自本月十二日起，乃派催饷委员前往监收捐项。旋据委员张孝植复称，到该公司待至夜候，始由各征收员收齐，汇计共收得九百余元，但每日朱军长须提缴军费八百元，又以二成为公司办公费用。昨日所收尚未足数，只将印收抵解前来，并无现款解缴。嗣经职厅根据原案，函请朱军长勿再任意截提，务请将该公司每日收入扫数解厅，以便按照原额将军费、教育费分配匀拨。旋准朱军长函复以前抵印收十一万元，该款实未收到，不得不按日提取等由。又据委员呈复，自本月十八日起，朱军长每日提收四百元，因之职厅于数日内仅收过该项约一千。讵昨两日朱军长又复每日提收五百元，似此任意先提，诚恐省市教育经费终归无着，此又派员监收筵席捐项之实在情形也。综核永春公司承办省河筵席捐务，朱军长以划拨积欠军饷关系，介绍该公司商人张希明认饷承办，以第一军军部印收抵缴，该公司应缴按预饷十一万余元。查抵缴军费议决原案系按月指拨，朱军长一次过先提缴十一万余元，已与原案岐〔歧〕异。至来函所云该款实未收到，更与发出印收及职厅抵销饷额手续不符。职厅惟有根据印收划抵计第一军积欠军费，前经财政委员会议决定，拨二十二万元。除收过十一万余元外，只欠十万余元。照案似应由职厅在该捐项下月拨一万元，其余悉数分拨省市教育经费，以免摧残教育而符原案。除一面另行招商承办，并函请财政委员会切实维持外，谨将办理此案情形备文，呈请鉴核俯赐令行中央直辖第一军朱军长勿再截收以维教育。是否有当，伏候指令祗遵，实为公便。谨呈
大元帅

广州市市长孙科

中华民国十三年六月二十六日

（《陆海军大元帅大本营公报》一九二四年第十九号，7 月 10 日，"指令"）

沈鸿英致孙中山电
（1924 年 6 月 26 日）

万急！广州孙大元帅睿鉴，谭总司令组庵、朱总司令益之勋鉴：

洪密。湘赵大举援陆，当经迭次电陈在案。宥日据参谋长右文电称，奉令赴兴全方面御敌，漾日在唐家市与敌接触。敌人器械精良，其势甚锐，幸赖士卒用命，猛力冲锋，毙百余名，俘虏六七十名，夺获新式三十节式制机关枪一挺，新式退管炮一门，新式七九步枪百余枝，敌势不支，向全县溃退等语。合肃电陈。广西总司令沈鸿英呈叩。宥。印。

（《陆海军大元帅大本营公报》一九二四年第二十号，7 月 20 日，"公电"）

邹鲁呈孙中山文
（1924 年 6 月 27 日）

呈为呈报事：查职处广东农业专门学科四年级生李乃□等二十一名，于民国九年七月入学，至本年六月修业期满，照章应先行呈请考试毕业，谨备具学生名表一分，随文呈请鉴核准予举行毕业试验，仍候指令祗遵。谨呈
陆海军大元帅

国立广东大学校长邹鲁
中华民国十三年六月廿七日

（《陆海军大元帅大本营公报》一九二四年第十九号，7 月 10 日，"指令"）

郑洪年呈孙中山文

（1924 年 6 月 27 日）

呈为呈请事：窃维粤省自军兴以来饷糈浩繁，供亿之需时虞不足。况各路军队正在出发，挽粟飞刍，不容少缓。惟当此淡征时期，青黄不接，挹注维艰，自应酌盈剂虚，另筹救济之法。查本厅前因偿还潮属各债户欠款，曾有发行抵纳券之举，当时群众称便。现仿照办法发行一元暨五毫两种短期抵纳券，总额定为毫银三十万元，订于六月二十一日开始发行日起，一个月后除加二加五厘税专款外，凡各属钱粮契税及各厘税厂、各承商税捐厘金等一切饷项均准抵纳，业经呈准广东省长暨提交财政委员会议决汇案报告在案。职厅为增加临时收入起见，谨将发行抵纳券缘由连同章程一份，具文呈请钧座察核，伏候训示祇遵。再，此次举办短期抵纳券限一月发清，三个月内收回。款巨期迫，应另派员办理，俾专责成，藉收速效。所有印刷纸张笔墨及员司薪水即在实收项下开支，以应急需，合并声明。谨呈
大元帅

广东财政厅长郑洪年

中华民国十三年六月廿七日

（《陆海军大元帅大本营公报》一九二四年第十九号，7 月 10 日，"指令"）

陈兴汉呈孙中山文

（1924 年 6 月 27 日）

呈为呈请事：窃兴汉前奉秘书处转奉帅令开：广九铁路局局长

着陈兴汉兼代。此令等因。奉此,本遵即赴任以图报称,惟查广九铁路自军兴以后,非筹有巨款自不足以利进行。自顾乏术,点金何能,成炊无米,以故部令迭催均未敢冒昧履新,致滋丛脞。况现值有事东江之际,更非轻材如兴汉者所能胜任。且管理粤汉铁路事务本职已蒙帅座鉴谅,准免于前广九铁路局局长兼职。合再仰恳帅恩收回成命,另简贤能。所有恭辞兼职缘由,理合呈请鉴核。是否有当,仍候指令祗遵。谨呈

大元帅

兼代广九铁路局局长陈兴汉

中华民国十三年六月二十七日

（《陆海军大元帅大本营公报》一九二四年第十九号,7月10日,"指令"）

徐绍桢呈孙中山文
（1924年6月27日）

呈为呈请褒扬事:案据湖南临武县人陈应品呈称:窃维中央直辖第一军六旅十一团营长兼教导团教官徐桂芳之母徐李氏,系湖南耒阳县人,生长名门,于归士族,相夫课子,重道隆师。勤俭既以兴家,慈祥复以被物。布金满地,施拾遍独孤之园,累石成桥,名胜添洛阳之景。外家贫薄,举婚为延宗,桃邻里孤,□贷粟时敦任恤。如此行谊,实属可风。按之褒扬条例,实合于第一条第三及第六两款,拟恳钧部转呈大元帅给予匾额并褒辞、褒章等以资激劝等情。附呈徐李氏事略及同乡官证明书各一纸。据此,部长核其事状,与现行褒扬条例第一条第三、六两款及第六条之规定均属相符〔符〕,拟恳钧座题颁"懿行可风"四字,给予银质褒章,并恳□给褒辞以小优异。所有呈请褒扬贤妇徐李氏各缘由是否有当,理合具文呈请

钧座察核示遵。谨呈

大元帅

大本营内政部长徐绍桢

中华民国十三年六月二十七日

（《陆海军大元帅大本营公报》一九二四年第二十号，

7 月 20 日，"指令"）

徐绍桢、程潜呈孙中山文
（1924 年 6 月 27 日）

呈为会同呈请事：窃本年三月八日准大本营参谋处函开：据测量局局长吴宗民呈述缔造之艰，请予保留局校，当经签奉帅批，交内政部、军政部办理等因函达到部。当查此事，职部等无案可稽。经咨行广东省长转饬财政厅，查案拟复。嗣准省长咨复：据财政厅呈称：此案于上年八月间前官产清理处核准林成德堂承领，其初系照普通商民承产办法，并无特别缘因。嗣奉钧署第七九八号训令行查，始据该处周前科长鹤年将本案该［?］讲武堂及测量学校系奉大元帅令行变卖，将款填还林前局长警魂欠款。案经缴价给照，殊难翻异。该测量学校应择相当地点搬迁，以符原案等判。故承办科员即本此意，具稿送判呈复。而原颁帅令及林成德堂缴价之呈均无存档。大约当时办理此案系梅前处长面承帅谕办理，故一切案牍不甚完全。迨再奉钧署第一一七六号训令行查，又本前案情节具复，而加以声明一节，则因参谋部原咨有此案，系奉帅令饬官产先觅其他地段与承商交换，若不得地则延期六个月，以便另择测量局址。现官产处尚未觅地段与承商交换，且未届六个月期限即函局搬迁，实与帅令不符等语。而钧署令开，以此项帅令，当时宋维参谋部咨复过署，官产处亦以未奉令行无凭遵办等情，郑重声明具复在案。并以此案其地址面积至一千七百九十余井之广，产价至一十一万五千余元之多，一时既无此相当地段为之转移，其次亦无此巨款盈余发还承商祇领，实属碍难办理。是以据实请示，现奉钧令训示各节，核与官产处以前经办案牍相符，如将该局校保留，仍属碍难办理。惟当此大局未定、正在用武之时，则陆军测量亦属重要局所，好在承领者虽属商民林成德堂，而实际只还林前局长警魂欠款。该局长之欠款，其原因虽案无可稽，而帅座谅能洞悉。林局长既已急公慕义垫款于前，现在该测量局请求亦不过欲保存五百余井之地，核与林成德堂原领面积，充其量尚不足短交三分之一。合无仍恳钧署专呈帅座，令知林局长转饬林成德堂，遵照将陆军测量局校共面积五百五十三井六方尺二十二方寸之地址暂勿迫取。俟大局底定，该局校觅有相当地址另迁，再行交收。或无相当地址另迁，则届时派员丈明，由库摊还，产价俾无损失。林局长为党中最具热诚之人，当能为国勉许此请，俾该局校得以安心办事，实于军国裨益匪浅。如蒙命允，伏乞转吁帅令立赐颁行，俾此案暂告结束。厅长系为两合起见，并无偏抑于其间。奉令前因，所有查案核议陆军测量局校迁地交收一案各缘由，是否有当，并候训令祇遵等情。当以所拟办法尚属平允，咨部查照，酌核办理见复等因到部。正在核办间，又据前广东全省沙田清理处处长林警魂呈称，去年在差先后筹垫军费十八万余元，呈奉帅令官产处处长梅光培酌拨相当官产偿还，旋准官产处拨定大东门外东皋讲武堂及天平街旧水师行台上盖连地全段抵还垫款，清算数目适相符合，当经点交清楚给照管业，惟东皋讲武堂现在设立之测量局久未迁出。上年八月十七日，奉帅令参谋处饬官产处先觅其他地段与承商交换，若不得地则延期六个月，以便另择测量局地址迁出等因。现计六个月期满，仍未迁移。因思警魂追随帅座有年，奔走国事，家产荡然，对于拨还抵垫之官产原无成见，惟当日垫支之系从港商息借而来，为时既久，债权者群相催迫。现一切契照皆为债权者收执主持，不能不奔走呼吁，呈请令饬迁移，俾得清偿债务等情到部。

据此，职部等伏查此案，该讲武堂地址测量局久未迁出，在财政厅所拟办法系因一时未得相当地段转移。为通融办理起见，而林警魂呈称当日筹垫之款皆系息借而来，为债权者催迫亦属实情。陆军测量固属重要局所，理宜保留，而抵还债款一事似亦未便久延无着。再四思维，理合呈请帅座察核，应否饬令财政厅赶速设法另觅相当地段交换，或照该地价值筹款发还，俾得两方兼顾。如何办理之处，伏乞指令祗遵。再，此呈由职内政部主稿，会同职军政部具呈。合并陈明。谨呈

大元帅

　　　　大本营内政部长徐绍桢、军政部长程潜

　　　　中华民国十三年六月二十七日

　　（《陆海军大元帅大本营公报》一九二四年第十九号，

7 月 10 日，"指令"）

陈融、林云陔呈孙中山文

(1924 年 6 月 28 日)

　　为呈报事：窃维法官之设，所以保障人权，责任綦重，非精研法理、深造有得之员，不能胜任愉快。而况国内情形今昔不同，世界潮流变迁亦异，自应养成适应时势、抱有主义之人材，以资任使。职审、检长管见所及，以为宜筹设法官学校一所，分特别、普通两科，改定教育方针，增订审判实务、法规判例、建国大纲各课程，务期体用兼购，规模较备，使欲习法政者得以研究，已毕业于法政者更获精深，于司法前途裨益匪细。惟目前帑藏空虚，举办不易，职审、检长会商再四，拟就职检厅原日管辖之警监学校改设法官学校，由职审、检两厅会同管辖。原有警监各班仍附设其中，一俟各班毕业后即行停止，不再续办。至该校经费除由收学费项下开支外，倘有不足，仍由职审、检厅筹拨，似于作育人材、节省经费两有裨

益。所有职审、检长会同筹拟设立法官学校各缘由，理合具文连同规程、课程、预算表呈请钧府察核。是否有当，仍候指令祗遵。谨呈
大元帅

　　　　广东高等审判厅厅长陈融、广东高等检察厅检察长林云陔
　　　　　　　　　　　中华民国十三年六月廿八日

　　（《陆海军大元帅大本营公报》一九二四年第十九号，7月10日，"指令"）

叶恭绰呈孙中山文

（1924年6月28日）

　　呈为呈请事：窃职部现任参事杨子毅在职部官职未改以前，原任职部第一局局长，主管赋税等事。比因改订官制，虽将第一局改称为赋税局以符名实，而局长一职本拟仍请以杨子毅简任。惟尔时职部郑次长洪年适奉命兼长财，已调该员兼任该厅第二科科长。恭绰以部厅两职同一，事繁责重，深恐有顾此失彼之虞，遂将该员调任参事以均劳逸，现该员业已辞去该厅第二科科长，专任部务。当此整理赋税之时，亟宜令其仍回局长原任，以收驾轻就熟之效。拟请简任杨子毅为职部赋税局局长，准免其原任参事。至所遗参事一职，即以现任赋税局局长李景纲调任，并准免其局长本职。一转移间，彼此对调，庶各尽所长，用当其才，实于部务殊多裨益。再，职部佥事陆仲履经财政委员会荐任为该会秘书，业已呈请准免佥事本职在案。佥事一职，查有职部局员金汉生堪以荐任，除由职部先行派充外，理合呈请钧座俯赐睿鉴，分别任免，伏乞照准施行。谨呈
大元帅

　　　　　　　　　　大本营财政部长叶恭绰
　　　　　　　　　　中华民国十三年六月廿八日

　　（《陆海军大元帅大本营公报》一九二四年第十九号，7月10日，"指令"）

程潜呈孙中山文

(1924 年 6 月 28 日)

呈为呈请事：窃自军兴以来，各军迭经战役，原有兵士名额不无增减，若非派员点验，不足以昭核实而节饷糈。部长现拟就军队点验令二十条，理合缮具清折，呈请察核公布施行。谨呈

大元帅

大本营军政部部长程潜

中华民国十三年六月廿八日

（《陆海军大元帅大本营公报》一九二四年第十九号，7 月 10 日，"指令"）

冯伟呈孙中山文

(1924 年 6 月 28 日)

呈为丁内艰呈请给假事：窃职生母卢氏于本年六月二十六日在二沙头颐养院病逝，不孝惨遭大故，五内崩裂，方寸昏迷，现拟请假二十天在寓守制。至假期内局长职务，业委报务总管司徒莹代拆代行。所有请假缘由理合备文呈请鉴核，伏乞恩准施行，实沾德便。谨呈

大元帅孙

广东无线电报局局长冯伟

中华民国十三年六月廿八日

（《陆海军大元帅大本营公报》一九二四年第十九号，7 月 10 日，"指令"）

马超俊呈孙中山文

（1924 年 6 月 28 日）

呈为呈请事：窃查职厂与罗拔洋行因机器镣辖一案，经奉钧座派委专员交涉妥协，并着将现在每日所制出枪枝一律依照民团、商团备价请领枪弹暂行章程暨暂行细则，拨归民团商团，由县出具印结备价请领，所得价格以作提取机器及建筑新厂之用等因，业经遵照办理并呈请通令在案。惟查民团、商团备价请领枪弹细则第一条，有凡民团、商团在本厂具领枪弹，须由该民团、商团长呈请该管县长转呈省署发给护照之规定。际此需款提取机器万分紧急之时，倘仍依照该细则规定办理，展转需时，诚恐有缓不济急之虞。厂长为筹款迅速起见，现拟变通办法，在筹款赎机委员会未确定办法以前，如各县民团、商团有备价请领枪弹，直接由厂长呈奉钧座核准者，暂由厂长呈请省长填发护照，连同请领枪弹迳发交各该县长转发领用，以期敏捷而省手续。其余一切办法仍按照章程及细则办理。所有民团、商团备价请领枪弹拟暂由厂长呈请省长填发护照缘由，理合具文呈请察核是否可行，伏候指令祗遵，实为公便。谨呈
陆海军大元帅

广东兵工厂厂长马超俊
中华民国十三年六月廿八日

（《陆海军大元帅大本营公报》一九二四年第十九号，7 月 10 日，"指令"）

九江商会致孙中山电

（1924 年 6 月 28 日）

孙大元帅钧鉴（余衔略）：

现据敝埠土丝行代表关维等投称：敝行顷奉沙口滇军检查所令开：转奉滇军第三军第六师第十二旅保旅长荣光令饬：抽收九江出口土丝捐，每包征收银五员等因。奉饬之下，不胜惶骇。查近年蚕丝，既属失收，洋商又复止办，价格大跌，亏累已深，丝业凋零，已达极点，且出口之丝，经有正税、府税、厘金、台费，重重捐税，负担不为不重，且保旅长昨始将茧捐征收，每百元抽至一员[圆]二毫之多，实为该埠所无。既已开抽，成本愈重，今更再抽丝捐，则敝埠丝业，何能与别处争衡。且沙口只一轮渡之码头而已，既非口岸，敝行之货，由此运往别乡，更非出口可比。若此例实行，不特于敝行生意，陷于绝境，而于各镇农民生计，尤有妨害。昨经召集全体同业，开会讨论，金谓敝行业务，已属困苦万分，若再加抽，何堪设想，迫得暂行停业，以待解决，为此投请贵会，希为转达当道，迅将此项丝捐撤销，以恤商艰，而苏民困，实为公便等情。据此，敝会经开特别会议，金以近来各行商业，凋敝已极，而土丝为敝镇农商之命脉所关，今保旅长既抽茧税，复征丝捐，一物数抽，民何堪命。敝会有维持商业之责，洞悉丝业困难情形，覆查属实。业经敝会据情函请保旅长，体恤商艰，迅予撤销在案。惟事经数日，未蒙答复，而农民持丝到市，无人购买，群情汹涌，谣诼繁兴，万一因此而酿事端，尤于治安大有妨碍。续据该行代表关维等，再行环请，转达各处，迅赐维持，敝会实难缄默，谨将该商困难情形，及九江防军抽及丝捐各缘由，肃电上陈，伏恳大元帅、省长暨滇军各长官，体念敝镇丝业凋零，不堪再担特别捐务，俯顺民意，立饬保旅长荣光，将该丝捐刻日撤销，并恳报界诸君登报代达，请各团体一致维持，使敝镇农商，不至交受其困，不胜迫切待命之至。仍乞列宪示遵，以便宣布而慰众望，实叨公便。南海九江镇商会会董曾炎初、关荫常、曾作辉等呈叩。勘（廿八日）。

（《广州民国日报》1924 年 7 月 1 日，"要闻"）

旅沪广东自治会致孙中山电

（1924 年 6 月 29 日）

大元帅钧鉴：

沪报载林逆俊廷，穷窜无方，寇我钦廉，妄称尊号，拓省广南，图作匪巢。闻耗之余，良深发指，伏祈我公派〔派〕兵征剿，肃清余孽，以靖地方。除恶务尽，古有箴诫之词，寇窜粤边，乞颁讨伐之令。本会以自治为前提，更难容兹流寇，扰我家邦也。临电神驰，不胜迫切待命之至。旅沪广东自治会叩。艳。

（《广州民国日报》1924 年 7 月 8 日，"要闻"）

郑洪年呈孙中山文

（1924 年 6 月 29 日）

为呈请事：窃查税契一项为国课收入大宗，粤省人民习惯，不动产之管业全恃契据为凭，而契纸向由职厅颁发，久为人民信仰。向于厅内设立税验契局以便各县人民置买产业、来厅印税，且以办理妥善，各县业户多有乐于远道而来。惟近日河道不靖，商民往来不便，复有多数业户意图白契管业，延不投税，不特易滋讼端，抑且有碍收入。兹查照本厅原有税验契局办法，于各属乡镇繁盛地点添设契税分局，遴派局长前往就近征收，并厉行查催，似于便民裕国均有裨益。除分别派委外，谨将所拟简章呈请察核指令饬遵，实为公便。谨呈
大元帅

广东财政厅厅长郑洪年
中华民国十三年六月廿九日

（《陆海军大元帅大本营公报》一九二四年第十九号，
7 月 10 日，"指令"）

许崇灏、张少棠呈孙中山文

（1924 年 6 月 30 日）

　　呈为职路负担过重财力枯竭，据实沥陈请免再派担各机关各军队款项事：窃职路为省会咽喉，关系北伐大计及北路防务最为重要。现查最近五月内之收入只得二十二万四千零一十余元，而合计每月本路应支薪工、警饷、煤炭、物料、息项及各杂费共银一十七万八千五百余元。军兴以来，各机关提借每月八万四千元。又湘军、滇军每月提附加军费（以最近五月所提计算）四万二千六百元，合计月支三十万零五百余元，出入比较每月不敷八万一千余元。加以路轨、枕木、机车、物件两年失修，大半废坏，非亟行修理，全路将成废弃，于兵事运输必蒙影响。此崇灏接事以来所朝夕彷徨既忧无已者也。伏查本年四月间，由前任陈总理呈明粤路困乏情形，奉钧座令开：呈悉。候令行财政委员会遵照，嗣后无论何项机关、何项军队，暂均不得再向该路派担款项可也。此令。等因，是职路竭蹶情形早邀洞鉴。现值淡月，收入愈微，财力愈窘，积欠员司薪水数月未清。崇灏对于职员及用料稍涉冗滥者已即撤裁，对于营业收入亦厘剔整顿，不遗余力。惟是节省无多，不敷甚巨。奉薪杯水，补救维艰，目前最要者为修理机车，换装枕木，而款项尚无所出。又难坐视倾危，致防大计之进行，生运输之阻碍，迫得将现在职路收支及负担款项各数目据实沥陈，并开具清折。除函送财政委员会查照外，理合备文连同清折一份，呈报钧座核鉴。伏乞仍照前案令行各机关、各军队一体知照，嗣后勿再向职路派担款项，庶使暂得维持，徐图整理。是否有当，伏候指令祗遵。谨呈

大元帅

　　　　　商办广东粤汉铁路总理许崇灏、协理张少棠

　　　　　中华民国十三年六月卅日

（《陆海军大元帅大本营公报》一九二四年第十九号，7月10日，"指令"）

程潜呈孙中山文
（1924年6月30日）

呈为呈请事：窃前奉钧令饬造军械收发日报表一事，部长遵经饬将收发数目造具日报表，按日呈赍察核在案。惟现因财政困难，兵工厂子弹早经停止造解，虽间有各军备价购买，均自行直接交涉，未经职部军械收发股提运转给。至各军枪枝一项，昨奉钧令停止发给。似此枪弹两项职部现已停止收发，无从造表填报。部长拟自七月一日起军械日报表请暂予免造，一俟兵工厂制解到部，仍当随时填报以昭郑重。所有因军械收发停止请暂免造日报表各缘由，理合备文呈请察核令遵。谨呈

大元帅

军政部长程潜

中华民国十三年六月三十日

（《陆海军大元帅大本营公报》一九二四年第十九号，7月10日，"指令"）

许崇智呈孙中山文
（1924年6月30日载）

呈为呈报事：窃职前奉钧令将广东海防司令所属各舰归职部管辖指挥，业由职令知广东海防司令林若时遵照办理在案。惟查广东海防司令部组织条例尚未明令规定，深恐系统不明，办事有所窒碍，用敢由职拟具广东海防司令部暂行组织条例十

二条。除令饬海防司令遵照外，理合呈请鉴核备案，实为公便。
谨呈
大元帅孙

粤军总司令许崇智

　　（《陆海军大元帅大本营公报》一九二四年第十八号，
6 月 30 日，"指令"）

程潜呈孙中山文

（1924 年 6 月 30 日载）①

　　呈为呈复事：奉大元帅训令开：查整理财政，当求收支适合，况现在前方作战，需款正殷，罗掘既穷，尚不足以资供养，自非将各行政机关竭力撙节以裕度支不可。查自军兴以后，各行政机关一切开支视前不啻倍蓰，其冗员之多不问可知，仰即克日裁减。其民国十年已成立之机关应参照该年度豫算切实减除，不得超过。其成立于十年以后者亦应力加节省，限本月十日以前将所拟定减省之数呈报核夺，不得玩延。此令。等因。奉此，查职部经常、临时经费每月约需四万二千余元，曾于本年三月编造预算送呈鉴核，奉令暂先发二万元，较之原额减少二分之一强，复经财政委员会减为一万八千元，且不能如数支付。部长以时艰孔殷，库帑奇绌，惟有仰体睿意，力图撙节，再加裁汰。举凡机关之可裁并者莫不裁并之，人员之可淘汰者莫不淘汰之。总二科之事务归诸一科，合二人之职责归诸一人。薪俸预算则减定五成，常因款绌实发时少，较之十年所定，尚不及远甚。在事员司虽辛苦倍前，经部长再三慰勉，训以大义，莫不奋励有加。至于参议、谘议虽有设立，然除有特别任务酌

_____

① 原文为"七月□日"，显然有误。孙中山批复程潜此函时间为 7 月 1 日，故此函呈送时间当在 6 月。

给津贴外，其余例不支薪。奉令前因，理合据实呈复，伏乞鉴核。
谨呈
大元帅孙

军政部长程潜
中华民国十三年七［六］月□日

（《陆海军大元帅大本营公报》一九二四年第十八号，
6 月 30 日，"指令"）

程潜呈孙中山文

（1924 年 6 月）

呈为呈复事：案奉钧座发下湘军总司令谭延闿呈一件，以所部第二军第十七团团部三等军需正欧阳镱、上尉副官成圣琨、二营三等书记何壮由湘来粤，千里从征，露宿风飧，积劳病故。又□营营附苏梦吾随军以来，艰辛备历。本年二月十九日，因送病兵回广州后方医治，惨遭第五军□十二团团附彭镇率队杀害，均请准予议恤以慰忠魂等情。查该已故三等军需正欧阳镱服务辛勤，积劳病故，拟请钧座准予援照少校积劳病故例，照第四表给予少校恤金，以示矜恤。至该已故上尉副官成圣琨等三员，或积劳病故，或因公惨死，除由职部查照《陆军战时恤赏章程》，分别照第三表、第四表各照原级另案呈请给恤外，所有核议抚恤已故三等军需正欧阳镱缘由是否有当，理合具文呈复，伏乞鉴核，指令祗遵。谨呈
大元帅

大本营军政部长程潜
中华民国十三年六月　日

（《陆海军大元帅大本营公报》一九二四年第十九号，
7 月 10 日，"指令"）

叶恭绰呈孙中山文

（1924 年 7 月 1 日）

呈为遴员荐任本署秘书恭呈仰祈鉴核令遵事：现据盐务署署长郑洪年呈称，以职署事务日繁，拟请呈荐黄元彬、黄苹、叶次周，充任本署秘书以资勷助。除由职署先行派委外，理合呈请荐任等由。据此，理合呈请睿鉴，伏乞照准施行。谨呈
大元帅

兼盐务督办叶恭绰

中华民国十三年七月一日

（《陆海军大元帅大本营公报》一九二四年第十九号，7 月 10 日，"指令"）

程潜呈孙中山文

（1924 年 7 月 1 日）

呈为呈复事：前准大本营参谋处函送钧座发下广东海防司令陈策呈一件，以已故永丰舰长冯肇宪意志坚定，胆识高超，当陈逆反叛之时，白鹅潭一役独能振革命精神，作帅驾保障，不意疮发竟以病终，恳请酌予抚恤等情，并奉帅座批准在案。查已故永丰舰长冯肇宪供［拱？］卫帅驾卓著辛劳，疮发身亡，殊堪痛悼。拟请钧座准予追赠海军少将，并照积劳病故例，给予少将恤金，以昭忠荩而慰英灵。是否有当，理合具文呈复，伏乞鉴核明令施行。谨呈
大元帅

军政部长程潜

中华民国十三年七月一日

（《陆海军大元帅大本营公报》一九二四年第二十号，7 月 20 日，"指令"）

叶恭绰、廖仲恺呈孙中山文
（1924 年 7 月 1 日）

为呈请事：案据乐昌商会皓日快邮代电称：中央直辖第一军朱军长所部，在乐昌平石设卡重抽百货捐迄未撤销，近日平石警署更新抽生猪牛等捐，乞予维持等由到会。当于六月二十七日第四十六次特别会议时提出会议，议决由会录案呈请钧座令饬朱军长查案取销，并另由会函复该县商会知照等在案。除汇案呈报睿鉴及分函该商会外，理合附抄该商皓日来电全文呈请鉴核，迅赐明令朱军长将重抽乐昌平石百货捐撤销，以维统一而恤商艰，实为德便。谨呈
大元帅

财政委员会主席委员叶恭绰、廖仲恺
中华民国十三年七月一日
（《陆海军大元帅大本营公报》一九二四年第二十号，
7 月 20 日，"指令"）

孙科呈孙中山文
（1924 年 7 月 2 日）

呈为呈请鉴核施行事：窃职厅办理省河水陆酒菜筵席捐，核准永春公司商人认饷承办。嗣因该公司积欠饷项，派员监收，前经将朱军长培德截留军费情形呈请鉴核在案。现查该永春公司因积欠饷项，迭呈退办，经由我厅招商接办，亦无商人认饷包承，自应派员经理征收，以维教育经费。兹拟由职厅派委征收省河水陆酒菜筵席捐总办一员经理其事，嗣后如未有商人认饷包承以前，应责成该总办遵照征收筵席捐。原定章程代收代缴，准在收入项下提二成为办

公经费。除遴委暨分别咨行查照并呈报备案外，理合备文呈请鉴核俯赐令行中央直辖第一军朱军长查照，嗣后积欠该军军费应依照原案，按月匀摊收缴，赴厅领取，勿再截留以维教育经费。是否有当，伏候指令祗遵，实为公便。谨呈

大元帅

广州市市长孙科
中华民国十三年七月二日

（《陆海军大元帅大本营公报》一九二四年第十九号，7 月 10 日，"指令"）

程潜呈孙中山文

（1924 年 7 月 2 日）

呈为呈请事：案奉钧座发下中央直辖第一军军长朱培德呈一件，以所部第三混成旅第六团第三营第十连上尉排长陈荣光，前于赣州之役，在狮子岭地方枪伤右足，腿骨伤断，已成残废，并责呈负伤调查表一纸，请提前酌予抚恤等情。查上尉排长陈荣光临阵受伤，已成残废，核与《陆军战时恤赏章程》第四章第八条事实相苻［符］，拟请钧座准予查照第二表，给予上尉一等伤恤金，以示务恤。至该废员恤金四百元，并乞令饬广东财政厅提前拨给，以清手续。是否有当，理合具文呈请鉴核，指令祗遵。谨呈

陆海军大元帅孙

大本营军政部长程潜
中华民国十三年七月二日

（《陆海军大元帅大本营公报》一九二四年第十九号，7 月 10 日，"指令"）

程潜呈孙中山文

（1924 年 7 月 2 日）

呈为呈复事：案奉钧座发下广东海防司令林若时呈一件，以已故永丰军舰副舰长梁文松护法南来，效劳数载，白鹅潭讨陈之役，颈背二部均为流弹击伤，积劳病故，情殊可悯，请予恩恤等情。查该已故永丰军舰副舰长梁文松卓著辛勤，积劳病故。拟请钧座准予援照海军上校积劳病故例，给予恤金，以示矜恤而慰幽魂。是否有当，理合具文呈复，伏乞鉴核指令祗遵。谨呈

陆海军大元帅

大本营军政部长程潜

中华民国十三年七月二日

（《陆海军大元帅大本营公报》一九二四年第二十号，7 月 20 日，"指令"）

徐绍桢呈孙中山文

（1924 年 7 月 2 日）

呈为呈复事：本年六月四日案奉第二五六号训令开：查整理财政，当求收支适合，况现在前方作战，需款正殷，罗掘俱穷，尚不足以资供养，自非将各行政机关竭力撙节以裕度支不可。查自军兴以后，各行政机关一切开支视前倍蓰，其冗员之多不问可知，仰即克日裁减。其民国十年已成立之机关，应参照该年度［预］算切实减除，不得超过。其成立于十年以后〈者〉，亦应力加节省，限本月十日以前将所拟定减省之数呈报核夺，不得玩延。此令。等因。奉此，查职部经费，前经额定每月九千六百三十八元，编造预算表，呈奉指令准予备案。一切开支已极撙节，即各职员薪俸较之

各部亦从末减，而每月均无的款指拨，无时不在困难之中。本年一月虽奉令由财政部照拨，惟财政部收入有限，军饷为先，实际仍未能按月支付，现各员薪俸仅发至十二年年底，积欠至今已将六个月。无米为炊，正拟百计维持。查职部全部人员除办事员、书记外，分设一厅二局，不过二十余人。科长每员月薪不过二百元，科员每员月薪由一百元至一百六十元，办事员月薪则仅五十元，书记月薪只三十五元耳，此外并无特别闲员。各员司以职务上之繁简，薪水虽稍有厚薄之分，然处兹生活程度日高、百物腾贵之时，即每月清发亦恐不敷。况积欠之巨为各机关所无，以致各员甚至典当俱穷，无以为生者。职部为全国内政最高机关，兼司教育行政，百端待理，以少数员司分职任事，仅足支配。部长明知现值军事时期，库储支绌，未尝不欲略为裁汰，从事撙节。惟已积欠各员司薪俸为数甚巨，事实上已成不减之减。如须裁汰之员，此项欠薪自不能不为清发。况员司中薪水微薄者占大多数，即略为裁汰，为数亦属有限。凡此种种困难，实属减无可减。奉令前因，惟有仰恳钧座令行财政部每月按照本部额支经费如数支拨，俾维现状而资办公。是否有当，理合备文呈□察核，伏候指令祗遵，实为公便。谨呈
大元帅

大本营内政部长徐绍桢
中华民国十三年七月二日

（《陆海军大元帅大本营公报》一九二四年第十九号，7月10日，"指令"）

郑洪年呈孙中山文
（1924年7月2日载）

案奉大元帅第六二四号指令呈请辞去财政厅长兼职由令开：呈悉。应即照准，已有明令发表矣，此令。又奉令开：任命陈其瑗为

广东财政厅厅长，此令。各等因。奉此，兹陈厅长经已到厅，厅长谨于七月一日，将印信文卷各件，逐一移交新任陈厅长点收，即日接任视事，厅长亦即于是日交卸。除将经收款项结算清楚，照章交代具报外，合将卸事日期备文呈报

大元帅睿鉴

（《广州民国日报》1924年7月2日，"要闻"）

梁孔惠、叶国亮致孙中山电
（1924年7月2日载）

广州分送大元帅、廖省长钧鉴；报界公会鉴：

昨闻报载我邑周县长去任，闻命之下，不胜惶恐。窃思我邑周县长莅任以来，力维地方治安，兴利革弊，素为邑人仰戴。况近世潮流，群趋自治，周县长生长我邑，爱乡之心，甚于爱国。伏恳俯顺舆情，准予留任，以符我大元帅提倡自治之旨。临电不胜盼切之至。顺德龙眼商会长梁孔惠，商团长叶国亮等同人叩。梗。

（《广州民国日报》1924年7月2日，"沧海微尘"）

龙建章、陈器范致孙中山电
（1924年7月2日载）

广州、分送大本营孙大元帅、廖省长、许总司令钧鉴：

闻周县长调省，失我棠荫，学界惊骇，乞俯顺民意，收回成命，不胜感祷。顺德县教育会会长龙建章、陈器范等同叩。感。印。

（《广州民国日报》1924年7月2日，"沧海微尘"）

罗邦翊、龙光致孙中山电
（1924 年 7 月 2 日载）

广州分送大元帅、廖省长、许总司令钧鉴：

县长周君之贞，乃合邑民选，履任以来，整军恤民，维持地方，人心爱戴，请勿更调，阖邑幸甚。顺德第一区区长罗邦翊、顺城自治局长龙光等叩。寒。印。

（《广州民国日报》1924 年 7 月 2 日，"沧海微尘"）

陈其瑗致孙中山电
（1924 年 7 月 3 日载）

广州孙大元帅（余衔略）钧鉴：

其瑗奉陆海军大元帅任命为广东财政厅长，遵于七月一日就职视事。其瑗不敏，辱荷知遇，承凋瘵之余，际艰屯之会，财权不一，饷遄难筹，智者裹足，贤者却步，其瑗何人，敢膺重寄？受命以来，夙夜忧惧，明知举千钧之鼎，徒折膑 [足]，惧四面之罗，只形掣肘。顾念勉力而致竭蹶，事固在乎意中，若畏葸以为知机，难局从何解决？用是不揣棉薄，勉效驰驱，自维才难致远，力有竭时，败复论人，过将谁诿？除声明暂权职守，仍恳大元帅物色贤能，用维久远外，尚望大雅宏达，矱诲时颁，俾有率循，或无陨越，曷胜祷盼，专此驰达，敬希亮察。广东财政厅长陈其瑗叩。东。印。

（《广州民国日报》1924 年 7 月 3 日，"要闻"）

陈其瑗呈孙中山文
（1924 年 7 月 3 日载）

呈为呈请察核事：六月二十三日，奉陆海军大元帅任命状开：

任命陈其瑷为广东财政厅厅长。此状。等因。奉此，窃其瑷猥以疏庸，辱荷恩顾，际此府库空虚之会，干戈扰攘之秋，财政既不统一，军饷急如燃眉，才智之伦，且思退避，矧此驽钝，能不恐惶？受命以来，夙夜忧虑，进则既虞陨越，退又迹近畏难，展转思维，莫知所适，终念国家兴亡，匹夫有责。我大元帅手创共和，群钦国父，卅年奋斗，百折不回，既定立国之基，更奋澄清之志。况值中原未定，逆焰方张，执锐者方将效命于疆场，居守者岂容偷安于衽席？明知厨炊无米，终贻巧妇之羞，逋索有辞，莫免唇焦之苦，亦不敢不勉竭心力，用答恩知。谨于七月一日就职视事，惟念丘垤不足言山，行潦何堪为水，力难持久，才有穷时，只可暂权职守，以待贤能，仍恳钧座物色继人，用维久远，俾其瑷不至临时竭蹶，有负知遇。所有呈报就职日期，及披沥下情各缘由，理合备文呈请睿鉴。谨呈
陆海军大元帅

广东财政厅长陈其瑷

（《广州民国日报》1924 年 7 月 3 日，"要闻"）

叶恭绰呈孙中山文
（1924 年 7 月 3 日）

呈为呈请事：现据盐务署署长郑洪年呈称：窃职署前经呈请荐任黄元彬、黄苹、叶次周充任本署秘书在案。兹查前财政厅秘书林君复熟悉盐务情形，拟请荐任为本署秘书，俾资助理署务。除由职署先行派充外，理合呈请荐任等由，据此理合呈请睿鉴，伏乞俯赐任命施行。谨呈
大元帅

兼盐务督办叶恭绰
中华民国十三年七月三日

（《陆海军大元帅大本营公报》一九二四年第十九号，
7 月 10 日，"指令"）

林云陔呈孙中山文
（1924 年 7 月 3 日）

为经费无着据实陈明仰祈睿鉴，乞饬广东财政厅长提前拨支以维司法而恤狱因事：窃查职厅暨所辖广州地检厅及广州监狱广州分监、广州看守所等，每月额支经费共毫银一万一千五百四十二元六毫，内由广东财政厅拨支九千六百八十七元六毫，由职厅司法收入坐支毫银一千八百五十五元。自军兴以来，职厅司法收入如状纸已划归总检察厅办理。此外如烟赌罚金亦毫无收入，此项坐支之款既属无着，而财政厅拨支之款积欠甚巨，在邹、梅两厅长任内尚有半数支给。迨郑厅长继任，月仅支职厅三二千元或千余元，甚至数百元不等。微特职厅员役俸薪、工食无可给发，即监所囚徒亦几绝食，迫得据实上陈，恳请饬令新任广东财政厅长陈其瑗务将职厅与广州地检厅及两监一所经费，每月额支毫银九千六百八十七元六毫提前拨支，俾得经费有着以资维持，实为德便。谨呈
陆海军大元帅

广东高等检察厅检察长林云陔
中华民国十三年七月三日
（《陆海军大元帅大本营公报》一九二四年第十九号，
7 月 10 日，"指令"）

廖仲恺呈孙中山文
（1924 年 7 月 3 日）

呈为呈请事：案准财政委员会公函，奉大元帅指令着会咨广东省长转饬全省田土业佃保证总局将台山田土业佃保证事宜移交县署接管一案，经于五月二十一日第四十次特别会议时提出会议，当议

决由会呈明大元帅，说明田土业佃总局不能将台山田土业佃保证事宜移交县署接管之原因等因在案。查属于地方财政事项，照章应由贵署转呈相应录案，函达贵署查照，即希将该田土业佃保证事宜不能移交台山县接管之原因呈明帅座等由。准此，卷查台山县刘县长栽甫筹办台山县自治前，据折陈办法五条，其第三条拟将全县财政除原属县署直接征收管理外，其余一切征收机关及征收委员等之隶属于中央政府管辖者，一律划归县署办理，业奉帅座批准试办，发交分行查照。嗣因属于国库、省库之征收机关，各以影响税收移交窒碍等情分别呈咨到署。复经杨前省长据情面请帅示，奉谕该县自治只能经理地方财政，凡属国库、省库之征收机关不得妄行条例，致碍统一等因，由署分行遵办在案。田土业佃保证局经理保证收入系由前国立大学筹备处邹主任呈奉帅座核准专拨大学经费，非属于地方财政范围。是以杨前省长面奉帅谕，前因业经令行，毋庸由县接收。兹准函达前由，自应仍照续奉帅谕为准。且以现在国立大学开办需款孔急，昨由邹校长呈奉帅令饬署分行各属对于田土业佃保证由县会局切实催收等因，正在急切进行，尤未便遽生异议，致妨学费。所有台山田土业佃保证局不能交县接管缘由，理合查案呈请鉴核示遵。谨呈

陆海军大元帅

广东省长廖仲恺
中华民国十三年七月三日
（《陆海军大元帅大本营公报》一九二四年第十九号，7月10日，"指令"）

廖仲恺呈孙中山文

（1924年7月3日）

呈为呈请鉴核事：窃查前奉钧座令饬裁减经费以裕度支一案，

昨据财政警务各厅处呈复到署，当经据情转呈在案。兹续据教育厅公路处、美术展览会筹备处、广州市审计处、广州市政厅及所属各局查照预算开具经费数目暨遵办情形呈复前来，查核尚属实情，理合将各该厅处现拟核减数目暨无可再减情形列表具文，呈请大元帅鉴核，伏候训示祗遵。谨呈

陆海军大元帅

广东省长廖仲恺

中华民国十三年七月三日

（《陆海军大元帅大本营公报》一九二四年第二十号，7 月 20 日，"指令"）

林森呈孙中山文

（1924 年 7 月 4 日）

呈为呈明职部秘书俸给系据成案办理拟请仍准照给仰祈鉴察事：窃职部前以造送本年一、二、三等月预算书，请令财政部照发等由。呈奉钧帅指令内开：呈及预算书均悉。查各部秘书系荐任职，仰即更正并照荐任职规定月俸再编预算书呈候核夺，预算书发还。此令。等因。奉此，并发还预算书三分，下部自应遵照更正，分别开列。惟秘书月俸，查军兴以来百务未遑，对于官吏俸给尚无明白规定，各部组织之时均视职务之繁简以为定给薪俸之标准。职部设置秘书两人，掌理总务厅事并兼管法律命令案，即旧例之参事事务，职任较为重要，故定俸给五百元，经邓前部长拟具预算呈奉钧帅令准有案。自邓前部长以来，历谭、叶两前部长相沿无异。职受事后悉随旧规办理，现在职部组织尚仍其旧，独于秘书月俸变更成案，于事实上不无困难之处。又查外交部经费以未超过原定预算已奉钧准照旧开支，其原定预算案内秘书给俸亦系月给五百元，足见因事定俸尚非职部特别情形。且职部秘书刘通系前福建政务厅长秘

书，伍大光系前大总统府秘书，均属曾充简任，官职资历亦尚稍深。拟请依照成案照旧给俸，俟官制、官规颁布之后再行按照办理。是否有当，理合呈请钧座鉴核训示祗遵。再发下预算书，俟奉令后再行造送，合并陈明。谨呈

大元帅

大本营建设部长林森
中华民国十三年七月四日
（《陆海军大元帅大本营公报》一九二四年第十九号，
7 月 10 日，"指令"）

张开儒呈孙中山文
（1924 年 7 月 4 日）

呈为拟具发给特别出入证手折办法仰祈睿察示遵事：窃查本府前次发给金色方形青天白日出入证，多至六百七十余枚。我大元帅为郑重出入起见，特令改制手折以救滥冒之弊。开儒已遵谕饬科办妥，拟于七月十日改用手折，但外间多有不明特别出入证改用手折之意，相率拍相援例请换前来。若依照旧证换给新折必蹈前弊，开儒考虑再三，拟具办法以免滥发。如各部总次长、各部局长、各总司令、军师长、参谋长、省长、市长、各厅长、各督办、财政委员会委员、秘书处、科员以上，参谋处、参军处校官以上均照换新折，毋庸再渎帅座核批外，其他人员非经帅座批准，职处概不发给，以矫滥发之弊。是否有当，伏乞指令祗遵。谨呈

大元帅

参军长张开儒
中华民国十三年七月四日
（《陆海军大元帅大本营公报》一九二四年第十九号，
7 月 10 日，"指令"）

郑洪年呈孙中山文

（1924 年 7 月）

呈为呈报事：窃查粤省田赋积弊相沿，民国以来短征日巨。虽由地方频年兵燹，民力凋残，亦未始非责任不专有以致之。定例征收官应缴保证金颁行已久，尚未举办。值此财政奇绌，饷项艰难，现在整理税收，拟令各县组织包征钱粮处选派专员酌收保证金，既可筹集巨款，暂济急需，又可督促催征，藉收效果。当经发交整理田赋委员会公同讨论，酌拟包征简章，察核似属可行。除通令各县遵办外，理合将简章呈请察核，俯赐核准备案，实为公便。谨呈

大元帅

广东财政厅长郑洪年

中华民国十三年七月□日

（《陆海军大元帅大本营公报》一九二四年第十九号，7 月 10 日，"指令"）

吴铁城致孙中山电

（1924 年 7 月 4 日）

大元帅睿鉴：军政部长程、广东省长廖钧鉴：

现据货船协会会长黄耀呈称：为封船肆虐，兵匪难分，恳准明定条例，而福船民事：窃政府自军兴以来，封雇船只，以备运输，诚不获已。况敝会员俱国民党份子，平素服务于党，服务于国，罔不踊跃争先，如年前帅座蒙尘珠江，敝会员竭尽绵薄担任运输探送等事。生命财产，在所不计。岂此区区封船之痛苦，而敢言劳耶！诚以近日各军封船，辄越常轨，敝会员

饱受痛苦，馨竹难宣。请将所受痛苦之大者为我处长言之。各军出发，如往某江，常用某种船只，方能适用。讵各军未明各江之深浅，率意乱封，以吃水数丈之船，奚能飞渡浅滩？一遇搁浅，公私交困，咆哮辱骂，任意捣毁，其痛苦一。各军驻船，能守军规者固多，而未受教育任意损坏者在所多有。既不负赔偿责任，使民船沦于破产，呼吁无从，其痛苦二。藉名封船，任意勒索，言语不通，为财是视，各船咸视本市为畏途，相与裹足，必至交通断绝，其痛苦三。所封之船，既不发给船租，又不发给伙食，船户伙〈？〉，奚能枵腹从公，势必星散，其痛苦四。载运已竣，仍藉故留难，久不释放，留为勒索地步，如中央直辖第二军第四独立旅，前月封去敝会胜发船，迄今经已两月，仍未释放，其痛苦五。地痞烂葸，藉名封船，四出滋扰，苟无一定之明例、正当之手续以取缔之，船民受苦在所不计，各军名誉亦为沾污，其痛苦六。剧匪冒军，影射机关，实行骑劫，如六月一号晚图劫容奇米艇，幸事机失败，捕获陈、黄二匪，转解贵局在案。兵匪难分，其痛苦七。以上俱迩来发生于省河者，以护法庄严之区，有此怪状，能不毛戴？至各船经虎门要塞沙角总台，被藉名检查，缴去经领牌照、自卫枪枝，使遇盗贼无从抵御，威远台则藉名借饷，每艘勒缴十数元或数元，肆意搜查，硬行掠取财物，此尤痛苦中之痛苦也。忖思敝会各船多数由港运米入口，接济粤垣四乡民食，经历种种痛苦，对于本市群思裹足，此等论调，已在酝酿中，苟不明定封船专条以取缔之，维系之，一旦见诸实行，必致影响民食，牵连大局。与我大元帅维持民生之本旨，岂不背道而驰乎？敝会为吾粤大局计，为会员财产生命计，再四思维，迫得沥诉隐情，上陈贵处。伏乞据情代陈极峰及层宪，明定封船条例，通令各军此后凡有出发，需船多寡，先由该军饬知敝会，俾得分配指拨，各船如命载运，并按月发给火食，以恤民艰，庶公私两便，不至发生事端，实为公便等情。可否俯如所请，明定封船条例，通行各军，俾资遵守，理合据情转请鉴夺施行。广州市公安局长吴铁城叩。支。印。

（《广州民国日报》1924 年 7 月 7 日，"要闻"）

东江缉匪司令徐树荣致孙中山电
（1924 年 7 月 4 日）

孙大元帅睿鉴（余衔略）：

窃据侦缉长徐华湛报称：本部新编泰和巡舰，江日保护大来公司货船数艘，行至距增城县地下游十里沙塘墟地方，突被袁逆虾九匪党数百人三面袭击。该处河窄水浅，卒因众寡不敌，匪党将泰和巡舰骑劫以去。现自舰长以下各员水兵，未知下落，闻各货船亦有湘军十余名驻护，当被劫时，均不知生死，请迅拨大队痛剿起获等语。据此，随加派水陆大队会同该部湘军、防军、县警、民团严加痛剿外，谨先略报，详情续呈。东江缉匪司令徐树荣呈叩。支。印。

（《广州民国日报》1924 年 7 月 7 日，"要闻"）

周之贞致孙中山电
（1924 年 7 月 4 日）

大元帅钧鉴：

职部驻防顺属九区江尾地方游击队，于江日晨被匪首曾带、李顺、陈榜等纠党千余，蜂拥扑攻，势甚凶悍。我军分头抵御，血战数时，奈众寡悬殊，子弹告竭，统领黎桐身中九枪阵亡，全部军械、服装、辎重、旗帜及本月奉发之口令，悉被劫夺。请先将本月口令通饬各军更换，以防流弊。除设法派队进剿外，谨先电陈，详情续呈。师长周之贞叩。支。印。

(《广州民国日报》1924年7月8日,"要闻")

九江公会致孙中山电
(1924年7月5日)

驻九江滇军保荣光所部,现与商团发生误会。查该军扰商病民,请饬即日撤防。

(《申报》1924年7月8日,"国内专电")

马伯麟呈孙中山文
(1924年7月5日)

呈为再请辞职事:窃伯麟前经三上辞呈,实有智竭力穷无法办理之苦衷,乃均未蒙准行,并蒙令行沙田清理处拨给火食五百元。惟是杯水车薪,用以补还旧久[欠]则相差尚巨。维持现状仅敷七日之粮,原有领款机关早经停发。自六月六号及今一钱莫名,所给支票不能兑现,且兵嗷嗷索食日必数起。伯麟当此,几经设法筹垫,而罗掘已穷,直无辞以谢部属,应付无术,不啻针毡在坐。若再不蒙垂怜苦衷,迅速遴员接替,与其坐视懈弛,重滋贻误,无宁挂冠而去,甘受弃职潜逃处分。迫不获已,理合具实再呈,务恳察核迅赐恩准辞职,立即委员接替,实为德便。谨呈
大元帅

长洲要塞司令马伯麟
中华民国十三年七月五日

(《陆海军大元帅大本营公报》一九二四年第二十号,
7月20日,"指令")

杨希闵呈孙中山文

（1924 年 7 月 7 日）

呈为呈报事：案据职部第二师师长廖行超呈称：案奉钧部第八十七号指令：据师长呈，查明职师警卫第一中队滋事官兵蒋复生等，殴伤警察、毁坏会所屏门器具一案实在情形，请示惩处一案。奉令开：呈悉。该排长蒋复生等，勤务兵陆有年、董柏林等，未奉长官命令，私擅率队与警察为难，意图报复，殴伤警察吴华，并误伤他署警察宋德，妄夺枪枝，复闯入中央执行委员会，毁伤屏门器具，威吓杂役。目无法纪，胆大妄为，至斯已极。既经该师查明属实，仰即由该师长按律从严惩处，以儆效尤。仍将办理情形切实具复查核，以凭转呈。等因。奉此，查此案该官兵等犯罪缘由业经查明，实在情形已载前呈，邀免重叙外，查排长蒋复生未奉长官命令，私擅率队滋扰，意图报复，遂至殴伤警察、毁坏会所。综其犯行，实属触犯《新刑律》第三百十三条第三款及四百零三条各罪刑，拟将该排长职务撤销，照律处以四等有期徒刑，监禁一年有六月，发交公安局看管。闹娼滋事之犯兵潘玉清、董柏林、易方甫三名形同无赖，有玷军誉，应饬严责开除。随从该排长外出滋事之士兵系听该排长指挥，军人首重服从，情有可原，拟饬该排长严加训诫，认真约束，以儆将来。毁坏中央执行委员会之屏门等物，饬该排长妥为修复赔还。火夫头张海山获日另结。所有遵令惩处缘由，理合具文呈复钧座鉴核，并请转呈，实为公便等情。据此，伏查此案前据该师长呈报，当经指令从严惩处以肃军纪在案，兹据所呈处分尚属合法。所有第二师惩办滋事官兵及赔偿屏门等物各缘由，理合具文敬呈我大元帅睿鉴察核，是否有当之处伏乞钧裁，指令祗遵。谨呈

陆海军大元帅孙

滇军总司令兼中央执行委员会委员杨希闵

中华民国十三年七月七日

（《陆海军大元帅大本营公报》一九二四年第二十号，
7月20日，"指令"）

林森呈孙中山文
（1924年7月7日）

呈为据情转呈仰祈鉴核示遵事：现据广东电政监督兼广州电报局局长何家猷呈称：现据广局暨各行营电务处全体员生卢菊墀等呈称：窃员生等洁己奉公，风雨无间，昼不敢以时食，夜不敢以时寝，频年鞅掌，不遑他顾。在平昔依期发薪，亦不过仅以供菽水，本非充裕，况近来百物昂贵，倍蓰于前，生活艰难，匪可言喻。自欠薪以来倏经四月，家无斗米之蓄，亲有冻馁之虞，腹可枵以从公，家待炊而仰屋，室人交谪，謦慰无辞，稚子牵衣，索饴有泪。况债主之环迫，国税之负担，此岂员生等减衣缩食可能应付者？目下水尽山穷，势难持久。伏查大元帅饬令财厅按月拨助五千元，足见关怀我劳工者艰苦不可谓不至矣。无如屡次到领未蒙照给，似此有名无实等若具文。画饼未可疗饥，话梅空言止渴。敢恳转呈大元帅令行省长转饬照案拨给五千元，俾得接济以解倒悬。员生等幸甚，电政幸甚等情。据此，查核该员生等现陈困难各节确系实在情形，所请照案饬拨清发欠薪，家猷主持电政自应负责赴厅具领核发，以免积欠薪水令各员生感受艰苦。无如力与心违，前项补助费一款，财厅久未照案拨给，以致上下交困日甚一日，而所以累积欠发员生薪水至四个月者，不得不将家猷在任七个月经过情形为钧部缕晰陈之。窃查上年十二月五日，家猷接理电政之始，范前监督其务欠发员生薪水数千元，并口省港线路不通，收入短绌。年关逼近，电政前途危机四伏，经家猷竭力设法筹借，于年内酌量发给，以挽危局。复以省港线路一日不通，即电费收入一日短少，筹划至再，不得不张罗挪垫修理香前线路，改由澳门接转省港报务，以期补救。嗣以前方克复，广九路线又经一番修理，省港电报方能直达，现在线路尚属完好通畅，惟是家猷经先后三次筹挪之后，统计赔累不下六七千。至财厅按月应拨职署补助费五千元一案，在军事停顿之时尚有些少陆续接济，然月中拨给者亦不及原案十分之二。迨至今年三月间，东江战事重开以来，不但拨款逐渐减少，甚至分文无领。盖前方军需紧要，财厅纵有收入，早经移缓就急，悉数供给前方，岂复顾及电政机关？故职署虽有补助经费之名，饩羊告朔，久已夫无补助经费之实矣。电报本为国家营业机关，惟以粤中连年倥扰，工商交困，货物停滞，日中商报收入寥寥，其余概属官军电报，不给现费，平均全月收入报费只［至］多不过三千余元。此项收入家猷早经公开摊分，其中以五成拨给广局员生，二成拨各行营报生，二成拨给工巡各员役，一成拨充购材料。十分摊匀分派之后，不仅涓滴无余，而区区之数尚不足给发各方面薪额之半。他如临时附加电费，因时局不靖，兼之各行商发生罢工风潮，遂致商报日少，收入亦无起色。此项收入分作三分支销，一解钧部，一发驻局滇军及守卫警士伙食暨补助各外局经费，一发职署员役各薪工，计算亦属不敷甚巨。值兹军事方殷，收入固属锐减，支出迭有增加，缘各军分设行营及各机关设置电务处以来，频请添派报生暨给领材料者日凡多起。殊不知添多一人，增发一料，即属职署多一负担。若不承认行营增加报生薪伙，及不给发各机关请领材料，则一纸公文责备，用至几乎万一贻误咎在家猷之语气。此外尤其甚者，各局请求接济，如果依照请求则有不胜负担之难，倘或酌予补助未能全满意者，不曰拒绝接济，即云置之不问，毫不谅公家之困难，办事之艰辛。抑若家猷尸位素餐，不足以尽瘁国事者也。现在该员生卢菊墀等呈请清发欠薪，在财厅一日不依原案拨给补助经费，家猷自问罗掘俱尽，智能已竭，难应各生之请。展转思维，迫得将该员生等原呈及家猷任内经过情形，据实呈请钧部设法维持，迅赐转呈大元帅令行广东饬下财政厅按月照案拨足补助费五千元，并将从前历欠未发之款概予清给，以便具领核发，清理积欠员生等薪水而资维持。如果财厅仍无实济[际]上之补助，各员生等既不明了公帑支绌，反以家猷为请领不力，丛脞积嫌，在家猷因公负咎，原不足惜，但此后对于整顿电政上更难着手。所以不避哓渎，呈请钧部拨款接济以维电政，否则家猷虽欲为国效力，终属于事无补。而家猷在任七个月苦心孤诣，尤不获电界同人所谅，才智之伦尚思引退，况以驽骀敢不让贤。倘复老马恋栈，不独无裨时艰，益恐增滋咎戾。再四思量，惟有呈请钧部准予家猷辞去广东电政监督及广州电报局兼职，迅赐另简贤能接替，以免贻误。所有员生等请发欠薪及家猷任内经过情形暨恳准辞职各缘由，理合备文呈请钧部察核，转呈大元帅俯准。一面仍请明令财厅照案拨给，以免员生解体，电政幸甚。如何之处，伏乞指令祗遵，实为德便。

又据该监督兼局长呈称：窃家猷奉职电政七月于兹，自维樗材，无补时艰。查自财厅无款拨给补助经费以来，加之报费收款寥寥，入不敷支，先后积欠各员生薪水至三个月以上。昨据员生卢菊墀等具陈困难，请发欠薪前来，当经转请钧部设法维持，转呈大元帅饬财厅照案拨给补助经费以资清理，一面恳准另简贤能接替各在案。伏念现在电政情形已陷于危机四伏、千钧一发之际，推求其故，盖由平时无一定之预算，不能量入为出。又复漫无限制，率行添派，冗员愈多，经费愈难，致主持电政者纵有才能，亦苦无从着手。家猷在职七阅月，考察所得，知非撙节财力、淘汰人员不为功。故接任之始本此宗旨，嗣经阻力横梗未能实现，觉此时欲言整理仍须根本解决，仿照财厅破除情面、严行裁汰在职员生，方能支持而维现状。即以广州一局而论，往时统计约需四十人已足，办事而有余。现查自民国十一年起多至六十余人，且其中滥竽充数及办事不力，约计可裁减者总在二十人以上。值兹军事方殷，饷需浩繁，苟能裁减一人即为公家撙节一分财力，以收入之多寡为支出之匀配。在职办事者亦可希望得足一份薪水，免致僧多粥薄，当必欣然乐从，踊跃办事。弟[第]此项治法必先贵有治人，否则仍恐未能整理妥善，兹特举贤自代。查有前充汕头电报局长、现充钧部交通局长陈润棠留学奥国，实习电报电话并历充交通司司长、汕头潮州电报局长，学问优长，经验宏富。又现充沙面局长李锡祥老成练达，办事公忠，且办理沙面局务一年有余，情形熟悉。二员均为电界前辈，拟请钧部择一转请大元帅任命，则电政前途实利赖之所有。家猷再请辞职暨保举贤能及条陈管见各缘由，理合备文呈请钧部察核。是否有当，伏乞指令祗遵，无任待命之至等情先后到部。

据此，查该监督兼局长呈称各节均系实情，既为经济所困，又受群众攻击（如近日电报工会以及广局暨各行营电务处全体员生、石龙电报局局长□崇章等迭电控告），已近于才力竭蹶、舆望损失，与其责令支持，终致偾事，不如另简干员整理□有裨益。至其所首荐之陈润棠，职将其资格、经验、学识暨平素在部之勤务详为稽考，尚堪任用□呈前情。除指令外，理合缮折转呈帅座鉴核并准予所请，一面令广东省长转饬广东财政厅遵照接济，一面将该监督底缺及兼□一并开去，另简陈润棠速即前往接代视事，切实整顿藉维电政，实为德便。是否有当，俯祈鉴核示遵。谨呈
陆海军大元帅孙

大本营建设部长林森
中华民国十三年七月七日
（《陆海军大元帅大本营公报》一九二四年第二十号，
7月20日，"指令"）

邹鲁呈孙中山文
（1924年7月7日）

为呈请事：窃查士敏上［土］厂系岑春煊在两广总督任内奉办，并声明所有收入余利指拨办学，故该厂初办时以提学使兼任总办，光复后隶属省署，至民国三年始改隶财政部，不隶教育部，非设厂本旨也。校长前以国立广东大学开办经费无着，请为指拨

专款，当由郑前厅长陈述北江矿石可以指拨，即蒙面准。惟矿石与士敏土厂有密切关系，其时该厂由范军长在厂开工包办，矿石一时未能觅得承商，故先函经省署批准，将原属该厂之北江花县、英德各县石矿照费拨回。现范军长已将该厂交出，自应查照设厂原案及钧座面准之件，恳请帅座俯赐令行财政部长、广东省长，即将该厂所得余利，连同前据之北江各处石矿收入，全数拨充大学经费，俾裕基金而宏造就。理合呈请察核照准令遵，实为公便。谨呈

陆海军大元帅

国立广东大学校长邹鲁

中华民国十三年七月七日

（《陆海军大元帅大本营公报》一九二四年第二十号，

7月20日，"指令"）

杨希闵呈孙中山文

（1924年7月8日）

呈为呈请事：窃希闵遵奉钧令整理职军财政，经于七月一日组织滇军军需总局，所有该局应设各职员亟应呈请委任以专责成。兹查职军兵站部长张鉴藻堪任军需监，职部第二军军需处长易应乾、第三军军需处长李希舜堪任军需副监。除由职令饬各该员先行到差着手整理外，理合备文呈请衡核，俯赐任命，并予颁发关防以专责成而资信守，实为公便。谨呈

大元帅孙

中央直辖滇军总司令杨希闵

中华民国十三年七月八日

（《陆海军大元帅大本营公报》一九二四年第二十号，

7月20日，"指令"）

叶恭绰、廖仲恺呈孙中山文
（1924 年 7 月 8 日）

呈为呈请事：案据增城县公会长刘巨良来电，请迅赐转咨湘军总指挥部，将在该县发行之抵借证二十万元准免发行等情到会。查湘军总指挥部所拟发行抵借证一案，前经职会于六月二十四日第四十五次常会议决，以该总指挥部所拟发行之抵借证，与广东财政厅已发者性质相同，应由财政厅办理，以一事权，业经呈请鉴核在案。现据该会长电呈，当由职会于七月四日第四十八次特别会提出会议，签［金］以事同一律，应由职会录案呈请钧座令行湘军总司令部转饬该总指挥部照案取销等因。除函复该会长刘巨良外，理合备文呈请钧座鉴核俯赐令行湘军总司令转饬该部，将拟在增城县发行抵借证二十万元一案即行取销，以恤民艰，并乞指令祗遵。谨呈
大元帅

财政委员会主席委员叶恭绰、廖仲恺

中华民国十三年七月八日

（《陆海军大元帅大本营公报》一九二四年第二十号，7 月 20 日，"指令"）

蒋中正、廖仲恺呈孙中山文
（1924 年 7 月 9 日）

呈为呈请事：窃职校现□选聘军事学教官，陆福廷、英文秘书甘乃光系中校衔，均经到校任事。理合造具履历，呈请钧座给予任状以昭慎重。是否之处，伏乞鉴核施行。谨呈
陆海军大元帅

陆军军官学校校长蒋中正、驻校党代表廖仲恺

中华民国十三年七月九日

（《陆海军大元帅大本营公报》一九二四年第二十号，7 月 20 日，"指令"）

沈鸿英致孙中山电
（1924 年 7 月 9 日）

广州孙大元帅睿鉴：外交部总长勋鉴：

大元帅敬电奉悉。西人被掳一案，除登即起回翟辅氏、李惠民二名外，其余李力善一名，于六月间起出，康建健德一名，于七月鱼日起出，此案被掳西人共四名，现已悉数出险，并派队护送至梧，乞舒廑注。广西总司令沈鸿英呈叩。青。印。

（《广州民国日报》1924 年 7 月 21 日，"要闻"）

程潜呈孙中山文
（1924 年 7 月 9 日）

呈为呈复事：案奉钧座发下湘军总司令谭延闿呈一件，以所部第九师于河源、新丰两役夺获敌人步枪六十五枝、子弹三千零五十颗，恳请酌予奖励等情。查该师东征以来迭战克捷，此次夺获敌人械弹尤堪嘉许。拟请钧座俯准犒赏毫洋二千元，发交湘军谭总司令转给，以示鼓励。所有拟请犒赏湘军第九师缘由是否有当，理合具文呈复，伏乞鉴核施行。谨呈
陆海军大元帅孙

大本营军政部部长程潜
中华民国十三年七月九日

（《陆海军大元帅大本营公报》一九二四年第二十号，7 月 20 日，"指令"）

徐绍桢呈孙中山文

（1924 年 7 月 9 日）

呈为呈请核示事：窃查连日广州各报迭载东西两江濒告水灾，请筹急赈，职部亦接此项函电。事关重要，自应亟筹办理。查职部官制第四条有掌理河防水利事项之规定，筹赈水灾自属职部事权范围之内。惟广东原设有治河督办专司其事，未悉该处曾否拟有办法，职部无从稽考。职部前以治河事宜关系河防，系属职部职掌范围，曾于上年八月具呈钧座，拟请援照成案，将广东治河事宜处收归职部管辖，以专责成而资整理。迄未奉到指令，无所遵循。此次广东水灾固应亟〔应〕筹赈济，而根本问题仍在治河处之如何筹划。职部既有掌理河防水利之责，关于广东治河事宜应否查照部章收归管辖，抑将原定官制酌加删改修正，以免权限冲突、贻误事机之处，理合备文呈请察核，指令祗遵，实为公便。谨呈

大元帅孙

大本营内政部长徐绍桢

中华民国十三年七月九日.

（《陆海军大元帅大本营公报》一九二四年第二十号，

7 月 20 日，"指令"）

叶恭绰呈孙中山文

（1924 年 7 月 9 日）

呈为查明广东储蓄银行停业情形，先行调查该行所负债务及查封其财产以凭照章清理呈请鉴核备案事：窃据人民陈生等呈报，广东储蓄银行总分两行停止营业，并有私运账簿物件出外情事，恳请将该行行址物业查封抵欠等情前来。职部以所报是否属实，亟应调查明确，当于七月二日派员会同警区前赴该拱日门总行及永汉路分

行察看一切。旋据该员等呈复，以该总分行于营业时间仍然关闭门户，情节实有可疑，登即会警启门入内，察视行内□无一人，家私什物异常凌乱。似此情形，该行停止营业不特确凿可信，且似早有所预备。迫得先将行内遗存各夹万、箱柜等逐一标封，并将家私什物开列清单，点交该管警区暂行保管等情。据此，查该广东储蓄银行此次闭门停业，既据查明有迹近卷逃情事，职部为维护债权人利益，自应先将该行行址及一切物业令由广州市公安局悉予查封，听候核办，一面调查该行负债情形，再行查照定章秉公处理。所有查明广东储蓄银行停业情形、先行调查该行所负债务及查封其财产以凭查照定章清理各缘由，理合备文呈请鉴核备案。谨呈

大元帅

　　　大本营财政部长叶恭绰（大本营财政部次长郑洪年代）

　　　　　　　　　　中华民国十三年七月九日

　　（《陆海军大元帅大本营公报》一九二四年第二十号，7 月 20 日，"指令"）

程潜呈孙中山文
（1924 年 7 月 9 日）

　　呈为呈复事：案奉钧座发下湘军总司令谭延闿呈一件，以所部第九师第一旅旅部少校副官陈焕冕从戎数载，忠勇逾恒。去岁由湘来粤，于南路诸战役厥功尤多，此次出发东江积劳病故，恳请准予晋级给恤以慰忠魂等情。查该已故少校副官陈焕冕随军数载，卓著辛勤，积劳病故，良堪悼惜。拟请钧座准予追赠陆军中校，仍照少校积劳病故例，照第四表给恤，以示优异而慰英灵。是否有当，理合具文呈复，伏乞鉴核明令施行。谨呈

陆海军大元帅孙

　　　　　　　　　　　大本营军政部长程潜

　　　　　　　　　　　中华民国十三年七月九日

（《陆海军大元帅大本营公报》一九二四年第二十号，
7月20日，"指令"）

鲁涤平呈孙中山文
（1924年7月9日）

呈为因公伤毙恳准照章分别给予恤金、药费恭呈仰祈睿鉴事：
窃查本年四月二十九日，职署巡缉队部侦缉员毛协丞因缉拿私烟被
匪枪击毙命及侦缉员谈锡达同时被匪枪伤，业经呈请鉴核在案。伏
查职署所定缉私奖惩及恤金章程第二十三条内载，确因执行职务被
拒捕毙命或因伤殒命者，恤金自一百元至五百元等语。此次巡缉队
部侦缉员毛协丞因缉拿私烟，致被凶徒徂［阻？］击，饮弹毙命，
情殊可悯。似宜照章给予恤金五百元，以昭激劝而慰幽魂。侦缉员
谈锡达偕同出外办公，亦为凶徒所算，身受重伤，似应照第二十五
条所载，执行职务因公受伤者医药费统由本署支给一条，准将用过
医药费银二百元如数给还，以示体恤。所有侦缉员因公受伤殒命，
拟请照章给予恤金、药费缘由是否有当，理合具文呈请察核。伏乞
训示祗遵，实为公便。谨呈
陆海军大元帅孙

禁烟督办鲁涤平
中华民国十三年七月九日

（《陆海军大元帅大本营公报》一九二四年第二十号，
7月20日，"指令"）

张开儒呈孙中山文
（1924年7月9日）

呈为呈复派员点查江固舰官兵公物具册仰祈睿鉴事：窃于六月
二十七日准秘书处函开：奉大元帅交下江固舰长卢善矩呈送官佐士

兵薪饷清册乞鉴核呈一件，奉谕连同船上器物清册交参军处派员点查具报等因。奉此，除函知江固舰长外，相应录谕并检同清册函请查照办理等由，并附清册到处。旋派职处中校副官章烈随带差遣二员前往该舰点验，明确具报去后。现据该副官报称：副官遵于七月一日随带差遣二员，前往该江固舰详查，将所□人员、军火、服装、器具、物品分别点验清楚完毕，兹谨报告并附呈该舰官佐士兵薪饷清册及现□军械清册、现有家私物品清册共三本，敬祈察核等情。据此，查该副官所呈清册均属亲往点查□官兵姓名清册，凡有请假官兵均于名下粘单注明，至舱面机枪物件暨军械军火数目，凡有破□短少均逐一附注。所有遵令派员点查江固舰情形，理合连同点查清册三本及缴还卢善矩原□清册二本具文呈请察核。谨呈
大元帅

参军长张开儒
中华民国十三年七月九日

（《陆海军大元帅大本营公报》一九二四年第二十号，7 月 20 日，"指令"）

叶恭绰呈孙中山文
（1924 年 7 月 9 日）

呈为呈请鉴核事：窃部长前准财政委员会函，以奉大元帅训令：据中央银行行长宋子文呈，以财政部准裕广银号发行兑换券及代理金库有抵触帅令及侵夺该行权限令，饬查复核夺等因，录案交部核复一案。并准中央银行行长宋子文函同前由，当经职部将准裕广银号发行兑换券及代理金库各节，系根据呈准整理纸币救济财政各办法案内，附请特许各商行自办商库发行纸币原案办理，并将本案与帅令及中央银行权限均无抵触各缘由，函复财政委员会暨中央银行宋行长各在案。兹准财政委员会函复，内称本月二十四日第四

十五次常会公决承认此案。除汇案呈报大元帅外，函请查照分别呈转等由，自应照案办理。惟该裕广银号当时受部委托，本系代理军需经理处一部分收付现款事务。现因该号业务繁忙，无暇兼顾，据函请免其代理，已由部函复照准。至发行兑换券，为格外慎重起见亦尚未发行。一俟定期发行时，当再呈报察核及分行知照。准函前由，除分函外，理合照抄职部前复财政委员会函，随文呈请察核备案。谨呈

大元帅

　　大本营财政部长叶恭绰（大本营财政部次长郑洪年代）

　　　　　　　　　中华民国十三年七月九日

　　（《陆海军大元帅大本营公报》一九二四年第二十号，

7 月 20 日，"指令"）

黄绍雄致孙中山电

（1924 年 7 月 10 日载）

万急！广州大元帅睿鉴：李部长、程部长、胡总参议钧鉴：张参军长、叶部长、伍部长、徐部长、林部长、吴警卫司令、廖省长、湘军谭总司令暨各军长、滇军杨总司令、范军长、蒋军长、粤军许总司令暨各军长、豫军樊总司令、各军长、山陕路总司令暨各军长、桂军刘总司令暨各军长、赣边防督办、闽军何总指挥、中央直辖第二军卢司〈令〉、第七军刘〔七〕军长、各师旅长勋鉴：自抄送梧州李处长钧鉴：

　　陆氏荣廷苦我桂民久矣，十载以还，据广西为私有，摧残教育，蔑视工商，滥用私人，排除异己，羊头灶养，授以兵符，走兵贩夫擢为显要，致使巢无鸟卵，野有鸿嗷。去年归来，又复伪托民意，再窃兵权，欲燃已死之灰，愈肆滔天之恶，倒行逆施，残民以逞，聪明才智之士杀害几尽。近更不自度德，妄起兵戎，哀我灾

黎，何堪再扰。绍雄仰承帅令，用伸挞伐之威，环顾乡邦，意切澄清之愿，谨于六月东日誓师梧郡，直指邕龙，左右两军业经先后克复横州、永淳、宾阳、迁江等处，南宁即在包围，龙州亦指日可下，瞻彼凶残已频穷蹙，芟夷戡定即在目前。谨电驰闻诸维睿察，广西讨贼军第一军总指挥黄绍雄呈叩。漾。印。

（《陆海军大元帅大本营公报》一九二四年第十九号，7月10日，"公电"）

黄绍雄致孙中山电
（1924年7月10日载）

十万急！广州大元帅钧鉴（余衔略）：

漾电计邀洞察。绍雄经于六月有日进克南宁，左右两江亦指日可定，惟广西频年多故，力竭财穷，残破山河，亟宜善后，谨电驰闻敬祈赐教。广西讨贼军第一军总指挥黄绍雄呈叩。有。印。

（《陆海军大元帅大本营公报》一九二四年第十九号，7月10日，"公电"）

胡谦、郑洪年呈孙中山文
（1924年7月10日）

呈为呈请简派本处参事仰祈鉴核事：窃职处组织伊始，事务纷繁，应设参事一员，以资辅助。查有陆军步兵上校曾镛，堪以呈请简派以重职务，理合具文呈祈鉴核俯赐简派。谨呈

大元帅

办理大本营军需事宜军政部次长胡谦、财政部次长郑洪年

中华民国十三年七月十日

（《陆海军大元帅大本营公报》一九二四年第二十号，
7 月 20 日，"指令"）

胡谦、郑洪年呈孙中山文
（1924 年 7 月 10 日）

呈为呈请荐任本处职员仰祈鉴核任命事：窃职处副官二缺，查有陆军步兵中校黄启元、陆军步兵少校宋梁堪以荐任。会计科科长查有黄伯诚、会计科副科长欧阳濂、出纳科科长余辉照均堪荐任。理合具文呈祈鉴核俯赐，分别任命以重职务。谨呈
大元帅

    办理大本营军需事宜军政部次长胡谦、财政部次长郑洪年

                    中华民国十三年七月十日

（《陆海军大元帅大本营公报》一九二四年第二十号，
7 月 20 日，"指令"）

张开儒呈孙中山文
（1924 年 7 月 10 日）

呈为呈请任命郭敏卿为职处少校副官具呈仰祈睿鉴事：窃查该员具有无线电学识，堪为战时服务，拟请任为职处少校副官，专理无线电事务。是否有当，伏候指令，颁状祗遵。谨呈
大元帅

                参军长张开儒

                中华民国十三年七月十日

（《陆海军大元帅大本营公报》一九二四年第二十号，
7 月 20 日，"指令"）

顾忠琛呈孙中山文
（1924 年 7 月 10 日）

　　为呈请事：案奉大元帅训令内开：查该军长为国服务，久著勋劳，本大元帅期望至厚，此次授以重任，尤望力加振厉以赴事功。惟近来组织军队每务铺张，徒有虚名，毫无实际，甚或破坏社会秩序，影响国家纪律。至现在大军云集，国帑支绌，给养无出，犹其次者。该军长受任伊始，应力矫此弊。除筹有切实办法详陈核准外，不得广招军队，徒事虚浮，应从切实编练入手，先于都市以外之地设一教练大队，次第扩充，以植党中之基础。所有一切设施仍应随时呈候核夺。切切。此令。等因。奉此，军长当即着手筹办各项办法，粗有端绪，惟查办理此项教导大队之主旨与召募军队微有不同。原拟造就干部人才以资练兵，窃意考取与中学相当程度之青年，施以军事教育方宏造就。至于各科教官，因经费关系必须借重别校教官兼授，庶可节省用费。基此二因，应请更名为"讲武学校"，俾召收学员之际易于号召。如蒙批准，再将此项学校编制及办事细则另文呈报备案。所有拟请将教导大队更名为"讲武学校"缘由，理合具文呈请鉴核示遵。谨呈
陆海军大元帅孙

北伐讨贼军第四军军长顾忠琛
中华民国十三年七月十日

　　（《陆海军大元帅大本营公报》一九二四年第二十号，7 月 20 日，"指令"）

何家猷呈孙中山文
（1924 年 7 月 11 日）

　　呈为呈报卸事日期仰祈睿鉴事：现准新任广东电政监督黄桓函开：顷奉大元帅大字第五三六号任命状开：任命黄桓为电政监督兼

广州电报局长。此状。等因。奉此，兹择本月十一日接事希为查照等由，当经家猷将关防文卷公物各项，咨交黄监督桓接收清楚，家猷即于是日交卸。理合将卸事日期备文呈请帅座察核备案。谨呈大元帅

卸广东电政监督兼广州电报局长何家猷

中华民国十三年七月十一日

（《陆海军大元帅大本营公报》一九二四年第二十号，7月20日，"指令"）

谭延闿呈孙中山文

（1924年7月11日）

呈为呈请更正事：案据职部第三军军长谢国光转据该军第三师长谭道源转据该师五旅旅长易绍英呈称：为呈报受伤得救恳请核正事：案据团长陈积庆报称：前次呈报金竹坝战役阵亡官兵人员表内，有二营七连正兵陈楚俊一名。该正兵被敌击伤落水，顺水浮流至五军防地得救，并承送广州医院疗治。昨该兵由院函告，始知幸未殒命，其枪枝、子弹、皮带等缴存五军三十二团二营营部，恳钧座函请将枪弹发还等情前来。窃该兵奋勇杀贼，中弹溺水，虽邀天幸，死中得活，然能于随波浮流之际拼命护枪，实为人所难能。除由职将该兵所寄存五军枪枝函请发还外，理合将该兵幸而生还情形呈报钧座，俯赐鉴核，发给慰劳奖金，藉以激劝而资调养，并恳转呈核正，至为公便等情。据此，理合据情转呈钧座察核发给奖金，藉以激劝而资调养，并恳核正，至为公便等情。据此，经职查核属实，除由职酌给慰劳奖金以示激励，俾资调养，理合备文呈请察核更正，至为公便等情。据此，除指令准予更正并转呈备案更正外，理合备文呈请钧座察核更正，实为公便等情。据此，理合呈请帅座准予更正，实为公便。谨呈

陆海军大元帅孙

湘军总司令谭延闿

中华民国十三年七月十一日

（《陆海军大元帅大本营公报》一九二四年第二十号，

7月20日，"指令"）

崇海旅沪工商学会致孙中山等电

（1924年7月12日）

广州孙大元帅、伍外交部长钧鉴：

　　沙面英领无端颁布取缔华人苛例，我华人激于义愤，全体罢工，事经多日，尚未解决。按沙面为外人租界，各国人麇集于此，不一律取缔，而独取缔华人，其为轻视华人，不言而喻。且沙面属我国土租借，并非割让，彼英领事蔑视我主权，侮辱我国体，是可忍孰不可忍？伏维钧座坐镇西南，威震中外，务恳迅即提出严重抗议，以保国体而争人格。崇海旅沪工商学会叩。侵。

（《广州民国日报》1924年8月5日，"公电"）

胡谦、郑洪年呈孙中山文

（1924年7月14日）

　　呈为呈送各职员分掌职务规则仰祈鉴核备案事：窃职处开办伊始，事务纷繁，所有办事职员应行分掌职务，以均劳逸而专责成。兹谨拟定职务规则，理合具文呈送，仰祈鉴核备案。谨呈

大元帅

　　办理大本营军需处事宜军政部次长胡谦、财政部次长

郑洪年

　　　　中华民国十三年七月十四日

（《陆海军大元帅大本营公报》一九二四年第二十号，

7月20日，"指令"）

谭延闿呈孙中山文

（1924 年 7 月 14 日）

为呈明事：本月十日职部接准大本营秘书处公函，奉帅座交下增城县公会会长刘巨良及全属联团总局单孔仪、钟庆桐、商会长刘伯耀、商团长冯寿延、新塘商会长仇子樵等电呈各一件，奉谕交湘军总司令办理等因，并检同原电抄送查照各等由到部。昨职经过该县，据全属联团总局等呈请，当即令该知事立予释放，并严饬筹饷分处召集士绅剀切婉商劝导办理手续，毋得操之太切致伤民感。兹奉前因，理合将此案经过及办理情形呈请睿座察核。谨呈

大元帅

湘军总司令谭延闿

中华民国十三年七月十四日

（《陆海军大元帅大本营公报》一九二四年第二十号，7 月 20 日，"指令"）

廖仲恺呈孙中山文

（1924 年 7 月 14 日）

呈为呈复事：现奉钧座第一二三七号训令开：据南越公司呈请令省署立将官市产审查会决案取销以维业权一案，除原文有案不叙外，后开：仰该省长即将官市产审查委员会第七次会议第二十八号决案全案撤销，仍照广州市政府、财政局原案办理等因。奉此，自应遵办，除行市政厅即饬财政局仍照该局原案办理外，理合呈复钧座察核备案。谨呈

陆海军大元帅

广东省长廖仲恺

中华民国十三年七月十四日

（《陆海军大元帅大本营公报》一九二四年第二十号，
7 月 20 日，"指令"）

林翔呈孙中山文

（1924 年 7 月 14 日）

呈为呈复事：本月十二日奉钧帅第一二三八号训令开：查兼差
不兼薪向有规定，即必不得已而为事择人，凡兼差人员亦只酌给津
贴，或只领兼差薪水之若干成，所以重公帑节靡费，用意至善。恐
日久玩生，用特重申诰令，限文到之日起，所有大本营直辖各部、
处、署、局、司、会，应即查明该处有无在大本营及在大本营直辖
各部、处、署、局、司、会兼职人员。如有上项兼职人员，除原职
仍照现支额数支薪外，其所兼职之薪水应即以二成发给。庶于为事
择人之中，仍寓节省公帑之意。除分令外，合行令仰该处长即便遵
照办理，仍将遵办情形报核。切切。此令。等因。奉此，谨即遵照
办理。奉令前因，理合将奉文遵办情形呈复察核。谨呈
大元帅。

大本营审计处处长林翔
中华民国十三年七月十四日

（《陆海军大元帅大本营公报》一九二四年第二十一
号，7 月 30 日，"指令"）

谭延闿呈孙中山文

（1924 年 7 月 15 日）

为呈明事：本月十二日接准大本营秘书处送交增城全属联团总
局长单孔仪、钟庆桐、商会长刘伯耀、商团长冯寿延、新塘商会长
仇子樵等代电一件。查此案前据该县公民赖考祥等呈请省释前来，

当已令饬该县知事暨筹饷分处将林朗臣立予释放在案。兹奉前因，理合备文呈请睿座察核。谨呈

陆海军大元帅孙

湘军总司令谭延闿

中华民国十三年七月十五日

（《陆海军大元帅大本营公报》一九二四年第二十号，7 月 20 日，"指令"）

郑润琦呈孙中山电

（1924 年 7 月 16 日）

广州大元帅睿鉴：

寒晨逆敌吕春荣、邓本殷、苏慎初等部，率众分两路来犯，一由泗纶，兵力约在三千，炮四门，驳壳一队，攻我东门岗、新屋寨、水鬼湾等阵地；一由罗镜，兵力约在二千，炮二门，机关枪数挺，攻我三达庙、谭屋岗等阵地，来势凶猛。幸琦及早察觉，率部迎头痛击，战至下午四时，敌势不支，分途溃退。计敌伤团长龚某一名，女营长一名，阵亡司令一名，官兵伤亡约在二百以上。我军伤团附一员，连长一员，排长二员，阵亡连长二员，排长二员，士兵伤亡数十。此次幸托威福将敌击退，现拟稍事补充，即行追击，以歼丑类。除分电粤军总司令许外，谨此电闻。刻下西潦暴涨，电报不通，用邮代电，合并陈明。郑润琦呈叩。铣。

（《陆海军大元帅大本营公报》一九二四年第二十一号，7 月 30 日，"公电"）

叶恭绰、廖仲恺呈孙中山文

（1924 年 7 月 16 日）

呈为呈请事：窃于本月九日准大本营财政部公函：据粤海关监

督呈，以税务司函称：九江滇军第三军第六师第十二旅旅长保荣光
饬抽土丝捐、茧捐呈请取消等因，函请提出会议撤销一案，经于本
月十一日第五十次特别会议议决，由职会录案呈请帅座令饬该旅长
将抽收出口丝捐、茧捐一案取消等因在案。除汇案呈报外，理合具
呈仰恳钧座迅赐明令该旅长将抽收九江出口土丝捐、茧捐撤销，以
维统一而恤丝商，实为公便。谨呈

大元帅

> 财政委员会主席委员叶恭绰、廖仲恺
> 中华民国十三年七月十六日
> （《陆海军大元帅大本营公报》一九二四年第二十一
> 号，7月30日，"指令"）

黄桓呈孙中山文
（1924 年 7 月 16 日）

呈为呈复事：现奉钧府第三三八号：为令遵事：查兼差不兼薪
向有规定，即必不得已而为事择人，凡兼差人员亦只酌给津贴，或
只领兼差薪水之若干成，所以重公帑节糜费，用意至善。诚恐日久
玩生，用特重申诰令，限文到之日起，所有大本营直辖各部、处、
署、局、司、会，应即查明该署有无在大本营直辖各部、处、署、
局、司、会兼职人员。如有上项兼职人员，除原职仍照现支额数支
薪外，其所兼职人员除原职仍照现支额数支薪外，其所兼职之薪水
应即以二成发给。庶于为事择人之中，仍寓节省公帑之意。除分令
外，合行令仰该监督即便遵照办理，仍将遵办情形报核。切切。此
令。等因。奉此，窃桓于十二年三月间奉帅令任命为大本营技师，
曾支过薪水一个月，至四月十九日，复奉帅令收管广东电话局，其后
技师薪水即不再向会计司支领分文。现奉简任为广东电政监督兼广州
电报局长。电政向章，监督只支局长薪水，大本营技师原职薪水请仍
免支，至职署所属人员现查并无在大本营及大本营直辖各部、处、署、

局、司、会兼职。奉令前因，理合备文呈复察核，实为公便。谨呈
大元帅

广东电政监督兼广州电报局局长黄桓

中华民国十三年七月十六日

（《陆海军大元帅大本营公报》一九二四年第二十一
号，7月30日，"指令"）

李福林呈孙中山文
（1924年7月16日）

呈为呈报决匪日期事：案查本年五月十日有日商两广公司金刚
电船在沙面河边被匪骑劫，经职部派队拿获案犯吴锐一名，起获电
船一艘，均经呈报钧座在案。讵该犯吴锐始则藉口充线引拿，只获
伙党张汝全、罗礼彬、邓次三名，继则迁延规避，妄拿良善，实属
有心取巧。谨于七月十六日提出该犯吴锐验明正身，派队押往宝冈
地方执行枪决。理合将决匪日期备文呈报钧座，伏乞察核备案，实
为公便。谨呈
大元帅

粤军第三军军长李福林

中华民国十三年七月十六日

（《陆海军大元帅大本营公报》一九二四年第二十一
号，7月30日，"指令"）

廖仲恺呈孙中山文
（1924年7月16日）

呈为呈复事：现奉大元帅第三三八号训令开：查兼差不兼薪向
有规定，即必不得已而为事择人，凡兼差人员亦只酌给津贴，或只

领兼差薪水之若干成，所以重公帑节糜费，用意至善。诚恐日久玩生，用特重申诰令，限文到之日起，所有大本营直辖各部、处、署、局、司、会，应即查明该署有无在大本营及在大本营直辖各部、处、署、局、司、会兼职人员。如有上项兼职人员，除原职仍照现支额数支薪外，其所兼职之薪水应即以二成发给。庶于为事择人之中，仍寓节省公帑之意。除分令外，合行令仰该省长即便遵照办理，仍将遵办情形报核。切切。此令。等因。奉此，除遵照办理并分行所属各机关一体遵照外，理合备文呈请大元帅鉴察。谨呈

陆海军大元帅

广东省长廖仲恺

中华民国十三年七月十六日

（《陆海军大元帅大本营公报》一九二四年第二十一号，7月30日，"指令"）

韦荣熙呈孙中山文
（1924年7月16日）

呈为呈报事：窃荣熙前任北江商运局长，本年三月十三日奉帅令将该局裁撤，经将撤局日期呈报鉴核在案。计荣熙自去年十一月十九日起任事以来，业已四月。而北江各地防军复杂，护商机关遍地皆是，商民苦于苛抽，纷纷求免。荣熙为体恤商艰起见，未便再事征收，故商运并无起色，所有一切设局费用均自行筹垫。设局以来，只收过各办事处主任筹垫之款共九百三十元，收解之款二百九十元。而局中一切员司薪俸均未支给，只开办费及数月局用实支过二千五百六十六元二毫六仙九文。除收过各办事处主任垫解收解之款共一千二百二十元外，计由荣熙垫支者共一千三百六十六元二毫六仙九文。理合造具收入计算书开办费清册暨各月份支付计算书及附属表、单据粘存簿共十九册，呈请钧府核销。至所欠员司各月

份薪俸暨各办事处主任及荣熙筹垫之款，尚乞核准指拨发还，俾免亏累，实为恩便。谨呈

大元帅孙

前北江商运局长韦荣熙

中华民国十三年七月十六日

（《陆海军大元帅大本营公报》一九二四年第二十二号，8月10日，"指令"）

<h2 align="center">林若时致孙中山电</h2>

（1924年7月17日）

大元帅睿鉴：粤军总司令勋鉴：

职于本日经率舰队暨陆战队开至容奇登陆，即分令江汉、龙骧、东彝、光华、新安、保卫各舰巡梭河道，以靖寇氛，而安行旅。合电奉闻，仍望随时指示机宜，俾知遵守。广东海防司令林若时叩。筱。印。

（《广州民国日报》1924年7月18日，"要闻"）

<h2 align="center">杨希闵呈孙中山文</h2>

（1924年7月17日）

呈为呈请事：案据滇军第三军总指挥胡思舜电称：近日九江匪首吴三镜利用商团抵抗防军，相持多日，迄未解决。窃查保旅长荣光在九江防地以内一切处置间有不合舆情之处，地方人士尽可诉诸本军高级长官，则军法具在，决无偏徇。乃昧于大义，藉土匪以抗军队，假使地方糜烂，谁尸其咎？拟恳帅座迅赐令饬商团立时撤退，恢复秩序，并请派员查办。如敢再违钧令恃强顽抗，即请下令剿办。此事关系军队威严及地方治安，不容漠视，用敢电呈伏维察

夺。滇军第三军总指挥胡思舜叩。佳。印。等情。据此,理合据情转呈帅座迅赐令饬商团立即撤退,并请派员查办,以明曲直而保治安。是否有当,伏乞鉴核施行。谨呈

大元帅孙

中央直辖滇军总司令杨希闵(总参谋长周自得代)

中华民国十三年七月十七日

(《陆海军大元帅大本营公报》一九二四年第二十一号,7月30日,"指令")

朱培德呈孙中山文

(1924年7月17日)

呈为呈请任命以资赞画仰祈睿鉴事:窃查职部少将参谋长赵德恒因病辞职就医,情极急迫,已先行照准。递遗参谋长一职,当此军事倥偬之际至关重要,未便任其久悬。兹有钧府参军黄实谋就卓越,智虑周详,拟请任命为职部少将参谋长,用资赞画。惟〔帷〕幄得人,全军利赖。如蒙俯允,即请颁发任状以重职责,合将请予任命缘由备文呈请睿核,伏乞指令施行。谨呈

大元帅

中央直辖第一军军长朱培德

中华民国十三年七月十七日

(《陆海军大元帅大本营公报》一九二四年第二十一号,7月30日,"指令")

许崇智呈孙中山文

(1924年7月18日)

呈为呈请任命虎门要塞司令恳予迅赐施行事:窃据现任虎门要

塞司令廖湘芸删日电称：奉刘总司令震寰令，亲率所部第六师出发前方，恳予辞去虎门要塞司令一职等情。据此，该司令既奉命出发，要塞重任势难兼顾，所请辞去要塞兼职似应照准，并遴员接任以重责成。查有前浙［浙］军师长陈肇英果毅缜密，有勇知方，堪膺重寄。拟请钧座任命为虎门要塞司令，并严令前司令廖湘芸于交代时，务将要塞内一切经管之枪炮与枪弹、炮弹、火药及一切零件、器具等，迅速妥为移交，勿得稍有隐瞒，以重公物。庶专责有人，关防严密，树联军之声援，作百粤之砥柱。是否有当，伏乞察核施行，不胜待命之至。谨呈

大元帅孙

粤军总司令许崇智

中华民国十三年七月十八日

（《陆海军大元帅大本营公报》一九二四年第二十一号，7月30日，"指令"）

黄桓呈孙中山文

(1924 年 7 月 18 日)

为呈复事：案奉大元帅训令第三五九号内开：据滇粤桂联军前敌总指挥杨希闵呈称：据石龙电报局局长卢崇章暨全体员司工役呈称：窃职局自崇章接理，八月于兹，何监督任内积欠经费及员司工役薪水共一千七百余元。除原文有案邀免冗叙外，后开：查电报关系军事交通，极为要紧，稍有停滞，即影响戎机。合行令仰该监督迅即照数拨付，源源接济，毋稍延忽，致误军讯。切切。此令。等因。奉此，伏查职署自军兴以来，财政困难达于极点，月中收入支出比较不敷甚巨。员司工役薪金固属难于筹措，即购置材料经费亦觉不易支持。桓自受任以来，业经力图整理，以期电政交通不致停滞。兹奉前因，除经将电报材料拨给领用并饬该局从速修复外，其员

司工役薪水伙食等项,一俟财政稍裕自当源源接济,以资办工而利进行。所有奉令办理接济石龙电局情形,理合备文呈复察核。谨呈
大元帅孙

广东电政监督兼广州电报局局长黄桓
中华民国十三年七月十八日
(《陆海军大元帅大本营公报》一九二四年第二十一号,7月30日,"指令")

廖仲恺呈孙中山文
(1924年7月18日)

呈为呈请察核事:案奉大元帅第六六五号指令,据本署呈复所属各机关核减经费数目情形奉令内开:呈悉。所有表列警务处、烟酒公卖局、矿务处、民产保证处、田土业佃保证局、高等审判、检察两厅月收经费,暂准照数支给。惟财政厅经费虽按照现支数目月减一万五千元,核与原定十年预算超过仍属太巨,应令再行切实裁减,另案呈核至该省长公署。经费经杨前任呈复以后,查照十年度实支数目,每月不得超过二万五千元之数。应准照办,仰即分行遵照。表存。此令。等因。当经分别令行遵照并饬财政厅切实裁减,以凭专案呈核去后。兹据广东财政厅长陈其瑗呈称:查职厅经常经费十年度预算虽属月支一万六千六百余元,第当时事实上不敷尚多,均系另行拨补。省长曾任财厅,当蒙洞鉴。数年以来事务既日益增加,头绪复愈形棼杂。如办理全省商业牌照费,派员监收加五加二厘费,清理官产及清理银行事宜,均属新增事务,是今昔情形已属不同。若必强为撙节,则办事诸形窒碍,难免因噎废食之虞。郑前厅长任内月支经费四万四千余元,奉令前因,惟有于无可裁减之中再设法撙节,每月减为二万五千元,共减一万九千余元,实已撙节万分,无可再减。拟请转呈准予照数开支,实为公便等情前来。

查核所呈尚属实情，除饬候核转外，所有遵令饬行广东财政厅再行减定经费各缘由，理合专案据情呈请大元帅鉴核训示祗遵。谨呈
陆海军大元帅

广东省长廖仲恺
中华民国十三年七月十八日
（《陆海军大元帅大本营公报》一九二四年第二十一号，7月30日，"指令"）

朱培德呈孙中山文
（1924年7月18日）

呈为据情转请取销通缉原案仰祈睿鉴事：顷据职军第一师师长王均呈称：案据连县绅耆冯祖尧、龙裔亨、沈昌枡、商会长董莫、宗照、李厚乾、邹中杰、谢惠初、王受高，县议会议员黄题榜、何仲章、王连贤、潘必先、黄世萱、张积梧、孔宪章、何秀峰、丘佐熙、熊有光、黄元香、陈清溪、林树藩、莫仕、张宇明、叶其芬、成肇修、赵惟清、何明生、成冀孟、黄庭经、欧阳昊、王景炘、邓应勖、黄汉波、林椿荣、张德徽、黄泰猷、黎民仰、黄汉昌、彭徽儒、邓铨，中小学校长教员刘家宾、陈广材、邓鸣、莫安枢、王翠山、欧阳钦、罗彰善，保卫团总谭镇基、成绩孟、张鹿鸣等呈称：为因公受累联请察核转呈取销通缉以免冤抑事：窃去岁六月间，沈军旅长黄公汉、叶青钱等入踞连县。前滇军中路第一独立旅长何克夫率部反攻，经旬未下，城中居民因粮食已尽，危在旦夕，公举前县议会议长叶其森代表缒城往见何旅长，请其顾全城中生灵，俾免玉石俱焚。当时纯出自人民自动，与敌军本无关系，不意甫出城外，何旅长疑为受敌主使，立率队逮捕留押讯办。迨敌军退走，经全城各界证明，联请昭雪，当蒙核准，由连县商会会长刘剑虹具保省释。旋于八月间该前议长与商会长因事远出，何旅长复疑为串通

逃匿，呈请一并通缉，经奉核准通行在案。伏念该前议长与该商会会长秉性公正，凤□□□，向未投身军界，其无通敌行为，全县人士可保可结。年来连阳迭遭兵燹，该前议长等尤能不辞劳瘁，维持秩序，地方实受其赐，此次因公受累，实非其罪，邑人莫不冤之。现在事隔日久，案情早经大白，且查沈军近以输诚，所受嫌疑亦已消灭。公道所在，不敢壅于上闻，用敢披沥联陈，伏乞俯赐察核，转请大元帅暨省长核准，将该前议长叶其森、商会会长刘剑虹通缉一案通令取销，俾冤抑得伸，不胜屏营待命之至等情。据此，查县议会为一县之代表民意机关，议长叶其森当时受合城人民之请托缒城往说，自属不得不然。若以为通敌似乎太冤，且既经该县商会长刘剑虹保释之后，又请一律通缉，此中周折不得而知。惟沈军早经输诚政府，奉命率师回桂，已无通敌之可言，而现在连城正绅因此之故，至今尚多远避未归，庶政俱废，即欲稍加整顿，亦往往杆格而难通。兹据前情，若不代为请命，则以后连城状况必不堪设想。所有该公民冯祖尧等呈请转乞取销通缉叶其森、刘剑虹等前令各缘由，理合备文呈请俯赐察核转呈大元帅，即予明令取销通缉前案，实为公便等情前来，理合据情备文呈请帅座，俯赐衡核施行。谨呈大元帅

中央直辖第一军军长朱培德

中华民国十三年七月十八日

（《陆海军大元帅大本营公报》一九二四年第二十一号，7月30日，"指令"）

叶恭绰呈孙中山文

（1924年7月19日）

呈为盐务署事务日繁财部职员势难兼顾，拟酌增员司、指拨经费恳请指令照准事：窃本年四月间奉帅令组设盐务署，当经督办迳

由财政部酌委职员兼办，以节虚糜。数月以来，除呈请任命梁海秋为秘书外，其余如陈敬汉、杨志章等均系财部职员兼任秘书，并未增设员司，动支经费。惟目下体察情形，似非另行组织、酌增人员恐有窒碍难行之处，谨为帅座缕晰陈之。查盐署务［盐务署］原不仅印发盐照，所有各盐政均归专管，实为盐务最高机关。举凡盐运使、盐运副、榷运局及稽核所暨所属各机关，遇有重要事件固须呈由盐署核定施行，即寻常事件亦应呈报盐署备案。从前未经设立之日，盐运使及稽核所以未有上级主管机关故，一切公事或呈候财部核办，或迳呈钧座指令祗遵。今既设此主管机关，向之呈报财部者莫不改呈盐署核办，即迳呈钧座之案，亦莫不分呈盐署备查。似此事务日趋繁重，若只有财部兼办之数人，事势上已恐未能担任。况值各机关裁员之际，职部人员各有专司，实未遑双方兼顾。且盐务系属专门事业，而财部职员未必于盐务情形皆能熟悉，似应罗致专门人材，将该署另行组织方免贻误。再四思维，惟有吁请准予酌增员司分股任事，不限定财部职员兼任，庶几负责有人，事乃有济。但盐署设立以来，所有印发照票一切费用尚未筹有的款，今拟增设员司积极办理，则薪水公费与夫印刷票费均应设法筹措以资办公。际此库帑空虚且值各机关厉行减政时期，尤不容稍涉浮滥，惟有力求撙节，组织最小范围，只就最少之数切实核算。拟请令行两广盐运使每月在盐款项下拨解大洋□千三百元为盐务署经费。此项经费督办与署长皆不支兼薪，专为盐署印刷票费及薪水公费之用，庶款不虚糜而事能并举。如蒙俯准，当由督办酌定员额，支配款项，再行呈请察核备案。所有盐署事务日繁拟请酌增员司、指拨经费各缘由，理合备文呈请鉴核，伏乞指令照准，实为公便。谨呈

大元帅

兼盐务督办叶恭绰、（署长郑洪年代）

中华民国十三年七月十九日

（《陆海军大元帅大本营公报》一九二四年第二十一号，7月30日，"指令"）

刘芦隐呈孙中山文

（1924 年 7 月 19 日）

　　呈为呈报事：窃本年七月十一日奉帅座第三三八号训令内开：查兼差不兼薪向有规定，即必不得已而为事择人，凡兼差人员亦只酌给津贴，或只领兼差薪水之若干成，所以重公帑节糜费，用意至善。诚恐日久玩生，用特重申诰令，限文到之日起，所有大本营直辖各部、处、署、局、司、会，应即查明该会有无在大本营及在大本营直辖各部、处、署、局、司、会兼职人员。如有上项兼职人员，除原职仍照现支额数支薪外，其所兼职之薪水应即以二成发给。庶于为事择人之中，仍寓节省公帑之意。除分令外，合行令仰该法制委员会即便遵照办理，仍将遵办情形报核。切切。此令。等因。奉此，查职会委员原定兼职薪水以三成发给。兹奉前因自应遵照办理，理合备文呈报察核。谨呈
大元帅

　　　　　　　　　　　　法制委员会代理委员长刘芦隐
　　　　　　　　　　　　中华民国十三年七月十九日
　　（《陆海军大元帅大本营公报》一九二四年第二十一号，7 月 30 日，"指令"）

叶恭绰呈孙中山文

（1924 年 7 月 19 日）

　　呈为呈报事：案奉钧座第三〇三号训令：据两广盐务缉私主任张民达呈报拿获平南舰一案，除原文有案邀免冗叙外，后开：平南舰既据呈称向系盐务缉私巡舰，现经拿获自应拨交该主任以供缉私之用，合行令仰该督办即便转饬知照。至案内在逃人犯，应由该督

办通行各军及地方官一体严缉，务获究办。此令。等因。奉此，遵即通行各军及广东省长饬属严缉案内在逃人犯以肃法纪，并训令两广盐运使转饬盐务缉私主任张民达，迅将平南舰一艘接收归队备用在案。现据两广盐运使邓泽如呈转，据盐务缉私主任张民达咨呈，以平南缉舰一艘自奉帅令查获驶回省河，即派处员将舰接收，并将舰上公物及枪炮子弹点收列单存案。随委曾飞鸿为平南舰舰长，以专责成而便巡缉。查该员老成练达，熟谙舰务，对于巡缉一职当能胜任愉快。昨据该舰长呈报，经于六月十八日到舰任事希为转报等情。据此，查平南一舰既据该主任派员点收，并委曾飞鸿为该舰舰长，已于六月十八日到舰任事。除指令外，理合备文呈请察核备案。谨呈
大元帅

兼盐务督办叶恭绰（署长郑洪年代）

中华民国十三年七月十九日

（《陆海军大元帅大本营公报》一九二四年第二十一号，7月30日，"指令"）

许崇智呈孙中山文

（1924年7月19日）

呈为呈报事：案据兼长洲要塞司令蒋中正呈称：呈为呈请转呈事：案奉大元帅任命状大字五三五号内开：任命蒋中正兼长洲要塞司令。此状。等因。奉此，中正遵于七月十五日到部视事，启用印信。除接收情形俟再另文呈报外，合将视事及启用印信日期备文呈请钧座转呈大元帅鉴核施行等情。据此，理合备文转呈，伏乞察核备案，实为公便。谨呈
大元帅孙

粤军总司令许崇智

中华民国十三年七月十九日

（《陆海军大元帅大本营公报》一九二四年第二十一号，7月30日，"指令"）

古应芬呈孙中山文

（1924年7月19日）

为呈复事：案准大本营秘书处函开：奉大元帅交下陈金人等呈称，五邑业佃公会有带征沙田费存放港号请提充军用一案，饬即查明办理等因。当经函致前五邑业佃公会会长卢乃潼查询具复去后。旋据复称：查敝公会于民国十年七月十四日改组，其修正章程内原有每亩收会费三仙即一分八厘，为建筑公会及常年费之需，旋于十一年一月五日呈省长公署立案。计十年收过三仙会费四千一百四十九元七毫五仙、十一年收一千三百一十五元一毫，共收五千四百六十四元八毫五仙。只因连年代缴结束军费，并未领过公费丝毫，省署财厅均有案可稽。既无公费，全恃此款拨充会费，经将十年、十一年收支数目刊刻征信录分送五属业佃公阅。至十一年支存之一千九百零四元五毫四仙，以之充十二年、十三年公会经费尚属未敷，此敝会带征三仙会费之经过情形也。今查陈金人原呈，谓每亩带征半毫，既与每亩三仙之原案不符，且敝会当日代缴结束军费，原以一万四千顷为额，并非万六顷。以万四顷计，每亩一分八厘，就使完全收足，亦只得三万五千元，乌有八万之多？可知传闻失实。准函前由，相应据实函复，并附缴十年、十一年征信录一本以供考核，尚希据实呈复至纫公谊等由。据此，奉行前因，理合据情呈复帅座察核。谨呈大元帅

经界局督办兼办广东沙田清理事宜古应芬

中华民国十三年七月十九日

（《陆海军大元帅大本营公报》一九二四年第二十一号，7月30日，"指令"）

刘芦隐呈孙中山文

（1924 年 7 月 19 日）

呈为呈报事：窃职会提议将规程修正，呈请核准施行，于本年七月十二日奉帅座第七三三号指令内开：呈悉。准如所拟修正。规程存。此令。等因。奉此，查规程既经修正，所有职会处务及会议各规则，自应一并修改以归一致。业于职会第十三次会议提出讨论，拟将处务规则第八条第二项改为：委员长有事故时由副委员长代理。正、副委员长均有事故时，得托委员一人代理。又会议规则第二条第二项改为：委员长因事缺席时，由副委员长主席。正、副委员长均因事缺席时，由委员公推一人主席。又第七条改为：本会议以有过半数委员之出席，方能开会。当经议决通过，理合缮正清册备文呈报察核备案。谨呈

大元帅

法制委员会代理委员长刘芦隐

中华民国十三年七月十九日

（《陆海军大元帅大本营公报》一九二四年第二十一号，7 月 30 日，"指令"）

程潜呈孙中山文

（1924 年 7 月 19 日）

呈为呈复事：案奉钧座三三八号训令，除原文有案不录外，节开：兼职人员只准支兼薪二成等因。奉此，伏查职部兼职人员仅军法科长兼理军法处长一职，自应遵令办理。理合备文，呈复钧座察核。谨呈

大元帅孙

军政部长程潜

中华民国十三年七月十九日

（《陆海军大元帅大本营公报》一九二四年第二十一号，7月30日，"指令"）

叶恭绰、廖仲恺呈孙中山文
（1924年7月19日）

为呈报事：案奉钧令第三三八号内开：为令遵事：查兼差不兼薪向有规定，即必不得已而为事择人，凡兼差人员亦只酌给津贴，或只领兼差薪水之若干成，所以重公帑节糜费，用意至善。恐日久玩生，用特重申诰令，限文到之日起，所有大本营直辖各部、处、署、局、司、会，应即查明该处有无在大本营及在大本营直辖各部、处、署、局、司、会兼职人员。如有上项兼职人员，除原职仍照现支额数支薪外，其所兼职之薪水应即以二成发给。庶于为事择人之中，仍寓节省公帑之意。除分令外，合行令仰该财政委员会即便遵照办理，仍将遵办情形报核。切切。此令。等因。奉此，查职会干事处各职员除专任秘书三员由会照章支薪外，余自总干事以次均由财政部及财政厅分别调派兼任，向不支领兼薪。奉令前因，理合开单呈覆钧座察核。谨呈
大元帅

财政委员会主席委员叶恭绰、廖仲恺
中华民国十三年七月十九日
（《陆海军大元帅大本营公报》一九二四年第二十一号，7月30日，"指令"）

蒋光亮致孙中山电
（1924年7月20日载）

广州孙大元帅钧鉴：

大法凌夷，国步艰危，群雄纷争，统一无望，丁兹时局，有心人莫不慷慨太息，抱殷忧而思有所贡献。我滇军执役东下，亦无非欲翊赞元首，发广［展］大计，以求永久真正之和平。回忆两年以来，各省义军云屯岭表，拥此四方桓武之众，加以百粤财赋之丰，澄清中原，宁云奢望。而迟之又久，对内不能平东江负隅之寇，对外不能拯闽赣沦湑之民，究厥原因，佥谓军心之涣散，亮宁谓为财政之割裂。自来作战，馈粮各负专责，然后司农有统筹之便，将士无匮乏之忧，故能师出有功，大勋克建。反是未有不彷徨瞻顾、贻误大局者。亮早见及此，迭经通电倡言财政统一，冀得专意整军，恭待后命。无如时机未熟，屡为事势所隔［?］，以致元首殷忧于上，各军蹂躏于下。每一念及，咎心无已。现奉元首意旨，先从各军内部统一着手，杨总司令交力膺艰巨，慨允负责。亮既遂初衷，顾喜过望。当经令饬所辖征收各机关漏夜结束，准备七月八日完全交由军需总局接管。此后用人行政，以及本军一切供给，胥听总司令卓裁支配。亮对于此事纯出至诚，议者或疑为阴谋，或讥为矫情，或许为诚意，总之耿耿此心，可矢皎日。知我罪我，均非所计。事如果有利于国，无论区区财权，敝屣弃之，即解除兵柄�［拽?］屦归农，亦所甚愿。凡我袍泽，不乏明达，宏济艰危，量多同志倘不荷见谅，十日以内未蒙接收，亮当洁身避地，恭候解决，以明心迹。谨此电闻，惟冀垂察。中央直辖滇军第三军军长蒋光亮叩。虞。印。

（《陆海军大元帅大本营公报》一九二四年第二十号，7月20日，"公电"）

邹鲁呈孙中山文

（1924 年 7 月 21 日）

为呈报事：查本校法科学院法律本科十六班学生麦锦煌等六十

四名、政治经济本科丁班学生余衍恒等四十名,于民国十年八月由预科毕业升入本科,至本年八月修业期满。所有各科功课均已教授完竣,照章由校先行呈请考试毕业。谨将法律本科十六班学生暨政治经济本科丁班学生一览表各一份,理合备文呈请大元帅察核,准予举行毕业试验,仍候指令祗遵。谨呈

陆海军大元帅

国立广东大学校长邹鲁

中华民国十三年七月廿一日

（《陆海军大元帅大本营公报》一九二四年第二十一号,7月30日,"指令"）

徐绍桢呈孙中山文

（1924 年 7 月 21 日）

呈为呈请褒扬事:案奉钧府交办滇军第二师师长廖行超呈请颁发团长李春华之母沈氏匾额呈一件,奉谕所请表彰节孝一节,应交内政部查照褒扬条例办理,以昭慎重而符定例等因。奉此,当经函知廖师长转饬李团长春华遵照褒扬条例,取具事实清册送部核办去后。兹准滇军第二师师长廖行超取具李沈氏事实清折一扣转送前来。部长核其事状,与现行褒扬条例第一条第二款尚属相符,拟请钧座题颁"节励松筠"四字,并给予银质褒章,以示褒扬。所有拟请褒扬节妇李沈氏各缘由是否有当,理合具文呈请钧座察核示遵。谨呈

大元帅

大本营内政部长徐绍桢

中华民国十三年七月二十一日

（《陆海军大元帅大本营公报》一九二四年第二十一号,7月30日,"指令"）

鲁涤平呈孙中山文
（1924 年 7 月 21 日）

为呈复事：案奉钧座第三三八号训令开：查兼差不兼薪向有规定，即必不得已而为事择人，凡兼差人员亦只酌给津贴，或只领兼差薪水之若干成，所以重公帑节糜费，用意至善。诚恐日久玩生，用特重申诰令，限文到之日起，所有大本营直辖各部、处、署、局、司、会，应即查明该署有无在大本营及在大本营直辖各部、处、署、局、司、会兼职人员。如有上项兼职人员，除原职仍照现支额数支薪外，其所兼职之薪水应即以二成发给。庶于为事择人之中，仍寓节省公帑之意。除分令外，合行令仰该督办即便遵照办理，仍将遵办情形报核。切切。此令。等因。奉此，自应遵照办理。惟查职署厅处各科职员均只在职署供差，并无在各部、处、署、局、司、会兼职。奉令前因，理合备文呈复察核。

谨呈
陆海军大元帅孙

禁烟督办鲁涤平
中华民国十三年七月廿一日

（《陆海军大元帅大本营公报》一九二四年第二十一号，7 月 30 日，"指令"）

胡谦、郑洪年呈孙中山文
（1924 年 7 月 22 日）

呈为呈报遵照办理仰祈鉴核事：窃奉钧座第三三八号训令内开：查兼差不兼薪向有规定，即必不得已而为事择人，凡兼差人员亦只酌给津贴，或只领兼差薪水之若干成，所以重公帑节糜费，用意至善。恐日久玩生，用特重申诰令，限文到之日起，所有大本营直辖各部、处、署、局、司、会，应即查明该处有无在大本营及在大本营直辖各部、处、署、局、司、会兼职人员。如有上项兼职人员，除原职仍照现支额数支薪外，其所兼职之薪水应即以二成发给。庶于为事择人之中，仍寓节省公帑之意。除分令外，合行令仰该经理即便遵照办理，仍将遵办情形报核。切切。此令。等因。奉此，自应遵照办理，以节糜费而体时艰。合将职处办事人员额数、姓名、俸薪分别是否兼差，列表备文呈报，伏乞鉴核。谨呈
大元帅

经理大本营军需事宜军政部次长胡谦

财政部次长郑洪年

中华民国十三年七月廿二日

（《陆海军大元帅大本营公报》一九二四年第二十一号，7 月 30 日，"指令"）

程潜呈孙中山文

（1924 年 7 月 22 日）

呈为呈复事：案奉钧座发下前福建讨贼军总司令兼省长方声涛东代电一件，呈在闽失败经过情形。又所部参谋长吴斌此次在大田遇难身死，情极可悯，请饬部照陆军少将阵亡例抚恤以安泉壤等情。经部长查核事实相符，拟请俯予照准，明令追赠该故参谋长吴斌为陆军少将，并照阵亡例给予少将恤金，以昭令典而慰英魂。是否有当，伏乞鉴核，训示祗遵。谨呈
陆海军大元帅孙

大本营军政部长程潜

中华民国十三年七月廿二日

（《陆海军大元帅大本营公报》一九二四年第二十一号，7 月 30 日，"指令"）

胡谦、郑洪年呈孙中山文

（1924 年 7 月 22 日）

呈为遵令修正章程呈祈鉴核备案事：窃职处于本月十六日奉钧座第七五〇号指令内开：呈为拟定该处章程乞核准施行由：呈及章程均悉。所拟尚属妥协，惟参事、科长、副科长、副官均应改为荐派，科员、书记官改为委派。仰即照此修正，呈候核准施行可也。章程发还。此令。（计发还章程一份）等因。奉此，遵即修正另缮章程一份，理合具文呈送，伏乞鉴核备案。谨呈
大元帅

办理大本营军需事宜军政部次长胡谦
财政部次长郑洪年
中华民国十三年七月廿二日

（《陆海军大元帅大本营公报》一九二四年第二十一号，7 月 30 日，"指令"）

程潜呈孙中山文

（1924 年 7 月 23 日）

呈为呈复事：案奉钧座发下粤军总司令许崇智呈一件，以所部第一师第四团团长缪培堃久历戎行，夙娴军旅，前于援桂、北伐等役勋绩卓著，去岁转战东、西、北三江，戎马疲劳，早已发生内病，犹复奋不顾身，抱病出发，东征以还，病益沉重，医治罔效，于本年六月十六日在省病故，请予追加陆军少将衔，并照《陆军战时恤赏章程》出征立功后积劳病故例给恤等情。查该已故团长缪培堃尽瘁疆［疆］场，积劳病故，殊堪悼惜。拟请帅座准予追加陆军少将衔，仍照上校积劳病故例照第四表给予上校恤金，以彰忠荩而

慰英灵。是否有当，理合具文呈复，伏乞鉴核明令施行。谨呈

陆海军大元帅孙

大本营军政部长程潜

中华民国十三年七月廿三日

（《陆海军大元帅大本营公报》一九二四年第二十一

号，7 月 30 日，"指令"）

程潜呈孙中山文

（1924 年 7 月 23 日）

呈为呈复事：案奉钧座发下中央直辖滇军第二军军长范石生呈一件，以所部少将参谋张荣光自供职以来，克尽忠勤，去岁石牌之役擘尽经营，不辞劳瘁，所以能克敌制胜者厥功尤多。兹因冒暑遄征，风餐露宿，积劳成疾，染瘴身故，恳请照例从优抚恤等情。查该已故少将参谋张荣光效命疆〔疆〕场，积劳病故，殊堪惋悼。拟请帅座俯予追赠陆军少将并照积劳病故例，照第四表给予少将恤金以酬劳勋而慰英灵。是否有当，理合具文呈复，伏乞鉴核训示祇遵。谨呈

陆海军大元帅孙

大本营军政部长程潜

中华民国十三年七月廿三日

（《陆海军大元帅大本营公报》一九二四年第二十一

号，7 月 30 日，"指令"）

古应芬呈孙中山文

（1924 年 7 月 23 日）

为呈请事：窃职局创办伊始，关于内部之组织、办事之权责亟应

妥为厘订，俾专责成而利进行。现谨拟定条例十九条，理合具文呈请帅座核定，并乞俯赐公布施行。是否有当，仍候指令祗遵。谨呈
陆海军大元帅

经界局督办兼办广东沙田清理事宜古应芬

中华民国十三年七月廿三日

（《陆海军大元帅大本营公报》一九二四年第二十一号，7月30日，"指令"）

林翔呈孙中山文

（1924 年 7 月 24 日）

呈为呈复事：案奉钧师发下大本营会计司司长黄昌谷呈送行营庶务科科长邓彦华呈送十二年九月份至十二月份支出计算书并单据粘存簿到处，饬令审查等因。奉此，遵查该科长邓彦华所送行营庶务科支出各数，间有单据无正式商店者，手续殊欠完备。嗣查核原呈称：实因当时兵燹之际，东江一带商场零落，待用各物就地购买，或求诸村落类，多无单据，自与平时购之商店不同。其无单据之款亦由经手购支人立单，负责详核，所呈各节尚属实在情形，似应准予支销。计自十二年九月份起至十二月份止，原列支出毫银一万二千七百五十七元零零五厘。惟查杂支栏内开列清补凉茶三元，此系私人服食，未便以公款开支。又十月份蔬菜一单浮支银五毫以上，两共计毫银三元五毫，应即核减以重公帑。其余一万二千七百五十三元五毫零五厘证以表簿，均属相符，拟请准其如数核销。除将计算书单据粘存薄留处备案外，理合具文连同原呈一件，呈请钧帅察核示遵，实为公便。谨呈
大元帅

大本营审计处处长林翔

中华民国十三年七月廿四日

（《陆海军大元帅大本营公报》一九二四年第二十一
号，7 月 30 日，"指令"）

程潜呈孙中山文
（1924 年 7 月 25 日）

呈为呈复事：案奉钧座发下粤军总司令许崇智呈一件，以所部
第一师步兵第四团第二营营长李时钦，于前岁北伐赣州之役奋不顾
身，与敌争持于紧急存亡之际，因而阵亡。当时确曾批准给予恤金
一千元，只以陈逆叛变，仓卒回师致未给领。兹据该故营长之母李
邓氏呈请发给前来，理合转呈务恳即予赐领，以便转发等情。查该
故营长李时钦奋勇杀敌，殒命疆场，情殊堪悯。拟恳钧座准予援照
少校阵亡例，照第一表给予少校一次恤金八百元。如蒙俞允，并乞
令饬大本营军需处查照筹发以清手续。至原准恤金一千元核与定章
教〔数〕目不符，可否从优赠给恤金二百元，以符原案而示优异
之处。伏候鉴核训示施行。谨呈
陆海军大元帅孙

        大本营军政部长程潜
       中华民国十三年七月廿五日

（《陆海军大元帅大本营公报》一九二四年第二十一
号，7 月 30 日，"指令"）

叶恭绰呈孙中山文
（1924 年 7 月 25 日）

为呈复事：案奉大元帅第一二三八号训令内开：查兼差不兼薪
向有规定，即必不得已而为事择人，凡兼差人员亦只酌给津贴，或

只领兼差薪水之若干成，所以重公帑节糜费，用意至善。诚恐日久玩生，用特重申诰令，限文到之日起，所有大本营直辖各部、处、署、局、司、会，应即查明该署有无在大本营及在大本营直辖各部、处、署、局、司、会兼职人员。如有上项兼职人员，除原职仍照现支额数支薪外，其所兼职之薪水应即以二成发给。庶于为事择人之中，仍寓节省公帑之意。除分令外，合行令仰该督办即便遵照办理，仍将遵办情形报核。切切。此令。等因。奉此，自当遵照办理，所有职署兼差各人员准支二成兼薪缘由，理合备文呈报察核。谨呈陆海军大元帅

　　　　大本营财政部长兼盐务督办叶恭绰（署长郑洪年代）

　　　　　　中华民国十三年七月二十五日

　　（《陆海军大元帅大本营公报》一九二四年第二十一号，7 月 30 日，"指令"）

林若时呈孙中山文
（1924 年 7 月 25 日）

　　呈为呈请辞职事：窃若时猥以菲材，幸叨恩运，擢授广东海防司令之职，自维薄植，早惧弗胜，但念青眼之下垂，亟欲丹心以图报。是以受事之初，即矢洁己从公，以身许国，栉风沐雨，未敢云劳。夜寐夙兴，勉图报称。穷搜蛟窟兔〔兔〕，梗阻乎江河，誓靖鲸波佐〔？〕，澄清乎海宇。然铅刀本钝，圭角未磨，只浅尽瘁鞠躬仰酬厚泽，不解逢迎曲意媚事权门，因此疵必吹毛，动多制〔掣〕肘。虽竭忠而尽智，知亦难以图功，再尸位而素餐，徒自速乎官谤。与其覆餗贻〔羞〕于后，毋宁解组让贤于先。至饷项一层，财政部每日应支职部银千元，则自六月十七日起已无分文拨给。若时智乏量沙，炊艰无米，此种困难状况尤为无力支持。理合缮具辞职缘由恭呈卢鉴，伏乞准如所请、遴员接任。则此日知难而

退免贻恋栈之讥，他年感恩不忘，当效例［列？］载之报。谨呈
陆海军大元帅孙

广东海防司令林若时

中华民国十三年七月廿五日

（《陆海军大元帅大本营公报》一九二四年第二十二
号，8月10日，"指令"）

林森呈孙中山文

（1924年7月25日）

呈为呈请仰祈示遵事：本年七月十八日奉钧帅第一三四号令
开：着职部令邮政局自八月一日起，于广州市新范围以内及由此至
佛山及省佛中间各地往来邮信，每封减费至一分，不得多收。此
令。等因。奉此，遵即令饬广东邮政局遵照办理。兹据呈复称：邮
务长不揣冒昧，谨将对于钧令饬办各节实在为难情形，敢为钧座陈
明之，幸垂察焉。查中国及各国邮政例有两类邮费规定，即就地投
送及国内各局互寄邮费。其就地投送费系指各类邮件在各局就地投
送界内，即投寄投送皆同在一市区及一局所投送者；其国内各局互
寄邮费则对于各类邮件在中国境内各局互相寄递者。兹奉钧令饬将
广州市新范围内地方（谅指钧部一月一日第一号训令所开展拓市区
范围各地方而言）收寄及寄往各该地方信件邮费一律由二分减为一
分。惟查展拓市区范围尚未实行，请将减费问题暂缓办理。一俟展
拓市区范围，应纳国内资费各地方划入就地投送资费办理。在展拓
市区尚未完全举行以前，各该地方来往信件邮费应请暂不更改。至
钧令饬将佛山至广州及省佛中间来往邮件一概由二分减为一分一节，
查佛山及省佛中间各地乃在广州投递界外，且佛山至广州地方多不
属于所拟展拓市区范围之内，其投寄邮件如果专在原寄局所投递界
内派送者，则此项邮件邮局须一律运送各该到达投递局所派送，非

同就地投送资例由原寄局所派送者可比。是故就邮政方面及展拓市区方面而言，则佛山至广州各处地方显属国内投递范围。用敢恳请钧座转呈大元帅俯准将佛山至广州及省佛中间各地来往邮件，准予仍旧照二分收纳，并广州市新范围内各地方俟实行展拓市区时乃遵照酌量办理。盖此项资费与本省内多数地方及各省地方所行国内资例比较，已属便宜一分（各省国内邮件向系一律三分）。若再将该往来信件邮费照减为一分，则别处地方以距离佛山及各减费地方匪遥，亦难免援照要求减费。如此不特于邮政收入大受影响，且于邮政所定之国内各局互寄资例及就地投送资例无从分别。再，年来本省因地方多故及物价腾贵种种困难情形，在在致邮政办理感受困难。务恳钧座转呈大元帅俯念上述各节，准予所请办理，实为公便等情到部。当经指令该邮务管理局：呈悉。广州市新范围以内当然划入就地投送资费一类，一律收费一分，所请暂不更改应毋庸议，仰即遵照前令办理，勿得稍违。至所陈佛山及省佛中间各地邮资既有窒碍情形，应即准予转呈大元帅核示，再行令饬遵办。奉令前因，理合将职部办理情形并该邮务长意见据情转呈，伏祈察核示遵。谨呈

陆海军大元帅孙

大本营建设部长林森

中华民国十三年七月廿五日

（《陆海军大元帅大本营公报》一九二四年第二十二号，8 月 10 日，"指令"）

林翔呈孙中山文

（1924 年 7 月 25 日）

呈为编造十三年度总预算仰祈鉴核备案事：窃查年度终结，应编造下年度岁出岁入总预算呈请核定，以便照案支付。现在十二年度业已终结，谨将职处十三年度岁出经常费编造全年度预算书缮呈

钧座，伏乞俯准备案。再，职处规编预算遵照本年七月一日奉钧帅第六六八号指令核准呈减经费办理，比较十二年计减一千九百八十元。至临时费预算，十二年度虽经前局长刘纪文编呈有案，但目下尚无临时支出，应俟将来有此项支出时再行编列呈核，合并呈明。是否有当，仍乞指令祗遵，实为公便。谨呈

大元帅

　　　　　　　　　　　大本营审计处处长林翔
　　　　　　　　　　　中华民国十三年七月廿五日
　　（《陆海军大元帅大本营公报》一九二四年第二十一号，7月30日，"指令"）

许崇智呈孙中山文

（1924 年 7 月 26 日）

　　呈为呈请事：现据职部第一军军长梁鸿楷快邮代电称：顷据徐汉臣向隶旄麾，久从患难。前年粤局改革，汉臣在三水首义，率队开赴江门，胁迫陈德春独立，由是罗阳五邑咸应义师。汉臣不敢言劳，自问可告无罪，不谓当钧座未至江门之际，忽为宵小播弄，致汉臣不能自存。其时萋语流传，未蒙当路明察，迫得暂时出走，待明衷曲。夫伯奇掇蜂慈父犹且见疑，曾参杀人贤母尚难自信，吴起望西河而泣下，屈原怀楚国而心伤，是以久切怀归，无由自达。此次汉臣旧部追从汉臣，于患难之中而不忘钧座须臾之顷，以故不避艰险相率归来，此中孤诣苦心，无非表明心迹，誓戴旧主，生死不移，如何改编，悉惟钧命。现在候命有日，明令未颁，队号未定，所有关防、旗帜、服装等件均未奉发。外间不明真相，将不知为何项军队，恐复因此飞短流长，其关系殊非细故。至于汉臣顶踵及部属官兵梦魂皆惟钧座是依，以绝对服从总司令之命，此可指天而誓。用敢沥胆以陈，伏候示遵，不胜感激等情。查徐汉臣在前日恩

平战争正激之时，潜为内应，率部归来，实于此次战争关系最重。察其来意，实出至诚。当经鸿楷允将该部队编为一旅，仍任徐汉臣为该旅旅长以劝来者，据称各节亦系实情，应请钧座准照编为一旅，并任徐汉臣为该旅旅长以昭激劝。仍请先予电委，俾专责成，无任翘企。再，查徐汉臣上年曾奉大本营以嫌疑通缉有案，现已归义，乞并转呈请将通缉一案取销，合并附陈。是否有当，统候令遵等情。并据徐汉臣效日快邮代电，略同前情。查徐汉臣前事虽有可议，今既已去逆效顺，而于恩平一役率先输诚，遂致逆众惶怖，仓皇遁走，既足将功折罪，自当略迹原情。应将通缉一案取销，以示我政府宽仁之德意。兹准前情，除另文呈请任用外，理合据情转呈钧座鉴核，伏乞宵其既往，责其将来，予以自新之机，以为补过之地，准将徐汉臣通缉一案通令取销，不胜感激待命之至。谨呈

大元帅孙

粤军总司令许崇智

中华民国十三年七月廿六日

（《陆海军大元帅大本营公报》一九二四年第二十二号，8月10日，"指令"）

廖仲恺呈孙中山文

（1924 年 7 月 27 日）

呈为呈请察核事：窃省长前据广州总商会会董李颂韶呈请维持前广东省立银行纸币，并据总商会呈拟设广东维持纸币联合会，并拟具章程及办法请予核办前来。当经饬据广东财政厅厅长陈其瑷迭次会同总商会开会，将该项章程及办法商订议决，并于本月二十四日省长提交大本营政务会议议决通过各在案。查省行纸币自停止兑现以来价格低落，金融日趋紧张，以致政府人民交受其困，该总商会拟设联合会维持纸币，洵为整理财政救济金融之要图，似应准予

照办。除将章程及办法公布暨令广东财政厅召集各法团克日举出代表，照章将该会组织成立外，所有核准广东维持纸币联合会章程及办法各缘由，理合呈请鉴核备案，并恳俯赐通令各军民长官一体知照，藉利进行，实为公便。谨呈

大元帅

广东省长廖仲恺

中华民国十三年七月廿七日

（《陆海军大元帅大本营公报》一九二四年第二十一号，7 月 30 日，"指令"）

谭延闿呈孙中山文
（1924 年 7 月 27 日）

呈为转呈事：案据石龙电报局长卢崇章电称：职局自崇章接理八月于兹，何监督任内积欠公□及员役工役等薪水共一千七百余元，函电催发均无接济，尤以五、六两月为甚，所领仅小洋百□十元，支出火食及公费修线费已不敷支。崇章迫于六月十三日躬自赴省请示电政处，只以无□可拨一语了之。当时各员司听闻之下，以希望已绝，全体呈请辞职，何监督阅电亦置不答复。崇章以石龙电局为前方军事传达之中枢，劝谕各员司顾全大局，听候解决。又于六月十九日赴省□最后之请示，亦如前拒绝，即请领二十元以维持火食亦不发给。尤可异者，电报材料为办公之要素，迭电请领扎线修理石龙至广州湘军专线及飞鹅岭之线路，亦延不发给，迫于就近向滇军行营及西路行营暂借得电线十余斤，先行饬工修理飞鹅岭线路前方。电局关系军事进行，崇章既负有此重责，不能不剖白陈词。若因上项非人力所能补救之原因贻误事机，实难甘受其咎。目下工丁已星散一半，各员司亦暂自筹火食，迫得电呈钧处，伏乞垂念下艰，俯赐据呈大元帅令行监督对于职局经费、薪水、材料各项

源源接济，以资办公而利戎行等情。据此，查战时电报至关重要，石龙地属要冲，尤宜维持电局，方资军讯敏捷，无虞致误。兹据代电，理合具文转请钧座迅令电政监督，对于该局所请必要费料应予设法接济，以维电务而利军戎。谨呈

大元帅孙

湘军总司令谭延闿

中华民国十三年七月廿七日

（《陆海军大元帅大本营公报》一九二四年第二十号，7 月 20 日，"指令"）

林森呈孙中山文

（1924 年 7 月 28 日）

呈为呈复遵办情形仰祈鉴核事：案奉钧帅第三三八号训令开：为令遵事：查兼差不兼薪向有规定，即必不得已而为事择人，凡兼差人员亦只酌给津贴，或只领兼差薪水之若干成，所以重公帑节糜费，用意至善。诚恐日久玩生，用特重申诰令，限文到之日起，所有大本营直辖各部、处、署、局、司、会，应即查明该部有无在大本营及在大本营直辖各部、处、署、局、司、会兼职人员。如有上项兼职人员，除原职仍照现支额数支薪外，其所兼职之薪水应即以二成发给。庶于为事择人之中，仍寓节省公帑之意。除分令外，合行令仰该部长即便遵照办理，仍将遵办情形报核。切切。此令。等因。奉此，查职部所有职员均属本职人员，除商标注册所暨权度检定所先后呈准成立在案，所需办事人员由职委派部员兼充，并无另定俸给。拟俟办有成效再行酌予津贴外，此外有无在大本营及在大本营直辖各部、处、署、局、司、会兼任职务，其应受俸给即属兼职薪水，应由兼职机关按照发给，业经通令本部职员自向兼职机关声明办理，毋得稍违，仰副钧座节省公帑之至意。奉令前因，理合

将职部遵办情形缘由具文呈报鉴核，伏乞训示祗遵。谨呈

大元帅

大本营建设部长林森
中华民国十三年七月廿八日

（《陆海军大元帅大本营公报》一九二四年第二十一号，7月30日，"指令"）

邓泽如、林直勉呈孙中山文

（1924年7月28日）

　　呈为呈请事：窃泽如等前以逆贼披猖，挞伐方始，欲利戎机，接济为要，恐库储之奇穷致师行之却顾，爰于民国十年集合同志组织中央筹饷会，订定章程呈准立案，冀藉众擎之力速成建国之功。幸赖海外贤达好义急公，或愤神奸之窃国毁家纾难，或慨四郊之多垒输粟助办，计自开办以来筹款不下七十余万元。此固由帅座威德之隆洽于人心，抑亦由侨胞救国之诚根于天性，固能集兹巨款宏济时艰。除所筹各款业经陆续解缴及分别发给收据、另册汇报暨刊征信录分送各埠以昭核实外，至此次慨捐巨饷及筹款得力人员，如刘淮滨、郑福东等共一千七百二十三员，核与筹奖章程第八条相符，似应按照捐额颁发嘉禾章暨金银各等奖章以奖殊绩。为此列册呈请鉴核，伏恳按章分等各颁给奖章，以示荣施而资鼓励，不胜屏营之至。再，查各埠侨胞热心国事、慷慨捐输者现仍源源不绝，一俟捐款汇到汇案核明，再行分别呈报请奖，合并陈明。谨呈

陆海军大元帅

中央筹饷会邓泽如、林直勉
中华民国十三年七月廿八日

（《陆海军大元帅大本营公报》一九二四年第二十二号，8月10日，"指令"）

林森呈孙中山文

(1924 年 7 月 29 日)

呈为呈复事：案奉钧帅第三三八号训令开：为令遵事：查兼差不兼薪向有规定，即必不得已而为事择人，凡兼差人员亦只酌给津贴，或只领兼差薪水之若干成，所以重公帑节糜费，用意至善。诚恐日久玩生，用特重申诰令，限文到之日起，所有大本营直辖各部、处、署、局、司、会，应即查明该署有无在大本营及在大本营直辖各部、处、署、局、司、会兼职人员。如有上项兼职人员，除原职仍照现支额数支薪外，其所兼职之薪水应即以二成发给。庶于为事择人之中，仍寓节省公帑之意。除分令外，合行令仰该督办即便遵照办理，仍将遵办情形报核。切切。此令。等因。奉此，自应遵照办理。理合备文呈复，伏乞鉴核。谨呈

陆海军大元帅孙

广东治河督办林森
中华民国十三年七月廿九日

（《陆海军大元帅大本营公报》一九二四年第二十一号，7 月 30 日，"指令"）

古应芬呈孙中山文

(1924 年 7 月 29 日)

为呈复事：案奉大元帅第三八一号训令开：为令遵事：查以军饷浩繁，度支奇绌，曾经令行大本营会计司将大本营参议、谘议、委员及秘书处会计司人员等所有俸薪，从八月一日起概行减成发给在案。惟查各机关人员薪俸其已经减成发给者固多，其未经减成发给者亦复不少，亟应统筹办法以归划一。限从八

月一日起，所有大本营直辖各机关以及各民政财政机关，除职员俸薪已经减成发给者仍照旧支给外，此外各职员凡俸薪在五百元以上者概以七成发给，在三百元以上者以八成发给，在二百元以上者以九成发给，俾昭公允而免偏畸。除分令外，合行令仰该督办即便遵照办理，并转行所属一体遵照办理，仍将遵办情形具报查核。切切。此令。等因。自应遵照办理，除饬属遵照外，所有遵令自八月起分别减成领支薪俸情形，理合呈请钧座察核备案。谨呈

陆海军大元帅孙

大本营经界局督办兼办广东沙田清理事宜古应芬

中华民国十三年七月二十九日

（《陆海军大元帅大本营公报》一九二四年第二十一号，7月30日，"指令"）

廖仲恺呈孙中山文

（1924年7月29日）

呈为呈复事：现奉大元帅训令开：查以军饷浩繁，度支奇绌，曾经令行大本营会计司将大本营参议、谘议、委员及秘书处会计司人员等所有俸薪，从八月一日起概行减成发给在案。惟查各机关人员薪俸，〈其〉已经减成发给者固多，其未经减成发给者亦复不少，亟应统筹办法以归划一。限从八月一日起，所有大本营直辖各机关以及各民政财政机关，除职员俸薪已经减成发给者仍照旧支给外，此外各职员凡俸薪在五百元以上者概以七成发给，在三百元以上者以八成发给，在二百元以上者以九成发给，俾昭公允而免偏畸。除分令外，合行令仰该省长即便遵照办理，并转行所属一体遵照办理，仍将遵办情形具报查核。切切。此令。等因。奉此自应遵办，除通行所属一体遵照外，所有奉令饬将各机关职员俸薪减成发

给暨遵办情形，理合具文呈复钧座鉴察。谨呈

陆海军大元帅

广东省长廖仲恺

中华民国十三年七月廿九日

（《陆海军大元帅大本营公报》一九二四年第二十二号，8 月 10 日，"指令"）

程潜呈孙中山文

（1924 年 7 月 29 日）

呈为呈复事：案奉钧座发下湘军总司令谭延闿呈一件，以所部第二军第二师第四旅第八团团部上尉副官漆兆，此次随同前往金竹坝侦察敌情地形，奋勇冒险突入前线，被敌人机关枪弹洞穿头部，当即殒命，请准照少校阵亡例从优议恤等情。经部长查核事实相符，拟请钧座准予追赠陆军少校，并照阵亡例给予少校恤金以示优异。是否有当，伏乞鉴核，训示祗遵。谨呈

陆海军大元帅孙

大本营军政部长程潜

中华民国十三年七月廿九日

（《陆海军大元帅大本营公报》一九二四年第二十二号，8 月 10 日，"指令"）

驳载总工会致孙中山等电

（1924 年 7 月 29 日）

孙大元帅、廖省长、孙市长、吴警务处长、广州市吴公安局长、中国国民党中央执行委员会工人部、广州市党部工人部、广州市交通

工人代表会钧鉴：

　　酒业工人调查工友，原属依法行动，乃竟被东鬼基恒茂店商团军放枪狙击，商团仇工，莫此为甚。公理何在，国法何存？若不严办，将来工人被受摧残，宁有安日？伏乞迅拿归案，从严核办，以儆凶横，工人幸甚。驳载总工会主任黄党暨全体同人叩。艳。印。

　　　　　　（《广州民国日报》1924 年 7 月 31 日，"要闻"）

旅港九江人致孙中山电
（1924 年 7 月 29 日）

请令滇军移防。

　　　　　　　　　（《申报》1924 年 7 月 31 日，"国内专电"）

旅省九江人致孙中山电
（1924 年 7 月 30 日）

立撤滇军，并治不法军人罪。

　　　　　　　　　（《申报》1924 年 8 月 1 日，"国内专电"）

上海金银工人互助会致孙中山等电
（1924 年 7 月 30 日）

万急。广州孙大元帅、伍外交部长钧鉴：

　　自沙面华人抵抗英领苛例，迄今数日尚未解决。已激起全国国民公愤。事关国权人格，敝会情难缄默，恳政府向英领提出严重交涉，不失人民之望。上海金银工人互助会叩。卅。印。

　　　　　　　　（《广州民国日报》1924 年 8 月 5 日，"公电"）

蒋中正、廖仲恺呈孙中山文

（1924 年 7 月 30 日）

呈为呈请事：窃职校军医部主任宋荣昌前经呈请任命业蒙照准在案。现该主任已调别职，而军医部不可无人主持，兹特选定李其芳为该部主任，业已到校任事，理合备文呈请钧座给予任状以昭慎重。是否之处，敬祈鉴核施行。谨呈

陆海军大元帅

陆军军官学校校长蒋中正

驻校党代表廖仲恺

中华民国十三年七月三十日

（《陆海军大元帅大本营公报》一九二四年第二十二号，8 月 10 日，"指令"）

邓泽如呈孙中山文

（1924 年 7 月 30 日）

呈为呈报事：现奉钧座第三八二号训令开：查以军饷浩繁，度支奇绌，曾经令行大本营会计司将大本营参议、谘议、委员及秘书处会计司人员等所有俸薪，从八月一日起概行减成发给在案。惟查各机关人员薪俸，其已经减成发给者固多，其未减成发给者亦复不少，亟应统筹办法以归划一。限从八月一日〈起〉，所有大本营直辖各机关以及各民政财政机关，除职员俸薪已经减成发给者仍照旧支给外，此外各职员凡俸薪在五百元以上者概以七或［成］发给，在三百元以上者以八成发给，在二百元以上者以九成发给，俾昭公允而免偏畸。除分令外，合行令仰该运使即便遵照办理，并转行所属一体遵照办理，仍将办理〈情形〉具报查核。切切。此令。等

因。奉此，遵查运使所属各机关只有潮桥运副月俸四百元，平南运销缉私局总办月薪二百元。现该两处均为敌军所踞，自暂从缓议。此外各场知事及各局厂局长、总办、委员，原定月薪至优者仅及一百六十元，少或四五十元不等。若过二百元者，署内惟运使月俸八百八十元，缉私主任一员月薪二百四十元，秘书二员、科长三员月薪均二百元，应于八月一日起分别减成发给。奉令前因，除遵照办理外，理合将遵办情形具文呈报钧座察核。谨呈

大元帅

两广盐运使邓泽如

中华民国十三年七月三十日

（《陆海军大元帅大本营公报》一九二四年第二十二号，8月10日，"指令"）

叶恭绰、廖仲恺呈孙中山文

（1924年7月30日）

呈为呈复事：案奉第三八二号训令开：查以军饷浩繁，度支奇绌，曾经令行大本营会计司将大本营参议、谘议、委员及秘书处会计司人员等所有俸薪，从八月一日起概行减成发给在案。惟查各机关人员薪俸，其已经减成发给者固多，其未经减成发给者亦复不少，亟应统筹办法以归划一。限从八月一日〈起〉，所有大本营直辖各机关以及民政财政机关，除职员俸薪已经减成发给者仍照旧支给外，此外各职员凡俸薪在五百元以上者概以七成发给，在三百元以上者以八成发给，在二百元以上者以九成发给，俾昭公允而免偏畸。除分令外，合行令仰该委员会即便遵照办理，并转行所属一体遵照办理，仍将遵办情形具报查核。切切。此令。等因。奉此，查职会干事处各职员，除专任秘书四员由会支薪外，余自总干事以次均由财政厅分别调派兼任，向不支领兼薪，兹谨将职会专任秘书等

薪俸从八月一日起遵以九成发给。所有遵令将职员薪俸减成发给缘由，理合备文呈报钧座睿鉴。谨呈

大元帅

财政委员会主席委员叶恭绰、廖仲恺

中华民国十三年七月三十日

（《陆海军大元帅大本营公报》一九二四年第二十二号，8月10日，"指令"）

古应芬呈孙中山文

（1924 年 7 月 30 日）

呈为呈报事：窃督办奉命办理经界局经将组织条例专文呈报在案。经界事关创办，非熟悉情形之员不足以资助理。兹查有李思辕堪以委为经界局总务处处长，谨照组织条例第六条之规定，理合备文呈请察核俯赐加给任状，俾专责成而利进行，仍乞指令祗遵。谨呈

陆海军大元帅孙

大本营经界局督办兼办广东沙田清理事宜古应芬

中华民国十三年七月三十日

（《陆海军大元帅大本营公报》一九二四年第二十二号，8月10日，"指令"）

陈友仁呈孙中山文

（1924 年 7 月 31 日）

呈为呈复事：案奉第三八二号训令开：为令遵事：查以军饷浩繁，度支奇绌，曾经令行大本营会计司将大本营参议、谘议、委员及秘书处会计司人员等所有俸薪，从八月一日起概行减成发给在

案。惟查各机关人员薪俸，其已经减成发给者固多，其未经减成发给者亦复不少，亟应统筹办法以归划一。限从八月一日起，所有大本营直辖各机关以及民政财政机关，除职员俸薪已经减成发给者仍照旧支给外，此外各职员凡俸薪在五百元以上者概以七成发给，在三百元以上者以八成发给，在二百元以上者以九成发给，俾昭公允而免偏畸。除分令外，合行令仰该局长即便遵照办理，并转行所属一体遵照办理，仍将遵办情形具报查核。切切。此令。等因。奉此，查职局各员俸薪向来均系减成支给，比之现奉规定之减成办法尤为低下，且在二百元以下之俸薪亦一律减支。除前奉第二五〇号明令遵将职局各员等级俸额另案列册呈报外，所有职局经已减成支俸情形，理合先行呈复鉴核。谨呈

大元帅孙

　　　　　　　　　　航空局局长陈友仁
　　　　　　　　中华民国十三年七月卅一日
　　　（《陆海军大元帅大本营公报》一九二四年第二十二
　　号，8月10日，"指令"）

程潜呈孙中山文

（1924年7月31日）

　　呈为呈复事：奉大元帅训令第三八二号：从八月一日起，所有大本营直辖各机关以及各民政财政机关职员俸薪已减成发给者仍旧支给外，此外凡俸薪五百元以上者七成发给，三百元以上者八成发给，二百元以上者九成发给，仰即遵照办理，仍将遵照情形具报查核等因。奉此，查职部经费，前四月间奉钧令每月暂先发二万元，较之原定预算不及二分之一。部长仰体睿意撙节开支，所有职员薪俸概定五成发给。惟因拨款机关时有更易，发辍靡常，奉批之数有名无实，故五成薪俸亦未能发给，曾将经过困难情形一再呈报在

案。奉令前因，理合据实呈复，伏乞察核深为公便。谨呈

大元帅孙

大本营军政部长程潜

中华民国十三年七月卅一日

（《陆海军大元帅大本营公报》一九二四年第二十二号，8 月 10 日，"指令"）

林翔呈孙中山文

（1924 年 7 月 31 日）

呈为呈报事：案奉钧帅令开：查大本营前为节省公帑起见，曾经分令大本营直辖各部、处、署、局、司、会、校，查明如有大本营直辖各部、处、署、局、司、会、校兼职人员，除原职仍照现支额数支薪外，其所兼职之薪水应即以二成发给各在案。乃各部、处、署、局、司、会、校认真查明者固多，其未认真查明者亦复不少，甚至有延不呈报、视等具文者，非再剀切诰令无以重公令而昭核实。所有大本营直辖各部、处、署、局、司、会、校应再饬知各人员，自行声报现任职务系属原职抑系兼职，除原职仍照现支额数支薪外，其兼职薪水概以二成发给。倘有隐匿不报一经查觉，即将各该员分别加以惩戒，并限于文到十日内，将各人员现任职务分别系属原职抑系兼职、现支薪俸若干列具详表呈报查核。除分令外，合行令仰该处长即便遵照办理。此令。等因。奉此，遵查职处仅职处长兼财政委员会及审查财政委员不另支薪俸，夫马主任审计官汪彦平系以广州登记局长兼本职，以经费支绌向未支过薪俸，其余人员均非兼职。奉令前因，理合具文连表呈报察核。是否有当，伏乞指令祗遵，实为公便。谨呈

大元帅

大本营审计处处长林翔

中华民国十三年七月卅一日

（《陆海军大元帅大本营公报》一九二四年第二十二号，8月10日，"指令"）

古应芬呈孙中山文
（1924年7月31日）

　　呈为呈报遵办兼职减薪情形仰祈鉴核事：案奉钧令第三八二号令开：为令遵事：查以军饷浩繁，度支奇绌，曾经令行大本营会计司将大本营参议、谘议、委员及秘书处会计司人员所有俸薪，从八月一日起概行减成发给。除原文有案邀免冗叙外，后开：合行令仰该秘书长即便遵照办理，并转行所属一体遵照办理，仍将遵办情形具报查核。切切。此令。复奉钧令第一二九号令开，为令遵事：查大本营前为节省公帑起见，除原文有案邀免冗叙外，后开：合行令仰该秘书长即便遵照办理。此令。各等因。奉此，自应遵照办理。查行营秘书长所辖者仅秘书一员，余均由大本营秘书厅调用。自帅座由东江返省后，秘书长所辖秘书李蟠经委香山县县长，其余各员均回大本营秘书厅供差。是秘书长久无直辖员司，不生兼差问题。自秘书长兼就经界局督办，兼办广东沙田清理事宜，职当经面陈帅座不领秘书长薪俸。至兼办沙田清理事宜，其处长原薪亦不兼领以省公帑。奉令前因，所有遵办兼职减薪情形，理合备文呈报鉴核，实为公便。谨呈

大元帅

大本营行营秘书长古应芬

中华民国十三年七月三十一日

　　（《陆海军大元帅大本营公报》一九二四年第二十二号，8月10日，"指令"）

林翔呈孙中山文

（1924 年 7 月 31 日）

　　呈为呈报事：案奉钧帅第三八二号训令开：查以军需浩繁，度支奇绌，曾经令行大本营会计司将大本营参议、谘议、委员及秘书处会计司人员等所有俸薪，从八月一日起概行减成发给在案。惟查各机关人员薪俸，其已经减成发给者固多，其未经减成发给者亦复不少，亟应统筹办法以归划一。限从八月一日起，所有大本营直辖各机关以及各民政财政机关，除职员俸薪已经减成发给者仍照旧支给外，此外各职员凡薪俸在五百元以上者概以七成发给，在三百元以上者以八成发给，在二百元以上者以九成发给，俾昭公允而免偏畸。除分令外，合行令仰该处长即便遵照办理，并转行所属一体遵照办理，仍将遵办情形具报查核。切切。此令。等因。奉此，查职处俸薪，除处长及主任审计官外，均在二百元以下。处长每月五百元，系在五百元以上。主任审计官每月二百八十元，系在二百元以上。自应于八月一日起遵照钧令办理。奉令前因，理合将遵办情形具文呈报察核，伏乞指令祗遵，实为公便。谨呈
大元帅

大本营审计处处长林翔
中华民国十三年七月卅一日

　　（《陆海军大元帅大本营公报》一九二四年第二十二号，8 月 10 日，"指令"）

路孝忱致孙中山电

（1924 年 7 月 31 日）

　　大元帅睿鉴：柏塘形势险恶，为东江战事上必争之地。自湘军

李纵队司令移防增城后，敌军数百名，乘虚进占该地，声势颇为汹涌。当经孝忱督同各团长联络率队前往，于敬日拂晓施行攻击，该敌犹复顽强抵抗，鏖战八时之久，敌势不支，纷向派尾方面溃逃。我军乘势追击，夺获枪械子弹，以及军服各件无数，已将柏塘防地完全克复，并饬令各团长部队严密布防，藉资镇摄。此役我军奋勇异常，彼敌经此挫败，无复能再逞矣。谨此电闻。路孝忱卅一叩。

（《广州民国日报》1924 年 8 月 3 日，"国内要闻"）

徐绍桢呈孙中山文
（1924 年 7 月）

呈为呈复事：案准大本营秘书处公函开：顷奉大元帅交下中国国民党驻三藩市总支部总干事陈耀垣六月十日呈，据李玉渠报告有人到伊家勒索屋税函一件。又呈据三藩市分部部长黄滋、议长刘涤寰等控告内政部调查医生注册事宜黄友笙案函一件，均奉批交内政部查明办理等因。于应抄录原件并录批函达，即希查照为荷等由，计抄送陈耀垣原函二件过部。准此，查李玉渠报告有人到家勒索屋税一事，据称该乡在水南歧安里，蜜〔密〕迩江门，系属广东新会县管辖范围，当经咨请广东省长转行查办去后。俟得咨复，再行呈报。至黄滋等控党员黄友笙前在华侨居留区不知自爱一节，未据列举事实，无从查办。该员现充广东中医公会副会长，职部前委请查医生注册，不过就熟悉医界情形者临时选派，并非实在官职，且其办事尚属得力，似可免予置议。奉批前因，理合呈复察核。谨呈大元帅

内政部长徐绍桢
中华民国十三年七月　日

（《陆海军大元帅大本营公报》一九二四年第二十号，7 月 20 日，"指令"）

廖仲恺呈孙中山文

（1924 年 7 月）

呈为呈复事：案查前奉帅令饬行核减经费以裕度支一事，昨据各厅处呈复，经即据情列表先后呈请鉴察在案。兹复据广东图书馆、东兴洋务局各将遵办情形呈复前来，查核尚属实情，理合具文列表呈复大元帅鉴核，伏候训示祗遵。谨呈

陆海军大元帅

广东省长廖仲恺

中华民国十三年七月　日

（《陆海军大元帅大本营公报》一九二四年第二十一号，7 月 30 日，"指令"）

程潜呈孙中山文

（1924 年 7 月）

呈为呈复事：案奉钧座发下粤军总司令许崇智等呈一件，以前次呈请赠恤故中华革命军浙江司令长官夏尔玙一案，奉读大元帅明令忽改，改称浙江讨袁军司令，恐系军政部方面有所讹误。又夏尔玙于民国元年在安徽服务时已授为陆军中将，而司令长官之阶级又准上中将官阶，今命令中追赠中将又与事实有所出入。请改正各义，并将故中华革命军浙江司令长官夏尔玙追赠上将，并加优恤等情。查此案前次职部呈复大元帅，文内所请追赠者，确系故中华革命军浙江司令长官夏尔玙，于名义上并无讹误。至夏尔玙已授陆军中将及司命〔令〕长官阶级，又准上中将官阶一节，查粤军总司令许崇智等前呈并未叙明，致职部仅按照主将阵亡例拟请追赠中将。兹奉发前由，理合具文呈请帅座俯予照准明令，追赠故中华革

命军浙江司令长官夏尔玙为陆军上将，并照阵亡例，照第一表给予上将恤金，以符名实而慰忠魂。是否有当，伏乞训示祗遵。谨呈
大元帅孙

> 大本营军政部长程潜
> 中华民国十三年七月　日
>
> （《陆海军大元帅大本营公报》一九二四年第二十一号，7月30日，"指令"）

李济深呈孙中山文
（1924 年 7 月）

为呈报事：接准广西抚河招抚使署函开：迳启者，前准贵督办函开：五月二日案奉大元帅手令开：着马晓军回参军本职。此令。又令抚河招抚使着即撤销。此令。等因。奉此，相应函达台端，希为查照是荷等由。准此，遵于本月十五日将敝招抚使署取销，相应函达贵处长希为查照等由。准此，除分别咨呈暨令行知照外，理合备文呈报钧座鉴核。谨呈
大元帅孙

> 梧州善后处处长李济深
> 中华民国十三年七月　日
>
> （《陆海军大元帅大本营公报》一九二四年第二十一号，7月30日，"指令"）

程潜呈孙中山文
（1924 年 7 月）

呈为呈复事：案奉钧座发下粤军总司令许崇智呈报中央直辖福建各军总指挥处按月预算书，请察核训示呈一件，并奉批交军政部

核定等因，附预算书一本。奉此，查表列各编制核与新定甲种军司令部编制大致相符，饷额亦系遵照现行饷章填报。该总指挥应照上将支薪每月六百四十元。惟该处各师旅团营连实有官兵现员若干、枪炮若干未据造具。官兵花名、枪炮种类清册，所报预算书是否相符，职部无案可稽。应由粤军总司令部先行点验，酌量发给，庶库帑不至虚糜，饷粮无虞缺乏。所有奉批核议中央直辖福建各军总指挥处预算各缘由，是否有当，理合连同原件呈请察核施行。谨呈
大元帅孙

军政部长程潜

中华民国十三年七月　　日

（《陆海军大元帅大本营公报》一九二四年第二十一号，7月30日，"指令"）

<h2 style="text-align:center">程潜呈孙中山文</h2>

（1924 年 7 月）

呈为呈复事：案奉大元帅第一二六〇号训令内开：为令遵事：据湘军总司令谭延闿呈报：金竹坝战役阵亡官兵人员表内，有正兵陈楚俊一名，被敌击伤落水，随流至第五军防地遇救，乞核正一案。除原文有案邀免冗录外，尾开除指令呈悉。候令行军政部检查原表更正备案可也。此令。印发外，合行令仰该部长即便遵照。此令。等因。奉此，除检查原表更正外，理合具文呈复，伏乞察核，实为公便。谨呈
陆海军大元帅

军政部长程潜

中华民国十三年七月　　日

（《陆海军大元帅大本营公报》一九二四年第二十一号，1924 年 7 月 30 日，"指令"）

韦荣熙呈孙中山文
（1924 年 7 月）

为呈报事：窃荣熙前任北江商运局长，本年三月十三日奉帅令将该局裁撤，经将撤局日期呈报钧府察核在案。至前奉颁发木质镶锡关防一颗、牙质小章一颗，因办理结束尚未缴还，兹已结束清楚，另案呈报。理合备文连同关防一颗、小章一颗，呈缴钧府核销，实为公便。谨呈

大元帅孙

前北江商运局局长韦荣熙

中华民国十三年七月□日

（《陆海军大元帅大本营公报》一九二四年第二十一号，7 月 30 日，"指令"）

叶恭绰、廖仲恺呈孙中山文
（1924 年 7 月）

呈为呈请察核备案事：窃查造币厂所铸十三年新币均照定章成色分量鼓铸案，经公开化验证明，并为杜绝私铸流通新币起见，前经职部通行各机关对于商民持此项新币缴纳田赋税捐及其他公款，均应一律收用各在案。现经政务会议议决，凡中央或地方各机关一切收入，均应以十三年新币为准，兹特会同规定征收解币章程。除布告并分行各征收机关一体查照办理外，理合缮附征收机关收解新币章程一份，呈请钧座察核备案，伏候指令祗遵。谨呈

大元帅

大本营财政部长叶恭绰、广东省长廖仲恺

中华民国十三年七月　日

（《陆海军大元帅大本营公报》一九二四年第二十一号，7 月 30 日，"指令"）

叶恭绰呈孙中山文
（1924 年 7 月）

为呈报事案：查职部发行短期军需库券，改定发行抽签及还本付息各日期，并声明本息基金因造币余利尚无把握，若仅恃印花税项下每日指拨一千元以为基金时，即将原定三个月内清还之期展为九个月，业经分别呈报分行布告各在案。查库券条例规定，自库券发行后，每日由广东省河及各属普通烟酒两项印花项下，拨款一千元充本息基金，拨存裕广银号，至足敷还本付息为度。现该项库券业经发行，亟应将本息基金如数拨存，藉符原案而固信用。兹定自八月二十一日起，除星期日外，每日由省河印花税项下拨款七百元，省河以外各属印花税项下拨款三百元，合共每日拨款一千元，均交存裕广银号以为还本付息之用。除令行代办省河印花税、广州市公安局及广东省河以外各属印花税分处遵照办理暨分行布告外，所有依照条例指拨印花税款充军需库券本息基金各缘由，理合呈请鉴核备案。谨呈大元帅

大本营财政部长叶恭绰（次长郑洪年代）

中华民国十三年七月□日

（《陆海军大元帅大本营公报》一九二四年第二十一号，7 月 30 日，"指令"）

林森呈孙中山文
（1924 年 8 月 1 日）

呈为呈报事：七月三十日据广东邮务管理局邮务长□良禧呈

称：窃奉钧部本年七月二十五日第一四四号指令，据呈复广州市新范围以内及省佛间减轻邮费种种困难，恳请转呈帅座核示由，奉令开：呈悉。广州市新范围以内当然划入就地投送资费一类，一律收费一分，所请暂不更改，应无庸议，仰即遵照前令办理，勿得稍违。至所陈佛山及省佛中间各地邮资既有窒碍情形，应即准予转呈大元帅核示，再行令饬遵办。等因。奉此，兹经遵照钧令将广州市新范围来往平常信件减收一分办法，进行办理。一切至来往佛山及省佛中间各处信件邮费，转呈大元帅核示一节，邮务长对于此节更有陈明者：查现将广州市新范围各地方邮费减收一分，邮局方面将来难免损失。若再如钧令将来往佛山及省佛中间各处信费减收一分，则损失更大。盖省佛信件必须先行运到投递局，始能派送收费一分，则此项邮费收入对于运寄及投送应需一切费用，实不足以相抵。至佛山及省佛中间各处地方，系属国内互寄范围，并难免别处藉词要求援例请减。种种困难情形，前呈经已详细陈明在案。邮务长务恳准将佛山及省佛中间各处地方来往邮件免予减费，仍旧收费办理以维邮务。兹奉前因，理合具文呈复钧部察核，并祈再将上述各节转呈大元帅俯准如呈办理，实为公便等情前来。正核办间，七月三十一日又据该邮务长到部面称，广州市新范围来往平常信件，自本年八月一日起减收一分，本应遵照办理，但因期限匆迫，宣布手续未能完备，请求准予宽限十天，以便从容布告，俾众周知等语。查该邮务长所称尚属实情，职部已权宜准其其宽限十天。理合将办理邮信减资经过情形呈请察核，伏候指令祗遵，实为公便。
谨呈
大元帅

　　　　　　　大本营建设部长林森
　　　　　　　中华民国十三年八月一日
　　　（《陆海军大元帅大本营公报》一九二四年第二十二号，8月10日，"指令"）

许崇智呈孙中山文

（1924 年 8 月 2 日）

呈为转请核夺事：案据兼长洲要塞司令蒋中正呈为详陈长洲地方应兴应革及须改造整理各事宜数端，请予核转等情前来。除指令照准转呈外，理合抄录该司令原呈具文汇呈察核。应否照准之处，仍候钧座核夺饬遵，实为公便。谨呈
大元帅孙

粤军总司令许崇智

中华民国十三年八月二日

（《陆海军大元帅大本营公报》一九二四年第二十二号，8 月 10 日，"指令"）

廖仲恺呈孙中山文

（1924 年 8 月 2 日）

呈为呈请事：案据广东财政厅呈称：窃维粤省财政历年收支相较本属入不敷出，迨军兴以还支出益增，不敷更巨。所有各属正杂税捐复为驻防各军就近截留几尽，批解寥寥，遂致库空如洗，罗掘俱穷。职厅抵任后察看情形，殊深焦灼，用是多方筹措，竭力支持，并分途设法疏通各军队，以冀统一财权。现虽逐渐进行，略有端绪，然旷日持久，争回之款恐亦无多。所有军、学各费与夫应支各项刻不容缓，仍须另筹专款俾济急需。查厘税加二加五增收专款，均经办理有案，而各行商捐尚付阙如，自应援照一律增收加二专款以应饷糈。且省河猪捐商人业经遵照办理，呈奉钧署核准令行批解在案，其余承办各捐商人亦经分令遵办。第此项新增商捐加二专款系属特别另筹，应由各该商人直接

解厅核收。各处军队不得藉口稍有截留，致误要需。所有职厅另筹商捐加二专款充饷缘由，理合呈请钧署察核，俯赐转呈大元帅令行各军总司令及军长转饬各路军队，嗣后对于职厅新增征收前项加二专款，均应田〔由〕各商人直接解缴赴厅核收，不得稍有截留及以印收抵解，以顾饷源。仍请指令祗遵，实为公便等情。据此，查财政厅征收钱粮厘税饷捐，多由各军各就防地拨留充饷，以致省库收入日形短绌，即争回之款亦属无多。该厅所陈尚属实情，现拟援案就各行商捐增收加二加五，以期拨支要需，对于各军划定充饷各款并无影响。而该厅得此新增收入，对于应支各费自足应付而资挹注。理合据情转呈钧座鉴核，恳准分行各总司令各军长严饬各路军队，嗣后不得截收，并乞指令祗遵，实为公便。谨呈

大元帅

广东省长廖仲恺

中华民国十三年八月二日

（《陆海军大元帅大本营公报》一九二四年第二十二号，8月10日，"指令"）

古应芬呈孙中山文

（1924年8月2日）

为呈复事：案奉大元帅发下香山县全属自卫总局正局长李蟠等，呈请饬令经界局迅将加抽护沙费一案撤销以抒农困由呈一件，奉谕交经界局查复等因。奉此，查征收护沙费经许前处长议定，有自卫各沙田亩每亩征收三毫，无自卫各沙田亩每亩征收六毫，分开耕、早造、晚造三期征收，主佃各半，以供护沙游击军队饷需，业经呈奉帅令准其试办。自筹自卫自应照有自卫办法，每亩只收护沙费三毫。诚以香山各沙田亩每亩原缴纳捕费六毫，从前由各自卫局

抽收，藉充自卫经费。惟查各局实支团饷局费每亩三毫，已足敷用。现于原有捕费六毫内以三毫留作自卫经费，以三毫缴交充护沙游击队饷需，统筹兼顾，至为平允。查从前周统领演明办理护沙时，与十六沙局长董等会议，订定于原有捕费六毫内，以半拨充护沙军饷，以半数为自卫经费。维时沙所□安征收，起色为历年之冠，成效大著，可为明证。若只称自卫而无护沙军队为之后援，即使办理得宜，亦不过自固区域，不能收守望相助之效。沙匪此拿彼窜，势难搜捕。其不肖之各自卫局长董等，甚至以所收捕费图饱私囊，转将以保护事宜置诸不问，于沙所治安、沙捐收入交受其害。查香属金斗湾、黄梁都、东海等处尚有沙匪盘踞，现拟由处酌拨护沙游击队前往梭巡。总之平时设防则责成各自卫团局，剿捕沙匪则由护沙军队办理，互相联络以副官民合作之义。至护沙费为游击队饷项所关，与征收特别军费各为一事，且就原有捕费分拨，并非加增业佃负担，对于业佃尤属有益无损。原呈所称各节殊非事实，所请撤销征收护沙费之处，自应毋庸置议。所有遵谕查复缘由，理合呈请大元帅察核。谨呈

陆海军大元帅孙

大本营经界局督办兼办广东沙田清理事宜古应芬

中华民国十三年八月二日

（《陆海军大元帅大本营公报》一九二四年第二十二号，8 月 10 日，"指令"）

路孝忱致孙中山电

（1924 年 8 月 2 日）

急。广州大元帅睿鉴（余衔略）：

窃以统一财政，为当今之急务，固举国心理所公认。蒋军长专电于前，廖省长赞成于后，两公切中时弊，洞若观火，回环庄诵，

钦佩莫名。凡我同袍，睹首座之殷忧，慨吾民之凋敝，未有不疾首痛心，幡然变计者。人欲之善，谁不如我。孝忱亦军人一份子，懔善言则拜之义，有不能已于言者。诚以粮饷为军队之命脉，转输为粮饷之枢机，转输不灵，粮饷匮乏。自来行军缺粮缺饷，鲜有不涣散失败者。先圣有言，足兵先足食，非［飞］刍挽粟，此萧相国所以称功首也。然统一财政非徒托空言，必撑度支者，事前有统筹之计划，临时无推搪之情形。政府信用得伸，而谓军心不一，敌房不摧者，未之信也。不然，财政有统一之名，无统一之实，司农仍嗟仰屋，军需依旧向隅。诚如廖省长所谓占有防地者有余粮，转战前敌者无给养，宁得谓平。孝忱掬诚相告，嗣后理财政者，当预筹军饷为前提，绾兵符者以不干内政为要着，上下同心，内外一致，务使大元帅威命得行于全国。众同志袍泽诚意咸贡于一尊，犁庭幽燕，指日可待，东江小丑，泅不足平。匪独西南之幸，抑亦中华全国之幸也。孝忱武人，罔知忌讳，得随君子之后，负弩前驱，只热诚救国，他非所计。临电主臣，无任惶恐。中央直辖山陕讨贼军司令路孝忱叩。冬。

（《广州民国日报》1924 年 8 月 4 日，"公电"）

伍毓英致孙中山电
（1924 年 8 月 3 日载）

广州大元帅睿鉴：

案奉西路总司令刘命令开：虎门要塞司令廖湘芸，调充本军右翼指挥，所遗要塞司令职务，着以第四师师长伍毓瑞代理等因。奉此，瑞遵于本日俭日到虎，陷日接印视事，俟陈司令肇英到虎，即行交替，谨此电闻。

（《广州民国日报》1924 年 8 月 3 日，"国内要闻"）

北江商民致孙中山电

（1924 年 8 月 3 日载）

停办米石来省，因滇军在乌石抽运米照费之故。

（《申报》1924 年 8 月 3 日，"国内专电"）

马超俊呈孙中山文

（1924 年 8 月 3 日）

呈为呈请事：案据恩开台长塘峒联团总局局长司徒槩呈称：窃职团长塘峒等处地方，当恩、开、台三县边界，山深林邃，盗匪出没靡常。自奉上宪核准设立恩开台长塘峒联团总局以来，将团务积极整顿后内□匪稍辑，但台山、虎兜山等处股匪，往往集合千百成群入境侵掠。团内枪枝缺乏，不足以御外匪而守境界。兹由团内绅耆集议，拟遵照民团请领枪弹暂行章程备价请领七九步枪三百杆，以防外匪而卫闾阎 [阎]，理合备文呈请察核施行等情。据此，除指令外，理合据情呈请察核。是否可行，伏候指令以便转饬遵照，实为公便。谨呈
陆海军大元帅

广东兵工厂厂长马超俊
中华民国十三年八月三日

（《陆海军大元帅大本营公报》一九二四年第二十二号，8 月 10 日，"指令"）

宋子文呈孙中山文

（1924 年 8 月 3 日）

呈为缮具中央银行条例呈请鉴核公布施行事：窃子文前遵钧座

面谕，拟订中央银行条例草案，当呈奉饬交政务会议审查等因。嗣经七月三十一日政务会议，将该条例之条文详加审查，于字句间略有修正，当即全体通过，计共一十六条。理合缮具清折，备文呈请钧座鉴核公布施行，毋任屏营之至。谨呈

大元帅孙

中央银行筹备员宋子文呈

中华民国十三年八月三日

（《陆海军大元帅大本营公报》一九二四年第二十二号，8月10日，"指令"）

程潜呈孙中山文

（1924年8月4日）

呈为呈请事：案据广东兵工厂厂长马超俊呈称：职厂与罗拔洋行定购新机一案业经交涉妥当，不日提运回厂安配，自应将职厂各人员酌量更调，筹办新厂一切事宜，俾收得人之效。查原任工程师邓士章拟请调充工务处处长，所遗工程师一职，拟请以现任审验处处长陈荣贵调补。递遗审验处处长一职，拟请以现任工务处处长汤熙调补。理合备文呈请察核，伏乞转呈帅座准将邓士章等各职员照加委任，以昭郑重，实为公便。理合据情呈请钧座鉴核施行。谨呈

大元帅

大本营军政部长程潜

中华民国十三年八月四日

（《陆海军大元帅大本营公报》一九二四年第二十三号，8月20日，"指令"）

吕志伊呈孙中山文

（1924 年 8 月 4 日）

　　呈为呈报事：窃司法统一，各级法院应归职院统辖，其间断不容有非法设立之机关。讵陈逆炯明盘踞潮汕，久稽天讨，近复破坏司法，竟敢擅在潮汕地方设立高等审检分厅以受理上诉各案件。此等分歧骈出机关既非由职院依法设置，自不能认为正当成立。除由职院布告各该属人民，嗣后诉讼案件仍应向广东高等审判厅上诉，及通令所属各厅庭对于该分厅判决各案件不得认为有效外，谨将潮汕非法设立高等审检分厅及经布告无效各缘由，呈报钧座察核，并请明令宣布其非法无效，以一法权。谨呈

大元帅

　　　　　　　　　大理院长兼管司法行政事务吕志伊
　　　　　　　　　　　中华民国十三年八月四日
　　（《陆海军大元帅大本营公报》一九二四年第二十四号，8 月 30 日，"指令"）

林翔呈孙中山文

（1924 年 8 月 4 日）

　　呈为呈报事：案奉钧座发交审计广东全省船民自治联防督办公署暨所属省河分局开办经常费支出计算书、附属表册一案，遵查该署暨属局以前曾否编有预算呈请核准，职处无案可稽。现据造送该署支出计算书内开办费，备置船旗项下料布余存六百匹，变卖银三百八十六元四角九分，未于料价内扣除。又册列旗字、旗筒、布料三柱，共银一百五十八元五角，未缴有单据。经常费内十二月份消耗一单，银六元五角五分；粉牌等一单，银一元一角；一月份邮费

银八角，刻图章银六角；二月份刻木章三单，共银二元二角五分；裱图等一单，银二元零五分；四月份搬运费银二十六元，均未缴有商铺盖印单据。此外，各单据未贴印花者不少。又一、二、三等月津贴岭峤社稿费共银四十元，似不应在公费内开支。又三月特支按业息金佣耗等，共银四百四十三元一角，不能列入经常费内□□另案报销。至省河分局计算附属表册内，开办费与经常费并未分别编列单据，复强半不完，如薪俸饷工等项有不盖名章者，不贴印花者，有全无领收字据者。杂费项下不但多无单据，甚有如□支用，并不开报者。种种未合，不胜枚举，实属无从核计。拟请令发该署，切实另行编造以符手续。除就表册逐项标签说明外，理合将奉发审计情形具文连同原表册据，呈请钧座察核施行。谨呈

大元帅

　　　　　　　　　　大本营审计处处长林翔
　　　　　　　　　　中华民国十三年八月四日
　　（《陆海军大元帅大本营公报》一九二四年第二十三号，8 月 20 日，"指令"）

林森呈孙中山文

（1924 年 8 月 4 日）

　　呈为遵令呈报事：案奉钧帅第三九一号训令，除原文有案邀免冗叙外，后开：所有大本营直辖各部、处、署、局、司、会、校，应再饬知各人员自行声报现任职务系属原职抑系兼职。除原职仍照现支额数支薪外，其兼职薪水概以二成发给。倘有隐匿不报，一经查觉，即将各该员分别加以惩戒，并限于文到十日内，将各人员现任职务分别系属原职抑系兼职、现支薪俸若干列具详表呈报查核。除分令外，合行令仰该督办即便遵照办理。此令。又奉钧帅第八三七号指令，据职处呈复遵复兼差人员减薪情形由，奉令开：呈悉。

应再遵照第三九一号训令办理呈核。此令。各等因。奉此，查职处除职系奉钧帅命令兼理外，又坐办一员由职委建设部、交通局局长江屏藩兼任，秘书一员委建设部秘书刘通兼任，其余人员并无他兼、兼他。奉令前因，理合备文连同具表呈报鉴核。谨呈

陆海军大元帅孙

广东治河督办林森

中华民国十三年八月四日

（《陆海军大元帅大本营公报》一九二四年第二十二号，8月10日，"指令"）

程潜呈孙中山文

（1924年8月4日）

呈为呈复事：案奉钧座发下湘军总司令谭延闿呈一件，以所部制弹厂会计主任周道勤慎从公，积劳致疾，于本年七月七日在广州博爱医院病故，请按照少校例从优议恤等情。经部长查核事实相符，拟请准予援照少校积劳病故例，照第四表给予少校恤金以示矜恤。是否有当，伏乞鉴核训示遵行。谨呈

陆海军大元帅孙

大本营军政部部长程潜

中华民国十三年八月四日

（《陆海军大元帅大本营公报》一九二四年第二十三号，8月20日，"指令"）

林森呈孙中山文

（1924年8月4日）

呈为陈明职处情形请予照旧办理恭呈仰祈睿鉴事：案奉钧帅第

三八二号训令，除原文有案邀免冗叙外，后开：各机关人员从八月一日起，分别减成发给薪俸，仰即遵照办理并转行各属一体知照，仍将遵办情形具报查核等因。奉此，现值国库奇绌，支用殷殷，自应仰体钧意，极力遵办。惟职处治理河道为粤省特设机关，与军民各机关情形甚不相同。盖河务重在工程，尤须专门人材。所聘外国工程师经订有合同，薪俸发给应受契约之拘束，不能随财政状况为变更。其余帮理工程及测绘等，中国人员亦均属于雇佣关系，与普通服务之官吏亦有区别。又查职处自民国二年成立以来，中间叠经减政时期，职处均免减折。诚以情形不同，办理不能无异。此次办理折成似应体察情形，依照历来成例准予仍旧支给，以利河上进行。奉令前因，理合具文呈请鉴核，伏乞俯念职处特种情形准予照旧办理，实为公便。谨呈
陆海军大元帅孙

广东治河督办林森
中华民国十三年八月四日
（《陆海军大元帅大本营公报》一九二四年第二十三号，8月20日，"指令"）

程潜呈孙中山文
（1924年8月5日）

呈为呈复事：案奉钧座发下湘军总司令谭延闿呈一件，以所部第一纵队司令廖家栋部及第五路司令蒋隆棻部，于五月十一日进攻新丰之役，与敌鏖战一日，计阵亡官佐八员，阵亡兵夫八十四名，并赍呈阵亡官佐兵夫名册一份。其阵亡上尉连长刘慎、彭志远、刘伟三员，拟请追赠陆军少校。中尉连附齐整、洪季廷二员，追赠陆军上尉。少尉连附章文标、谭冬华、差遣冯炳芝三员，追赠陆军中尉。其余阵亡兵夫黄义如等八十四名，并恳饬部照阵亡例分别议恤

以安遗族等情。查该已故上尉连长刘慎等八员为国捐躯，情殊堪悯，拟请钧座俯予如呈分别追赠，并照阵亡例分别给恤以昭激劝。至阵亡兵夫黄义如等八十四名，□□职部查照《陆军战时恤赏章程》第一表，分别照原级另案呈请给恤外，所有拟请赠恤已故上尉连长刘慎等八员各缘由，是否有当，理合具文呈复，伏乞鉴核，指令祗遵。谨呈
大元帅

大本营军政部长程潜

中华民国十三年八月五日

（《陆海军大元帅大本营公报》一九二四年第二十三号，8月20日，"指令"）

林翔呈孙中山文

（1924年8月5日）

呈为呈复事：案奉钧帅发下前北江商运局长韦荣熙呈送该局开办费计算书暨十二年十一、十二两月份、十三年一、二、三等月份收支计算书附属表簿到处，饬令审查等因。奉此，遵查该局长所送册内开办费共五百六十四元八毫，十二年十一月份经常费共一百九十四元七毫五仙，十二月份共五百六十七元三毫三仙，十三年一月份共六百三十七元七毫七仙九文，二月份共四百四十三元二毫一仙，三月份共一百七十八元四毫。详核单据尚属相符，各项开支亦颇核实，拟请准其核销。除将计算书附属表簿留处备案外，理合具文连同原呈一件，呈请钧帅察核饬遵，实为公便。谨呈
大元帅

大本营审计处长林翔

中华民国十三年八月五日

（《陆海军大元帅大本营公报》一九二四年第二十二号，8月10日，"指令"）

鲁涤平呈孙中山文
（1924 年 8 月 5 日）

　　为呈请辞职事：窃职猥以菲材，辱承殊遇，备员禁烟督办，业经四月。中间因东江战事，并蒙准委职署总务厅长雷飙代行职务，责有专属，既无顾此失彼之嫌，时尚相安，亦无左张右躅之苦。职亦何敢故为高尚，自外裁成？唯烟禁綦严，事体繁重，用心不可不一，而任人不可不专。职徒能克己，终无报称之功，欲以余闲，稍收整军之效；庶尽其东［在?］我，略张一得之长，复不妨贤，容有两全之益。为此呈恳赏准辞职，无任屏营待命之至。谨呈
陆海军大元帅孙

禁烟督办鲁涤平
中华民国十三年八月五日

　　（《陆海军大元帅大本营公报》一九二四年第二十三号，8 月 20 日，"指令"）

黄昌谷呈孙中山文
（1924 年 8 月 6 日）

　　呈为呈请事：现据职司统计科主任赵士养呈称：士养原兼任两广盐运使署都城查缉厂委员，现在大本营各职员奉令不准兼差，理合呈请准予辞去统计科主任兼职等情。查该主任所呈尚系属实，自应照准。所遗统计科主任一职，查有张子丹堪以接充，理合呈请鉴核俯赐明令委任，实为公便。谨呈
大元帅孙

大本营会计司司长黄昌谷
中华民国十三年八月六日

宋子文呈孙中山文

（1924 年 8 月 6 日）

　　呈为拟订公债条例、呈请饬部制交职行转发以符原案仰祈鉴核
施行事：窃职行资本，奉准由政府担任，并以借款拨充，业经订入
条例，并遵钧命与洋商商定借款合同条件，随时请示办理。依该项
合同条件之规定，计借款额毫银一千万元，完全为拨充职行资本之
用。应由政府发给债票与债权人，并订明十足交款，并无折扣。年
息六厘，每年于六月一日付息一次。自债款交付后，前五年只付利
息。第六年起开始还本，每年摊还十分之二。至第十年本息还讫，
即以银行为债款抵押品，并准由债权者推举一人为职行监事，已
密呈钧座核准在案。查职行资本既由条例规定由政府担任筹拨，
则此项债票自应由政府印发，将来债款本息亦应由政府筹还，方
与原案相符。现合同条件已奉钧座核准签定，所有债票亟应按照
合同印发，以便一方面得发交债权者收执，一方面即可如约交款，
俾职行积集资金从速开业，用固基础。兹特根据合同条件，拟具
债票条例草案，即定名为中央银行基金公债，余即按照合同条例
分别规定。是否有当，理合抄录清折，呈请钧座俯赐鉴核，训示
祗遵。如荷核准，并祈饬下主管机关分别照制交由职行转发，实
为公便。谨呈
陆海军大元帅孙

中央银行行长宋子文谨呈

中华民国十三年八月六日

古应芬呈孙中山文

（1924 年 8 月 6 日）

　　呈为呈报事：窃职局创办伊始，非熟悉情形之员不足以资助理。兹查有陆耀文堪以委为经界局调查处处长，林凤生为经界局测丈处处长。按照组织条例第六条之规定，理合备文呈请察核，俯赐加给任状，俾专责成而利进行，仍乞指令祗遵。谨呈
陆海军大元帅孙

　　　　　　　　　　　大本营经界局督办古应芬
　　　　　　　　　　　中华民国十三年八月六日
　　（《陆海军大元帅大本营公报》一九二四年第二十三号，8 月 20 日，"指令"）

程潜呈孙中山文

（1924 年 8 月 6 日）

　　呈为呈报事：职部自去岁四月战事发生后，为防止军机泄漏及间谍通信起见，而有邮电报纸检查委员之设立。其经费概列入临时预算内，由部长设法挪垫。本年三月因经费支绌，无术筹措，曾呈请裁撤或另饬他机关接管。当奉指令，以战事未停，仍应继续办理，每月所需经费及以前垫款蒙令财政委员会筹拨，复经财政委员会议决照付。乃中央军需处忽然停办此款，未付分文。财政部经理军需后竟将此案推翻，置之不理，迁延及今，犹未解决。新旧垫款难期偿还，此后经费尤无着落。部长挪借已穷，无力维持，再四思维，惟有将此项人员裁撤，以轻负担。此后，邮电报纸或停止检查，或饬广东省长派员继续办理，出自钧裁。所有因经费困难裁撤邮电报纸检查委员各缘由，理合呈报钧座，伏乞察

核施行，至为公便。谨呈

大元帅孙

大本营军政部长程潜

中华民国十三年八月六日

（《陆海军大元帅大本营公报》一九二四年第二十三号，8月20日，"指令"）

叶恭绰呈孙中山文

（1924年8月6日）

为呈复事：案奉大元帅第二五六号训令内开：查整理财政，当求收支适合，现在前方作战，需款正殷，罗掘既［俱？］穷，尚不足以资供养，自非将各行政机关竭力撙节以裕度支不可。查自军兴以后，各行政机关一切开支视前不啻倍徙［蓰］，其冗员之多不问可知，仰即克日裁减。其民国十年已成立之机关，参照该年度预算切实减除，不得超过。其成立于十年以后者，亦应力加节省。限本月十日以前将所拟定减省□数呈报核夺，不得玩延。此令。等因。奉此，遵即分行所属机关列册具报，以凭汇呈核示在案。嗣于六月间据两广盐运使呈称：为节省经费早经呈报实行，谨再遵令将比较核减数目列表具呈，仰祈鉴核汇转备案事。奉部令开：案奉大元帅第二五六号训令：仰该署即便遵照将该机关每月薪俸经费切实核减，限文到三日内列□□报，并将现支及核减暨减定数目分别详列，声明理由，以凭汇呈大元帅核示，毋得违延。切切。此令。等因。奉此，自应遵照办理。窃泽如再权运篆，抵任后首以时局艰□□将署内外经费分别切实核减，以期撙节度支，稍资军用，并已将详细情形暨核减数目列表呈奉。大元帅第四九七号指令开：该运使到任未久，即将署内外经费大加核减，比较原额月可节省四千余元之巨。洵能体念时艰，实心任事，至堪嘉许。所请备案之处应予照准，将来地方平靖，仍准由该运使体察情形，随时呈明规复，以符旧制，仰即知照。表存。此令。等因。并呈奉钧部盐务署第一一一号指令开：呈及清册均悉。该运使拟将署内外经费自五月一日起暂行核减开支，将来地方秩序如恒，再行体察情形分别规复，系为撙节度支、减少公家困难起见，自应准予备案。此外，如有应行撙节之处，仍应体察情形，随时核拟呈报。据呈前情，除咨行大本营审计处查照外，合行指令该运使仰即知照。此令。清册存。等因各在案。兹奉前因，查运署原定月支经费总额只大洋六千零零四元，又署外各机关日前能归本署管辖者，每月共支大洋九千四百九十六元四角三分四厘，均属民国十年以前所定之额。前次核减案内，业将此项署内外经费照原额共减支大洋四千三百五十余元，不特比照十年度预算额并未超过，且已切实减除巨款。所有详情均经填入前表，呈报有案，现时实属无可再减。至潮桥、平南、东江、海陆丰及恩春等处盐务各机关，既非由省稽核，所签支经费现亦多为逆军盘踞，暂时应免计入。又，缉私经费如盐警队、巡缉舰等，业奉帅令归由张主任民达设处专管，应俟预算从新规定，再当另文转报备案。所有使署核减经费早经办理各缘由，理合遵令再将核减数目编列简表，具文呈请鉴核，实深公便。

　　又于七月间据两广盐务稽核所呈称：为遵造俸薪经费清册报请察核分别存转事：案奉部令内开：案奉大元帅第二五六号训令：仰该所长即便遵照将该机关每月俸薪经费切实核减，限文到三日内列册具报，并将现支及核减暨减定数目分别详列，声明理由以凭汇呈大元帅核示，毋得违延。切切。此令。等因。奉此，窃职自接任经理后，早将职所俸薪经费力加节省，比照原日分所十年度支出数目原已减少。但职所由接收分所改组，其责任比前较重，事务亦比前较繁，且旧任人员亦于收回时一律离职，而案卷要件亦同时携去。诸事创始手续繁难，况积习相沿，又须大加整顿。本要添配人员增加经费，方足以资办公而重鹾政，只以库款支绌，限于财力，所以对于人员及经费之支配，惟有在减定数目内斟酌损益，挹彼注兹，总以不超过现定预算为主。计辖下各机关除因大局影响暂未收回外，现辖有东西汇关、恩春盐税局、河南私盐仓、黄沙验放局，连同职所俸薪经费每月实支六千八百三十五元七毫六仙，比较原日分所并上列各处经费，每月支出七千五百零六元八毫，实已减少六百七十一元零四仙。奉令前因，理合造列清册二份，随文呈报察核，分别存转。又表内黄沙验放局系收回自办后本年一月呈奉大元帅令准设局办事，该局经费亦系奉准照支。合并声明等情到部，理合据情呈报钧座察核，训示祗遵。谨呈

大元帅

　　　　大本营财政部长兼盐务督办叶恭绰（署长郑洪年代）

　　　　　　　　中华民国十三年八月六日

　　（《陆海军大元帅大本营公报》一九二四年第二十三号，8 月 20 日，"指令"）

程潜呈孙中山文
（1924 年 8 月 6 日）

　　呈为呈复事：案奉钧座发下豫军讨贼军总司令樊钟秀呈一件，呈报所部龙冈之役伤亡官兵姓名及消耗械弹数目赍呈清册二本，请予鉴核等情。该阵亡团长王维汉一员为国杀贼，以致捐躯，拟请钧座准予追赠少将，仍照上校阵亡例按第一表，给予上校恤金以示矜恤。至阵亡连长马占标等一百四十八员名，除由职部查照陆军战时恤赏章程第一表，各照原级另案呈请给恤外，其余阵伤团长赵天清等一百三十六员名应俟军医诊治之后，证明受伤等次，再行分别办理。除将原□清册二本备案并咨请豫军讨贼军总司令部查照外，所有拟请抚恤故团长王维汉缘由是否有当，伏乞鉴核，训示祗遵。谨呈

大元帅

　　　　　　　　大本营军政部长程潜

　　　　　　　　中华民国十三年八月六日

（《陆海军大元帅大本营公报》一九二四年第二十三号，8 月 20 日，"指令"）

李宝祥致孙中山电

（1924 年 8 月 6 日）

九江风潮解决，现双方退离阵地俟商。

（《申报》1924 年 8 月 8 日，"国内专电"）

江西旅粤同乡会致孙中山等电

（1924 年 8 月 6 日）

广州大元帅睿鉴：各省军政学商工农各诸公公鉴：

运际阳九，灾罹兀二，沧海横流，洪水泛滥，狂澜沸于章贯，巨浸汩及匡庐，势有甚于河决，祸无殊于陆沉。里闾杰鲸鲵之窟，人民与鱼鳖为群。墟子亭边，竟成浒泊，滕王阁上，只作鱼矶。田庐漂没，鸡犬绝似成仙。朝夕奔驰，龙蛇于兹起陆。古之画栋珠帘，都成村落。今也颓垣败堵，瓦砾泥沙。岁真穷□甲子，呼已绝夫庚癸，雨泣西山，黄蜀为苍黎托命，魂销南浦，绿波与白骨交流。矧复政如猛虎，火益热而水益深。际兹泽有哀鸿，秦自肥而越自瘠。敲精剥髓，下榻遑愁饥肠，抢地呼天，射斗惟余怨气。没亡载道，亚门上郑侠之图，涕泪盈迹，动魄诵樊川之句。烈钧等穗垣于役，梓里久疏。急难之非音叠告，敬恭之职责维殷，爰集为旅之人，用设赈灾之会，身非重望，冀指囷之输将，专法前贤，立善邻之政策。伏维我大元帅量宏胞与，奉隶恓憹，饥溺犹视一身，抚绥动逾万里。我军政学商工农各界诸公，爱国情殷，扶危念切，悯天灾之流行，作人力之互助，共课祍席之登，何有畛域之见，宋赈吴饥，竭藏争夸盛举，秦输晋粟，泛舟尚说高风，倘承巨款，永感洪施，印里毫毛，亦堪肉骨，驼千钧，蚁一粒，先施皆拜赐之嘉，泐五老，铭优钟，厚谊待镌勋以报，望风倾倒，谨电呼吁。无任主臣，伏希矜许。江西旅粤同乡会李烈钧、胡谦、卢师谛、伍毓瑞、俞应麓、董福开、杨赓笙叩。鱼。印。

（《广州民国日报》1924年8月8日，"公电"）

军政部呈孙中山文

（1924年8月6日）

为呈复事：窃查职部昨准大本营秘书处函开：奉大元帅交工商团联防总部总团长陈廉伯等呈，述吴三镜部队，在九江北方龙浦一带，与滇军争防，请饬分别撤退等情，代电一件。奉谕并案交军政部，迅即泒〔派〕员查明办理等因。奉此，相应录谕并检同原电，函达查照等由。准此，同日又奉帅座发下滇军第三军总指挥胡思舜佳电一件，据称，九江匪首吴三镜等，利用商团抵抗防军，相持多日，迄未解决，乞饬该商团立时撤退，恢复秩序，并请派员查办等语。并据商团联防总部总团长陈廉伯转，据九江同安保卫团局长胡尔起，九江旅省公会理事长李卓峰、关楚璞等，以前因滇军占驻炮楼，经南鹤十四属商团军到镇助防，得告解决。惟近有匪徒膺集镇内，冒称民团自治，希图扰乱地方，与滇军保旅冲突，炮火交攻，相持未决，请饬南鹤十四属商团，暂勿退防，相机进剿，并转知该处防军协剿等情，电呈到部。当经部长饬派科长许烈坛前往九江地方，查明吴三镜匪党，究竟已否投军收编，及麇集该镇，冒称民团之匪，是否即指吴三镜等而言。其中是何实情，呈复核办去后。兹据该科长复称，烈坛奉令即与该留省公会理事长李卓峰会晤，询以文电所称，兵匪交攻，究何所据（中略）等情前来。查现驻九江滇军，既与地方不相融洽，似应调离，应由滇军杨总司令，另派部队前往填驻。其吴三镜匪党，既未投军收编，此次因民团投诚，遂公然与防军对抗，□属胆玩，应通缉归案究办。其党徒现既具报，业已自行解散，应饬该管营县，随时认真防范，毋俾再行聚集，并拟请通令各军，不得招抚收编，以免再兹［滋］事端。是否有当，理合具文呈请鉴核，伏乞指令祗遵。八月六日。

（《广州民国日报》1924 年 8 月 8 日，"国内要闻"）

郑雨初、李干宸等致孙中山等电

（1924 年 8 月 7 日载）

大元帅、广东省长、经界局古督办钧鉴：

查属内沙田，自去年风灾五遭，劳农受害已深，本年禾甫丰稔，以为去年损失，足以补价。讵意正登场□际，西潦暴至，北潦复来，四顾田庐，悉成泽国。加以淫雨兼旬，放晴绝少，损失之重，殆难指计，尤以属内东西两海灾情为甚。将来库□民食，势必大蒙影响。伏恳迅派专员下县，协同调查，以救灾黎，而纾农困。临电不胜□切待命之至，谨此电闻。香山县农会兼香山公会会长郑雨初、李干宸等叩。

（《广州民国日报》1924 年 8 月 7 日，"各地新闻"）

伍朝枢呈孙中山文

（1924 年 8 月 7 日）

为呈报事：案奉帅座训令第一二九一号开：查大本营前为节省公帑起见，曾经分令大本营直辖各部、处、署、局、司、会、校查明，如有在大本营及在大本营直辖各部、处、署、局、司、会、校兼职人员，除原职仍照现支额数支薪外，其所兼职之薪水应即以二成发给各在案。乃各部、处、署、局、司、会、校认真查明办理者固多，其未认真查明办理者亦复不少，甚有延不呈报、视等具文者，非再剀切诰令无以重功令而昭核实。所有大本营直辖各部、处、署、局、司、会、校，应再饬知各人员自行声报现任职务系属原职抑系兼职，除原职仍照现支额数支薪外，其兼职薪水概以二成发给。倘有隐匿不报，一经查觉，即将各该员分别加以惩戒。并限于文到十日内，将各人员现任职务分别系属原职抑系兼职、现支薪俸若干列具详表呈报查核。除分令外，合行令仰该部长即便遵照办理。此令。等因。奉此，理合将职部人员原兼各职暨现支薪俸数目列具详表，随文呈报察核。谨呈

陆海军大元帅

大本营外交部长伍朝枢
中华民国十三年八月七日

（《陆海军大元帅大本营公报》一九二四年第二十三号，8 月 20 日，"指令"）

许崇智呈孙中山文

（1924 年 8 月 7 日）

　　呈为呈请裁撤海防司令部、将该部所辖各舰归职部直接管辖以一事权而节糜费事：窃前奉钧座命令，将广东海防司令部所辖各舰归职节制调遣。受命以来夙夜兢兢，每怀陨越之惧，时切兼顾之谋，无如形格势禁，负咎益多。此固职才德未孚有以致此，而情形隔阂尤为此中最大原因。查海防各舰为数无多，且属内河小舰，独立作战其效甚微，其事甚鲜，原无特设机关统率之必要。故历次战事均以之附属陆军，使任掩护及交通任务，是其效用主在协防，与其另设机关诸多隔阂，何如直隶职部以收指挥灵便之效。现查海防

司令林若时呈请辞职，该海防司令部似宜撤销，所有该部原辖各舰拟请归由职部直接管辖，以节糜费。至职部原设舰务处处长一职，迄未物色妥员委任。兹查有招桂章办事勤能，堪以荐任斯职，拟请准予任命。是否有当，理合备文呈请察核，伏乞训示祗遵，不胜迫切待命之至。谨呈

大元帅

粤军总司令许崇智

中华民国十三年八月七日

（《陆海军大元帅大本营公报》一九二四年第二十二号，8月10日，"指令"）

许崇智呈孙中山文

（1924年8月7日）

呈为呈请事：窃查广东陆军测量局以军事上联带之关系，向归粤军总司令部统属管理。自上年军事骤变，始从权暂归省公署统辖，旋复改隶大本营参谋处。现粤军总司令部既已成立，为统一事权起见，似应仍由职部统属以符原案较为妥善。而该局原奉钧令核准拨发之经费每日一百四十元，亦拟改由职部军需处代向各该拨款机关领取转发，以明统系。所有拟恳仍将广东陆军测量局准由职部统属管理，该局经费亦由职部领取转发各缘由，是否有当，理合具呈恭呈仰祈睿鉴核准，明令饬遵，至为公便。谨呈

大元帅孙

粤军总司令许崇智

中华民国十三年八月七日

（《陆海军大元帅大本营公报》一九二四年第二十三号，8月20日，"指令"）

林森呈孙中山文

（1924 年 8 月 7 日）

　　呈为呈复事：案奉钧帅第三九一号训令开：为令遵事：查大本营前为节省公帑起见，曾经分令大本营直辖各部、处、署、局、司、会、校查明，如有在大本营及在大本营直辖各部、处、署、局、司、会、校兼职人员，除原职仍照现支额数支薪外，其所兼职之薪水应即以二成发给各在案。乃各部、处、署、局、司、会、校认真查明办理者固多，其未认真查明办理者亦复不少，甚有延不呈报、视等具文者，非再剀切诰令无以重公令而昭核实。所有大本营直辖各部、处、署、局、司、会、校，应再饬知各人员自行声报现任职务系属原职抑系兼职。除原职仍照现支额数支薪外，其兼职薪水概以二成发给。倘有隐匿不报，一经查觉，即将各该员分别加以惩戒。并限于文到十日内，将各人员现任职务分别系属原职抑系兼职、现支薪俸若干列具详表呈报查核。除分令外，合行令仰该部长即便遵照办理。此令。等因。奉此正遵办间，复奉钧帅第八二五号指令开，呈一件。为呈复遵办兼职人员减薪情形由，奉令开：呈悉，应再遵照第三九一号训令办理呈核。此令。等因。奉此，遵即将职部各职员现任职务，分别原兼各职及现支薪俸若干列具详表一份，理合具文呈送钧帅鉴核，伏乞训示祗遵。谨呈
大元帅

大本营建设部长林森

中华民国十三年八月七日

　　（《陆海军大元帅大本营公报》一九二四年第二十三号，8 月 20 日，"指令"）

香山农会致孙中山等电

（1924 年 8 月 8 日）

广州孙大元帅睿鉴：廖省长、经界局古督办、粤军许总司令钧鉴：

现准香山商会会长李凤喈、林仲文，隆镇市农会会长刘翰周，黄粱镇市农会会长李干宸，隆镇农民林敏樟、谢瑞文等，黄粱镇农民赵先尧等，先后函称，香顺筹饷局新设护运谷石征收照费办事处，巧立苛例，勒令属内农民每谷一万勖收护运费二十七元，若不须巡舰拖运，只须保护者，要领运照计分三等，或收十六元，或收十元，或收六元，方准运载，违则以私论罪。张贴布告，四设分处，以致各沙农民，大起恐慌。请分电当道，迅予维持等词到会。查雇船运谷，纯属农民收割时自由买卖行为，向来官厅并无特别征收照之举。况年来农民负担，困苦已极，加以风潦迭灾，损失复巨。今若加抽护运照费，则各沙农民既不能运谷出售，交换现金，完纳政府征收之军费钱粮沙捐，及地方上带收之团警学各费，与交租偿债，势必激成巨变，影响库收民食，尤非浅鲜。敝会为农民办事总枢，伏恳令饬粤军总司令转饬该局，将护运谷石办事处撤销，以恤艰困，而维民食。不胜迫切待命之至，谨此电闻。香山县农会会长兼佃公会会长郑雨初、李干宸叩。齐。印。

（《广州民国日报》1924 年 8 月 14 日，"各地新闻"）

程潜呈孙中山文

（1924 年 8 月 8 日）

呈为呈复事：上年七月九日，奉钧座发下新会县警察第五分所所长陆功甫呈一件，以亡弟陆露斯去岁任职航空队，出发江西，积劳病故，乞予抚恤等情。当以所呈是否属实，本部无案可稽，经令饬前航空局局长朱卓文查复。兹据复称，已故少校飞行员陆露斯，确因国事积劳病故，请照例核恤等情前来。经部长查核事实相符，该已故少校飞行员陆露斯，拟请钧座准予援照《陆军战时恤赏章程》第六章积劳病故例，照第四表给予少校恤金，以示矜恤。是否有当，理合具文呈复，伏乞鉴核，指令祗遵。谨呈
陆海军大元帅孙

军政部长程潜
中华民国十三年八月八日

（《陆海军大元帅大本营公报》一九二四年第二十三号，8 月 20 日，"指令"）

叶恭绰呈孙中山文
（1924 年 8 月 8 日）

为呈报事：窃奉训令第三八二号内开：查以军饷浩繁，度支奇绌，曾经令行大本营会计司将大本营参议、谘议、委员及秘书处会计司人员等所有俸薪，自八月一日起概行减成发给在案。惟查各机关人员薪俸，其已经减成发给者固多，其未经减成发给者亦复不少，亟应统筹办法以归划一。限从八月一日起，所有大本营直辖各机关以及民政财政机关，除职员俸薪已减成发给者仍照旧支给外，此外各职员凡俸薪在五百元以上者概以七成发给，在三百元以上者八成发给，在二百元以上者九成发给，俾昭公允而免偏畸等因。奉此，遵即转行所属一体遵办，理合将遵办情形□报察核。谨呈
陆海军大元帅

大本营财政部长兼盐务督办叶恭绰（署长郑洪年代）
中华民国十三年八月八日

（《陆海军大元帅大本营公报》一九二四年第二十三号，8 月 20 日，"指令"）

法制委员会呈孙中山文

（1924 年 8 月 8 日）

呈为呈报事：本年七月二十九日奉帅座第三九一号训令内开：为令遵事：查大本营前为节省公帑起见，曾经分令大本营直辖各部、处、署、局、司、会、校查明，如有在大本营及在大本营直辖各部、处、署、局、司、会、校兼职人员，除原职仍照现支额数支薪外，其所兼职之薪水应即以二成发给各在案。乃各部、处、署、局、司、会、校认真查明办理者固多，其未认真查明办理者亦复不少，甚〈至〉有延不呈报、视等具文者，非再剀切诰令无以重公令而昭核实。所有大本营直辖各部、处、署、局、司、会、校，应再饬知各人员自行声报现任职务系属原职抑系兼职，除原职仍照现支额数支薪外，其兼职薪水概以二成发给。倘有隐匿不报，一经查觉，即将各该员分别加以惩戒。并限于文到十日内，将各人员现任职务分别系属原职抑系兼职、现支薪俸若干列具详表呈报查核。除分令外，合行令仰该委员会即便遵照办理。此令。等因。奉此，窃查职会前奉帅令饬将各员薪水在二百元以上者以九成支发，如系兼职其所兼职之薪水概以二成发给各等因，当经先后遵照办理，具报在案。奉令前因，理合将职会各员现支薪水分别原职、兼职、实支数目开列详表，备文呈报察核。谨呈
大元帅

法制委员会

中华民国十三年八月八日

（《陆海军大元帅大本营公报》一九二四年第二十三号，8 月 20 日，"指令"）

张开儒呈孙中山文

（1924 年 8 月 8 日）

　　呈为谨将职处职员曾否兼薪实情列表具复仰祈睿鉴事：窃奉钧座第三九一号训令开：为令遵事：查大本营前为节省公帑起见，曾经分令大本营直辖各部、处、署、局、司、会、校查明，如有在大本营及在大本营直辖各部、处、署、局、司、会、校兼职人员，除原职仍照现支额数支薪外，其所兼职之薪水应即以二成发给各在案。乃各部、处、署、局、司、会、校认真查明办理者固多，其未认真查明办理者亦复不少，甚有延不呈报、视等具文者，非再剀切诰令无以重功令而昭核实。所有大本营直辖各部、处、署、局、司、会、校，应再饬知各人员自行声报现任职务系属原职抑系兼职。除原职仍照现支额数支薪外，其兼职薪水概以二成发给。倘有隐匿不报，一经查觉，即将各该员分别加以惩戒。并限于文到十日内，将各人员现任职务分别系属原职抑系兼职、现支薪俸若干列具详表，呈报查核。除分令外，合行令仰该参军长即便遵照办理。此令。等因。奉此，遵即饬令各员，限五日内声报，以凭列表呈核去后，陆续据各员呈复前来。理合汇表备文，呈请察核，实为公便。谨呈
大元帅

参军长张开儒
中华民国十三年八月八日

（《陆海军大元帅大本营公报》一九二四年第二十三号，8 月 20 日，"指令"）

黄昌谷呈孙中山文

（1924 年 8 月）

　　呈为呈复鉴核事：案奉钧座第三九一号训令内开：查大本营前

为节省公帑起见，曾经分令大本营直辖各部、署、处、局、司、会、校查明，如有在大本营及在大本营直辖各部、处、署、局、司、会、校兼职人员，除原职仍照现支额数支薪外，其所兼职之薪水应即以二成发给各在案。乃各部、处、署、局、司、会、校认真查明办理者固多，其未认真查明办理者亦复不少，甚有延不呈报、视等具文者，非再剀切诰令无以重功令而昭核实。所有大本营直辖各部、署、处、局、司、会、校，应再饬知各人员自行飞［声］报现任职务系属原职抑系兼职。除原职仍照现支额数支薪外，其兼职薪水概以二成发给。倘有隐匿不报，一经查觉，即将各该员分别加以惩戒。并限于文到十日内，将各人员现任职务分别系属原职抑系兼职、现支薪俸若干列具详表呈报查核。除分令外，合行令仰该司长即便遵照办理等因。又奉钧座手令开：凡本府各职员非得本大元帅特许者，不得兼各机关差使以致妨碍办公，着秘书长、参谋长、参军长转饬知照，并将本府职员现兼外差者若干人查明具报。此令。等因各［各等因］。奉此，查职司各职员现在并无兼任外差者，似可毋庸列表呈报。奉令前因，理合呈报鉴核。谨呈
大元帅孙

大本营会计司司长黄昌谷

中华民国十三年八月□日

（《陆海军大元帅大本营公报》一九二四年第二十三号，8 月 20 日，"指令"）

马超俊呈孙中山文

（1924 年 8 月 8 日）

　　呈为呈复事：案奉钧座第三三八号训令内开：查兼差不兼薪向有规定，即必不得已而为事择人，凡兼差人员亦只给津贴，或只领兼差薪水之若干成。除原文有案请免冗叙外，后开：仍将遵办情形

报核。切切。此令。等因。正遵照查办间，复奉钧座第一二九一号训令：以大本营直辖各部、处、署、局、司、会、校应再饬知各人员自行声报，限文到十日内将各人员现任职务、分别系属原职抑系兼职、现支薪俸若干列具详表呈报查核等因先后到厂。奉此，遵查职厂副官长江天柱、副官王为庄，均系兼中央直辖第一军副官，据称原系兼差并未兼薪差遣。曾汉平系兼任广东省长公署稽查员，原兼薪水已由厂长饬令该差遣向省长公署具领二成以符功令。其余各职人员均未在何处任何兼职。兹奉前因，理合列具职员原职、兼职薪俸详表，备文呈复察核，实为公便。谨呈

陆海军大元帅

广东兵工厂厂长马超俊

中华民国十三年八月八日

（《陆海军大元帅大本营公报》一九二四年第二十三号，8 月 20 日，"指令"）

许崇清呈孙中山文

（1924 年 8 月 9 日）

为呈覆察核事：现奉大元帅第三八二号训令开：查以军饷浩繁，度支奇绌，曾经令行大本营会计司将大本营参议、谘议、委员及秘书处会计司人员等所有俸薪，从八月一日起概行减成发给在案。惟查各机关人员薪俸其已经减成发给者固多，其未经减成发给者亦复不少，亟应统筹办法以归划一。限从八月一日起，所有大本营直辖各机关以及各民政财政机关，除职员俸薪已经减成发给者仍照旧支给外，各职员凡俸薪在五百元以上者概以七成发给，在三百元以上者以八成发给，在二百元以上者以九成发给，俾昭公允而免偏畸。除分令外，合行令仰该厅长即便遵照办理，并转行所属一体遵照办理，仍将遵办情形具报查核。切切。此令。等因。并奉广东

省长公署第三五五号令同前因，下厅等奉此自应遵办。除转行所属
各学校一体遵照并呈复省长察核外，合将遵办情形连同职厅职员月
薪在二百元以上者，列表呈缴大元帅察核。谨呈
大元帅

广东教育厅厅长许崇清
中华民国十三年八月九日

（《陆海军大元帅大本营公报》一九二四年第二十三
号，8 月 20 日，"指令"）

徐绍桢呈孙中山文

（1924 年 8 月 9 日）

为呈请褒扬事：案奉钧府交办滇军总司令杨希闵，呈请褒扬该
部警卫第二团长刘廷珍之祖母王氏一案，□经部长核其事状，与现
行褒扬条例第一条第五款尚属相符，拟请钧座题颁"懿行可风"
四字，以示褒扬。所有拟请褒扬贤母刘王氏各缘由是否有当，理合
具文呈请察核示遵。谨呈
大元帅

大本营内政部长徐绍桢
中华民国十三年八月九日

（《陆海军大元帅大本营公报》一九二四年第二十三
号，8 月 20 日，"指令"）

马超俊呈孙中山文

（1924 年 8 月 10 日载）

呈为呈复事：案奉钧座第三八二号训令内开：查以军饷浩繁，
度支奇绌，曾经令行大本营会计司将大本营参议、谘议、委员及秘

书处会计司人员等所有薪俸，从八月一日起概行减成发给在案。除原文有案请免冗叙外，后开：合行令仰该厂长即便遵照办理，并转行所属一体遵照办理，仍将遵办情形具报查核。切切。此令。等因。奉此，遵查职厂所有职员，每月薪俸如在五百元或三百元或二百元以上者，厂长自应遵照钧令于八月一日起分别减成发给。兹奉前因，理合具文呈复察核备案，实为公便。谨呈

陆海军大元帅

广东兵工厂厂长马超俊

中华民国十三年□月□日

（《陆海军大元帅大本营公报》一九二四年第二十二号，8 月 10 日，"指令"）

大本营参谋处呈孙中山文

（1924 年 8 月）

呈为饬查属员兼差一案令限届满，先将遵办情形恭呈仰祈睿鉴事：本年七月廿九日奉大元帅第三九一号训令，饬即转行职处各职员自行声报现任职务系属原职抑系兼职，限文到十日内列表汇呈等因。奉此，正在遵令转行间，又奉第一百四十号大元帅令开：凡本府各职员非得本大元帅特许者不兼各机关差使，以致防碍办公。着秘书长、参谋长、参军长转饬知照，并将本府职员现外差者共若干人查明具报。此令。等因。奉此，遵即并行转职处各职员依限明白声报去后，兹据依限报到者固多，未据呈报者亦复不少。查各职员散居各处，且多奉派出勤，文报往复或需时日，似应俟声复到齐方足以资汇案而昭核实。除再严催具报另文汇转外，兹已届奉令十日限满，理合先将遵办情形具文呈请大元帅鉴核。谨呈

大元帅

大本营参谋处

中华民国十三年八月　日

（《陆海军大元帅大本营公报》一九二四年第二十三号，8 月 20 日，"指令"）

廖仲恺呈孙中山文
（1924 年 8 月）

呈为呈复事：现奉大元帅第三九一号训令开：查大本营前为节省公帑起见，曾经分令大本营直辖各部、处、署、局、司、会、校查明，如有在大本营及在大本营直辖各部、处、署、局、司、会、校兼职人员，除原职仍照现支额数支薪外，其所兼职之薪水应即以二成发给各在案。乃各部、处、署、局、司、会、校认真查明办理者固多，其未认真查明办理者亦复不少，甚有延不呈报、视等具文者，非再剀切诰令无以重功令而昭核实。所有大本营直辖各部、处、署、局、司、会、校，应再饬知各人员自行声报现任职务系属原职抑系兼职。除原职仍照现支额数支薪外，其兼职薪水概以二成发给。倘有隐匿不报，一经查觉，即将各该员分别加以惩戒。并限于文到十日内，将各人员现任职务分别系属原职抑系兼职、现支薪俸若干列具详表呈报查核。除分外，合行令仰该省长即便遵照办理。此令。等因。奉此，自应遵办，除分饬所属各机关一体遵照列具详表缴署以凭转呈外，所有本署现任职员姓名及现支薪俸数目理合列表具文，呈请帅座鉴核，训示祗遵。谨呈

大元帅

广东省长廖仲恺

中华民国十三年八月　　日

（《陆海军大元帅大本营公报》一九二四年第二十三号，8 月 20 日，"指令"）

马超俊呈孙中山文

（1924 年 8 月 10 日）

呈为呈请事：案据香山县黄梁镇田心沙田新村三乡保卫团局长林善承、副团长郑礼让、团董蔡英修、钟美璋、曹万昌、蔡英谓、郑礼权、蔡英琳等呈称：窃职局成立于民国六年，其时购置枪枝非常困难，故所用器械多属外来杂枪，近来已多锈废，且子弹用罄，无处采买，已成无用之物。近今地方不靖，若无犀利枪枝，实不足以资自卫。前阅报得悉钧厂新定民团备价领枪章程，无限欢跃，经即遵章备款具呈县属请领。惟因手续纷烦，迄今两月有余尚未领到。近日阅报，欣悉钧厂呈奉大元帅准予修改章程，领枪手续较前简易，团长等现照民团、商团备价请领枪弹章程，请领七九步枪三十枝俾资自卫。理合具文呈请鉴核转呈大元帅俯赐核准施行，实为公便。再，此项领枪切结经分存省、县两署合并陈明等情。据此，理合据情备文呈请察核，是否可行，伏乞指令祗遵，实为公便。
谨呈
陆海军大元帅

广东兵工厂厂长马超俊
中华民国十三年八月十日

（《陆海军大元帅大本营公报》一九二四年第二十三号，8 月 20 日，"指令"）

程潜呈孙中山文

（1924 年 8 月）

呈为呈复事：案奉钧座发下湘军总司令谭延闿呈一件，以所部第五军第十六旅团长刘志奔走国事，夙著勤劳，此次转战来粤，功蹟［绩］尤多，前因积劳致疾业准回省医治在案。不料六月十三日午后八时，该团长刘志住宅突来兵士十余人开枪轰击，该团长当即中弹身死。又同时所部第五军第十六旅三十一团团部三等军医正陈魁在侧，亦被击毙。忽遭惨变，均堪痛惜，请准援照阵亡官佐条例，从优给恤等情。查该已故团长刘志、已故三等军医正陈魁千里从征，惨遭不恻［测］，情殊可悯，拟请准予援照陆军战时恤赏章程第五章因公殒命例，照第三表分别抚恤团长刘志给予上校恤金，三等军医正陈魁给予少校恤金，以示矜恤。是否有当，伏乞鉴核训示祗遵。谨呈

陆海军大元帅孙

军政部长程潜

中华民国十三年八月　日

（《陆海军大元帅大本营公报》一九二四年第二十三号，8 月 20 日，"指令"）

吕志伊呈孙中山文

（1924 年 8 月 11 日）

呈为呈报事：案奉钧座训令第三八二号开：查以军饷浩繁，度支奇绌，曾经令行大本营会计司将大本营参议、谘议、委员及秘书处会计司人员等所有俸薪，从八月一日起概行减成发给在案。惟查各机关人员薪俸，其已经减成发给者固多，其未经减成发给者亦复不少，亟应统筹办法以归划一。限从八月一日起，所有大本营直辖各机关以及各民政财政机关，除职员俸薪已经减发者仍照旧支给外，各职员凡俸薪在五百元以上者概以七成发给，在三百元以上者以八成发给，在二百元以上者以九成发给，俾昭公允而免偏畸。除分令外，合行令仰该院长即便遵照办理，并转行所属一体遵照办理，仍将遵办情形具报查核。切切。此令。等因。奉此，遵查职院

各员俸薪向系依照规定，原额一百元以上者减为五成发给，六十元以上者减为六成发给，六十元以下者理行给足，历经具报在案。缘奉前因，理合备文具报呈请鉴核。谨呈

大元帅

大理院长兼管司法行政事务吕志伊

中华民国十三年八月十一日

（《陆海军大元帅大本营公报》一九二四年第二十三号，8月20日，"指令"）

宋子文呈孙中山文

（1924年8月11日）

呈为职行定期发行货币，应请通令各征收机关及商民交易一律通用仰祈鉴核事：窃职行奉政府特准发行货币，现拟自八月十五日职行开幕日起开始发行，计分为壹圆、伍圆、拾圆、伍拾圆四种，由子文与副行长兼领发行，科长黄隆生会同签名。所有公私款项出纳自应一律通用，在公家征收机关尤应专收职行货币以示提倡，事关提倡职行货币信用，应请钧座明令各征收机关所有征收田赋、厘捐、租税及其他公款，均一律收受职行货币。其报解公款者，非职行货币概不收受。至商民交易，应准其照额通用，视与现金相等。并请令行财政部暨广东省长通饬各征收机关，并布告商民一律遵照。是否有当，理合呈请睿鉴，训示祗遵。谨呈

大元帅孙

中央银行行长宋子文

中华民国十三年八月十一日

（《陆海军大元帅大本营公报》一九二四年第二十三号，8月20日，"指令"）

叶恭绰、廖仲恺呈孙中山文

（1924 年 8 月 11 日）

呈为呈复事：案奉第三九一号训令开：查大本营前为节省公帑起见，曾经分令大本营直辖各部、处、署、局、司、会、校查明，如有在大本营及在大本营直辖各部、处、职、局、司、会、校兼职人员，除原职仍照现支额数支薪外，其所兼职之薪水应即以二成发给各在案。乃各部、处、署、局、司、会、校认真查明办理者固多，其未认真查明办理者亦复不少，甚有延不呈报、视等具文者，非再剀切诰令无以重功令而昭核实。所有大本营直辖各部、处、署、局、司、会、校，应再饬知各人员自行声报现任职务系属原职抑系兼职。除原职仍照现支额数支薪外，其兼职薪水概以二成发给。倘有隐匿不报，一经查觉，即将各该员分别加以惩戒。并限于文到十日内，将各人员现任职务分别系属原职抑系兼职、现支薪俸若干列具详表，呈报查核。除分令外，合行令仰该委员会即便遵照办理。此令。等因。奉此，遵即饬知职会干事处各职员自行声报有无兼职、兼薪、现任职务系属原职抑系兼职去后。现据该员等分别呈报前来，计专任秘书四员及书记官一员系属原职，由会支薪。余自总干事以次均由财政部财政厅分别调派兼任，向未支领兼薪。奉令前因，理合备文列表呈报钧座睿鉴。谨呈

大元帅

财政委员会主席叶恭绰、廖仲恺

中华民国十三年八月十一日

（《陆海军大元帅大本营公报》一九二四年第二十三号，8 月 20 日，"指令"）

九江人致孙中山电

(1924 年 8 月 11 日载)

请严惩滇军。

(《申报》1924 年 8 月 11 日，"国内专电")

佛山商团致孙中山电

(1924 年 8 月 11 日)

请发还扣械，某要人提议，将扣械中属商团者发还，余以私运论。

(《申报》1924 年 8 月 15 日，"国内专电")

廖仲恺致孙中山电

(1924 年 8 月 12 日载)

呈为呈请鉴核事：窃查前奉钧座令饬裁减经费，以裕度支一案，昨据财政警务各厅处呈复到署，当经据情转呈在案。兹续据教育厅、公路处、美术展览会筹备处、广州市审计处、广州市政厅及所属各局，查照预算，开具经费数目暨遵办情形，呈复前来。查核尚属实情，理合将各该厅、处核减数目暨无可减情形，列表具文呈请大元帅鉴核，伏候训示祗遵。

(《广州民国日报》1924 年 8 月 12 日，"国内要闻")

宋子文呈孙中山文

(1924 年 8 月 13 日)

呈为呈报事：窃职行前奉钧令筹备组织，本月二日复奉钧座令开：任命宋子文为中央银行行长。此令等因。奉此，遵即就职视事，现职行筹备经已完备，定于本月十五日正式开□，理合备文呈报钧座鉴核备案。谨呈

大元帅孙

中央银行行长宋子文

中华民国十三年八月十三日

（《陆海军大元帅大本营公报》一九二四年第二十四号，8 月 20 日，"指令"）

宋子文呈孙中山文

（1924 年 8 月 13 日）

呈为拟定职行章程暨组织大纲缮具清折呈请鉴核公布事：窃职行条例业奉钧座指令核准公布在案。兹特遵照条例，拟定职行章程计共六章三十八条、组织大纲十二条，俾执行职务有所遵循，行员组织有所依据。经于八月十二日由子文提交第一次董事会议决，理合缮具清折备文呈请钧座俯赐鉴核，准予公布，并候训示祗遵，实为公便。谨呈

大元帅孙

中央银行行长宋子文

中华民国十三年八月十三日

（《陆海军大元帅大本营公报》一九二四年第二十三号，8 月 20 日，"指令"）

宋子文呈孙中山文

（1924 年 8 月 13 日）

呈为呈请鉴核备案事：窃职行职员先后奉钧座分别任命在案，

所有往来公牍本应静候政府颁发印信以昭信守。惟现当成立伊始，行印尚未奉颁发，而文牍往来亟须应用。兹暂由职行先行刊就木质行印一颗，文曰"中央银行之印"，牙质行长小章一颗，文曰"中央限〔银〕行行长之章"，即于本日暂行启用。一俟正式印信奉颁下行，再行呈报注销。理合盖具职行行印及行长小章模型备文，呈请钧座鉴核准予备案，实为公便。谨呈

大元帅

中央银行行长宋子文

中华民国十三年八月十三日

（《陆海军大元帅大本营公报》一九二四年第二十三

号，8月20日，"指令"）

徐绍桢呈孙中山文

（1924 年 8 月 13 日）

呈为呈请事：前据商民陈惠民条陈举办慈奖券以资赈济一案，职部以事关筹款赈灾，当经函行广东各界、筹赈三江办事处及善团总所会议具复去后。兹据该办事处该总所呈称：迭次召集各界会议，金以开办慈善奖券系藉公众之财，以筹赈济之款，际此募捐者有如弩东后顾种澜需款尤巨。实况如此，确不能不从权举行。然关系既重，自应审慎周详以期于事有济。先行举员将此项章程妥另起草，开会详为讨论，拟定赈灾慈善奖券章程十条、赈灾奖券部办事细则十一条，缮呈报部等情前来。部长查发行奖券曾非筹款之常经，惟军需紧急之秋，公帑既异常支绌，零星捐募复有车薪杯水之虞。当兹被灾地方嗷嗷待赈，基围筑塞需费尤多，非有成数的款难资救济。权发奖券果能办理得法，用拯灾区，于地方不无微补。既据该善团等公同议决举办，查核所拟章则尚属妥协，自应照准，仍由职部派员监理以昭慎重。除咨行军民各机关协助保护并布告周知

外，理合备文将所缴章程及办事细则呈请察核备案，实为公便。
谨呈
陆海军大元帅

内政部长徐绍桢
中华民国十三年八月十三日
（《陆海军大元帅大本营公报》一九二四年第二十三
号，8 月 20 日，"指令"）

宋子文呈孙中山文
（1924 年 8 月 13 日）

呈为借款利息应由政府指定照拨谨拟办法仰祈鉴核事：窃
职行资本依条例规定由政府担任，并由政府订借国外债款毫银
一千万元拨充，则借款本息自应由政府筹还。按照合同条件，
前五年应由政府每年付息一次，须指拨的款六十万元方足应付。
自第六年起，除前项年息外，每年须筹还债本十分之二，计二
百万元，亦应预备的款以维国债信用。查国家收入现只有造币
厂余利一项尚未指拨用途，现以西纸价高，每月余利无多。按
该厂预算，闻每月尚有余利六七万元，可望此后西纸价格渐落，
余利必渐有把握。拟请明令指拨该项造币余利为职行借款还本
付息之基金，由该厂按月拨交职行，列收政府存款，以备届期
付息还本之用。如荷核准，即乞令下财政部遵照办理，伏候训
示祗遵。谨呈
陆海军大元帅孙

中央银行行长宋子文
中华民国十三年八月十三日
（《陆海军大元帅大本营公报》一九二四年第二十四
号，8 月 30 日，"指令"）

程潜呈孙中山文
(1924 年 8 月 13 日)

呈为呈复事：奉钧府训令第三九一号开，限文到十日内，将各人员现任职务分别原职、兼职、现支薪俸若干，详表呈报查核等因。奉此，查职部兼职人员业经遵令呈报在案。现奉前因，理合分别原职、兼职列具职务薪俸一览表备文呈送，伏乞察核，至为公便。谨呈

大元帅孙

大本营军政部部长程潜

中华民国十三年八月十三日

（《陆海军大元帅大本营公报》一九二四年第二十四号，8 月 30 日，"指令"）

宋子文呈孙中山文
(1924 年 8 月 13 日)

呈为拟定职行章程暨组织规程缮具清折呈请鉴核公布事：窃职行条例业奉钧座指令核准公布在案。兹特遵照条例拟定职行章程计共六章三十八条、组织规程十二条，俾执行职务有所遵循，行员组织有所依据，经于八月十二日由子文提交第一次董事会议决。理合缮具清折备文呈请钧座俯赐鉴核准予公布，并候训示祗遵，实为公便。谨呈

大元帅孙

中央银行行长宋子文

中华民国十三年八月十三日

（《陆海军大元帅大本营公报》一九二四年第二十四号，8 月 30 日，"指令"）

邓泽如、林直勉呈孙中山文

（1924 年 8 月 14 日）

　　呈为呈请事：本月六日奉钧座指令第八七一号，据本会呈请颁发慨捐巨款及筹饷得力人员嘉禾章暨金银各等奖章由，内开：呈悉。自中央筹饷开办以来，裨益国计实属不少。该干事等急公好义，办事得力，深堪嘉许。所列捐输各人员自应照章分别优奖，以资鼓励。各等奖章仰该会按照名册具领转发可也。此令。等因。奉此，自应按册具领发给。惟查请奖册内所列请奖一等金质奖章之意基忌分部，请奖二等金质奖章之聚义堂，请奖二等银质奖章之梁品三暨请奖三等银质奖章之梁士让等，现在由会再三查核，当时各员所捐之款项系属驻在国之纸币，每元折合仅值广东通用银二三毫左右，按照筹奖章程以毫银为本位之规定相差过远。理合具文呈请鉴核，应否按章分别改正暨开除给奖以重荣典而免滥发之处，伏候指令祗遵。谨呈

陆海军大元帅

　　　　　　　　　中央筹饷会干事邓泽如、林直勉

　　　　　　　　　中华民国十三年八月十四日

　　（《陆海军大元帅大本营公报》一九二四年第二十三号，8 月 20 日，"指令"）

林树巍呈孙中山文

（1924 年 8 月 14 日）

　　呈为呈请事：现准广州地方审判厅咨开：案准贵处向敝厅挪借款项，经于十二年四月二十一日、六月九日、同月十一日，先后挪交毫银一千元，取回印收在案。查敝厅向无公款，余存所储均系各

案当事缴案暂存之款，讼案一经终结即须将款给领。当时以贵处所需系军费，刻不容缓，故权宜暂行挪借。现在敝厅收受新案甚少，各旧案已陆续清结，亟须将款分别发给。相应咨请责处查照，希即将去年由敝厅挪借之毫银一千元如数归还，以清手续，至纫公谊等由。准此，查职处部队去岁驻防高、雷，适当申、邓两逆迭次入寇，尔时军事紧急，粮饷断绝。政府既无款可领，就地又无款可筹，曾奉帅座谕暂向私人挪借渡此难关，当由政府设法清还等示。经于去岁向广州地方审判厅先后挪借过公款一千元，兹准咨催，自应照办，但职处伙食现尚不敷，实无余款可以归还。理合备文呈请帅座察核，俯准饬令广州地方审判厅将该款报销，俾清手续，实为公便。谨呈

陆海军大元帅孙

高雷绥靖处处长林树巍
中华民国十三年八月十四日

（《陆海军大元帅大本营公报》一九二四年第二十五号，9月10日，"指令"）

叶恭绰呈孙中山文

（1924 年 8 月 14 日）

为遵令呈报事：七月二十五日奉钧令第三八二号内开：查以军饷浩繁，度支奇绌，曾经令行大本营会计司将大本营参议、谘议、委员及秘书处会计司人员等所有俸薪，从八月一日起概行减成发给在案。惟查各机关人员薪俸其已经减成发给者固多，其未经减成发给者亦复不少，亟应统筹办法以归划一。限从八月一日起，所有大本营直辖各机关以及各民政财政机关，除职员俸薪已经减成发给者仍照旧支给外，此外各职员凡俸薪在五百元以上者概以七成发给，在三百元以上者以八成发给，在二百元以上者以

九成发给，俾昭公允而免偏畸。除分令外，合行令仰该部长即便遵照并转行所属一体遵照办理，仍将遵办情形具报查核。同日又奉钧令第三八一号内开：查以军饷浩繁，度支奇绌，曾经分令大本营直辖各机关以及各民政财政机关，所有职员俸薪从八月一日起，除已经减成发给者仍旧支给外，此外职员俸薪凡在五百元以上者概以七成发给，在三百元以上者以八成发给，在二百元以上者以九成发给各在案。亟应令知大本营财政部及会计司从八月一日起，凡发给各机关职员俸薪，概照上项规定减成发给，以昭核实而归划一。除分令外，合行令仰该部长即便遵照办理，仍将遵办情形具报查核各等因先后下部，自应遵照办理。除令行所属机关遵照外，所有本部应发薪俸遵自八月份起，概遵照钧令分别折发，理合具文呈报鉴核。谨呈

陆海军大元帅孙

大本营财政部长叶恭绰（次长郑洪年代）

中华民国十三年八月十四日

（《陆海军大元帅大本营公报》一九二四年第二十四号，8月30日，"指令"）

林森呈孙中山文

（1924年8月14日）

呈为呈复事：案据广东电政监督兼广州电报局长黄桓呈称：现奉钧部训令第一○九号开：现奉大元帅第三八二号训令开：查以军饷浩繁，度支奇绌，曾经令行大本营会计司将大本营参议、谘议、委员及秘书处会计司人员等所有俸薪，从八月一日起概行减成发给在案。惟查各机关人员薪俸其已经减成发给者固多，其未经减成发给者亦复不少，亟应统筹办法以归划一。限从八月一日起，所有大本营直辖各机关以及各民政财政机关，除职员俸薪已经减成发给者

仍照旧支给外，此外各职员凡俸薪在五百元以上者概以七成发给，在三百元以上者以八成发给，在二百元以上者以九成发给，俾昭公允而免偏畸。除分令外，合行令仰该部长即便遵照办理，并转行所属一体遵照办理，仍将遵办情形具报查核。切切。此令。等因。奉此，除分令外，合行令仰该监督即便一体遵照办理，仍将遵办情形具复以凭转报。切切。此令。等因。奉此，窃查职署监督一职照章概不兼薪，而兼局长一职月俸二百四十元，自应遵照减成办理。至职署局所属各员俸薪均无二百元以上者，不在减成发给之列。兹奉前因，理合将遵办减薪情形具文呈复察核等情前来。正核办间，又据广东电话局局长陆志云呈称：现奉钧部第一〇九号训令内开，除原文有案邀免冗录外，后开：除分令外，合行令仰该局长即便一体遵照办理，仍将遵办情形具复以凭转报。切切。此令。等因。奉此自应遵照办理。查职局除局长月支薪水三百元，工程师月支薪水二百三十元，应依照核定由八月分起分别减成发给外。其余各职员薪水均未及二百元，应在免予减发之列。奉令前因，理合将减薪名额具文呈复察核等情前来。据此，当经职部查核，所呈均属实在情形，理合备文据情转呈钧帅鉴核。谨呈

大元帅

大本营建设部长林森

中华民国十三年八月十四日

（《陆海军大元帅大本营公报》一九二四年第二十四号，8月30日，"指令"）

旅粤同乡会致孙中山电

（1924年8月14日）

广州大元帅睿鉴（余衔略）：

吾蜀自清季发难，诛赵督，杀端王，武汉继之，不旋踵而清社

屋，民气何其壮也。殊光复后，迄无。宁岁，内争外侮，一波未平，一波复起。卒演成英舰在万迫杀船夫之惨剧怪剧。慨四川僻处西陲，自清季渝、万通商以还，外输充斥，虽有争端，尚不敢显违约法，争奈蚕食之心久蓄，鲸吞之事已成。泊兵舰于长江，几若我蜀为属地。刀俎鱼肉，情何以堪。是而可忍，孰不可忍？美商华雷，于六月十七号，在万失足溺毙，自取其祸，与我蜀船户何干？殊该英舰竟鸣炮威迫县知事，斩决船夫向国源等二名示众。此事发生，全国骚然。首先旅京同乡，通电致讨。嗣经北京当道，致电伦敦，正式抗议。足见公道自在人心。该英国众议院议员蓝斯伯氏，曾在该院提出质问，谓该英舰司令，根据何种法律，依照何种权限，竟能不经法庭审判，轻易鸣发军炮，威迫杀无罪之人，实属有失国际体面云云。该英文楚报尚捏称，万县记者据目击其事之中西人报告，船帮殴杀安利英行经理赫立情形，阅之殊堪痛恨。该等砌辞夺理，耸人听闻，既失足溺毙者美商华雷，而捏称殴杀者英行赫立，希图代该舰饰过，竟诿罪于我川人。登诸报端，淆乱观听。近如粤之沙面案，始则诬捏仇洋，希图卸责，继复颁行苛例，侮辱难堪，卒因联同罢工，争回国体人格，此同人目击之事也。万县事同一律，野蛮更有甚焉。应请政府严重抗争，今后中国扬子江内，不得停泊任何外舰。英美团公使，须向中国政府道歉，无理逼杀中国船户之英国海军司令官，须律以杀人抵罪，被害之向国源等，应给优厚之抚恤，及养家费。如不达到目的，则我川人首先与英美绝交经济，以促其觉悟。至该万县知事，身膺民社，视人命如草芥，奴颜婢膝，甘献媚于蛮夷，不但有玷官箴，实为人群败类，应绳之以国法，以正典刑，藉慰冤魂，而警奸佞也。除电呈政府严重抗议外，并通电全国公团，为一致之进行，统祈不屈强权，争此国体人格。我川人当急起直追，为政府之后援，毋稍退让，一雪我西南发难之区弥天奇辱，国家幸甚，川人幸甚。旅粤同乡会董聂崇高、张子青暨全体蜀人叩。寒。印。

（《广州民国日报》1924年8月19日，"公电"）

广东油业工会致孙中山电

（1924 年 8 月 15 日）

孙大元帅睿鉴：

帝国主义走狗陈廉伯等，在陈炯明踞粤时，与陈逆共同为恶，组织商团军，借口防御土匪，保护商场，实则用以摧残工人，反抗革命政府。查商团军自成立以来，对于工人，时加摧残。其摧残工人罪恶最著者，如敝会江门工友，以庆祝五一劳动节巡行时，惨受商团枪伤毒殴，掳解法庭者二十余人，失踪者六十余人，并包围会所捣乱什物，焚毁文具。此案至今仍未解决，沉冤莫白。他如石歧理发工会、新会葵业工会、广州酒业工人等，亦无不备受商团之压迫与枪杀。近该商团长等，见我革命政府，实行劳工保护政策，以不能逞其残杀劳工之故，遂深恶革命政府，时谋反抗。凡政府为人民福利而奋斗之一切大计，动加硬〔梗〕阻。此次瞒蒙政府，勾结英商，购买大批军械，运抵广州，企图颠覆革命政府，可以为所欲为。凶恶横行，可谓已极。广州为革命政府所在地，对此反革命之商团，岂可任其滋长？敢请我大元帅即将扣留商团军之枪械，全数没收，发给工人组织工团军，以减削反动商团之势力，而利国民革命之进行。至深企祷。广东油业工会叩。删。

（《广州民国日报》1924 年 8 月 18 日，"国内要闻"）

林翔呈孙中山文

（1924 年 8 月 15 日）

呈为呈请事：案查十二年度岁入岁出预算书，前经财政部厘定书式分行各机关，依照编造送部汇呈钧座核定交处备查在案。

十三年度预算自应于会计年度开始以前查照前案办理，兹查新会计年度业已开始，所有岁入岁出预算书，除兵工厂曾经造送钧座核发下处外，其余各机关均付缺如，殊非慎重公帑之道。拟请令行各机关克日查照前定书式编造，仍送财政部汇呈核定，交存职处，以重度支而便审计。所请是否有当之处，理合具呈仰恳帅座鉴核施行。谨呈

大元帅

大本营审计处处长林翔

中华民国十三年八月十五日

（《陆海军大元帅大本营公报》一九二四年第二十四号，8月30日，"指令"）

廖仲恺呈孙中山文

（1924年8月15日）

呈为呈复事：现奉大元帅第九〇九号指令，本署呈复人员兼职情形由，奉令内开：呈表均悉。查阅表册尚属核实，惟查技士周少游名下并未列明有无兼差，亦未列现支薪水若干。秘书黄季陆名下亦未列明有无兼差，应再明白声叙呈核。原表发还。此令。等因（计发还原表一件）。奉此，遵查原表所列技士周少游、秘书黄季陆名下未经列明各项实系缮写遗漏，自应查照原案分别列明，以昭核实。所有遵令补列各员兼职缘由，理合具文连同原表呈缴，伏候大元帅鉴核，训示祇遵。谨呈

陆海军大元帅孙

广东省长廖仲恺

中华民国十三年八月十五日

（《陆海军大元帅大本营公报》一九二四年第二十四号，8月30日，"指令"）

刘震寰呈孙中山文

（1924 年 8 月 15 日）

　　呈为给养无资军心惶恐恳请严令照拨维持军食仰祈睿鉴事：案奉钧帅第四〇一号训令开：查禁烟督办署每日扣还承商预饷二千元，扣至八月二十四日止，业将该项预饷扣完。前令该署每日拨西路讨贼军刘震寰部火食七百元，着由八月廿五日起每日照数拨付，毋得短欠。除分令禁烟督办遵照办理外，合行令仰该总司令查照可也。此令。等因。奉此，当即遵照咨请禁烟督办查照办理在案。兹准禁烟督办署咨开：前奉大元帅令饬敝署自八月二十五日起，每日照拨西路军火食七百元一案，当以积欠过巨，再拨困难，恳请俯准缓拨，免误军需。一俟前项还清，再行呈请帅令严行责缴转交贵部，以免临时仓猝贻误军需。今准前由，除已将奉拨未还各款数目业经呈复帅座转行贵部知照缓拨外，相应咨复查照为荷等由。同日奉到钧帅第四一七号训令：事同前情。除原文有案邀免冗录外，后开：除指令照准外，合行令仰该总司令知照。此令。等因。窃职部给养费自六月十四日起支领无着，前方火食均由兵站向各米店赊借供给，核计积欠七万余元之巨。现各店婉词拒绝，给养更形困难，即遵照钧令如期拨领，尚虑支持乏力，若再延缓势必倒悬。查预借商款固应陆续清还，以全信用，而职部给养费系每日必要之需，若再无着，前方部队哗变堪虞。临事仓猝，责有攸归。拟请令行禁烟督办将□□商款□限稍事延长，除□职部给养费七百元外，余一千三百元□作扣还湘军预借商款。如此则职部给养费得以维持，而湘军所借商款仍属有着。奉令前因，理合将职部给养费困难情形及扣还湘军预借商款变通办法呈请察核。是否有当，伏候钧座分令祗遵。谨呈

大元帅孙

西路讨贼军总司令刘震寰

中华民国十三年八月十五日

（《陆海军大元帅大本营公报》一九二四年第二十四号，8 月 30 日，"指令"）

徐绍桢呈孙中山文
（1924 年 8 月 16 日）

呈为呈请事：窃职部总务厅科员谢揩才识谙练，供职慎勤，本年因办理省外医生领照，特派该科员兼充佛山镇办理医生执照专员。时当盛暑，往来于省佛之间，昕夕从公，积劳成疾，于七月十七日身故。查去年七月财政部书记官谢俊廷在职病故，曾由该部请准颁发恤金二百四十元。本年四月职部科长陈庆森病故，曾由部长呈准颁给恤金四百元各在案。兹查该故员谢揩原系留粤任用县知事，曾任钦县、灵山、徐闻知事，操守清廉，政绩卓著。现以部员在职病故，身〈后〉萧条，情殊可悯，拟恳比照前案给与一次过恤金三百元。理合具文呈请钧座察核，俯赐准饬下财政部照发，俾得早日殡葬以昭激劝，实为公便。谨呈
大元帅

大本营内政部长徐绍桢

中华民国十三年八月十六日

（《陆海军大元帅大本营公报》一九二四年第二十四号，8 月 30 日，"指令"）

林森呈孙中山文
（1924 年 8 月 16 日）

呈为呈复事：案奉钧帅第九〇二号指令，据职部呈复遵办兼职人员减薪情形由，奉令开：呈、表均悉。查阅表件，除该部在商标

注册所概［暨？］权度检定所兼职人员曾经说明均未支给薪俸外，其余兼职人员并未声列在各兼职机关薪俸是否以二成支领，应再明白列表呈核，原表发还。此令。等因。奉此，遵即补行叙明，列具详表一份。理合具文呈送钧帅鉴核，伏乞训示祗遵。谨呈

大元帅

（计呈送现任职员分别原兼各职及月支薪俸并兼职机关薪俸以二成支领详表一份）

大本营建设部长林森

中华民国十三年八月十六日

（《陆海军大元帅大本营公报》一九二四年第二十四号，8月30日，"指令"）

宋子文呈孙中山文

（1924年8月18日）

呈为遵令缮具职行章程暨组织规程清折呈请公布事：窃奉钧座指令第九一八号内开：呈及附件均悉。中央银行组织大纲应改为中央银行组织规程，至该件及章程各条间有未妥之处亦经更正。原件发还，仰即遵照另缮呈候公布可也。此令。并奉发职行章程及组织规程各一件等因。奉此，遵将职行章程及组织规程依改正各条缮具清折，呈请睿鉴俯赐明令公布，并候训示祗遵，实为公便。谨呈

大元帅孙

（计附呈中央银行章程及中央银行组织规程清折各一扣）

中央银行行长宋子文

中华民国十三年八月十八日

（《陆海军大元帅大本营公报》一九二四年第二十四号，8月30日，"指令"）

英法领事致孙中山函

（1924 年 8 月 18 日）

迳启者：关于本月十三日巡捕单独回沙面一事，似系由于误会。今晨获见台端，面罄一切，谅此误会当可消除。鄙人等为迅速结束此次罢工风潮起见，建议全体罢工人员，所有公共雇员（巡捕包括在内）、私家雇员，公同订定回沙面日期，最好在星期一日上午一时，届时当由英法两领，与两工部局依照前次双方所订原约，切实履行。

（《申报》1924 年 8 月 25 日，"国内要闻"）

程潜呈孙中山文

（1924 年 8 月 18 日）

呈为呈复事：案奉钧座发下中央直辖滇军第二军军长范石生呈一件，以所部上校参军杨朝元投身行伍已廿余年，护国、护法等役经历数十战，冲锋夺阵，迭著殊勋。前以拒敌北江，身受重创，伤胃断肠，延至本年七月二十八日，在广州公医院伤发殒命。该员死事核与《陆军战时恤赏章程》第三章第一项之规定相符，恳请准予追赠陆军少将，并照阵亡例给予上校恤金，以昭激劝而慰忠魂等情。经部长查核事实相符，拟请俯予照准明令赠恤。是否有当，理合具文呈复，伏乞鉴核，指令祗遵。谨呈
陆海军大元帅孙

大本营军政部长程潜
中华民国十三年八月十八日

（《陆海军大元帅大本营公报》一九二四年第二十四号，8 月 30 日，"指令"）

英法两领致孙中山函

（1924 年 8 月 18 日载）

中山先生台鉴：

逐启者：关于本月十三日巡捕单独回沙面一事，似系由于误会。今晨获见台端，面馨一切，谅此误会当可消除。鄙人等为迅速结束此次罢工风潮起见，建议全体罢工人员，所有公共雇员（巡捕包括在内）及私家雇员，公同订定回沙面日期。至好以下礼拜一日上午十时为妙。届时由法英两领事，与两工部局依照前次双方所订原约，切实履行。专此，敬颂

台祺

英领事（署名）法　领事（署名）

（《广州民国日报》1924 年 8 月 18 日，"国内要闻"）

黄绍雄致孙中山电

（1924 年 8 月 19 日）

万急。广州大元帅睿鉴（余略）：

绍雄入邕后，即分途追击陆、谭残部，适其时韩彩辉、韩绍绚等犯我柳州，何师长才杰又负创身亡。绍雄为友军计，为地方计，比即派兵进击。经于鱼（六日）入柳，寒（十四）日韩逆彩凤，又亲率精锐，联合韩彩辉等残部，由中渡来犯。经我军分途迎击，业经铣（十六）日将该敌击散，俘获甚多。韩逆彩凤仅以身免。现广西除桂林庆远尚为陆、谭盘据外，其余各属，均次第弭平。谨电奉闻。诸为鉴察。黄绍雄呈叩。皓（十九）。印。

（《广州民国日报》1924 年 8 月 29 日，"国内要闻"）

叶恭绰呈孙中山文
（1924 年 8 月 19 日）

呈为遴员荐任恭呈仰祈鉴核令遵事：窃职部秘书沈欣吾、金事徐承燠均另有任用，应请免去本职，其所遗秘书一缺，查有职部办理秘书事务胡奂堪以荐任。又所遗金事一缺，拟请以职部科员周骏声升充。所有免任职部秘书、金事各缘由，理合呈请睿鉴，伏乞照准分别任免施行。谨呈

大元帅

大本营财政部长叶恭绰

中华民国十三年八月十九日

（《陆海军大元帅大本营公报》一九二四年第二十四号，8 月 30 日，"指令"）

叶恭绰呈孙中山文
（1924 年 8 月 19 日）

呈为呈请备案事：窃职部发行之短期军需库券，其本息基金定自八月二十一日起，除星期日外，每日由省河印花税及省河以外各属印花税项下拨定一千元，交由裕广银号存储，即由裕广银号经理还本付息事宜，业经呈报在案。现准中央银行宋行长子文函，以该行现经成立，请将库券还本付息事宜移归办理，以符条例等由。查职部所发库券其还本付息事宜，因当时中央银行尚未成立，是以委托裕广银号代理。现在中央银行既经开业，自应将还本付息各事移归经理，以一事权，而符国家银行之通例。除函裕广银号查照，并训令代办省河印花税、公安局及省河以外各属印花税分处，将指定本息基金解交中央银行核收存储，以凭还本付息外，理合将库券付

息事宜改归中央银行办理缘由，备文呈请鉴核备案，实为公便。谨
呈
大元帅

　　　　　　大本营财政部长叶恭绰（次长郑洪年代）
　　　　　　　　中华民国十三年八月十九日
　　　（《陆海军大元帅大本营公报》一九二四年第二十四
　　号，8 月 30 日，"指令"）

蒋中正、廖仲恺呈孙中山文
（1924 年 8 月 19 日）

　　呈为呈报事：案奉训令第三八二号内开：查以军饷浩繁，度
支奇绌，曾经令行大本营会计司将大本营参议、谘议、委员及秘
书处会计司人员等所有俸薪，从八月一日起概行减成发给在案。
惟查各机关人员薪俸其已经减成发给者固多，其未经减成发给者
亦复不少，亟应统筹办法以归划一。限从八月一日起，所有大本
营直辖各机关以及各民政财政机关，除职员俸薪已经减成发给者
仍照旧支给外，此外各职员凡俸薪在五百元以上者概以七成发给，
在三百元以上者以八成发给，在二百元以上者以九成发给，俾昭
公允而免偏畸。除分令外，合行令仰该校长即便遵照办理，并转
行所属一体遵照办理，仍将遵办情形具报查核等因。奉此，除令
行所属人员统限于八月一日起遵令实行外，理合将办理情形具报
备查。谨呈
陆海军大元帅

　　　　　陆军军官学校校长蒋中正驻校党代表廖仲恺
　　　　　　　　中华民国十三年八月十九日
　　　（《陆海军大元帅大本营公报》一九二四年第二十四
　　号，8 月 30 日，"指令"）

蒋中正、廖仲恺呈孙中山文

（1924 年 8 月 19 日）

　　呈为呈报事：案奉训令第三九一号内开：查大本营前为节省公帑起见，曾经分令大本营直辖各部、处、署、局、司、会、校查明，如有在大本营及在大本营直辖各部、处、署、局、司、会、校兼职人员，除原职仍照现支额数支薪外，其所兼职之薪水应即以二成发给各在案。乃各部处、署、局、司、会、校认真查明办理者固多，其未认真查明办理者亦复不少，甚有延不呈报、视等具文者，非再剀切诰令无以重功令而昭核实。所有大本营直辖各部、处、署、局、司、会、校，应再饬知各人员自行声报现任职务系属原职抑系兼职、除原职仍照现支额数支薪外，其兼职薪水概以二成发给。倘有隐匿不报，一经查觉，即将各该员分别加以惩戒。并限于文到十日内，将各人员现任职务分别系属原职抑系兼职、现支薪俸若干列具详表呈报查核。除分令外，合行令仰该校长即便遵照办理等因。奉此，遵即令行所属各员现任职务系属原职抑系兼职，限日声报以凭转呈去后。嗣据各该员声报前来，除原职人员仍照额数支薪邀免列表外，理合将兼职各员列具表式备文呈请钧座鉴核施行。谨呈

陆海军大元帅

　　　　　　陆军军官学校校长蒋中正驻校党代表廖仲恺

　　　　　　　　中华民国十三年八月十九日

　　（《陆海军大元帅大本营公报》一九二四年第二十四号，8 月 30 日，"指令"）

李福林呈孙中山文

（1924 年 8 月 19 日）

　　呈为呈报事：案据探报称，著匪袁虾九、黎乃钧、袁曚仔等召

集党羽数百人，在增城属之岳潭埗，在莞属之槎滘乡等处，密谋截劫广九火车，焚毁铁路，扰我东江后方等情。当即令饬王旅长若周、徐司令树荣亲率大队前往围剿，业将著匪黎乃钧一名拿获，并在匪屋地牢内搜出立胜堂、叙义堂打单图章部据一箱，拿获嫌疑犯黎桥伯、黎淦桓、邵惠进等三名，起获被掳人吴邓家、阎赁等二名，及大有公司全利商轮□般，经将一切情形呈报帅座察核在案。查黎乃钧一名系东莞属立胜堂匪首，在东江一带纠党掳劫，案如山积。本年七月杪洗劫中堂卢屋村全乡，杀毙多命，本月初间纠党在米棚沙骑劫来往省城中堂大有公司全利轮船一艘，失赃甚巨，并当场击毙押船兵士一名。又劫勒东江来往杉排，抽收行水，犯案累累。近复与袁虾九联络，希图截劫广九火车，焚毁铁路，扰我东江后方。提讯该逆匪，并检出立胜堂、叙义堂打单图章部据一箱为证，黎乃钧亦俯首无词。业将该犯验明正身，于本日午时提出军前正办，以除大盗。至嫌疑犯黎桥伯、黎淦桓、邵惠进等三名，再三研讯，确无为匪情事，自应准予保释以免拖累无辜。除将黎桥伯等三名交保省释外，理合将枪决逆匪黎乃钧日期备文呈报帅座察核，恳发交军政部备案，实为公便。谨呈

陆海军大元帅

粤军第三军军长李福林

中华民国十三年八月十九日

（《陆海军大元帅大本营公报》一九二四年第二十四号，8月30日，"指令"）

林翔呈孙中山文

（1924 年 8 月 19 日）

呈为呈复事：案奉钧帅先后发下大本营会计司司长黄昌谷，呈送该司庶务科十三年一月份暨二月份收支各项数目清册对照表及收

据粘存簿到处，饬令审计等因。奉此，经查该司长所送庶务科册列各数尚无浮滥，计十三年一月份共支出毫洋一万六千九百二十八元八毫八分七厘，二月份共支出毫洋一万五千五百八十元零二毫四分七厘。以上各数核与单据均属相符，拟请准予如数核销。除将表册及单据簿留处备案外，理合连同原呈二件呈请钧帅察核示遵，实为公便。谨呈

大元帅

大本营审计处处长林翔

中华民国十三年八月十九日

（《陆海军大元帅大本营公报》一九二四年第二十四号，8月30日，"指令"）

吕志伊呈孙中山文

（1924年8月20日载）

呈为呈报事：案奉钧座训令第三三八号开：查兼差不兼薪向有规定，即必不得已而为事择人，凡兼差人员亦只酌给津贴，或只领兼差薪水之若干成，所以重公帑节糜费，用意至善。诚恐日久玩生，用特重申诰令，限文到之日起，所有大本营直辖各部、处、署、局、司、会，应即查明该院有无在大本营及在大本营直辖各部、处、署、局、司、会兼职人员。如有上项兼职人员，除原职仍照现支额数支薪外，其所兼职之薪水应即以二成发给。庶于为事择人之中，仍寓节省公帑之意。除分令外，合行令加［？］该部长□便遵照办理，仍将遵办情形报核。切切。此令。等因。奉此，遵查职院全体职员向因经费□□，概于原职上减成支薪。原定薪额在一百元以上者减为支给五成，六十元以上者减为支给六成，六十元以下者理照额支足，其有兼职者均仅支薪二成。历经依照办理，各皆仰体帅意，勉为其难。奉令前因，理合列具原兼各职薪额及实支数

目简表，备文呈报鉴核，伏乞指示祗遵，实为公便。谨呈

大元帅

大理院长兼管司法行政事务吕志伊

中华民国十三年八月　日

（《陆海军大元帅大本营公报》一九二四年第二十三号，8月20日，"指令"）

程潜、叶恭绰呈孙中山文

（1924年8月20日载）

呈为谨拟私铸银币治罪条例草案缮具清单仰祈鉴核事：窃部长等前会呈遵谕禁止私铸银币请颁专律从严惩办一案由，奉指令开：禁止私铸，刑律虽有明条，但值此金融紧迫，伪币充斥之际，揆以治乱用重之义，允宜特定专律，加重治罪，庶足以示惩创，而涤币风。仰即由部从速妥拟草案，呈候核定颁行可也。仍咨财政部知照。此令。等因。奉此，部长潜遵饬本部法规委员会，从速妥拟去后。兹据拟订私铸银币治罪条例草案，请核前来。经部长潜、恭绰会同复核。查本草案，原系斟酌现时情形，并参照刑律伪造货币罪各条，加重拟定罪刑。计条例十一条，理合缮具清折呈请钧座鉴核，伏乞明令公布施行。再，本案由军政部主稿，合并声明。谨呈

陆海军大元帅

（《广州民国日报》1924年8月20日，"国内要闻"）

刘震寰呈孙中山文

（1924年8月20日）

呈为呈请事：窃职部补充军实，特由上海购办驳壳枪八百枝，

分四期运省，每期计运二百枝。查军火入口关系重要，理合备文呈
请钧座，伏乞批饬军政部照给护照四张以利戎机，实为公便。谨呈
大元帅

西路总司令刘震寰

中华民国十三年八月二十日

（《陆海军大元帅大本营公报》一九二四年第二十四
号，8月30日，"指令"）

卢善矩呈孙中山文

（1924 年 8 月 20 日）

呈为呈请事：窃舰长自接事以来迄今两月，职舰薪饷尚无着
落，经将困苦情形呈报在案。曾奉帅令着财政委员会照册列数目指
拨的款，由大本营军需处提前发给，惟至今日尚无切实办法，若长
此以往，职舰伙食亦虞难继。舰长再四思维，苦无善法，拟请将职
舰所有薪饷、煤炭以后归由粤军总司令部拨交，庶将来薪饷有着。
是否有当，伏乞令遵等情。据此，除指令祗遵，谨呈
大元帅孙

大本营江固舰舰长卢善矩

中华民国十三年八月二十日

（《陆海军大元帅大本营公报》一九二四年第二十四
号，8月30日，"指令"）

刘芦隐呈孙中山文

（1924 年 8 月 20 日）

呈为呈报事：窃职会奉帅令审议各项法制，当经草拟考试院组

织条例草案二十六条、考试条例草案六十四条及考试条例施行细则草案一十八条提出会议，一致议决通过。理合依照职会修正规程第八条之规定，将议决条例细则草案各缮二份，备文呈报帅座核定施行，伏候指令祗遵。谨呈

大元帅

> 法制委员会代理委员长刘芦隐
>
> 中华民国十三年八月二十日

（《陆海军大元帅大本营公报》一九二四年第二十四号，8 月 30 日，"指令"）

邹鲁呈孙中山文

（1924 年 8 月 22 日）

呈为呈请事：本年六月二日鲁呈报国立广东大学豫科招生章程及广东高师、法大、农专三校□并办法，文内曾经声明大学条例职制及各项规程，虽历经筹备会议议决，仍拟于暑假时悉请省外各筹备员到粤开筹备大会再行审定，另文呈报以昭慎重等情在案。兹自七月十五日起至□月廿五日止，由鲁与省外各筹备员石瑛、王星拱、王世杰、周览、皮宗石暨本省筹备员伍朝枢、廖仲恺、孙科、汪兆铭、许崇清、黄昌谷、梁龙、邓植仪、陈耀祖、何春帆、程天固等逐日开会，悉以审查。谨将所议决之国立广东大学规程、国立广东大学特别会计规程、国立广东大学豫〔预〕科各组暨本科各系课程备文呈报鉴核。是否有当，伏乞指令祗遵。谨呈

陆海军大元帅

附呈国立广东大学规程一册、国立广东大学特别会计规程一册、国立广东大学豫〔预〕科各□暨本科各系课程一册。

> 国立广东大学校长邹鲁
>
> 中华民国十三年八月廿二日

（《陆海军大元帅大本营公报》一九二四年第二十五号，9月10日，"指令"）

叶恭绰呈孙中山文
（1924年8月23日）

呈为呈报事：窃职部所管国库每月收支概算业经缮列清单，并拟将所有各项收入悉数交存中央银行，其应行支拨各数均由职部随时向该行提用，俾该行得实行代理国库出纳，已于八月二十日呈请察核示遵各在案。兹奉钧座第四二七号训令内开：照得中央银行成立，所以整理国家经济，调剂社会金融，用意周详，立法美备，嗣后所有各财政机关收入应解由该行存储，随时提用。除分行外，合亟令仰该部长即便遵照办理，并转饬所属一体遵照办理。切切。此令。等因。下部自应遵令办理，除再分行各征收机关切实遵办，并由部规定解款支款各日期分别列表通行，并定自九月份即八月二十六日起计算外，理合将遵办情形备文呈复鉴核。谨呈
大元帅

大本营财政部长叶恭绰（次长郑洪年代）

中华民国十三年八月廿三日

（《陆海军大元帅大本营公报》一九二四年第二十四号，8月30日，"指令"）

程潜呈孙中山文
（1924年8月23日）

呈为据情转呈仰祈睿鉴事：案据湘军第六军第十三师师长刘文锦呈：为呈请曲予加恩省释任前旅长鹤年发交职部效力仰祈钧鉴

事：职伏查任前旅长鹤年前经钧部羁押候讯一案，本年六月因病势
沉重，业荷恩施准予交保就医，现在病已就痊。该旅长深知愧悔，
亟欲以身许国，效死疆场，由职详加考察，实系激发天良。职于役
黔边，闻鼓鼙而思猛士，该旅长既愿尸还马革，必能杀敌致果，以
报钧座恩遇之隆，理合缕陈各情上邀钧听。可否准予加恩省释，将
该旅长发交职部效力之处，出自逾格鸿施，不胜待命之至。谨呈。
等情。据此，查任前旅长鹤年自奉钧令发交下部羁押已久，前以其
患病沉重交保在外医治，呈奉指令核准在案。兹该师长刘文锦呈请
省释前来，并据函报即带同首途驰赴军前效力等语，理合据情转呈
恳予俯赐察核训示施行。谨呈
海陆〔陆海〕军大元帅

军政部部长程潜
中华民国十三年八月廿三日

（《陆海军大元帅大本营公报》一九二四年第二十四
号，8 月 30 日，"指令"）

孔修、陈毓秀等致孙中山电

（1924 年 8 月 24 日）

广州分送大元帅睿鉴（余衔略）：

　　昨阅报载，省署布告准杨总司令函称：现得佛山确报，陈恭受
在石湾等处纠集土匪，冒称商团民团，自为攻城总司令，希图扰乱
治安等因，殊堪诧异。查莲华境内团众，素来安份守法，陈恭受赴
港已久，并无在石湾等处招匪谋乱，事实具在，万难虚构。顷闻政
府调动大军驻境镇压，万一因此误会，九江惨祸，即在目前。除诏
勉各乡子弟，不得妄信谣言，自相惊扰外，伏乞我大元帅暨军民长
官，迅予中止调军驻境，以免误会。迫切陈词，伏为亮察。南海莲
华保卫团全体存院团十八局长孔修、魁永十一乡局长陈毓秀、深村

十乡局长周措史、石湾榕洲六约局长庞永钊等叩。敬。

（《广州民国日报》1924 年 8 月 26 日，"国内要闻"）

江孔殷等致孙中山电
（1924 年 8 月 24 日）

广州送大元帅睿鉴（余衔略）：

自佛山商团罢市后，孔殷等迭据乡人奔走相告，以广三铁路一带，调驻大军关系，因省署布告：陈恭受在石湾等处纠集土匪，冒称商团乡团，自为攻城总司令，希图扰乱治安等因。孔殷等谊属桑棒〔梓〕，不容膜〔漠〕视，迭经孔殷、桂章等先后确查，石湾各乡，现尚在安靖如常。乡团恪守法纪，并无越轨行动。陈恭受实已于本月二十日越港，并无在乡主持。万目睽睽，不能虚构。诚恐言之太过，市党相传，军民误会，地方遭劫，九江往事，可为寒心。尤虑土匪乘机，政党播弄，挑拨官民，供其利用，祸害所至，有不忍言。用特通电陈明，伏乞迅赐维持，将已开动之军队，明令中止，静候解决，以免误会，而灭祸患，地方幸甚。迫切陈词，伏维亮鉴。南海莲华四十七乡旅省同人江孔殷、招桂章、霍玉麒等叩。敬（二十四）。

（《广州民国日报》1924 年 8 月 26 日，"国内要闻"）

叶恭绰呈孙中山文
（1924 年 8 月 25 日）

为呈请事：本部次长郑洪年恳请辞去盐务署长兼职，自应照准。遗缺查有本部参事黄建勋堪以调简，递遗本部参事查有中央税捐整理处处长黄仕强堪以调简。理合呈请鉴核分别任免施行。再，

中央税捐整理处现已另案呈请裁撤，合并附陈。谨呈

大元帅

大本营财政部长兼盐务督办叶恭绰

中华民国十三年八月廿五日

（《陆海军大元帅大本营公报》一九二四年第二十四

号，8月30日，"指令"）

叶恭绰呈孙中山文

（1924年8月25日）

呈为呈请事：窃查职部前因库储奇虚，军需孔急，筹措为难，然责职所在，不容坐视，不得已呈请就部内附设中央税捐整理处，从事整顿清厘，冀增收入以资补助，当经呈奉核准并奉简任黄仕强为中央税捐整理处处长，张沛为副处长各在案。计该处成立未及三月，整理略有头绪，已经开办者如桑田特别税、糖类捐、火柴检验印花及糖类捐加二成军费各项。虽桑田因潦水为灾致征收一时尚属无着，然其余各项糖类捐及加二军总费，已经分别包商认额承办。火柴亦渐有收入，正冀次第进行渐收良效，或可有济艰难。现既奉令将所办税捐改归财政厅接办，业经遵照办理另文呈报在案。第查所办税捐既经交厅，则中央税捐整理处即不必进行，拟请将该处一并裁撤，本月库一律结束，其处长副处长应一并免职。所有呈请裁撤职部附设之中央税捐整理处缘由，理合备文呈请鉴核施行。谨呈

大元帅

大本营财政部长叶恭绰（次长郑洪年代）

中华民国十三年八月廿五日

（《陆海军大元帅大本营公报》一九二四年第二十四

号，8月30日，"指令"）

程潜呈孙中山文

（1924 年 8 月 25 日）

呈为呈复事：案奉钧座发下湘军总司令谭延闿呈一件，以所部警卫司令部警卫大队少校队长岳云宾转战湘粤，备历艰辛，督战东江，复膺时疾。此次护从回省中途感受暑热，病益加剧，于七月十三日在广州华宁里部队病故，请令行军政部照中校例优加抚恤等情。查该已故少校队长岳云宾卓著辛勤，积劳病故。拟请钧座准予照营长阶级追赠陆军少校，仍照陆军战时恤赏章程第六章积劳病故例，照第四表给予少校恤金，以示优异。是否有当，理合具文呈复。伏乞鉴核，训示祗遵。谨呈

陆海军大元帅孙

大本营军政部长程潜

中华民国十三年八月廿五日

（《陆海军大元帅大本营公报》一九二四年第二十四号，8 月 30 日，"指令"）

谢聘珍、黄兆鹏等致孙中山电

（1924 年 8 月 26 日载）

广州分送大元帅、廖省长、李县长钧鉴：

阅报载省长公署通报，据电政监督报称：商团总部会议，九十六乡各乡团，集合石湾候命等语。查省会商团购械一事，四堡乡团，绝未预闻。各乡奉令办团，只图自卫，乡间安居无事，岂有越轨行动，反贻地方受害之理。用特电陈，藉明真相，伏乞税垂〔垂〕鉴。南海大沥四堡九十六乡保卫团局局长谢聘珍，副长黄兆鹏叩。

（《广州民国日报》1924 年 8 月 26 日，"国内要闻"）

小吕宋华侨致孙中山电
（1924 年 8 月 26 日载）

广州孙大元帅钧鉴：

商团私运军械，证据确凿。请钧座收没，严厉查办，以儆效尤。

（《广州民国日报》1924 年 8 月 26 日，"国内要闻"）

江孔殷、佛山商会与附近各乡致孙中山电
（1924 年 8 月 27 日载）

恳停派军队来佛，并将前派各军撤回。

（《申报》1924 年 8 月 27 日，"国内专电"）

徐绍桢呈孙中山文
（1924 年 8 月 27 日）

呈为呈报事：窃照职部于上年拟订管理医生暂行规则，呈奉核准施行在案。计自十二年九月二十六日公布起截至十三年六月底，共收过中医生注册领照费毫银一万七千二百三十六元，西医生注册领照费毫银三千五百八十元，所有领照医名当经分别五期先后布告，并送登大本营公报。又以此项医生在于广州市区内执业庶多，亦经列单咨行广东省长查照，令行广州市政厅转行卫生局知照。兹督饬员司将上项中西医生领照征费数目分期别类，造具统计表，其西医资格审查尤属綦严，并造具西医出身学校资格统计表，均分别加以详细说明，以资统计而备考镜。除嗣后按期

赓续办理外，谨将前项各表缮呈钧核，伏乞备案。再，职部经费
向无的款，经将收过医生照费拨支部费外，计尚欠七个月之多，
深感困难。所有拨过数目列入计算书，容另按月报核，合并陈明。
谨呈
大元帅

大本营内政部长徐绍桢

中华民国十三年八月廿七日

（《陆海军大元帅大本营公报》一九二四年第二十四
号，8 月 30 日，"指令"）

许崇智呈孙中山文

（1924 年 8 月 27 日）

呈为呈请事：窃自去年十一月间奉钧令将大本营中流砥柱制弹
厂划归职军管理，现为整顿起见，拟将该厂改为粤军第一制弹厂，
以符名实而便整理。是否可行，尚祈指令祗遵。谨呈
陆海军大元帅孙

粤军总司令许崇智

中华民国十三年八月廿七日

（《陆海军大元帅大本营公报》一九二四年第二十四
号，8 月 30 日，"指令"）

广州总商会致孙中山电

（1924 年 8 月 28 日载）

请饬各军离市，以免误会。

（《申报》1924 年 8 月 28 日，"国内专电"）

何世光致孙中山电

（1924 年 8 月 29 日载）

请发还扣械。

（《申报》1924 年 8 月 29 日，"国内专电"）

鲁涤平呈孙中山文

（1924 年 8 月 29 日）

呈为再陈下情恳请准予辞职仰祈睿鉴事：窃职前者呈请辞职，恭奉第九二二号指令慰留。职亦何敢稍拘成见，屡渎慈聪，惟职任事以来已逾五月，有艰难不邂〔懈〕之志，而无昕夕报称之功，诚恐既伤使功不如使过之明，又贻相爱不能相谅之诮。虽问心既之无愧，何恤人言，然考绩乃无可称，宁毋自馁。窃意盘根凿〔？〕节则利在后来，暮四朝三则喜其易位。职经营启宇已成失道之车，而来者廓荡群疑即可收得鱼之网。职为慎重禁烟、便于整理起见，现合渎恳另委贤员接替，实为公便。谨呈

陆海军大元帅孙

禁烟督办鲁涤平

中华民国十三年八月二十九日

（《陆海军大元帅大本营公报》一九二四年第二十五号，9 月 10 日，"指令"）

徐绍桢呈孙中山文

（1924 年 8 月 29 日）

为呈请褒扬事：案据新会县绅莫泇镇等呈称：兹有李曜蓉者清季孝廉，粤中耆硕，宅心醇粹，学守程朱，敦履璞沈，孝同闵冉。

霍原以公方及物而氓族归心，郭泰以盛德感人而金壬改行。既孚乡望，尤惊官箴，洎以清政，不纲辞官。解组恶声，无出纯臣，爱国之心，今间是贻。君子周急之义，岁在乙卯，洪水为灾，人呼庚癸，秋栏英保。李君特捐巨款兴筑基围，功在一方，泽留奕世。泇铁等揆以表扬之例尚属相符，证以德行之条，庶几无忝襟怀渊懿。岂惟丹素之勤，性行淑均，宜表黄章之盛。理合遵照褒扬条例第一条第一、第三、第五各款之规定，出具事略及同乡官证明书，呈请确考行实，准予转呈照章褒扬，给予扁额题字，颁发褒章以资激劝等情。据此，部长核其事状，与现行褒扬条例第一条第三、五各款尚属相符，拟请钧座题颁"砚德纯行"四字，并给予银质褒章以示褒扬。所有拟请褒扬新会县耆绅李曜蓉各缘由，是否有当，理合具文呈请钧座察核示遵。谨呈

大元帅

大本营内政部长徐绍桢

中华民国十三年八月二十九日

（《陆海军大元帅大本营公报》一九二四年第二十五号，9 月 10 日，"指令"）

徐绍桢呈孙中山文

（1924 年 8 月 29 日）

呈为呈请褒扬事：案准广东省咨开：据文昌县林毓荃呈称，据县绅符振夏等呈称：本邑东二区豹山村陈爵隆之符氏少年丧夫，矢志不移，事翁姑以孝，抚孤子成立。妇道母仪，俱足矜式，懿行坚操，例合褒扬。谨缮具事实清册及切结呈请察核，转呈咨部褒扬等情到县。由县加具印结，呈省咨部核办前来。部长核其事状，与现行褒扬条例第一条第七款尚属相符，拟请钧座题颁"懿德贞型"四字，并给予银质褒章以示褒扬。所有拟请褒扬文昌县节妇陈符氏

各缘由，是否有当，理合具文呈请钧座察核示遵。谨呈

大元帅

　　　　　　　　大本营内政部长徐绍桢

　　　　　　　　中华民国十三年八月廿九日

　　（《陆海军大元帅大本营公报》一九二四年第二十五

号，9 月 10 日，"指令"）

程潜呈孙中山文

（1924 年 8 月 29 日）

　　呈为呈复事：案奉钧座发下湘军总司令谭延闿呈一件，以所部第五路司令部中校参谋蒋楚卿，前于进攻陂头、贵塘及连平县城等处大小数十战，无役不从，筹划机宜，颇著劳勋。近因积劳致疾，于七月二十五日回省就医，中途病殁，请按照上校例从优抚恤等情。查该已故中校参谋蒋楚卿卓著辛勤，积劳病故，拟请钧座准予追赠陆军上校。仍照《陆军战时恤赏章程》第六章积劳病故例，照第四表给予中校恤金，以示□典。是否有当，理合具文呈复，伏乞鉴核，指令祗遵。谨呈

陆海军大元帅孙

　　　　　　　　军政部长程潜

　　　　　　　　中华民国十三年八月二十九日

　　（《陆海军大元帅大本营公报》一九二四年第二十五

号，9 月 10 日，"指令"）

叶恭绰呈孙中山文

（1924 年 8 月 30 日载）

　　呈为呈请事：窃前两广盐运使伍汝康办理补恤各程船损失一

案，奉钧帅第一七一号训令，以该卸运使轻率补偿有违向章，碍难照准，所有折发二万〇六百二十元准单，着由盐务署责成该卸运使负责如数缴还。至该卸运使藉词恤商，擅抵公款，其中有无情弊，并由盐务署令饬两广盐运使严行查办，呈候核夺，原呈二件随发办结仍缴存等因。职署遵即令行两广盐运使邓泽如遵照办理，澈底严查，并以程船损失向无赔偿成例，该协成堂等有无扶同藉词朦混情事，令饬该运使一并澈查核办各在案。现据两广盐运使邓泽如呈称，此案遵经委员查复饬缴去后，旋据该委员以查明本案全案实情，均与赵前使呈报大元帅情形大致相同，惟关于扶同朦混一节再三查访，迄未得其实据，迭催协成堂等运商将款缴还，亦未遵缴等情具复。并据盐业运商济安公堂研究公会等以伍前使所给补恤，协成堂等准单照其时市价，实不及八成五，协成堂等程船前被军队抢掠，已实蒙损失于先，今若照所发准单额面之数十足追缴，则损失更甚，请从实核减，以昭平允等情先后联呈到署。复经运使核明，所陈当时市价实不及额尚非虚饬，批饬该公堂会转饬该协成堂等，按照前领准单共该税款大洋一万七千九百三十元〇四角三分四厘，加一五伸合毫银二万〇六百二十元，以八成五折算缴还，先予核收。仍俟据情转呈钧署核示，再行饬遵在案。兹据协成堂等遵将该款八五折，大洋一万五千二百四十元〇八角六分九厘，加一五伸合毫洋一万七千五百二十七元呈缴前来。除照收入帐并咨请伍前运使汝康将本案当日办理情形详细咨复另行呈报外，具文呈报察核转呈大元帅核示等情。据此，理合备文连同奉发赵前运使原呈二件，呈请帅座核示，以凭转饬遵照，实为公便。谨呈
大元帅

　　　　大本营财政部长兼盐务督办叶恭绰（署长郑洪年代）
　　　　　　　　中华民国十三年八月口日
　　　（《陆海军大元帅大本营公报》一九二四年第二十四号，8月30日，"指令"）

林森、徐绍桢等呈孙中山文

（1924 年 8 月 30 日）

　　为开列名单会呈请派事：案准大本营秘书处公函第四四九号开：奉大元帅交下建设部长林森所呈铜鼓开埠意见书及折呈各一件，奉谕着由建设、内政、外交三部会同广东省长组织委员会筹备开埠大纲及埠中行政条例，饬可付托公司承办。此批。等因。奉此，并附钞件，内开：八月七日第十三次政务会议议决，案铜鼓开埠由建设、内政、外交三部会同广东省长设立筹备委员会呈请任命等由，当经建设、内政、外交三部会同广东省署开联席会议议决，三部及省署各派筹备委员二人呈请任命。森等公同商酌，经各遴派委员二人，理合照列名单会衔呈荐，伏乞明令派充铜鼓开埠筹备委员，俾得克日开会，督促进行。再，此呈由建设部主稿，会同内政部、外交部、广东省署办理，合并陈明。谨呈

大元帅

大本营建设部长林森

大本营内政部长徐绍桢

大本营外交部长伍朝枢

广东省长廖仲恺

中华民国十三年八月三十日

　　（《陆海军大元帅大本营公报》一九二四年第二十五号，9 月 10 日，"指令"）

古应芬呈孙中山文

（1924 年 8 月 30 日）

　　呈为劣绅沙棍荼毒农民恳乞俯准设法救济以重民生恭呈仰祈睿

鉴事：窃惟农业为立国之大本，劳农为四民之首功。督办受事之始，一面欲使农民安心耕作从事生产，一面欲使国家赋税收入不至亏损。当香山县绅要求沙田自卫之际，亦误认为自卫二字即属万能，舍实求名以为自治之基可固。讵意数月以来，察诸民情、衡诸[诸] 收入，竟有大谬不然者，其中弊害可得而言。前奉帅令限十日内垫足特别军费十万元，讵今数月据解到者不及半数，以沙捐为比较相差悬远，屡催罔应。而沙捐之收入因无队伍巡缉，亦竟不及五成。该属沙棍等重私利、欺政府、骗人民，不能为讳。是该属绅等不顾责成，显违命令。此其一。

该属沙田既奉令准自筹自卫，则沙所治安固有责任，讵料试办数月成效毫无。最近金斗湾沙所之被贼焚掠，农民被害达百余人。江大骑劫出没十六沙，分赃之地亦十六沙。他如峰溪碉楼被劫三次，降都围馆被劫三次，近且在自卫局内发生仇杀。小榄开割之际，贼匪明目张胆勒收行税，掳劫频仍，各该地均有自卫勇也。更查榄镇沙局于奉准帅令征收之款亦拒不交纳，且私擅抽收。即以十六沙而论，年收捕费十八万余元，仅有团勇百余名。金斗湾年收捕费五万余元，团勇不过三十余名。小杭年收捕费七万余元，团勇亦仅数十名。他如峰溪隆镇、□镇等地，年收捕费各数万元，而勇亦不过三四十名。而小黄圃勒收每亩捕费七毫，竟至绝无团勇。是所收捕费统计六十余万元。除各自卫团长短兵吞饷而外，悉为自卫局长朋分净尽，无怪沙匪充斥，有如上述。而农固已出血汗之资，乃至不遑宁处，是自卫无实力。此其二。

又帅座特许试办自卫，乃欲使军需有赖，农民得所。讵意该属劣绅、沙棍，假借自筹自卫之名，行其侵蚀压制之实。自卫总局东海十六沙之串举，各都局之任用，全系二三毫[豪] 强互相交济，冒称业佃[佃]，朋比为奸。为局长董者固非业主，亦非农□，一届登场则欺压劳农，肆无忌惮。政府之收入不顾，劳农之痛苦罔闻，四布爪牙，吸脂吮血。十六沙局为劣绅把持，□员多至百余人。局长董等挥金如土，此藉自卫以自私。此其三。

综上诸端，有一于此，血（？）消失其自卫之能力，况上欺政府，下罔农民乎？盖绅权一日不排除，则农民之地位一日不能伸张。念劳农终岁辛苦，胼手胝足，其劳资所得不及他［地］主生获之利。己［已］觉兆天下之公，何况受制绅权，永难自拔，甚至供其鱼肉，颠连无告。每一念及，真不禁太息痛恨者也。迭据该属农民、旅外桥［侨］商纷纷公电，指摘劣绅、沙棍之荼毒，怜恤劳农之若［苦］况，盖亦人有同心，心同此理。应芬时衡时局，痛念民生，以为该属劣绅、沙棍，既假自卫之名行自私之实，有此障碍于劳农固不得其所，即政府收入亦必至落空。彼等直无信约之可言，政府自不能再予姑息。拟乞帅座明令先行撤销其假借之自卫，一面由督办慎选党员组织党军，注重沙面宣传。一以实力扶助劳农之自立，一以维持劳农之地位，排除劣绅、沙棍，永为世法。并将原有自卫勇由职处改编发给饷项，免致奸人逆党利用，为患边陲。其他协会之期成，以真正农民为标准，澈底改革其历来恶习。是非大明，人得其所，则不特经界之办理，公家之收入两俱裨益，吾党主义亦可期贯澈。督办追随帅座，为党为国不辞劳瘁，面心所谓危，不得不详细陈明，为农请命。是否有当，伏候帅座睿察，指令祗遵。谨呈

陆海军大元帅孙

大本营经界局督办兼广东沙田清理事宜古应芬

中华民国十三年八月卅日

（《陆海军大元帅大本营公报》一九二四年第二十五号，9月10日，"指令"）

上海粤侨商业联合会等致孙中山等电

（1924 年 8 月 30 日）

广州分送孙大元帅睿鉴：廖省长、粤军许总司令钧鉴：广州总商会、九善堂院商业维持会、文澜书院、商团联团筹备处、报界公

会、香港华商总会、东华医院、报界公会钧鉴：

有电计达。连日上海《申》、《新》两报载广东特电，知扣械一事尚未解决。省外相继罢市，政府限期复业，违则以军事处分，各趋极端，危如累卵。万一风潮扩大，则全省糜烂，当不止西关一隅，而箕［其］豆相煎，亦岂政府之福。岭云南望，目极魂飞。旅沪粤侨开会集议，佥谓时势至此，惟有仰乞我帅座与省长，略法言情，不为已甚，准将扣留枪械，编验烙印，全数发还，责成全市商店，盖章保结，不入匪人之手，不作轨外行动，而按照原购价值，报效一二成，以充军饷。省外商场即行复业，现驻省、佛军队，应即调回原防，所有市内治安归警察、商团担任，免生冲突。至联团章制，由各属商团代表，悉心拟定，但求无悖于理，政府勿加束缚，以顺舆情。陈廉伯、陈公［恭］受因公获咎，实非其罪，恳请撤消通缉、封产命令，以示宽大。其当日被举联团团长，闻已辞职，可由全省商团代表定期开会再行选举，商团以外，不得干预。如仍复当选，则是众望允孚，自可再为桑梓服务。谅我商团诸君只求自卫身家，既蒙帅座与省长大度包涵，此后当竭诚拥戴。刻值一发千钧之际，侨商等远居海上，无法斡旋，所望省港各社团协力排解，救此危局。庶几愁云惨雾，顿成化日光天，吾粤前途庶几有豸。涕泣而道，诸希鉴谅。上海粤侨商业联合会、潮州会馆、大埔同乡会、肇庆同乡会、南海会馆、顺德会馆、香山同乡会叩。卅。

（《申报》1924 年 8 月 31 日，"本埠新闻"）

侨港工团致孙中山电

（1924 年 8 月 30 日载）

孙大元帅睿鉴（余衔略）：

内乱匪首陈廉伯、陈恭受等，假借商团名义，私运大宗军械，谋倾我革命政府，扰我全粤市民。罪戾恣横，莫此为甚。稍有人心，无不激愤。其积谋稔恶，久具深心。用特揭发罪端，以告我全粤父老昆弟之前。俾知其包藏祸心，同伸张讨，以表我粤民之人心未死，未可全欺。此次三江水涨，该陈廉伯等假借赈灾为名，借端敛财。省港各界，一时不察，为其所愚。竟将赈灾款项数十万元，交托代赈。岂知其用心阴险，以慈善之财，作谋乱之资，其罪一。此次私运军械入粤，既不依合法手续，被我护法政府扣留。在陈廉伯等，非图谋乱，自应静候法律解决，而胆敢耸动市民罢市要挟，其罪二。陈等既逃匿外方，复敢愚弄乡团民团，负隅抵抗，其罪三。陈等此次谋叛，远则勾结北洋军阀，近则勾通土匪，立心不轨，荼毒市民，其罪四。近更蹂躏报界，殴打派报工人，并禁止市民阅报，此等行为，虽极野蛮之帝国主义者，亦无此举，其罪五。其余对于工人方面，尤为毒手。即如广州酒业工人、江门油业工人、陈村革履工人、新会葵业工人、佛山米业工人、大良辗谷工人，无不被商团任意压迫，任其截［戮?］杀。如此类者，指不胜屈，似此罪大恶极，尚不引咎自惩，还敢强项恃顽，遗害地方。此□叛徒，若不明正典刑，无以警后。万不能漏逃法网，而贻姑息养奸之祸。致各城市之商团民团，能深明大义者，当要表明心迹，倘有态度不明，形迹可疑者，当以明令讨伐之。须知此獠不灭，后患方长。此则工等耿耿之诚，敢为奉达。伏望我大元帅以谋乱之罪治之，则不特地方之幸，抑亦国家之幸，即工等亦雠仇可复矣。区区之意，伏祈亮察。侨港工团总会一百六十余团体启。

（《广州民国日报》1924年8月30日，"国内要闻"）

杭州凤凰寺董事会致孙中山电

（1924年8月30日载）

广州孙大元帅钧鉴：

　　案奉大本营秘书处函开：顷奉大元帅交下贵会电请迅饬财政局

撤销桂花岗等处墓地投承案电一件，奉批经饬广东省长转饬财政局取销矣，相应函达即希查照等因。敝会遵将德意当众宣布，凡属回教莫不同深感德，从此先贤古墓永远赖以保存，仰见我大元帅仁慈为怀，薄海同钦，泽及骸骼，幽明均感。谨此驰电申谢。为我大元帅三呼万岁！杭州凤凰寺董事会回教俱进会浙江支部同叩。佳。

（《陆海军大元帅大本营公报》一九二四年第二十四号，8 月 30 日，"公电"）

谭延闿呈孙中山文
（1924 年 8 月 31 日）

呈为呈请事：案据职部湘军第一军军长宋鹤庚呈称：窃查已故少将黄辉祖因积劳致疾，于七月十四日在马头行营病故各情，业经呈报并呈请发给埋葬运柩等费在案。查该故少将由前湖南兵日学校毕业，秉性刚果，奉职公忠，骁勇善战，兼娴韬略。民国初元，追随职部及今十有余年，驱汤、拒傅、逐张、援鄂各役，无不亲临阵地，身先士卒。去岁湘局骤变，该故少将首率所部进规长沙，嗣复追随钧座转战于洙亭、溇口间，积劳婴疾，日咯血数升而未尝言病。奉调援粤，旬日间败北虏数万众于南始。今春复随职东征河源、新丰两役，力疾前驱，厥功尤伟。入夏，军中疠疫盛行，死亡相继。该故少将忧患益深，病以加重，医药罔效，竟致不起。身后甚属萧条，妻室子女嗷嗷待哺，情形尤为凄恻。用是序述前状，敬呈钧座转呈帅座笃念前劳，厚赐恤金，并照阵亡例追赠中将，以慰忠魂而励后死。不胜哀切恳祷之至。等情。据此，查该故少将黄辉祖忠勇性成，改革以还历著战功。值此敌焰方张之时，正资倚畀，竟于此次于役东江，积劳殒命，良用痛悼。理合据该军长录叙事略，备文转呈睿座鉴核，饬部从优议叙恤金，并照阵亡例追赠中将，以慰忠魂而励来哲 [者]。所有请给故少将黄辉祖恤金暨追赠

中将各缘由是否有当，敬候指令祗遵。谨呈

大元帅孙

湘军总司令谭延闿

中华民国十三年八月三十一日

（《陆海军大元帅大本营公报》一九二四年第二十五
号，9月10日，"指令"）

鲁涤平呈孙中山文
（1924 年 8 月 31 日）

呈为据情转呈仰祈睿鉴事：据职署总务厅厅长雷飙、督察处处
长缪笠仁、督察处第一科科长龙廷杰、秘书朱剑凡、鲁岱等，先后
呈请辞去厅处科长、秘书各职等情。复查核该员等呈请辞职出于至诚，
拟请照准。理合具呈伏乞鉴核，免去各该员本职，实为公便。谨呈

陆海军大元帅

禁烟督办鲁涤平

中华民国十三年八月三十一日

（《陆海军大元帅大本营公报》一九二四年第二十五
号，9月10日，"指令"）

徐绍桢呈孙中山文
（1924 年 8 月）

呈为呈报事：案奉钧座第三三八号训令开：查兼差不兼薪向有
规定。凡在大本营及在大本营直辖各部、处、署、局、司、会、校
兼职人员，除原职仍照现支额数支薪外，其所兼职之薪水应即以二
成发给。仰该部长即便遵照办理，仍将遵办情形报核。此令。等

因。奉此，正在遵办具报，旋奉钧座第三九一号训令内开：查大本营前为节省公帑起见，曾经分令大本营直辖各部、处、署、局、司、会、校查明，如有在大本营及在大本营直辖各部、处、署、局、司、会、校兼职人员，除原职仍照现支额数支薪外，其所兼职之薪水应即以二成发给各在案。除原文有案邀免重叙外，后开：限文到十日内，将各人员现任职务分别系属原职抑系兼职、现支薪若干列具详表呈报查核。除分令外，合行令仰该部长即便遵照办理。此令。等因。奉此，查职部经费原定每月额支九千六百三十八元，自十二年十一月接奉钧令准由财政部按月照拨在案。讵财政部以军饷重要，先其所急，职部月领之款屡赴请领，多则发给一二千元，少或三数百元不等，计所领到财政部拨来款项不过二万三千余元。以至职部积欠各职员俸薪竟至七个半月之多，枵腹从公，深感困难。部长目睹财政奇绌，为撙节公帑起见，当于本年七月实行裁汰职员，节省经费，统计全部裁节每月约共减支毫洋千余元。除将职部预算、决算暨职员额数、俸薪支数按照业经裁减数目另行编造表册呈报鉴核外，兹谨遵照钧令，将职部各人员现任职务分别原职、兼职暨现支薪俸实数列具详表呈请鉴核。谨呈
陆海军大元帅孙

大本营内政部长徐绍桢

中华民国十三年八月　　日

（《陆海军大元帅大本营公报》一九二四年第二十四号，8月30日，"指令"）

叶恭绰呈孙中山文
（1924 年 8 月）

为呈复事：窃职部所有收入前经指拨各项，各项经费拟具概算、开列清单，呈报钧座鉴核在案。兹于八日［月］二十一日奉

大元帅第四三〇号训令，内开：案查前次政务会议提议一切税捐仍交地方主管官厅直接办理，除印花税应归财政部经理外，其余糖捐、桑田、酒精、火柴各捐，均应由广东财政厅征收。业经议决应即实行，除分令广东省长转饬财政厅照办外，仰该部长即便遵照，仍各将交收日期分报查核。此令。等因。奉此，自〈应〉遵照办理。惟查酒精一项，原属奥加可类印花税，系援职部所办烟酒印花税之例并案办理，乃酒类印花税之一种。曾于本年三月三十日由部订定施行奥加可类印花税章程，呈奉大元帅第□二〇号指令准予备案各在案。而火柴检验证亦属于特种印花税之一，现时梧州业已开办，广东亦开办未久，今奉帅令印花税应归财政部管理等因。则上两项税收既属于印花税，应否一律交厅似尚须考虑，但既奉令饬拟将广东火柴检验印花改为火柴捐，于本月二十八日先行交厅，惟梧州业已开办，若只此一隅仍留归部管，恐收入不足以供经费，自应将梧州一埠停办。至糖类捐系于七月二十八日开办，拟俟本月二十七日一个月期满，于二十八日移归财厅接办，以便收支款项划清界限，易于计算。此外如糖类捐附加二成军费及桑田特别税，拟均于本月二十八日移归该厅接办。但有不得不声明者，职部收入本已指拨各项经费，均经分行呈报有案。如省河及各属普通烟酒两项印花税，已指定为短期军需库券还本付息基金，预计尚属不敷，正恃他种印花税以资挹注，而向在印花税项下开支之职部经费本已等于无着，现各项税收既奉令改归财厅接办，则职部对于指拨各机关经费及其他军费实已［已］无此财力应付，以后即无从担任。合并陈明。所有遵令将部办税捐分别定期移归财厅接办，暨声明部管财政情形各缘由，理合备文呈请察核，仍乞指令祗遵。谨呈

大元帅

大本营财政部长叶恭绰（次长郑洪年代）
中华民国十三年八月□日

（《陆海军大元帅大本营公报》一九二四年第二十四号，8月30日，"指令"）

林森呈孙中山文

（1924 年 8 月）

　　呈为呈复事：案奉钧帅第三八二号训令开：查以军饷浩繁，度支奇绌，曾经令行大本营会计司将大本营参议、谘议、委员及秘书处会计司人员等所有俸薪，从八月一日起概行减成发给在案。惟查各机关人员薪俸，其已经减成发给者固多，其未经减成发给者亦复不少，亟应统筹办法以归划一。限从八月一日起，所有大本营直辖各机关以及各民政财政机关除职员俸薪已经减成发给仍照旧支给外，此外各职员凡俸薪在五百元以上者概以七成发给，在三百元以上者以八成发给，在二百元以上者以九成发给，俾昭公允而免偏畸。除分令外，合行令仰该部长即便遵照办理，并转行所属一体遵照办理，仍将遵办情形具报查核。切切。此令。等因。奉此，自应遵照，由八月一日起，将职部职员俸薪分别减成发给，以副钧帅统筹度支至意。除所属一体遵照办理外，所有遵令办理减成发给俸薪缘由，理合具文呈复鉴核，实为公便。谨呈
大元帅

大本营建设部长林森

中华民国十三年八月□日

　　（《陆海军大元帅大本营公报》一九二四年第二十二
　　号，8 月 10 日，"指令"）

刘芦隐呈孙中山文

（1924 年 8 月）

　　呈为呈报事：本年七月廿五日奉帅座第三八二号训令内开：为会遵事：查以军饷浩繁，度支奇绌，曾经令行大本营会计司将大本

营参议、谘议、委员及秘书处会计司人员等所有俸薪，从八月一日起概行减成发给在案。惟查各机关人员薪俸，其已经减成发给者固多，其未经减成发给者亦复不少，亟应统筹办法以归划一。限从八月一日起，所有大本营直辖各机关以及各民政财政机关，除职员俸薪已经减成发给者仍照旧支给外，此外各职员凡俸薪在五百元以上者概以七成发给，在三百元以上者以八成发给，在二百元以上者以九成发给，俾昭公允而免偏畸。除分令外，合行令仰该委员会即便遵照办理，并转行所属一体遵照办理，仍将遵办情形具报查核。切切。此令。等因。奉此，窃查职会委员额定月薪二百元，除兼职各员月薪遵令以二成发给外，其非兼职各员月薪自应遵照从八月一日起以九成发给。奉令前因，理合备文呈报察核备案。谨呈
大元帅

　　　　　法制委员会代理委员长刘芦隐
　　　　　中华民国十三年八月□日
　　（《陆海军大元帅大本营公报》一九二四年第二十二
　　号，8 月 10 日，"指令"）